Tempos difíceis

SEBASTIÃO CARLOS VELASCO E CRUZ
NEUSA MARIA PEREIRA BOJIKIAN
(orgs.)

Tempos difíceis

O primeiro tempo do governo Biden e as eleições de meio de mandato

INCT INEU
INSTITUTO NACIONAL DE CIÊNCIA E TECNOLOGIA PARA ESTUDOS SOBRE OS ESTADOS UNIDOS

editora unesp

Direitos de publicação reservados à:
Fundação Editora da Unesp (FEU)
Praça da Sé, 108
01001-900 – São Paulo – SP
Tel.: (0xx11) 3242-7171
Fax: (0xx11) 3242-7172
www.editoraunesp.com.br
www.livrariaunesp.com.br
atendimento.editora@unesp.br

Dados Internacionais de Catalogação na Publicação (CIP) de acordo com ISBD
Elaborado por Vagner Rodolfo da Silva – CRB-8/9410

T288

Tempos difíceis: o primeiro tempo do Governo Biden e as eleições de meio de mandato / organização e apresentação por Sebastião Carlos Velasco e Cruz, Neusa Maria Pereira Bojikian. – São Paulo: Unesp, 2023.

Inclui bibliografia.
ISBN: 978-65-5711-216-8

1. Ciências políticas. 2. EUA. 3. Governo Biden. I. Cruz, Sebastião Carlos Velasco e. II. Bojikian, Neusa Maria Pereira. III. Título.

2023-3587 CDD 320
CDU 32

Esta publicação contou com apoio da Fundação de Amparo à Pesquisa do Estado de São Paulo (Fapesp, processo n.2014/50935-9)

Editora afiliada:

Sumário

Apresentação

Sebastião C. Velasco e Cruz
Neusa Maria P. Bojikian

O livro que o leitor tem em mãos é o terceiro de uma série inaugurada com a publicação por esta editora, em 2019, da obra coletiva *Trump: primeiro tempo. Partidos, políticas, eleições e perspectivas*.

Reunindo contribuições de mais de uma dezena de pesquisadores do INCT-Ineu (Instituto Nacional de Ciência e Tecnologia para Estudos sobre os Estados Unidos), a proposta deste livro era inserir o fenômeno eleitoral Donald Trump nas tendências de longo e médio prazos da política norte-americana e fazer um balanço da primeira metade de seu governo, em suas múltiplas dimensões, para avaliar em seguida os resultados do primeiro teste político importante que enfrentava – as eleições de meio mandato, que asseguraram ampla vitória à oposição democrata.

Esse desenho geral foi mantido no segundo volume da série – *De Trump a Biden. Partidos, políticas, eleições e perspectivas* – e é ele que molda a presente coletânea. A evolução dos processos políticos – nos Estados Unidos e no mundo –, contudo, levou a uma clara mudança no conteúdo e no peso respectivo das diferentes matérias que dão corpo a tal estrutura.

E não era para menos. Iniciado sob o signo do impensável – a invasão do Capitólio, em 6 de janeiro de 2021, no momento em que os congressistas se reuniam para oficializar os resultados da eleição presidencial de outubro do ano anterior –, o governo Biden foi marcado por inovações importantes e choques inesperados, que alteraram significativamente a configuração do conflito político, em escala nacional e internacional.

Quanto às primeiras, basta mencionar os pacotes de medidas macroeconômicas anunciadas nos primeiros dias do mandato de Biden, que rompiam explicitamente com a ideologia da austeridade fiscal e reservavam um papel ativo ao Estado no direcionamento da economia, movimento reforçado pelos projetos de política industrial que viriam a seguir. Orientados pelo objetivo da reindustrialização e do fomento à inovação tecnológica em áreas sensíveis, esses programas situam-se na interface das políticas domésticas e da estratégia de segurança nacional dos Estados Unidos. Evidenciam esse fato os dispositivos rigorosos adotados nesses programas para conter o avanço da China – Estado designado como competidor estratégico nos documentos oficiais de política – em setores de tecnologia de ponta, vedando-lhe o acesso a bens intermediários e equipamentos necessários para esse fim.

A inclusão da política industrial e de desenvolvimento tecnológico na estratégia de segurança nacional dos Estados Unidos não é fortuita. Expressão da consciência socialmente disseminada de que o país perdia terreno aceleradamente na luta pela conservação da hegemonia global exercida desde o final da Guerra Fria, a securitização das mencionadas políticas tem uma funcionalidade menos evidente: em uma cultura marcadamente liberal, que sempre viu com desconfiança a intervenção do governo na economia, o vínculo assim estabelecido com a defesa nacional abre vasto leque de possibilidades para a ação estatal, livres de amarras ideológicas. Definidos como aplicação de recursos em atividades estranhas à lógica do mercado e de interesse vital para a sociedade, os investimentos em tais atividades não são regulados pela rentabilidade esperada, mas por critérios de racionalidade substantiva. O gasto em defesa é a forma peculiar que os Estados Unidos encontraram historicamente para praticar a política industrial que sua ideologia econômica interdita.

Nesse sentido, as políticas referidas expressam e aprofundam o processo de acirramento de tensões internacionais, que se manifesta de forma espetacular no grande choque a marcar o período: a invasão da Ucrânia pelas tropas da Rússia, em 24 de fevereiro de 2022, e a guerra cruenta que se seguiu, logo transformada em confronto híbrido com os países da Otan, que responderam à ação militar de seu oponente com sanções econômicas inéditas e com a provisão de assistência financeira e militar à Ucrânia, em escala também sem precedentes.

Reside aí a ironia que cerca o governo Biden: sucedendo uma presidência marcada por gestos e discursos disruptivos, com a promessa de restabelecer a normalidade no país e em suas relações exteriores, assiste ao agravamento da polarização na política interna e à intensificação da crise no sistema internacional, que devolve ao mundo o espectro da guerra entre as grandes potências.

Esses desenvolvimentos se expressam com nitidez na organização do presente volume. Contemplando os temas relevantes de política doméstica (partidos, políticas públicas e eleições) – objetos de sua primeira e de sua última parte –, o livro que ora oferecemos ao público reserva um espaço privilegiado aos temas da guerra e da geopolítica. Explicitamente focalizados em alguns capítulos, eles se mesclam também àqueles dedicados à política econômica internacional dos Estados Unidos.

Criado em 2009, no âmbito do Programa Institutos Nacionais de Ciência e Tecnologia, e apoiado por um conjunto de agências – MCT/CNPq/FNDCT/Capes/ Fapesp/Fapemig/Faperj –, o INCT-Ineu tem constitucionalmente a tripla missão de produzir conhecimento original sobre os Estados Unidos, formar recursos humanos qualificados para atuar nessa área e difundir na sociedade brasileira informações e análises que contribuam para a compreensão mais aprofundada desse país ao qual, para o bem e para o mal, o nosso destino como nação está fortemente associado.

Com este livro, desdobramento de seminário de pesquisa realizado em dezembro de 2022, a equipe do INCT-Ineu dá um testemunho a mais de seu compromisso com essa elevada tarefa.

1
O que aconteceu com o Partido Democrata?

Camila Feix Vidal

Introdução

Joseph (Joe) Biden venceu as eleições nos Estados Unidos em 2020, e, desde 20 de janeiro de 2021, a Casa Branca tem sido ocupada por uma presidência democrata. Após dois anos de mandato e das eleições de meio de mandato (as *midterms* de 2022), o Partido Democrata (PD) demonstra resiliência e importantes vitórias. Entretanto, se uma análise mais pontual pode corroborar esse otimismo, uma perspectiva mais abrangente, a englobar perspectivas partidárias amplas e aprovação eleitoral, pode soar como alerta para a presidência de Joe Biden e, mais especificamente, para o próprio partido.

O Partido Democrata venceu a disputa à presidência em 2020 com um representante do centro, Joe Biden. A eleição, entretanto, se concretizou porque se articularam importantes grupos progressistas – dentro e fora do partido. Lideranças democratas consideradas partes de sua ala progressista (caso de Bernie Sanders e Alexandria Ocasio-Cortez, entre outros) e movimentos sociais (como Sunrise Movement, Black Lives Matter, Justice Democrats, entre outros) foram essenciais para a consolidação da vitória democrata após quatro anos de administração do Partido Republicano. Nesse sentido, houve uma espécie de coalizão ampla que logrou unir forças desde o centro do partido, passando pelas alas mais progressistas dele e se estendendo por grupos sociais.

Aparentemente, entretanto, o ponto em comum entre eles é menos uma defesa de Joe Biden e mais uma recusa de Donald Trump. Vale lembrar aqui a entrevista de Alexandria Ocasio-Cortez para a CNN no início de 2020, em que ela afirma que, em nenhum outro país do mundo, Joe Biden e ela estariam no mesmo partido (Cillizza, 2020). Assim, com o objetivo de impedir um segundo mandato trumpista, esses movimentos e lideranças atuaram coletivamente para a construção de uma agenda democrata progressista em pautas sensíveis a esses mesmos grupos e lideranças – como o caso de questões raciais, climáticas e acessos a bens públicos, como saúde e educação. Nesse sentido, lograram êxito ao participar da organização e definição de uma plataforma nacional democrata que representasse esses anseios.

O argumento aqui delineado diz respeito a como essa maior abertura a determinados grupos e pautas progressistas parece ter sido circunstancial e pontual – portanto, não traduzida em mudanças efetivas de um partido que continua travando uma luta interna pela escolha de agendas, de candidatos e de condução de uma determinada política. Não à toa, argumentamos aqui como esse partido continua sendo visto por uma parcela significativa da sociedade como elitizado, urbano e intelectualizado (Sharma, 2022; Hammer, 2022) – portanto, incapaz de responder a problemas materiais da vida do trabalhador nos Estados Unidos (EUA).

De fato, desde o governo republicano de Ronald Reagan, o Partido Democrata apresenta políticas econômicas que pouco diferem daquelas de seu partido opositor. Caso emblemático foi o governo democrata de Bill Clinton na década seguinte, quando o partido se afastou de uma classe trabalhadora que até então ele buscava representar. Ao relativizar, no entanto, o desmantelamento do Estado de bem-estar social rooseveltiano, esse mesmo partido abriu espaço para que lideranças populistas consideradas de "extrema direita" ocupassem esse espaço, como o fez Donald Trump.

Neste capítulo, buscamos fazer uma apresentação de um panorama do Partido Democrata nos dois primeiros anos de presidência Biden – a partir da eleição de 2020 até fim de 2022 –, englobando o suposto enfraquecimento do Partido Republicano, que se traduziu nas *midterms* – mais especificamente, o enfraquecimento de Donald Trump e do trumpismo; as promessas cumpridas e não cumpridas da administração democrata; os desafios do Partido Democrata a partir das suas disputas internas e da pressão de movimentos sociais; e, por fim, uma reflexão final sobre o que se espera do Partido Democrata daqui para a frente.

Os dois primeiros anos de mandato democrata (2021-2022)

O Partido Democrata, aqui entendido a partir de uma perspectiva mais ampla e própria de uma abordagem do Partido Network, engloba não só os representantes eleitos pela legenda (os *insiders*), mas também determinadas parcelas da sociedade civil que participam dos processos decisórios partidários, seja em movimentos populares, grupos de interesse e *think tanks* (os *intense policy demanders*, ou *outsiders*).[1] Tanto *insiders* quanto *intense policy demanders* foram os responsáveis por garantir a vitória democrata na eleição de 2020 a partir de uma plataforma nacional bastante progressista que se contrapunha à agenda trumpista.

De fato, a plataforma democrata de 2020 preconizou, desde o seu preâmbulo, a necessidade de se pensar a inclusão de grupos tradicionalmente marginalizados – nativos indígenas, afro-americanos e latinos, especificamente. É uma das plataformas democratas mais ambiciosas e certamente uma das mais promissoras no âmbito da inclusão – a contar com um amplo agradecimento a comunidades indígenas já na primeira página do documento e uma citação do abolicionista negro Frederick Douglass na página seguinte. A leitura desse documento remete a um partido que nem de longe se assemelha à plataforma nacional de Bill Clinton, duas décadas antes. Entretanto, se as promessas foram ambiciosas, abundam os desafios internacionais, domésticos e mesmo intrapartidários que limitaram o cumprimento de parte dessas promessas a ponto de o governo Biden, nos seus primeiros dois anos de mandato, receber uma avaliação negativa sobre seu desempenho (CNN, 2023).

Alguns desafios no âmbito doméstico

A campanha presidencial de 2020 do Partido Democrata defendeu a criação de um "novo contrato social e econômico com o povo americano" (Partido Democrata, 2020):

> [Um] contrato que invista nas pessoas e promova prosperidade compartilhada, não um que beneficie apenas as grandes corporações e os poucos mais ricos. Um que afirma que a moradia é um direito e não um privilégio, e que assume o compromisso de que ninguém ficará sem teto ou passará fome no país mais rico do mundo. (Partido Democrata, 2020)

Ao estilo New Deal de Franklin Delano Roosevelt, a campanha de Biden propunha a criação de milhares de novos postos de trabalho ao mesmo tempo que garantia direitos para formação e participação em sindicatos, aumento de salários e maiores proteções para aposentados. Além disso, essa mesma agenda democrata em 2020 defendia saúde pública e educação universal e acessível – desde creches a educação superior. Na imigração,

---

1 Sobre o Partido Network, ver Schwartz (1990); Bawn et al. (2012); Koger et al. (2009); Noel (2012); e Masket (2012). Sobre facções e disputas intrapartidárias, ver DiSalvo (2012).

a campanha democrata defendia um "sistema de imigração humano no século XXI que beneficie todos Americanos" (Partido Democrata, 2020)

Os desafios da pandemia do Coronavírus – e não poderia ser diferente – ocuparam grande parte da campanha e das promessas feitas por Biden e pelo Partido Democrata. Propunha-se a criação de medidas de emergência capitaneadas pelo Estado até que a pandemia acabasse ou que o desemprego diminuísse. Investimentos públicos na saúde também foram defendidos a partir de agendas específicas para os Centros de Controle e Prevenção de Doenças (CDC) e para departamentos de saúde municipais e estaduais. Avaliando que determinados grupos sociais foram os mais vitimizados pela pandemia, o Partido Democrata se propunha a financiar pesquisas de saúde em instituições de ensino superior "Historically Black (HBCUs)" (Partido Democrata, 2020). Por fim, a campanha ainda enfatizou a questão climática de maneira bastante assertiva, defendendo a ratificação do Acordo de Paris e a criação de estratégias de energia limpa. Vale lembrar que um dos grupos mais ativos na campanha de Biden e na própria redação da plataforma nacional democrata contava com integrantes do Sunrise Movement – movimento que defende um "Green New Deal" nos Estados Unidos.

Se as promessas de campanha foram amplas, os desafios também o foram, a contar com a pandemia do Coronavírus, o alto índice de desemprego e a inflação recorde no período recente. A administração Biden logrou, nesse sentido, um acordo bipartidário – aprovado no Senado em agosto de 2021 – de cerca de US$ 1 trilhão para investimento em infraestrutura com ênfase na construção civil. Dos 69 votos favoráveis dos senadores, 19 foram de republicanos. Naquele momento, Joe Biden chegou a celebrar o acordo como uma evidência de que ambos os partidos podem trabalhar juntos (The White House, 2021).

No âmbito educacional, a Administração tem apresentado desempenho tímido, bastante aquém do que se propunha em 2020. Ainda assim, logrou o congelamento de dívidas estudantis, conforme promessa de campanha. Se a diversidade e a inclusão foram a tônica na campanha de Biden – não poderia ser diferente, a contar com os distintos grupos sociais que o apoiaram –, ações práticas foram pouco efetivadas. Nessa seara, destaca-se a nomeação de juízes latinos/as e negros/as.

Também houve esforços para reduzir a emissão de gases de efeito estufa, talvez uma das áreas mais bem contempladas até agora da plataforma de 2020 do Partido Democrata. Em 2021, o governo Biden anunciou três ordens executivas com a aprovação de uma série de projetos de fontes de energia limpa a fim de descarbonizar o setor de energia até meados de 2035 e emissões líquidas zero em toda a economia até 2050. De acordo com o Departamento de Energia (2023), com a Agência de Proteção Ambiental (2023) e com a Casa Branca (2023), só em 2023, o governo estadunidense aprovou US$ 600 milhões para fortalecimento de energia limpa por hidrelétricas,

US$ 7 bilhões em investimento para maior acesso familiar a painéis solares e US$ 1 bilhão para o Green Climate Fund. O presidente Biden anunciou ainda políticas para o aumento da produção de veículos movidos a energia elétrica e estabeleceu como meta que metade dos veículos vendidos nos EUA sejam elétricos até 2030, rivalizando com a China, que hoje é a maior produtora de baterias de veículos.

Alguns desafios no âmbito da política externa

A campanha democrata se contrapunha ao Partido Republicano, a quem relacionava com políticas belicosas e intervencionistas, ao defender o fim das "guerras sem fim" (Partido Democrata, 2020). Tendo em vista que as incursões estadunidenses em outros países custaram ao menos US$ 5 trilhões, o Partido Democrata se propunha a encerrar essas guerras, inclusive a mais antiga já travada na história dos Estados Unidos: a Guerra do Afeganistão (Partido Democrata, 2020). Na América Latina, a campanha de Biden se apresentava como uma administração que buscaria engajamentos menos hostis com países como Venezuela, Nicarágua e Cuba, ao contrário da administração trumpista, vista como ineficiente e demasiadamente belicosa.

Entretanto, findos dois anos de mandato, as promessas acerca de uma possível distensão entre Estados Unidos e América Latina figuraram na retórica, mas não na prática. A administração Biden segue antagonizando com a Nicarágua, inclusive congelando vistos de autoridades desse país (U.S. Department of State, 2022), e Cuba, em relação à qual não implementou a política de reunificação familiar que havia sido prometida em campanha. Se, em um primeiro momento do governo Biden, Cuba não foi vista como uma prioridade, conforme deixou claro a porta-voz presidencial Jen Psaki (*Associated Press*, 2021), com os protestos iniciados na ilha em meados de 2021, a tônica voltou a ser de crítica ao governo cubano. Em 23 de junho de 2021, Estados Unidos e Israel foram os únicos a votar contra a resolução aprovada na Assembleia Geral das Nações Unidas que propunha o fim do embargo econômico estadunidense a Cuba. Houve, nesse sentido, uso dos protestos em Cuba para manutenção das restrições e dos bloqueios que perduram desde 1962 com a justificativa de um governo cubano repressivo. Segundo Ned Price, porta-voz do Departamento de Estado (2022), "[Se] é verdade que a política deste governo não é idêntica [à do governo Obama], também é verdade que desde 2017, há cinco anos, o regime cubano se tornou muito mais repressivo em muitos aspectos". Um dos mais importantes grupos de apoio ao Partido Democrata em 2020 (reconhecido, inclusive na plataforma nacional democrata), o Black Lives Matter, criticou a administração democrata em suas redes sociais e apresentou declaração demandando o fim do bloqueio cubano.

Há ainda a manutenção de antagonismo com a China, mesmo que agora a partir de bases multilaterais e de parceiros transatlânticos. Talvez a promessa cumprida na política externa mais bem percebida na administração democrata seja a retirada de tropas do Afeganistão – concluída em 30 de agosto de 2021, momento em que o regime Talibã já ocupava Cabul. Vistos como um fracasso por altos comandos militares, a contar com o secretário de Defesa Lloyd Austin (Forgey, 2021), a retirada das tropas do Afeganistão e o restabelecimento do Talibã no país foram amplamente debatidos – criticados e defendidos – por setores dentro do próprio Partido Democrata, evidenciando as fraturas internas e as diferentes facções que o compõem.

Se, entretanto, as expectativas eram de um Partido Democrata que, conforme a sua plataforma indicava, iria se reconhecer como um partido mais progressista e, a partir da eleição de Biden, iria trilhar esse caminho, esse não parece ser o caso. Apesar de algumas exceções, como as políticas climáticas e o congelamento de dívidas estudantis que têm, efetivamente, recebido um espaço de atuação do partido e do governo, as lutas e disputas internas demonstram os desafios que os democratas têm pela frente. Mesmo a comemorada eleição de meio de mandato precisa ser lida com menos entusiasmo e mais precaução.

As *midterms*

As eleições de meio de mandato ocorrem ao fim do segundo ano de administração e tratam das eleições para as duas casas no Congresso – Câmara dos Representantes e Senado –, e nelas todas as 435 cadeiras da Câmara e 1/3 das cadeiras do Senado são disputadas. Nessa última eleição, ocorrida em 8 de novembro de 2022, foram eleitos 34 senadores, todos os representantes da Câmara e 36 governadores. Além disso, determinados referendos locais foram votados, como a proibição/permissão de realização de aborto.

Ante a véspera da eleição de meio mandato, o Partido Republicano era o grande favorito. As projeções feitas e divulgadas na maioria dos jornais de grande circulação eram de uma ampla vitória para os republicanos. Chegou-se a contabilizar as chances da vitória republicana nas casas desde 84% na Câmara a 58% no Senado. O Congresso seria "*solid*" republicano como uma "onda vermelha" (*Harvard Political Review*, 2022; *The Economist*, 2022; Greve, 2022). De fato, historicamente, nos Estados Unidos, o partido oposicionista tende a eleger um grande número de senadores e de representantes da Câmara que formam ampla maioria para governar ambas as casas na segunda parte da administração presidencial. Além disso, o governo democrata era mal avaliado por mais da metade da população no momento das *midterms*. Cerca de 60% dos entrevistados pelo Pew Research Center e pela CNN consideraram a presidência Biden de maneira negativa. Parte da percepção negativa advém da preocupação com o aumento da inflação que chegava a 9% (maior índice em quarenta anos). Para 46% de entrevistados, a inflação era tema de maior preocupação naquele momento (CNN, 2022; Pew Research Center, 2022).

A "onda vermelha", entretanto, não se concretizou. O Partido Democrata ganhou a maioria das cadeiras no Senado – 51 cadeiras, das 100 existentes – e perdeu poucas cadeiras na Câmara, chegando perto de obter também a maioria – 213 cadeiras, das 218 necessárias para maioria. No âmbito estadual, candidaturas democratas locais e de governadores foram também as grandes vencedoras. De um total de 50 governadores, o Partido Democrata ganhou 2 estados em relação à eleição anterior – de 22 governadores estaduais democratas, passam a contar então com 24. Já o Partido Republicano passou a ter o controle governamental em 26 estados (em comparação aos 28 que detinha anteriormente). Visto como o grande ganhador da eleição, a representante do Partido Democrata, Nancy Pelosi, chegou a comentar que "quem teria pensado há dois meses que aquela onda vermelha se tornaria uma gota muito pequena" (apud Capoot, 2022).

De fato, os democratas tiveram o melhor o resultado em mais de duas décadas em uma eleição de meio de mandato para um partido no controle da Casa Branca. Nos últimos cem anos, às exceções de 1934, de 1962 e de 2002, o partido que controla a presidência perde a maioria das cadeiras do Senado nas eleições de meio mandato. No entanto, no caso desses três presidentes que ocupavam o Executivo quando lograram maioria no Senado, suas aprovações eram acima de 60% – o que não é o caso de Joe Biden. Por fim, desde 1934, nunca o partido que ocupa a Casa Branca obteve desempenho tão bom com as candidaturas a governadores e eleições locais quanto o Partido Democrata em 2022.

Dois pontos, entretanto, são necessários para se compreender a "vitória" democrata em 2022: a rejeição a Trump (e a seus candidatos e a agendas do Partido Republicano) e o voto dos jovens.

O recuo do trumpismo

Tanto a eleição de 2020, que consagra Biden e o Partido Democrata no poder, quanto a eleição de 2022, que assegura maioria democrata no Senado e propicia uma Câmara bastante dividida, são sinalizações de que houve um importante e simbólico recuo do trumpismo. A não aceitação da vitória democrata de 2020, que culminou na invasão do Capitólio no ano seguinte, e a violência que se seguiu provavelmente são indicativos negativos atrelados ao Partido Republicano de Trump que ainda estão na memória dos votantes. Assim, nos *swing states,* aqueles estados que podem fazer oscilar a contagem dos votos, os candidatos que questionaram a eleição de 2020 perderam. Os eleitores do 3º distrito de Washington, por exemplo, rejeitaram o republicano que concorria e que se apresentava como um aliado de Trump, Joe Kent. Os eleitores do Arizona também rejeitaram o negacionista republicano Mark Finchem na eleição para secretário de Estado no Arizona. Vale lembrar que Finchem chegou a participar dos eventos do Capitólio (Dale, 2022; *The New York Times*, 2022; Richards, 2022).

Aparentemente, o discurso antidemocrático trumpista, que criticava e questionava o próprio processo eleitoral, foi o grande perdedor nessa eleição e indicava que talvez estivesse se esgotando não só no âmbito do eleitorado, mas também dentro do Partido Republicano, que sofreu duas grandes (e relativamente inéditas) derrotas: o candidato republicano na figura de Donald Trump foi incapaz de assegurar uma reeleição (algo bastante incomum) e as *midterms* de 2022.

O esvaziamento de candidatos e agendas atrelados a Trump também se manifestou em críticas intrapartidárias. Ainda em 2022, o governador republicano de Maryland, Larry Hogan, afirmou que a causa das sucessivas derrotas eleitorais do seu partido se deve a Donald Trump. Especificamente sobre as *midterms*, Hogan explica que "[...] conservadores com bom senso que se concentravam em falar sobre questões importantes para as pessoas – como economia, crime e educação – venceram. [...] Mas as pessoas que tentaram relitigar a eleição de 2020 e se concentraram em teorias da conspiração foram quase universalmente rejeitadas" (apud Watson, 2022). Nesse sentido, Hogan aponta a necessidade de se pensar em um Partido Republicano que se afaste desse tipo de agenda e de liderança e abrace o chamado "conservadores moderados" com uma perspectiva de futuro mais positiva e menos conflitiva.

Em 2023, foi a vez do ex-governador de New Jersey, o Republicano Chris Christie, culpar Trump pelas derrotas partidárias. Antigo aliado do ex-presidente, Christie cortou laços depois da eleição de 2020, quando o primeiro não aceitou o resultado das eleições. Segundo o ex-governador, Donald Trump precisaria ser desencorajado e enfraquecido dentro do Partido Republicano, mesmo que para isso se travassem embates intrapartidários: "Porque não vai acabar bem, não importa o que aconteça, o seu fim não será uma conclusão calma e tranquila". Para Christie, Trump é responsável por levar o Partido Republicano a um "ralo sem fim de raiva e destruição" (apud Ramer, 2023).

Se Trump é associado ao Partido Republicano e pode ser visto como um importante fator de rejeição aos candidatos republicanos a ele atrelados, também o são determinadas temáticas específicas na agenda política, inclusive referendadas durante as eleições de meio mandato. Uma delas é a questão do aborto. Um número expressivo de eleitores percebe o papel da Suprema Corte (majoritariamente conservadora) revogando direitos adquiridos em Roe *v.* Wade como uma dessas perspectivas conflitivas e associadas ao Partido Republicano. Na véspera das eleições de meio de mandato,

Biden referendou a temática quando, em discurso na Casa Branca, argumentou que "Nesse outono, Roe está na cédula eleitoral" (Stracqualursi; Cole; LeBlanc, 2022). De fato, em pesquisa realizada em 2022, após a decisão da Suprema Corte, cerca de 27% dos entrevistados citaram aborto como a temática nacional mais importante. A metade desses entrevistados acredita que o Partido Democrata é a entidade partidária que melhor representa e em que mais se confia para lidar com o assunto – comparativamente, 4 em 10 consideram o Partido Republicano confiável nessa mesma temática (Stracqualursi; Cole; LeBlanc, 2022).

Dentre os referendos feitos nos estados em novembro de 2022, o voto acerca da constitucionalização do direito ao aborto foi o grande vitorioso. Foram cinco os estados que, com os referendos feitos, aprovaram direitos constitucionais ao aborto. Dentre eles, algumas vitórias impressionam – é o caso de Vermont, com 77% de aprovação; e Califórnia, com 67% (CNN, 2022). Além disso, mais da metade dos eleitores (61%) consideram que o direito ao aborto deve ser legalizado em todos os casos ou na maioria deles (Hartig, 2022). Por fim, precisamos levar em conta que: a) esse eleitorado vota majoritariamente no Partido Democrata (80%); b) as linhas partidárias são as mais divididas nesse âmbito (Hartig, 2022); e c) uma parcela importante desses eleitores são considerados "*abortion first voters*" (Enten, 2022a). Como bem argumenta Enten (2022a), o Partido Democrata parece ter realizado uma façanha inédita nas *midterms*: transformou o tradicional referendo público ao presidente ocupante da Casa Branca em uma disputa entre partidos na qual, em 2022, diante do extremismo de Trump e de determinadas agendas conservadoras, como o caso do aborto, a escolha democrata foi a única opção. Novamente, não parece ser uma aprovação ao Partido Democrata, mas uma rejeição a essa determinada parcela e agenda trumpista.

O papel dos jovens

O presidente Biden creditou a vitória democrata nas eleições de meio de mandato ao papel desempenhado por eleitores jovens, que foram votar em número bastante elevado (Enten, 2022b). Ele tem razão. Os eleitores jovens não só compareceram às urnas em número superior àqueles registrados nas eleições passadas, como votaram majoritariamente em candidatos democratas. Representantes da Câmara pelo Partido Democrata lograram 28 pontos acima dos republicanos para votantes com menos de 30 anos, e 13 pontos acima para votantes com menos de 45 anos (Enten, 2022b). Assim como aconteceu na eleição presidencial passada, o Partido Democrata deve sua vitória ao papel desempenhado por jovens votantes. Em 2020, esses jovens foram responsáveis por uma ampla mobilização popular a partir de grupos e movimentos populares, a exemplo do Sunrise Movement, Black Lives Matter, Justice Democrats e Occupy Democrats, que foram basilares na campanha de Biden e na elaboração da plataforma democrata.

No entanto, apesar do papel desempenhado pelos jovens nas últimas votações e da rejeição eleitoral a Trump, seus aliados e agendas; as sucessivas "vitórias" do Partido Democrata parecem ser menos um atestado de aprovação da gestão Biden e do partido, e mais uma recusa em endossar um Partido Republicano ainda atrelado à memória de Donald Trump.Vale lembrar que, em um sistema bipartidário, a recusa de se votar em um candidato, agenda ou partido significa apoio, por óbvio, ao partido opositor. Os jovens que votaram massivamente no Partido Democrata nas duas últimas eleições não necessariamente o fizeram por conta de apoio irrestrito ou lealdade extremada ao Partido Democrata e à figura de Biden, mas a partir de uma rejeição de determinadas agendas e candidatos presentes e representados no PR.

Para onde caminha o Partido Democrata? Algumas reflexões

Apesar das duas últimas importantes vitórias democratas, o Partido Democrata não está bem – não foi aprovado nem referendado pela população. Em novembro de 2022, 59% da população não aprovava a gestão Biden. Em março de 2023, esse número se mantém relativamente estável: entre 49% e 61% ainda consideram a gestão Biden ruim (CNN, 2023).

De acordo com uma pesquisa conduzida pela CNN, que comparou votos entre 2018 e 2022, representantes democratas perderam apoio entre mulheres, jovens, latinos e votantes independentes (Wolf; Merrill, 2022). Assim, o Partido Democrata vem perdendo apoio entre a sua própria base – tradicionalmente esses mesmos votantes jovens, latinos, mulheres e independentes. Cerca de 77% dos estadunidenses acreditam que o país está indo para o caminho errado. Entre os democratas, são 63% os que pensam o mesmo (Pew Research Center, 2022). A eleição de Biden, é preciso lembrar, foi resultado da atuação desse mesmo grupo de base de que hoje o Partido Democrata perde apoio. São lideranças partes de organizações populares contrárias a Donald Trump e que, ainda que não necessariamente a favor de Joe Biden – ele nunca energizou uma ala importante do Partido Democrata ligada a causas mais progressistas –, se uniram para evitar um retorno trumpista.

Entretanto, essas mesmas lideranças e base de apoio hoje criticam a condução democrata. O movimento Sunrise, responsável por grande parte da agenda democrata no âmbito climático e peça importante na campanha a favor de Biden, tem criticado o atual governo. Note-se o exemplo recente da crítica feita em primeira página no seu *website* ao projeto para exploração de petróleo no Alasca aprovado pela administração Biden (Sunrise, 2023).

Chamado de Willow Project, o projeto é o maior da atualidade no âmbito da exploração de petróleo nos Estados Unidos e terá severo impacto ambiental. Já integrantes do Black Lives Matters têm, desde a eleição de 2020, criticado o governo em questões de amplo escopo, que vão do aumento no orçamento público para a polícia até a manutenção do embargo econômico cubano (Black Lives Matter, 2022; Rahman, 2021). Por fim, integrantes do Justice Democrats (comitê de ação política – PAC) e lideranças progressistas democratas eleitas pelo Partido Democrata (a exemplo de Alexandra Ocasio-Cortez, Jamaal Bowman, Summer Lee, Cori Bush e Ilhan Omar) demonstram preocupação com os rumos do Partido Democrata e pressionam por um *caucus* democrata no Congresso composto por lideranças progressistas que não aceitam doações de campanha de grandes empresas e que não se sentem representados pelo tradicional Partido Democrata, nem mesmo pelo sistema bipartidário. De acordo com essas lideranças engajadas no Justice Democrats:

> Justice Democrats está recrutando e apoiando democratas progressistas em todo o país, começando pelo Congresso. Estamos trabalhando para transformar o Partido Democrata enquanto construímos um poder independente. Fazemos isso apoiando nas primárias candidatos que se opõem aos titulares democratas *out of touch* [em tradução livre: sem contato com a realidade] e nos organizando para demandar ao partido o tratamento de nossos problemas. (Justice Democrats, 2023)

A citação acima é emblemática por dois motivos. Primeiro, há uma luta intrapartidária sendo disputada entre, sob risco de simplificação, dois grandes grupos: representantes tradicionais do Partido Democrata, considerados "*out of touch*" – ou, em tradução livre, sem contato com a realidade de seus eleitores – com a base de apoio partidária e representantes de lideranças e movimentos progressistas. Ambos os grupos "disputam a alma" pelo partido e, portanto, a condução partidária. Segundo, não à toa uma das expressões mais usadas para caracterizar esse grupo tradicional democrata tem sido justamente "*out of touch*". O próprio presidente Biden – considerado parte dessa facção representativa do *establishment* no partido – também tem sido caracterizado como "*out of touch*" com o eleitorado e, de modo mais amplo, com os desafios da maior parte da população estadunidense (Sharma, 2022; Hammer, 2022; Mangan, 2022; Stewart, 2022).

Para Sharma (2022), as disputas internas do Partido Democrata, longe de serem minimizadas com a coalizão democrata que elegeu Biden, se intensificaram a partir do início desse governo. Assim, o autor argumenta que a administração Biden tem negligenciado a ala mais progressista do partido e privilegiado a ala centrista, esvaziando, assim, uma sólida base de apoio. Desse modo, defende que Biden possa exercer sua autoridade dentro do partido de modo a direcionar a ala considerada mais à esquerda do partido e unir lideranças a partir de políticas centrais para ambas as facções intrapartidárias. Por fim, Sharma (2022) explica que, "Ao contrário do GOP, que durante o governo Trump votou monoliticamente, os democratas têm lutado para manter sua agenda razoável devido aos altos níveis de desacordo entre as facções de esquerda e de centro do partido". Para Mangan (2022), "[O] presidente Biden está debaixo d'água quando se trata de apoio de seu próprio partido".

Além disso, cresce a percepção de que o Partido Democrata, na figura dessa ala mais centrista caracterizada pela administração Biden, está desconectado dos interesses e das necessidades de grande parte da população estadunidense. Para Hammer (2022), "As atuais prioridades democratas nunca estiveram tão distantes das sensibilidades do cidadão americano comum". Assim, as prioridades do Partido Democrata atualmente

> [...] estão comicamente fora da realidade com a do povo americano, que simplesmente deseja comunidades seguras, preços estáveis, fronteiras seguras e ser deixado em paz pelo estado de segurança biomédica da era Covid. Os democratas não falam sobre nada disso, na melhor das hipóteses – e, na pior das hipóteses, impedem abertamente essas prerrogativas.

Considerado cada vez mais como um partido fora da realidade com relação às necessidades materiais de sobrevivência da classe trabalhadora nos Estados Unidos, o Partido Democrata atual tem sido ainda considerado um partido identitário que se afastou da sua base trabalhista fiel.

Para Teixeira (2022):

> Democratas optaram por realizar uma campanha focada em três coisas: direito ao aborto, controle de armas e salvaguarda da democracia – questões com forte apelo para os eleitores socialmente liberais com formação universitária. Mas essas questões têm muito menos apelo para os eleitores da classe trabalhadora. Em vez disso, eles estão focados na economia, na inflação e no crime e são céticos em relação ao desempenho do Partido Democrata nos três domínios.

A pouca atenção do Partido Democrata com relação aos anseios da classe trabalhadora pode ser mais bem compreendida quando se evidencia que não só o partido perdeu apoio da classe trabalhadora na última década, como também perdeu 18% entre trabalhadores não brancos (comunidades latinas e negras, na sua maioria) e sem educação superior. Isso em apenas uma década. Eleitores latinos votaram 35 pontos acima no Partido Democrata em 2018 que no Partido Republicano. Em 2020, foram 25 pontos. De acordo com pesquisa conduzida, o declínio ocorrido se deve majoritariamente a essa mesma fração da classe trabalhadora (Teixeira, 2022).

Outras pesquisas, inclusive aquelas feitas pelo respeitado Pew Research Center (Hartig, 2021; Kochhar; Sechopoulos, 2022; Hammer, 2022), demonstram que essa parcela da população estadunidense está pessimista. Pessimista em relação ao futuro do país e em relação à condução do Partido Democrata, não está vendo a materialização das promessas feitas durante a campanha presidencial na sua mesa de jantar: a inflação está alta, a gasolina está cara, os alimentos estão mais caros, o acesso à saúde pública e a educação superior gratuita continuam sendo uma utopia, assim como o sonho da casa própria. Afastando-se da sua agenda rooseveltiana da década de 1930, o Partido Democrata parece não estar conseguindo dar conta de questões caras ao trabalhador, às classes média e baixa da população, que veem a inflação devorando o seu salário de um trabalho já bastante precarizado.

O Partido Democrata hoje tem sido visto como elitizado, urbano e intelectualizado – portanto, distante da classe trabalhadora que outrora representava (Sharma, 2022; Hammer, 2022). Enfatizam-se questões abstratas e distantes do trabalhador, o qual está preocupado com questões materiais básicas de subsistência. As agendas do Partido Democrata e de Joe Biden enfatizam a questão climática e lograram grandes recursos nesse âmbito. Recursos que, para a classe trabalhadora, poderiam ser melhor empregados em áreas como saúde, educação, moradia e alimentação, na melhor das hipóteses, e, na pior, que acabam impactando negativamente o já comprometido salário médio desses trabalhadores. Em um momento de sinceridade, o secretário de Transporte, Pete Buttigieg, afirmou, ao testemunhar no Comitê de Transportes e Infraestrutura da Câmara dos Representantes, que, quanto mais dor os "americanos" sentirem ao encher o tanque dos seus carros, maiores os benefícios para os proprietários de veículos elétricos (apud Hammer, 2022). Vale lembrar que, para essa parte da população, a aquisição de um carro elétrico, custando mais de 80% do seu salário médio, não é uma opção.

De acordo com Hammer (2022),

> A maioria dos americanos de baixa e média renda dirige carros ou caminhonetes como parte de seus deslocamentos diários; eles não podem recorrer ao trem urbano, muito menos ao "trabalho em casa", que se tornou uma marca registrada pós-Covid da classe de gerentes profissionais de laptops. Os preços da gasolina que destroem as contas bancárias reduzem diretamente os salários estagnados, afetando a capacidade das famílias operárias de colocar comida na mesa.

A administração Biden ainda congelou dívidas estudantis – promessa que fez parte da campanha democrata em 2020. Entretanto, é bom lembrar que tal ação beneficia apenas quem cursou uma graduação, ainda uma fração pequena na população estadunidense, haja vista os custos de uma universidade nesse país: cerca de 37% da população acima de 25 anos (Schaeffer, 2022). Não à toa, matriculados em um curso superior tendem a ter pais e mães com ensino superior completo (Fry, 2022) e são em sua maioria brancos e/ou asiáticos – em comparação com negros e latinos (Kochhar; Sechopoulos, 2022; Schaeffer, 2022). Essa mesma comunidade negra e latina justifica a falta de um diploma de ensino superior pelo custo das universidades estadunidenses – vale lembrar que todas são instituições pagas – e pela necessidade de sustentar suas famílias (portanto, necessariamente trabalham) (Schaeffer, 2022). Por fim, pesquisas recentes evidenciam que essa mesma classe trabalhadora, base fiel do Partido Democrata, é favorável à gratuidade do ensino superior nos Estados Unidos. Entre os maiores defensores estão aqueles grupos responsáveis pela vitória democrata nas últimas eleições: mulheres, jovens, negros e latinos (Hartig, 2021). Se o congelamento da dívida estudantil agrada uma parcela de democratas, ele é visto como insuficiente para grande parte dos grupos progressistas que apoiam e que fazem parte da luta intrapartidária dentro do Partido. Esses mesmos grupos são representativos de uma classe trabalhadora precarizada, cujo congelamento das dívidas estudantis pouco impacta, já que sequer tiveram condições financeiras para contrair esse tipo de dívida.

Além das questões climáticas e do congelamento de dívidas estudantis, a administração democrata tem enfatizado muito a democracia (até mesmo pelo que o governo Donald Trump significou em termos antidemocráticos). Nesse sentido, Biden conduziu o primeiro Summit for Democracy (2021) e recentemente conduziu o segundo, em março de 2023. Encaminhado pelo Departamento de Estado e com participação e apoio de organizações governamentais como a USAID, o evento faz críticas a regimes pouco simpáticos aos interesses estadunidenses, como Cuba, Nicarágua e Venezuela, considerados – por óbvio – como antidemocráticos. Entretanto, pode-se questionar qual o interesse material de grande parte da base fiel do Partido Democrata representada pela classe trabalhadora em eventos como esse. Para essa classe e esse trabalhador que labuta o dia todo, pega condução, mora de aluguel, não tem acesso a saúde, a educação, a um salário digno ou mesmo a direitos básicos como férias, questões como a democracia (especialmente em outros países) estão muito além das necessidades imediatas de sobrevivência e subsistência que impactam sua vida diariamente. Vale lembrar que, em pesquisa desenvolvida pelo Pew Research Center em 2022, 79% dos entrevistados disseram que economia e inflação são as principais preocupações (Schaeffer; Green, 2022). Novamente, são ações vistas como descoladas da realidade dessa classe trabalhadora – jovem, latina e negra, inclusive – que contribui para a perspectiva de um Partido Democrata elitizado e distante dos anseios materiais de sua base partidária. Assim:

> A retórica grandiosa sobre a democracia cai por terra quando a economia chega perto da estagnação. [...] O problema é que as pessoas em estados sobrevoados não podem se dar ao luxo de votar para alimentar a narrativa de que "a democracia está

em perigo"; eles têm que alimentar sua família. [...] as pessoas estão mais preocupadas com dinheiro no banco do que com a Democracia à beira do precipício. (Stewart, 2022)

Para Hammer (2022), apesar dos desafios e problemas materiais vivenciados pelos estadunidenses,

> [...] a administração Biden e as elites do Partido Democrata preferem se concentrar nos imperativos abrangentes da histeria da mudança climática, do aborto até o nascimento e de uma guerra distante na Europa Oriental que se tornou totalmente desconectada do interesse nacional americano. Isso levanta a questão óbvia, mas ainda assim crucial: como, exatamente, os democratas modernos ficaram tão distantes do povo americano?

Com um Partido Republicano firmemente ancorado em uma agenda neoliberal de desmonte de um incipiente Estado de bem-estar social na década de 1980, o Partido Democrata – seu opositor, que deveria se contrapor – optou por se aproximar dessa mesma agenda. Emblemática dessa aproximação foi a presidência Bill Clinton na década seguinte, quando lideranças no Partido Democrata representantes do centro e da base mais tradicional do partido passam a se caracterizar como *new democrats*, deslegitimando todo um movimento da classe trabalhadora que até então esse partido representava. Deixou de lado, assim, pautas caras aos trabalhadores como salário mínimo digno, empregos menos precarizados, acesso a saúde, moradia e educação. Mesmo com a crise de 2008 e com o governo Barack Obama assumindo a Casa Branca, portanto, quando todas as forças políticas, econômicas e sociais se mostravam favoráveis para mudanças estruturais na economia, o Partido Democrata manteve o *status quo*: impôs algumas novas regulações, mas nem sequer foi capaz de punir alguns dos responsáveis no setor bancário pela crise – algumas dessas mesmas pessoas foram inclusive mantidas na administração democrata. Assim, o que temos hoje são consequências de um modelo econômico neoliberal adotado na década de 1980 pelo Partido Republicano, mas que não foi questionado, criticado ou enfraquecido pelo partido opositor democrata. Desse modo,

> Embora os democratas de meados ao final do século XX fossem vistos como um partido de colarinho azul em apoio aos eleitores da classe trabalhadora, os democratas modernos têm lutado para escapar de sua imagem de instituição elitista. Embora possa ser fácil descartar os eleitores de Trump como racistas ou desinformados, o movimento populista que ele criou foi incrivelmente poderoso. Ao derrubar estados azuis como Michigan, Wisconsin e Pensilvânia em 2016, ele influenciou eleitores tradicionalmente democratas que se sentiram negligenciados por um partido que os havia deixado para trás. (Sharma, 2022)

É justamente nesse cenário, em que o compromisso democrata com a classe trabalhadora – presente desde a administração de Franklin Delano Roosevelt – se enfraquece e já não mais representa determinados anseios dessa mesma classe estadunidense (a lembrar da caracterização "*out of touch*" atrelada a Biden e ao Partido Democrata), que lideranças autoritárias ocupam o espaço esvaziado. São essas lideranças, consideradas de "extrema direita", que atualmente compreendem esse cenário (assim como os anseios dessa classe precarizada) e se colocam como porta-vozes. Esse foi o caso de Trump. Na falta de um partido genuinamente de esquerda, ou ao menos que faça a crítica estrutural e demonstre consciência dos anseios da sua base de apoio, as lideranças de direita ocupam esse espaço. Assim, ocupando o vazio deixado pelo Partido Democrata, "[Os] Candidatos republicanos concentraram-se em questões importantes para famílias e eleitores em todo o país: baixar os preços dos alimentos e do combustível, manter as comunidades seguras e investir em educação" (Stewart, 2022). Para Smith (2023), "A retórica do presidente Biden mostra que os democratas estão fora de contato com a realidade que os americanos enfrentam hoje. [...] O presidente Biden deve se juntar aos republicanos para ouvir o que as famílias trabalhadoras têm a dizer sobre o que melhorará suas vidas e seus meios de subsistência". Algo sintomático desse anseio: na eleição de meio mandato de 2022, eleitores votaram em nível estadual pela aprovação de maior ampliação de saúde pública (na figura do Medicaid) e de aumento do salário mínimo – caso, por exemplo, de South Dakota e Nebraska (Luhby, 2022).

O Partido Democrata, apesar de duas grandes vitórias eleitorais em 2020 e 2022, está em uma situação muito delicada. Mais de 64% de eleitores democratas dizem não se sentir representados pelo partido atual e buscam algo novo. Além disso, ¾ de eleitores entrevistados (71% do total) não aprovam uma reeleição de Joe Biden. Entre os democratas, o número é de 54%. A título de curiosidade, 60% desses entrevistados não aprovam uma nova tentativa de Donald Trump nas próximas eleições presidenciais, em 2024 (Mangan, 2022). A metade dos jovens adultos nos EUA sinaliza descontentamento com os dois partidos políticos nos Estados Unidos e respondeu que gostaria de ter mais opções de partidos que a representassem. Além disso, vê pouca diferença entre os partidos. A maioria é jovem e democrata. Esses mesmos eleitores são os mais desencantados com os partidos, que consideram similares, e gostariam de algo novo – um partido que representasse seus anseios. É o maior número em quase três décadas de análise. Em comparação com eleitores republicanos, os democratas são os que mais desejam um novo partido e são os que menos se sentem representados pelos atuais dois partidos políticos. De fato, eleitores democratas são os eleitores mais críticos acerca dos seus líderes partidários (Pew Research Center, 2022). Mulheres, negros/as e população urbana estão migrando para o Partido

Republicano, enquanto jovens e latinos/as vêm demonstrando menos apoio ao Partido Democrata (Wolf; Merrill, 2022).

Como o Partido Democrata vai lidar com esses dados? Caso mantenha o caminho que vem trilhando, representativo da sua ala centrista, é muito provável que o espaço vazio na representação dessa classe jovem e trabalhadora seja preenchido por uma outra liderança autoritária mimetizando Trump. Espaços vazios na política são sempre preenchidos, e esse tem sido um espaço vazio na história dos Estados Unidos há bastante tempo.

Referências

ASSOCIATED PRESS. 16 abr. 2021. Disponível em: <https://www.pbs.org/newshour/politics/watch-live-white-house-press-secretary-jen-psaki-holds-briefing-5>. Acesso em: set. 2022.

BAWN, Kathleen et al. A Theory of Political Parties: Groups, Policy Demands and Nominations in American Politics. *Perspectives on Politics*, v.10, n.3, p.571-97, set. 2012.

BLACK LIVES MATTER. Black Lives Matter releases statement on Biden's 2022 budget. 2022. Disponível em: <https://blacklivesmatter.com/black-lives-matter-releases-statement-on-bidens-2022-budget/>. Acesso em: dez. 2022.

CAPOOT, Ashley. Pelosi says Republican's "red wave" turned into a "little, tiny trickle". *CNBC*, 13 nov. 2022. Disponível em: <https://www.cnbc.com/2022/11/13/pelosi-says-republicans-red-wave-turned-into-a-little-tiny-trickle.html>. Acesso em: dez. 2022.

CILLIZZA, Chris. Is this Alexandria Ocasio-Cortez's Democratic Party Now? CNN, 7 jan. 2020. Disponível em: <https://edition.cnn.com/2020/01/07/politics/alexandria-ocasio-cortez-joe-biden/index.html>. Acesso em: set. 2020.

CNN. Biden Approval Ratings. CNN, 2022. Disponível em: <https://edition.cnn.com/polling/approval-rating-poll-of-polls>. Acesso em: nov. 2022.

______. Biden Approval Ratings. CNN, 2023. Disponível em: <https://edition.cnn.com/polling/approval-rating-poll-of-polls>. Acesso em: mar. 2023.

______. Ballot Measures. CNN, 2022. Disponível em: <https://edition.cnn.com/election/2022/results/ballot-measures>. Acesso em: jan. 2023.

DALE, Daniel. How 2020 Election Deniers did in their 2022 Midterm Races. CNN, 9 nov. 2022. Disponível em: <https://edition.cnn.com/interactive/2022/11/politics/election-deniers-winners-losers-midterms-2022/>. Acesso em: dez. 2022.

DISALVO, Daniel. *Engines of Change*: Party Faction in American Politics (1868-2010). New York: Oxford University Press, 2012.

ENTEN, Harry. How Joe Biden and the Democratic Party defied midterm history. CNN, 13 nov. 2022a. Disponível em: <https://edition.cnn.com/2022/11/13/politics/democrats-biden-midterm-elections-senate-house/index.html>. Acesso em: dez. 2022.

______. Analysis: Democrats would have gotten crushed this election without young voters. CNN, 12 nov. 2022b. Disponível em: <https://edition.cnn.com/2022/11/12/politics/young-voters-democrats-midterm-elections>. Acesso em: dez. 2023.

FORGEY, Quint. Pentagon leaders: Kabul withdrawal was a "strategic failure". *Politico*, 28 set. 2021. Disponível em: <https://www.politico.com/news/2021/09/28/lloyd-austin-defends-afghanistan-evacuation-514470>. Acesso em: nov. 2022.

FRY, Richard. College grads in U.S. tend to partner with each other – especially if their parents also graduated from college. *Pew Research Center*. Disponível em: <https://www.pewresearch.org/fact-tank/2022/09/07/college-grads-in-u-s-tend-to-partner-with-each-other-especially-if-their-parents-also-graduated-from-college/>. Acesso em: mar. 2023.

GREVE, Joan. Republicans appear better positioned than ever ahead of midterms. *The Guardian*, 5 nov. 2022. Disponível em: <https://www.theguardian.com/us-news/2022/nov/05/midterms-polls-latest-democrats-republicans-predictions>. Acesso em: nov. 2022.

HAMMER, Josh. How did Democrats become so out of touch with the American Peopole? *Newsweek*, 22 set. 2022. Disponível em: <https://www.newsweek.com/how-did-democrats-become-so-out-touch-american-people-opinion-1726984>. Acesso em: dez. 2022.

HARTIG, Hannah. Democrats overwhelmingly favor free college tuition, while Republicans are divided by age, education. *Pew Research Center*, 2021. Disponível em: <https://www.pewresearch.org/fact-tank/2021/08/11/democrats-overwhelmingly-favor-free-college-tuition-while-republicans-are-divided-by-age-education/>. Acesso em: mar. 2023.

______. About six-in-ten Americans say abortion should be legal in all or most cases. *Pew Research Center*, 13 jun. 2022. Disponível em: <https://www.pewresearch.org/fact-tank/2022/06/13/about-six-in-ten-americans-say-abortion-should-be-legal-in-all-or-most-cases-2/>. Acesso em: nov. 2022.

HARVARD POLITICAL REVIEW. 2022 Midterm election forecast. *Harvard Political Review*, 7 nov. 2022. Disponível em: <https://harvardpolitics.com/2022-midterm-election-forecast/> Acesso em: dez. 2022.

JUSTICE DEMOCRATS. *What We Do*. Disponível em: <https://justicedemocrats.com/about/>. Acesso em: fev. 2023.

KOCHHAR, Rakesh; SECHOPOULOS, Stella. Black and Hispanic Americans, those with less education are more likely to fall out of the middle class each year. *Pew Research Center*, 2022. Disponível em: <https://www.pewresearch.org/fact-tank/2022/05/10/black-and-hispanic-americans-those-with-less-education-are-more-likely-to-fall-out-of-the-middle-class-each-year/>. Acesso em: mar. 2023.

KOGER, Gregory; MASKET, Seth; NOEL, Hans. Partisan Webs: Information Exchange and Party Networks. *British Journal of Political Science*, v.39, n.3, p.633-53, 2009.

LUHBY, Tami. Voters approve Medicaid expansion and a minimum wage increase in these states. CNN, 11 nov. 2022. Disponível em: <https://edition.cnn.com/2022/11/10/politics/medicaid-minimum-wage-midterm-election-ballot-measures>. Acesso em: dez. 2022.

MANGAN, Dan. President Biden's job approval rating hits new low in public poll. CNBC, 20 jul. 2022. Disponível em: <https://www.cnbc.com/2022/07/20/president-joe-biden-job-approval-rating-hits-new-low-in-public-poll.html>. Acesso em: jan. 2023.

MASKET, Seth. *No Middle Ground*: How Informal Party Organizations Control Nominations and Polarize Legislatures. Michigan: The University of Michigan Press, 2012.

NOEL, Hans. Toward a Network's Theory of Political Parties: A Social Network's Analysis of Internal Party Cleavages in Presidential Nominations. *American Political Parties*: Past, Present and Future Conference. Charlotesville. Set. 2012. Disponível em: <http://faculty.virginia.edu/jajenkins/Noel.pdf>. Acesso em: 2 fev. 2014.

PARTIDO DEMOCRATA. Plataforma Nacional do Partido Democrata 2020. Disponível em: <https://www.presidency.ucsb.edu/documents/2020-democratic-party-platform>. Acesso em: nov. 2020.

PEW RESEARCH CENTER. As partisan hostility growns, signs of frustration with the two-party system. *Pew Research Center Report*, 9 ago. 2022. Disponível em: <https://www.pewresearch.org/politics/2022/08/09/as-partisan-hostility-grows-signs-of-frustration-with-the-two-party-system/>. Acesso em: nov. 2022>.

PRICE, Ned. *Entrevista*, 2022. Disponível em: <https://noticias.uol.com.br/ultimas-noticias/efe/2022/09/14/governo-de-biden-admite-que-sua-politica-com-cuba-e-diferente-da-de-obama.htm>. Acesso em: jan. 2023.

RAHMAN, Khaleda. Black Lives Matter calls Biden to immediately lift cruel Cuba embargo. *Newsweek*, 15 set. 2021. Disponível em: <https://www.newsweek.com/black-lives-matter-calls-biden-immediately-lift-cruel-cuba-embargo-1609901>. Acesso em: jan. 2023.

RAMER, Holly. Christie: GOP needs someone who can quickly take down Trump. *AP News*, 27 mar. 2023. Disponível em: <https://apnews.com/article/christie-2024-president-new-hampshire-trump-5ff8b0ca2553ea3800c92826088a40de>. Acesso em: 30 mar. 2023.

RICHARDS, Zoe. Election Denier Mark Finchem Loses Secretary of State Race in Arizona. *NBC News*. 12 nov. 2022. Disponível em: <https://www.nbcnews.com/politics/2022-election/election-denier-mark-finchem-loses-secretary-state-race-arizona-rcna56880>. Acesso em: jan. 2023.

SCHAEFFER, Katherine. 10 facts about today's college graduates. *Pew Research Center*. Disponível em: <https://www.pewresearch.org/fact-tank/2022/04/12/10-facts-about-todays-college-graduates/>. Acesso em: mar. 2023.

SCHAEFFER, Katherine; GREEN, Ted. *Key facts about U.S. voter priorities ahead of the 2022 midterm election*. Disponível em: <https://www.pewresearch.org/fact-tank/2022/11/03/key-facts-about-u-s-voter-priorities-ahead-of-the-2022-midterm-elections/>. Acesso em: mar. 2023.

SCHWARTZ, M. *The party network*: the robust organization of Illinois republicans. Madison: The University of Wisconsin Press, 1990.

SHARMA, Nikhil. Is the Democratic Party out of touch with Americans? *The Michigan Daily*, 24 out. 2022. Disponível em: <https://www.michigandaily.com/opinion/is-the-democratic-party-out-of-touch-with-americans/>. Acesso em: fev. 2023.

SMITH, Jason. Smith: Biden's speech shows Democrats are out of touch with the reality facing Americans today. *Ways and Means Committee*, 7 fev. 2023. Disponível em: <https://waysandmeans.house.gov/smith-bidens-speech-shows-democrats-are-out-of-touch-with-the-reality-facing-americans-today/>. Acesso em: mar. 2023.

STEWART, Alice. Democrats are out of touch with American voters. CNN, 8 nov. 2022. Disponível em: <https://edition.cnn.com/2022/11/05/opinions/gop-midterm-election-messaging-economy-stewart/index.html>. Acesso em: jan. 2023.

STRACQUALURSI, Veronica; COLE, Devan; LEBLANC, Paul. Voters deliver ringing endorsement of abortion rights on midterm ballot initiatives across the US. CNN, 9 nov. 2022. Disponível em: <https://edition.cnn.com/2022/11/09/politics/abortion-rights-2022-midterms/index.html>. Acesso em: jan. 2023.

SUNRISE MOVEMENT. *Sunrise Movement*. Disponível em: <https://www.sunrisemovement.org>. Acesso em: mar. 2023.

TEIXEIRA, Ruy. Democrats' long goodbye to the working class. *The Atlantic*, 6 nov. 2022. Disponível em: <https://www.theatlantic.com/ideas/archive/2022/11/democrats-long-goodbye-to-the-working-class/672016/>. Acesso em: jan. 2023.

THE ECONOMIST. The Republicans are likely to gain a majority in the House. *The Economist*, 8 nov. 2022. Disponível em: <https://www.economist.com/interactive/us--midterms-2022/forecast/house>. Acesso em: nov. 2022.

THE NEW YORK TIMES. *Results Washington US House District* 3. Disponível em: <https://www.nytimes.com/interactive/2022/11/08/us/elections/results-washington-us-house-district-3.html>. Acesso em: dez. 2022.

UNITED STATES DEPARTMENT OF ENERGY. *Biden-Harris Administration releases nearly $ 600 million to modernize and advance water power across America*. 8 maio 2023. Disponível em: <https://www.energy.gov/articles/biden-harris-administration-releases-nearly-600-million-modernize-and-advance-water-power>. Acesso em: jul. 2023.

UNITED STATES DEPARTMENT OF STATE. *Expanding U.S. sanctions authorities and announcement of Visa restrictions for Nicaraguan officials*. 24 out. 2022. Disponível em: <https://www.state.gov/expanding-u-s-sanctions-authorities-and-announcement--of-visa-restrictions-for-nicaraguan-officials/>. Acesso em: fev. 2023.

UNITED STATES ENVIRONMENTAL PROTECTION AGENCY. *News Realeses*. 28 jun. 2023. Disponível em: <https://www.epa.gov/newsreleases/biden-harris-administration-launches-7-billion-solar-all-grant-competition-fund>. Acesso em: jul. 2023.

UNITED STATES WHITE HOUSE. *White House*: Fact Sheet. 20 abr. 2023. Disponível em: <https://www.whitehouse.gov/briefing-room/statements-releases/2023/04/20/fact--sheet-president-biden-to-catalyze-global-climate-action-through-the-major-economies-forum-on-energy-and-climate/>. Acesso em: jun. 2023.

UNITED STATES WHITE HOUSE. *Fact Sheet*: The bipartisan infrastructure deal. 6 nov. 2021. Disponível em: <https://www.whitehouse.gov/briefing-room/statements-releases/2021/11/06/fact-sheet-the-bipartisan-infrastructure-deal>. Acesso em: maio 2023.

WATSON, Michele. Maryland Gov.Larry Hogan says Trump has cost the GOP the last three elections. CNN, 13 nov. 2022. Disponível em: <https://edition.cnn.com/2022/11/13/politics/larry-hogan-trump-republicans-midterms-cnntv/index.html>. Acesso em: dez. 2023.

WOLF, Zachary; MERRILL, Curt. Anatomy of a close election: How Americans voted in 2020 vs. 2018. CNN, 9 nov. 2022. Disponível em: <https://edition.cnn.com/interactive/2022/politics/exit-polls-2022-midterm-2018-shift/>. Acesso em: dez. 2022.

2
Com ou sem Trump? O GOP na oposição

Flávio Contrera
Karina L. Pasquariello Mariano

Ao longo do século XX, o bipartidarismo norte-americano possibilitou a construção de um sistema político organizado em torno do centro do espectro político, com dois partidos que, apesar de suas diferenças, podiam ser considerados como representantes de um mesmo segmento político, com valores básicos semelhantes: defesa da democracia e de suas instituições, respeito aos direitos humanos e à diversidade, defesa do livre-comércio e do multilateralismo, preocupação com o papel dos Estados Unidos como líder do sistema mundial.

Sem entrar nas razões que possibilitaram essa convergência, tampouco nas divergências nas posturas de ambos os partidos em relação a esses pontos, o fato é que as mudanças de governo ao longo desse período foram marcadas por certa continuidade, na qual a diferenciação entre os governos republicanos e democratas estava mais nos detalhes e na defesa de determinados programas políticos do que propriamente num redirecionamento profundo.

Essa continuidade foi desafiada em 2016, com a vitória presidencial de Donald Trump. Seu governo foi marcado não somente por um questionamento constante das instituições nacionais e internacionais, como por uma lógica de descaracterização de seu próprio partido, levando-o a um comportamento mais radicalizado, o que, por sua vez, intensificou a polarização do sistema político norte-americano.

Sua derrota eleitoral em 2020 não encerrou esse movimento, assim como não foi sua vitória em 2016 que deu origem a essa radicalização. O fato é que, a partir da segunda década do século XXI, o novo comportamento do Partido Republicano tem desequilibrado o funcionamento tradicional das instituições políticas daquele país. Diante desse cenário, a questão central é se esse sistema terá condições de resistir às investidas extremistas e reencontrar o equilíbrio preexistente ou se passará por uma transformação.

Ainda não é possível responder a essa questão, porque permanecemos em meio ao processo, cujo resultado dependerá das ações e dos comportamentos dos atores envolvidos. Portanto, nossa preocupação diante deste cenário é analisar o comportamento recente do Partido Republicano e compreender as tendências que este representa, as quais podem ser indicativos da conformação de possíveis cenários futuros.

A primeira parte do capítulo apresenta uma breve análise de como o processo de radicalização política se instaurou no interior do Partido Republicano e do papel do ex-presidente Donald Trump nesse processo. À luz dessas condicionantes, avaliamos a atuação do Partido Republicano na oposição a Joe Biden, focando o GOP (Grand Old Party) no Congresso, durante a 117ª legislatura (2021-2023). Em seguida, avaliamos os resultados das *midterms* e a configuração legislativa da 118ª legislatura (2023-2025), levando em consideração a tensão existente hoje entre os republicanos considerados moderados e os trumpistas. A última seção projeta cenários para a eleição presidencial de 2024 em face das lideranças republicanas em ascensão e do legado de Donald Trump, considerando os desafios lançados pela eleição presidencial de 2024, pois esta poderá definir se a radicalização dentro do partido representa uma mudança permanente.

Comportamento partidário na era da polarização

No bipartidarismo, os partidos acabam se conformando como um agrupamento de vários segmentos políticos (Blum, 2020), que, no entanto, tendem a ter um grupo majoritário que se torna a face externa do partido, a qual também controla a estrutura partidária e define suas principais estratégias de ação. No caso estadunidense, esses grupos partidários majoritários, no caso dos dois partidos, caracterizaram-se por ser moderados, comportando-se com base em uma lógica de centro ideológico e evitando ações e posturas que pudessem ser identificadas com os extremos políticos.

Essa preponderância da lógica moderada dentro dos partidos permitiu um maior equilíbrio do sistema político ao longo do tempo e uma alternância no poder sem traumas, pois as mudanças de governo não representavam redirecionamentos radicais nas políticas implementadas previamente. Mais do que isso, a continuidade no funcionamento institucional estava garantida porque os dois lados compartilhavam a mesma percepção sobre a sua importância.

Essa moderação foi importante também no âmbito legislativo, pois permitiu ao longo do tempo a construção de consensos entre os dois partidos e viabilizou a governabilidade mesmo em situações em que o presidente não possuía maioria em uma ou em ambas as casas do Congresso. Mas, até meados dos anos 1980, o comportamento legislativo não era partidário. Com efeito, entre 1965 e 1977, as maiorias formadas nas votações eram caracterizadas por uma coalizão conservadora, forjada a partir do realinhamento ocorrido na defesa dos direitos civis dos negros na primeira metade dos anos 1960. Essa coalizão era formada por legisladores republicanos e democratas provenientes do sul do país. Não à toa, havia certo consenso na literatura sobre o caso estadunidense nas décadas de 1960 e 1970, defendendo-se que os eleitores norte-americanos não concebiam o comportamento dos parlamentares em termos partidários (Stokes; Miller, 1962; Mayhew, 1974; Fenno, 1978; Jones, 2010).

Incontestavelmente, o comportamento legislativo dos partidos estadunidenses está mais polarizado nas últimas décadas (Poole; Rosenthal, 1997; 2007; Fiorina, 1999; Jacobson, 2000; Theriault, 2006; Beckmann; McGann, 2008; Aldrich, 2011; Ragusa, 2016). O que mudou? Durante as décadas de 1970 e 1980, ocorreram reformas importantes no sistema de comissões do Congresso estadunidense. Rohde (1991) dividiu essas reformas em três etapas. A primeira delas focou no poder das comissões e de seus líderes, consistindo na adoção de procedimentos de descentralização que deram substancial independência às subcomissões e a seus líderes em relação à comissão como um todo.

A segunda centrou-se em fortalecer o partido majoritário e seus líderes. Ao orador do partido foi dado o poder de apontar o líder, mediante aprovação da bancada, e concedido o direito de definir limites de tempo na consideração de um projeto de lei em cada comissão. Nesse período foi dado maior controle sobre a base por dois aumentos no número de dias em que a Casa poderia atuar em regime de suspensão de regras. Por fim, a proporção de membros do partido majoritário foi reforçada e alargada por regra em relação a membros do partido minoritário em todas as comissões e subcomissões. A terceira etapa preocupou-se em fortalecer o controle coletivo do poder, ou seja, em fortalecer o partido como uma coletividade e aumentar o poder de seus líderes para encaminhar legislação apoiada pelo partido. Em poucas palavras, essas reformas deram poder de agenda ao partido majoritário. Desde então, quem detém a maioria na Câmara ou no Senado controla o processo legislativo nesses espaços. Daí a importância de vencer os processos eleitorais.

Outros procedimentos adotados naquelas reformas, tais como a expansão do sistema de disciplina partidária e a criação de forças-tarefas paralelas para trabalhar em pedaços particulares das legislações, também reforçaram o poder dos partidos, que a partir de então usaram os meios de ação recém-modificados para atuar em harmonia, opor-se ao presidente e ganhar uma agenda substancial e ambiciosa na Câmara, o que incluiu aprovar muita legislação. Esse processo, que resultou em maior coesão partidária nas votações no Congresso, é caracterizado por Aldrich (2011) como homogeneização interna dos partidos. Esta foi seguida de um processo de diferenciação externa na defesa de questões, a qual permitiu ao eleitorado identificar, ao final dos anos 1970, um partido como mais liberal e o outro como o mais conservador.

A esse respeito, protestos estudantis, contracultura, nacionalismo negro, feminismo radical e ambientalismo levaram o liberalismo norte-americano em direção à nova esquerda ao final dos anos 1960. Crítico desses movimentos progressistas, o neoconservadorismo foi forjado no início dos anos 1970 por intelectuais como Irving Kristol, Daniel Bell, Norman Podhoretz, Nathan Glazer, Seymour Martin Lipset, James Q. Wilson e Daniel Patrick Moynihan.

Interessados principalmente em questões domésticas, os neoconservadores ganharam destaque na plataforma do Partido Republicano, que na época era apoiado por fundamentalistas cristãos, grupos pró-vida e outros de especial interesse da direita. Esses grupos desempenharam um papel importante na articulação de uma imagem dos Estados Unidos, incorporando as virtudes cristãs e empregando todos os meios disponíveis para derrotar o comunismo – representado como a força do mal que destrói os valores cristãos (Mainwaring, 1986).

Esse movimento rumo a um crescimento da radicalização dentro do Partido Republicano e à ascensão de Trump é bem desenvolvido na análise de Velasco e Cruz (2019), que aponta como, a partir do início da década de 1990, a chamada Revolução Gingrich dentro do Partido Republicano estimula um discurso e um comportamento mais polarizados dentro do partido como estratégia eleitoral bem-sucedida.

Chamamos a atenção para o fato de que, paradoxalmente, a centralidade assumida pela política externa na plataforma republicana se deve em parte a um grupo de democratas, os "Scoop Jackson". Esses democratas consideravam Carter um presidente fraco, especialmente após o desastre no Irã, a vitória sandinista na Nicarágua e a disseminação das atrocidades cometidas pelos regimes comunistas do Camboja e do Vietnã. A vitória de Reagan em 1980 levou a política externa norte-americana a uma nova direção, reforçando a reputação do Partido Republicano como apoiador de propostas conservadoras.

Nesse contexto, os movimentos sociais organizados pela nova direita reivindicavam uma presença mais agressiva dos Estados Unidos no Terceiro Mundo. Cruzando as linhas partidárias, os democratas de "Scoop Jackson" foram trabalhar na administração de Ronald Reagan, inspirando apoio aos "combatentes da liberdade" para perseguir o império soviético, controle de armas de linha dura, a retórica do "império do mal" e a criação do National Endowment for Democracy (Vaisse, 2010).

Esse grupo neoconservador foi a base da facção mais extremista que surgiu no GOP em 2009, denominada Tea Party e que, por sua vez, sedimentou o caminho para a ascensão de Donald Trump dentro do Partido Republicano (Morris, 2022). Como aponta Velasco e Cruz (2019), o Tea Party intensifica no sistema político estadunidense a radicalização política, com um discurso conservador reacionário (Blum, 2020; Parker; Barreto, 2013), crescentemente xenófobo e racista. Ainda que Trump não seja oriundo desse grupo, seu alinhamento com os membros do Tea Party mostrou-se estratégico para vencer as primárias partidárias e se tornar candidato presidencial do GOP.

Sua estratégia intrapartidária não era apenas chamar a atenção para esse grupo, mas também ampliar sua força dentro do partido, seguindo duas lógicas: a de ampliar seus membros eleitos, o que significava entrar em disputas nas prévias eleitorais (Morris, 2022; Blum, 2020); e a de ampliar sua participação na estrutura do próprio partido, visando tornar-se uma força preponderante. A primeira estratégia mostrou-se muito mais eficaz do que a segunda, pois, apesar do aumento de membros eleitos pertencentes a essa direita mais radical, a cúpula partidária permanece controlada pela ala moderada do Partido Republicano.

A principal característica de ação dessa ala neoconservadora é a adoção de uma lógica populista pautada na forte mobilização de eleitores, transformando-os em apoiadores de suas causas antes de simpatizantes do partido. Isto é, a sua base de apoio é mobilizada a partir de uma agenda política mais radicalizada, cujo discurso está voltado para atrair aqueles que se identificam com essa pauta e não necessariamente com a pauta tradicional do GOP. Dessa forma, para garantir esses eleitores, os candidatos republicanos precisam cada vez mais assumir discursos alinhados com a ala mais extremista (Blum, 2020). Desse modo, as mudanças ocorridas no sistema de distribuição de comissões, bem como os processos de homogeneização interna e diferenciação externa, permitiram que os partidos apresentassem, a partir de meados da década de 1980, uma unidade interna nas votações no Congresso e, paulatinamente, um comportamento mais polarizado. Nesse mesmo processo, os políticos alinhados com o Tea Party acabaram se tornando preponderantes na representação do GOP dentro do Congresso americano (Blum, 2020).

Para Jones (2015), a variação no nível de polarização partidária no Congresso a partir dos anos 1990 vem afetando a avaliação dos norte-americanos sobre os partidos políticos. Seu argumento é o de que, quando os partidos no Congresso passaram a agir de modo mais distinto nas votações, as avaliações do desempenho do Congresso tiveram maior efeito sobre o apoio relativo ao partido majoritário. Quando os eleitores gostam da forma como o Congresso está atuando sob a liderança do partido majoritário, aumenta o apoio a esse partido nos outros pleitos.

Em outras palavras, o apoio maior do eleitorado em direção a um partido pode também ser explicado pelo seu desempenho no Congresso, e que, em certos casos, essa variável é tão poderosa quanto a aprovação presidencial. Esses resultados ajudam a explicar também por que os atores estratégicos nos Estados Unidos às vezes agem contra os interesses de sua própria base eleitoral. Também são reveladores de que, se as ações dos legisladores podem afetar a popularidade dos partidos, esses também podem ser afetados por outros atores políticos.

Em suma, se em um primeiro momento, nos anos 1960 e 1970, a maioria dos estudos sobre o comportamento dos partidos no Legislativo norte-americano atribuía quase nenhuma importância à organização partidária nos resultados alcançados no processo de votação das proposições, e, consequentemente ao processo de formação da coesão partidária, mais recentemente não somente a relevância dos partidos foi demonstrada nesse sentido, como também a sua influência nos resultados das políticas tem sido cada vez mais ressaltada.

Para os defensores da influência partidária no Congresso (Rohde, 1991; Aldrich; Rohde 2000; Cox; McCubbins, 2005), os resultados legislativos podem ser manipulados por benefícios eleitorais e políticos. Esses estudiosos argumentam que as organizações partidárias têm duas maneiras de manipular resultados: controlando a agenda negativa e positiva. No caso da agenda negativa, seu controle se daria por meio da exclusão das propostas legislativas que dividem o plenário, ou, especialmente, se os líderes do partido suspeitam que exista chance de derrota (Cox; McCubbins, 2005; Gailmard; Jenkins, 2007; Jenkins; Monroe, 2012). Já o controle da agenda positiva implicaria outras táticas agressivas associadas com os legisladores individuais (Rohde, 1991; Finocchiaro; Rohde, 2008). Essas estratégias ajudariam a garantir que o partido da maioria fosse desproporcionalmente bem-sucedido na obtenção de seus resultados políticos desejados.

Com efeito, a institucionalidade molda o escopo de atuação dos partidos. A formação de maioria é determinante para maximização de ganhos no Legislativo. Os partidos resolvem problemas de ação coletiva, reduzindo a incerteza sobre resultados futuros e aumentando a margem de vitórias políticas (Aldrich, 2011). A racionalidade dos partidos é expressa à medida que eles se posicionam tentando chegar a maiorias para aprovar ou rejeitar legislação. Assim, o comportamento dos partidos pode ser entendido como uma adaptação ótima a um ambiente institucional e como uma resposta otimizada às suas próprias formas de interação (Tsebelis, 1990).

A oposição republicana a Biden no Congresso

Sustentando maioria nas duas casas do Legislativo, os democratas tornaram funcional a 117ª Legislatura. Desde março de 2021, os legisladores aprovaram: um plano de US$ 1,9 trilhão para ajudar a economia a se recuperar da pandemia de Covid; um pacote de infraestrutura com US$ 550 bilhões com novos gastos em estradas, pontes, portos e similares; um plano de reparação do balanço do Serviço Postal; uma lei antilinchamento há muito esperada, com o nome de Emmett Till; uma lei de segurança de armas modesta, mas significativa; um projeto de lei de US$ 280 bilhões, o Chips Act, para estimular a pesquisa científica e a produção doméstica de semicondutores; e a Lei de Redução da Inflação.

Especialmente notável é o fato de que algumas medidas – reforma postal, infraestrutura, antilinchamento, Chips, segurança de armas, expansão de cuidados de saúde para veteranos e proteção às vítimas de má conduta sexual – tiveram apoio bipartidário. Isso também se aplica às repetidas medidas de apoio militar e econômico à Ucrânia em sua guerra com a Rússia e à entrada da Finlândia e da Suécia na Otan. O presidente do Federal Reserve, Jerome H. Powell, obteve a confirmação do Senado para um segundo mandato de quatro anos em uma base bipartidária (*The Washington Post*, 13 ago. 2022).

Igualmente importante, o partido majoritário (os democratas) não vetou totalmente o partido minoritário. Em algumas questões, os democratas decidiram que era muito importante agir. Eles aprovaram a resposta mais significativa às mudanças climáticas na história do país. Também aumentaram o acesso a cuidados médicos para americanos de renda média e baixa e implementaram programas que suavizaram o golpe da pandemia.

Nas últimas décadas, os congressistas republicanos se opuseram quase uniformemente às políticas para resolver alguns dos maiores problemas do país, incluindo a mudança climática e a desigualdade econômica. Essa oposição continuou no atual Congresso. Mas os republicanos não se opuseram reflexivamente a toda a legislação nesse Congresso – como costumavam fazer durante a presidência de Barack Obama. Na Legislatura atual, alguns republicanos trabalharam duro para ajudar a redigir uma legislação bipartidária sobre outras questões.

Chamamos a atenção para esse posicionamento diferente por parte dos republicanos em sua condição de oposição. Uma característica central dos republicanos mais radicalizados é um forte alinhamento à pauta de costumes e uma priorização de sua atenção às questões relacionadas a ela (Blum, 2020). Por outro lado, a ala moderada do partido busca manter uma oposição mais propositiva, aceitando a construção de consensos como forma de garantir uma certa governabilidade e estabilidade ao sistema.

É preciso ressaltar que, apesar de o grupo mais radicalizado ter ganhado força no Partido Republicano a ponto de conseguir indicar o seu candidato para as eleições presidenciais de 2016, seu poder dentro da cúpula partidária é bem mais restrito. As lideranças partidárias tendem a estar alinhadas com essa ala moderada, como é o caso de Mitch McConnell, líder dos republicanos no Senado, e apontado pela ala trumpista como inimigo.

Esta é outra característica desse grupo: não só disputam com os democratas, mas também se mostram críticos e opositores daqueles membros de seu partido que são identificados como moderados. Estes são constantemente tratados como traidores nos discursos dessa ala extremista, sendo apontados para os eleitores e simpatizantes como falsos republicanos, pois não defendem a verdadeira pauta política do partido.

A seguir, está uma lista de senadores republicanos que votaram em pelo menos três dos cinco principais projetos de lei (sobre infraestrutura, política da China, segurança de armas, assistência médica de veteranos e serviço postal). Entre eles, está Mitch McConnell, líder dos republicanos no Senado.

5 legislações (8 senadores)	**4 legislações (4 senadores)**	**3 legislações (9 senadores)**
Roy Blunt Mo.	Lisa Murkowski Alaska	Kevin Cramer N. D.
Richard Burr N. C.	Thom Tillis N. C.	Steve Daines Mont.
Bill Cassidy La.	Roger Wicker Miss.	Joni Ernst Iowa
Lindsey Graham S. C.	Todd Young Ind.	Deb Ficher Neb.
Mitch McConnell Ky.		Chuck Grassley Iowa
Shelley Moore Capito W. Va.		John Hoeven N. D.
Rob Portman Ohio		Jerry Moran Kan.
Susan Collins Maine		Mitt Romney Utah
		Dan Sullivan Alaska

Nota: Onze votaram a favor de dois projetos de lei bipartidários e 13 votaram a favor de um.

Fonte: *The New York Times*.

Apenas cinco senadores republicanos não votaram em nenhum desses projetos de lei: James Lankford, de Oklahoma, Mike Lee, de Utah, Rand Paul, de Kentucky, e Richard Shelby e Tommy Tuberville, ambos do Alabama (*The New York Times*, 16 ago. 2022).

Esse posicionamento mais moderado e disposto à construção de consensos é fortemente criticado pela ala extremista, embora essa crítica esteja muito mais ligada a uma estratégia eleitoral e de visibilidade. De fato, o posicionamento dos congressistas mais radicalizados centrou-se em demarcar sua oposição ao governo Biden, mas sem assumir posições mais extremistas ou comprometedoras em relação a esse governo. Segundo Lee (2023), ao analisar o comportamento dos congressistas nos primeiros dois anos da gestão democrata em relação ao posicionamento do partido, à definição das lideranças e ao papel de Trump dentro do partido, percebe-se que as escolhas se fundamentaram muito mais nos interesses eleitorais.

Embora muitos congressistas manifestem seu alinhamento a Trump, tal alinhamento não ocorreria por uma crença ideológica, mas sim por um cálculo pragmático: apesar de ter perdido as eleições em 2020, o ex-presidente tem uma ampla base popular, que não é necessariamente republicana. Ou seja, antes de votar por causa do ideário partidário, esses eleitores votam em favor de uma agenda política que defenderia o modo de vida tradicional norte-americano, que estaria sendo ameaçado pela globalização, pelos direitos humanos e imigrantes.

Como a mobilização desse eleitorado passa pelos canais controlados por Trump, a oposição ao ex-presidente representaria a possibilidade de perder esses votos e, portanto, em muitos casos, as eleições. Exemplo disso é o fato de que cerca de dois terços dos republicanos da Câmara de Deputados representam distritos onde Trump ganhou com ao menos 55% dos votos (Lee, 2023). Sendo assim, muitos congressistas buscam se mostrar alinhados ao trumpismo ou, no mínimo, não o confrontar, como forma de evitar desgastes políticos.

Provavelmente o melhor exemplo desse posicionamento esquivo seja a própria questão da derrota eleitoral de 2020. O ex-presidente mantém desde então um discurso que deslegitima o resultado eleitoral e a probidade do pleito, alegando que a vitória de seu oponente não é válida. Esse discurso mantém mobilizada uma parcela importante do eleitor trumpista e foi uma das principais motivações para a invasão do Capitólio em 6 de janeiro de 2021.

Como a grande maioria dos eleitores republicanos identificados com Trump manifesta sua descrença na legitimidade do governo Biden (*AP News*, 2021), boa parte dos congressistas do GOP tende a assumir posições dúbias nesse sentido. Nenhum deles assume uma posição em defesa da ilegitimidade do processo, mas o criticam, apontando a possibilidade de problemas com a adoção de novos procedimentos eleitorais por conta da pandemia de Covid-19 (Lee, 2023).

> Quando o *Washington Post* entrevistou membros republicanos do Congresso sobre se Biden havia sido legitimamente eleito, apenas 2 disseram que não, 37 disseram que sim e o restante se recusou a responder de uma forma ou de outra.[1] A deputada Marjorie Taylor Greene (R-GA) ocasionalmente usava uma máscara facial que dizia: "Trump venceu".[2] O deputado Mo Brooks (R-AL) falou no comício "Stop the

1 Washington Post Staff, Where Republicans in Congress Stand on Trump's False Claim of Winning the Election, *Washington Post*, 15 dez. 2020, disponível em: <https://www.washingtonpost.com/graphics/2020/politics/congress-republicans-trump-election-claims/>.

2 Dominick Mastrangelo, Rep.Marjorie Taylor Greene Wears "Trump Won" Mask on House Floor, *The Hill*, 4 jan. 2021, disponível em: <https://thehill.com/ homenews/532534-rep-elect-marjorie-taylor-greene-wears-trump-won-mask-on-house-floor>.

> Steal"[3] de Trump.Rep.Andy Biggs (R-AZ) e Rep.Paul Gosar (R-AZ) foram creditados por ajudar a organizar o comício.[4] No entanto, essas são figuras marginais no GOP do Congresso, e a postura deles era solitária dentro do partido. Logo após a posse de Biden, 90% dos membros republicanos adotaram o padrão de simplesmente se recusar a comentar as reivindicações de Trump de uma forma ou de outra.[5] (Lee, 2023, p.4)

Mesmo nas ocasiões em que houve votação relativa ao questionamento do resultado eleitoral, as estratégias republicanas buscaram reforçar seu discurso sem provocar um real questionamento do resultado. Embora uma maioria republicana tenha apoiado a recontagem de votos na Pensilvânia e no Arizona, eles estavam conscientes de que uma eventual mudança no resultado desses estados não seria suficiente para alterar o resultado como um todo. Além disso, a maioria democrata no Congresso (nas duas casas) era uma segunda garantia de que os resultados não seriam efetivamente questionados (Lee, 2023).

Assim, foi possível agradar ao eleitorado insatisfeito mostrando um posicionamento questionador, manter um alinhamento a Trump e não afetar diretamente a institucionalidade democrática, questionando de fato o resultado eleitoral. O bônus dessa postura é manter em suspenso a legitimidade do governo Biden perante uma parcela significativa do eleitorado, representando uma fragilidade importante para a administração democrata.

Esse cálculo transparece também no posicionamento adotado em relação à invasão do Capitólio. Todos os congressistas republicanos repudiaram a invasão e os atos cometidos no 6 de janeiro, defendendo punições para os envolvidos. Ao mesmo tempo, mostraram-se reticentes em assumir um posicionamento de atribuir ao ex-presidente Trump a culpabilidade pelo ocorrido ou mesmo em criticar sua postura de defender os acusados, prometendo inclusive indulto aos condenados caso seja eleito em 2024.

Quando os democratas propuseram a criação de uma comissão de inquérito para tratar da invasão, os republicanos se mobilizaram contra sua

---

3 Michael Kranish, Mo Brooks Urged a January 6 Crowd to "Fight." Now His Actions Long Before the Insurrection Face New Scrutiny. *Washington Post,* 10 jan. 2021, disponível em: <https://www.washingtonpost.com/politics/2022/01/10/mo-brooks-jan6-eric-swalwell-lawsuit-insurrection/>.

4 Robert Anglen and Ronald Hasen, Reps. Paul Gosar, Andy Biggs Credited in Video with Organizing Trump Crowed in DC on Day of Riot, *Arizona Republic,* 10 jan. 2021, disponível em: <https://www.azcentral.com/story/news/politics/arizona/2021/01/10/paul-gosar-andy-biggs-credited-videoorganizing-trump-crowd-dc/6603721002/>.

5 Chris Kahn, Soyoung Kim, Jason Lange, James Oliphant, Tim Reid, Special Report: Stolen Election? Republican Lawmakers Paralyzed by Trump's False Fraud Claims, Reuters, 4 fev. 2021, disponível em: <https://www.reuters.com/article/us-usa-trump-lawmakers-special-report/special-reportstolen-election-republican-lawmakers-paralyzed-by-trumps-false-fraud-claims-idUSKBN2A41CP>.

constituição, tendo como justificativa o fato de que o Departamento de Justiça já havia se encarregado de fazer as investigações necessárias, como alegou o líder do Senado, Mitch McConnell. Por trás dessa alegação, podemos encontrar duas motivações principais: a preocupação em evitar que as investigações reforçassem a percepção da relação entre os republicanos (extremistas) e os invasores, amplamente explorada pelo Partido Democrata; e evitar criar um atrito aberto com Trump, que poderia levar a um estremecimento ainda maior nas relações internas do GOP, bastante desgastada pelas tensões entre as alas radical e moderada.

Essas preocupações justificaram as retaliações do partido contra a deputada Liz Cheney. Apesar da percepção geral de sua oposição aberta contra Trump, tendo apoiado o seu impeachment em 2021, a senadora não foi punida ou criticada pela cúpula partidária e seus companheiros, que consideraram, na sua grande maioria, que seu voto representava sua liberdade e o direito para manifestar a sua percepção sobre a responsabilidade do ex-presidente com os fatos de 6 de janeiro.

Prova disso é que Cheney manteve sua posição de House Conference Chair logo após a votação do impeachment, apesar do movimento realizado pelos trumpistas para retirá-la do cargo, numa votação que terminou em 61 a favor de sua saída e 145 votantes pela sua permanência. O problema foi seu apoio e participação na comissão mista de investigação que propiciou ao Partido Democrata a oportunidade de vincular o ocorrido com seus opositores, desgastando a imagem do partido junto à grande maioria do eleitorado que se mostrou em desacordo com a atitude dos extremistas invasores (Lee, 2023).

A estratégia republicana de buscar acomodar os interesses de grupos tão divergentes com os moderados e os extremistas visava garantir um melhor desempenho eleitoral, especialmente durante as *midterms*, pois havia a perspectiva de atrair com ela tanto os votos da base trumpista fortemente mobilizada, como daqueles eleitores oscilantes, fortemente descontentes com o desempenho da administração Biden, marcada por alta inflacionária. No entanto, as expectativas republicanas não foram plenamente atendidas, como veremos na próxima seção, e agora o partido enfrenta a necessidade de repensar como será sua atuação em 2024.

Midterms e a nova configuração legislativa

Apesar da investigação da Câmara sobre a insurreição de 6 de janeiro de 2021 e das investigações criminais em vários estados, o ex-presidente Donald Trump iniciou a campanha para as *midterms* de novembro de 2022 como a principal liderança política do Partido Republicano. Trump endossou 130 candidatos republicanos para a Câmara e o Senado, bem como outros para governadores estaduais ou outros cargos. Seu critério mais importante para escolhê-los foi seu alinhamento com o trumpismo, no que inclui o não reconhecimento da vitória de Biden em 2020.

Na preparação para as *midterms*, governadores republicanos e as legislaturas estaduais colocaram questões de raça e gênero no centro da legislação política e da discussão pública. Os republicanos introduziram leis restringindo ou, praticamente, eliminando o aborto em trinta estados. Os legisladores republicanos também introduziram 238 leis anti-LGBTQIA+, metade delas voltadas para pessoas transgênero. Essas leis proíbem ou criminalizam políticas públicas de acesso à saúde para transgêneros, bem como políticas de afirmação de gênero para jovens trans. Também barram o acesso a banheiros, restringem a participação de estudantes trans nas escolas e esportes, permitem discriminação religiosa contra pessoas trans ou dificultam a obtenção de documentos de identificação com mudança de nome e gênero.

A terceira grande área da legislação republicana destinada a agitar o eleitorado foi a defesa da proibição do ensino de teoria crítica racial (CRT) nas escolas públicas. Na verdade, a teoria crítica racial é uma teoria legal sofisticada sobre o racismo que nunca foi ensinada nas escolas, mas para os republicanos significou oposição ao alcance do racismo. Eles alegam que a CRT está sendo usada para doutrinar os alunos com a ideia de que todos os brancos são racistas e para fazer com que as crianças brancas se sintam "envergonhadas". Dezesseis estados já aprovaram tais leis e outros dezenove estão considerando uma lei similar. As legislações antiaborto, anti-LGBTQIA+ e anti-CRT dos republicanos representam parte de uma reação contínua entre brancos de todas as classes sociais contra os movimentos sociais das décadas de 1960 e 1970 que trouxeram legislação progressista para negros e latinos, mulheres e pessoas LGBTQIA+ (*International Viewpoint*, 2022).

Em que pese o papel norteador de Trump nas *midterms*, as expectativas criadas em torno de uma "onda vermelha" no Legislativo não se concretizaram. Os republicanos do Senado perderam, por exemplo, uma disputa importante na Pensilvânia para o democrata John Fetterman (D-PA). E, embora os republicanos tenham conseguido uma vitória crucial na Câmara baixa, esta foi bem mais tímida do que o esperado, e os democratas mantiveram controle sobre o Senado. Com o apoio de dois senadores independentes – Angus King (I-ME) e Bernie Sanders (I-VT) –, os democratas chegam a cinquenta e mantêm o controle tal como está, reforçado pelo desempate da vice-presidente.

Que implicações essa configuração poderá ter para o Congresso? Muito provavelmente, veremos um retorno ao impasse que definiu o governo federal dividido nos últimos anos. Uma divisão entre uma Câmara controlada pelos republicanos e um Senado administrado pelos democratas quase certamente significa que nenhum dos partidos terá votos para aprovar uma legislação de peso. Os democratas poderão ser forçados a deixar de lado os itens restantes de sua agenda, como a proteção do direito ao aborto e a expansão dos créditos fiscais para famílias com filhos.

Com uma maioria estreita, os republicanos encontraram dificuldades para eleger o presidente da Câmara. Após dias de impasse, Kevin McCarthy (R-Califórnia) foi eleito na 15ª rodada de votação, somente após fazer concessões para a ala mais radical do Partido Republicano. É importante lembrar que McCarthy tinha o apoio de Trump, que se manifestou abertamente pedindo apoio para sua nomeação, mas esse apoio não foi suficiente para garantir um alinhamento imediato a seu favor, inclusive em meio ao grupo radicalizado, fortemente identificado com o ex-presidente.

Os republicanos estão posicionados para adotar uma velha estratégia: quando um democrata esteve na Casa Branca nas últimas décadas, os republicanos do Congresso abraçaram os pedidos de redução dos gastos do governo, argumentando que a dívida e os déficits estavam fora de controle. Na década de 2010, os republicanos usaram essas ameaças para bloquear as contas de gastos e tornar mais difícil para Barack Obama cumprir sua agenda presidencial – às vezes arriscando paralisações do governo e calamidade econômica. Paradoxalmente, quando Donald Trump estava na Casa Branca, os legisladores republicanos aprovaram orçamentos e medidas fiscais que elevaram a dívida e os déficits a novos patamares. Ademais, os republicanos da Câmara poderão usar a ameaça de paralisações e consequências econômicas para conter o presidente Biden. Trump pressionou os legisladores do partido a usar essas táticas para obter concessões dos democratas (*The New York Times*, 16 nov. 2022).

Assumindo que haveria uma onda vermelha que varreria os democratas das duas casas do Congresso, Trump foi o grande perdedor das *midterms*. O ex-presidente desejava que essa eleição fosse toda sobre ele. Seus comícios, nominalmente encenados para aumentar o apoio aos candidatos republicanos em qualquer estado em que ele desembarcou, foram intensamente focados em si mesmo.

Mesmo com a vitória republicana na Câmara dos Representantes, não houve tsunami republicano. Isso é uma surpresa, e não apenas porque derrubou a sabedoria convencional de Washington. A pesada derrota no meio do mandato para o partido de um presidente em exercício no primeiro mandato é vista como a norma, um efeito de pêndulo quase governado pelas leis da natureza. Barack Obama perdeu 63 assentos na Câmara em 2010, assim como Bill Clinton perdeu 52 em 1994. O próprio Trump perdeu 40 em 2018. No entanto, as perdas democratas desta vez foram muito menores, mesmo em um momento de grandes dificuldades econômicas e baixos índices de votação para os democratas. Como Biden conseguiu resistir a essa tendência histórica? A resposta está, em parte, com Trump.

Não foi apenas o talento de Trump para escolher candidatos ruins em estados que os republicanos tinham que vencer (e precisarão vencer novamente em 2024). Foi a transformação que ele fez no próprio Partido Republicano. A maioria dos candidatos do Partido Republicano questionou ou negou totalmente a legitimidade das eleições de 2020. Isso permitiu que os democratas, começando com o próprio Biden, argumentassem que, quaisquer que fossem as queixas que os eleitores tivessem com o manejo da economia pelo partido, eles tinham que votar nos democratas para salvar a democracia (*The Guardian*, 9 nov. 2022).

Considerações finais: lideranças republicanas e a disputa presidencial em 2024

O desempenho insuficiente dos republicanos nas *midterms* é atribuído em boa medida à cisão criada por Trump dentro do próprio Partido Republicano. Embora os partidos políticos sejam permeados de disputas internas, nesse caso há um processo de personalização que busca transformar o partido em uma estrutura subordinada ao trumpismo. A agenda partidária seria guiada pela lógica dos interesses de um líder e não mais de uma ala partidária.

Cercado por aliados, conselheiros e influenciadores conservadores, Trump anunciou que vai concorrer novamente à Presidência em 2024. Ele fez um discurso relativamente moderado, repleto de afirmações espúrias e exageradas sobre seus quatro anos no cargo. Apesar de uma presidência historicamente divisiva e de seu próprio papel em incitar um ataque ao Capitólio dos Estados Unidos em 6 de janeiro de 2021, Trump pretendia evocar nostalgia por seu tempo no cargo, frequentemente contrastando suas realizações no primeiro mandato com as políticas do governo Biden e a atual situação econômica. Muitas dessas realizações percebidas – de ações estritas de imigração a cortes de impostos corporativos e iniciativas de liberdade religiosa – permanecem profundamente polarizadoras até hoje.

A terceira candidatura presidencial de Trump também coincide com um período de maior perigo legal, já que funcionários do Departamento de Justiça que o investigam e seus associados revisitam a perspectiva de indiciamentos em suas investigações relacionadas a Trump.O ex-presidente está sendo investigado por suas atividades antes e durante o ataque de 6 de janeiro de 2021 ao Capitólio dos Estados Unidos e por sua retenção de documentos confidenciais em sua propriedade em Mar-a-Lago depois que deixou o cargo.

As controvérsias jurídicas em torno de Trump funcionam como um catalisador das disputas internas no Partido Republicano, colocando de um lado partidários que buscam beneficiar-se da visibilidade e apoio eleitoral do polêmico ex-presidente, assumindo seus discursos radicalizados (muitas vezes mentirosos e negacionistas) e uma postura de oposição ostensiva a um governo considerado ilegítimo. Em geral, são líderes em ascensão dentro da estrutura partidária.

Do outro lado, lideranças tradicionais do partido enxergam nesse grupo um posicionamento que descaracteriza o partido e tende a torná-lo um mero instrumento dos interesses de Trump. Embora em alguns momentos acabem apoiando posições defendidas por Trump, estão mais abertos ao diálogo com o governo e em algumas ocasiões apoiaram políticas democratas, como apontado anteriormente. Outros consideram o posicionamento do ex-presidente como deletério para o desempenho eleitoral do partido, como o ex-líder (*former speaker*) Paul Ryan (Wisconsin), que se coloca como um trumpista arrependido e considera que uma futura candidatura de Trump para a Casa Branca afetaria negativamente os resultados eleitorais do Partido Republicano (*The Hill*, 2022).

Caracterizam-se por tentar neutralizar o poder do trumpismo entre os republicanos, mostrando-se como uma alternativa conservadora ao radicalismo egocêntrico de Trump. Alguns são figuras com visibilidade nacional como o ex-secretário de Defesa, Mark Esper, enquanto outros são lideranças estaduais, inclusive alguns deles com potencial para enfrentar o ex-presidente nas primárias para as eleições de 2024.

Enquanto Trump terminou seu primeiro mandato com o índice de aprovação mais baixo de qualquer presidente, os eleitores republicanos o viam favoravelmente, de acordo com uma pesquisa de maio da *NBC News*. Isso por si só poderia dar a Trump uma vantagem significativa sobre os oponentes nas primárias, com os quais os eleitores ainda estão se familiarizando.

Entre esses concorrentes em potencial está Pence, que provavelmente se beneficiaria do alto reconhecimento de nome devido ao seu papel como vice-presidente. Pence, que está se preparando para uma possível candidatura à Casa Branca em 2024, certamente enfrentará uma batalha difícil para cortejar os apoiadores mais leais de Trump, muitos dos quais passaram a rejeitar o ex-vice-presidente depois que ele se recusou a ultrapassar sua autoridade no Congresso e bloquear a certificação da vitória do presidente Joe Biden em 2020 (CNN, 16 nov. 2022).

Trump também pode enfrentar DeSantis, que ascendeu ao *status* de herói entre os conservadores culturais e é amplamente considerado uma versão mais polida de Trump. De fato, Ron DeSantis, reeleito governador da Flórida, credenciou-se nessas *midterms* como o principal adversário para Trump no Partido Republicano. DeSantis está em alta entre os republicanos na Flórida devido às suas posições contra o isolamento na pandemia, sua combatividade em relação ao governo Biden e a mídia e sua agenda identitária e imigratória. Pesquisas recentes colocam DeSantis como um candidato competitivo para enfrentar Trump no Partido Republicano. Ele tem acumulado financiamento de campanha de aproximadamente US$ 130 milhões, inclusive de muitos doadores nacionais que também doam a Trump (*Politico*, 8 jan. 2022).

Trump e DeSantis são amplamente vistos no Partido Republicano como potenciais rivais para a indicação presidencial de 2024. Os contrastes públicos e as tensões nos bastidores refletem o quão ameaçador o governador da Flórida se tornou para Trump, mesmo quando o 45º presidente está muito à frente do grupo em um confronto hipotético nas primárias (*The Washington Post*, 24 set. 2022).

Diante desse cenário mais competitivo, Trump tem assumido um discurso ainda mais radicalizado, buscando desqualificar seus oponentes, intimidar os indecisos e ameaçar abertamente a cúpula partidária com a possibilidade de lançar-se como candidato independente, numa estratégia bastante semelhante à adotada em 2015. No entanto, como boa parte do discurso trumpista, essa alternativa não é tão simples assim.

Embora Trump possa se candidatar como independente, existem regras eleitorais que podem se tornar um empecilho real, são as chamadas leis *sore-loser* ("mau perdedor", em português) adotadas por vários estados norte-americanos. Como é sabido, as regras eleitorais são definidas no nível dos estados, havendo autonomia nos estados para a sua aplicação e interpretação. Nesse caso, 28 estados aplicam atualmente algum tipo de regra que visa impedir que candidatos derrotados nas primárias partidárias busquem se eleger usando terceiros partidos ou lançando candidatura independente.

As regras *sore-loser* buscam reforçar o sistema bipartidário e evitar a fragmentação deste, considerando que os partidos contém em seu interior diversas facções em disputa (Torchinsky; Roberts; Polio; Pardue, 2023). Elas podem ser agrupadas em dois tipos básicos: requerimentos de filiação e desfiliação (envolvendo a questão de prazos); e participação em primárias. No primeiro caso, referem-se a prazos exigidos para que um candidato possa tomar parte na disputa eleitoral no estado. Normalmente, esses prazos anulam a possibilidade de que um candidato derrotado nas primárias do partido tenha tempo hábil para se lançar por outro partido ou como independente. No segundo tipo de restrições, encontramos regras que diretamente proíbem candidatos derrotados em primárias de participar fora do partido. Isto é, uma vez que perdeu a nomeação, o candidato não poderia criar uma alternativa eleitoral paralela, fugindo à decisão partidária.

Essas regras em sua maioria são pensadas prioritariamente para as eleições no âmbito estadual, com poucos estados explicitando sua aplicação no caso de pleitos federais. Ainda assim, cabe à Corte estadual interpretar sua aplicação, fazendo com que historicamente ocorra a permissão para candidatos que perderam as primárias concorrerem como independentes (Torchinsky; Roberts; Polio; Pardue, 2023).

Embora essa limitação pareça um bom precedente para Trump, o fato é que nenhum desses candidatos foi eleito, porque a aplicação da regra em alguns casos já torna muito difícil a obtenção do número de delegados necessários para vencer o pleito, especialmente porque em alguns estados a regra é explícita em relação aos candidatos presidenciais, como nos casos de Arkansas, Colorado, Nebraska, Oregon, Carolina do Sul e Texas (Torchinsky; Roberts; Polio; Pardue, 2023).

Com efeito, há diversos constrangimentos institucionais no sistema político estadunidense que limitam a viabilidade competitiva de candidaturas à presidência dos Estados Unidos por terceiros partidos ou por candidatos independentes, restringindo a competição aos dois principais partidos. Esses são o sistema eleitoral majoritário uninominal (distrital puro), a organização estadual dos partidos, o método do *winner-takes-all* no Colégio Eleitoral, as regras para o partido constar na cédula eleitoral, o ordenamento partidário nas cédulas eleitorais, regras para financiamento de campanha, o *gerrymandering*, e duas práticas: o comportamento legislativo polarizado e a interação estratégica (Contrera, 2019).

Nesse sentido, uma derrota nas primárias de Trump poderia significar para o Partido Republicano uma reacomodação de suas facções internas e a possibilidade de diminuir a radicalização partidária ocorrida na última década. Mas essa não é uma tarefa fácil, porque Trump ainda goza de grande popularidade entre os eleitores, o que tende a atrair um número significativo de candidatos à sua base de apoio.

Além disso, a derrota não garante o isolamento de Trump, porque ainda que se torne muito difícil (ou quase impossível) a vitória da disputa presidencial usando a saída de uma candidatura independente, esta representaria um desgaste terrível para o GOP que teria seu eleitorado dividido e possivelmente seria derrotado pelos democratas. Trump conseguiria inviabilizar seus opositores, ainda que saísse derrotado nas primárias.

Por outro lado, a vitória nas primárias de Trump não é uma garantia de vencer as eleições presidenciais. E surgem questões: no caso de uma nova derrota, o comportamento do candidato seria distinto de 2020 ou tenderia a reforçar o discurso anti-institucional? Os republicanos teriam que lidar com a possibilidade de um reforço e ampliação da ala radicalizada, o que se tem mostrado bastante desgastante para o partido. E a vitória de Trump para um novo mandato? Provavelmente seria a maior derrota republicana dentro de uma vitória e o início de uma nova etapa partidária. É muito difícil antever os desdobramentos de um cenário como esse, mas uma coisa é certa: se acontecer, o partido não será mais o mesmo.

Referências

ALDRICH, John. *Why Parties?* A Second Look. Chicago and London: University of Chicago Press, 2011.

ALDRICH, John; ROHDE, David. The Consequences of Party Organization in the House: The Role of Majority and Minority Parties in Conditional Party Government.

In: BOND, Jon R.; FLEISHER, Richard (Ed.). *Polarized Politics*: Congress and the President in a Partisan Era. Washington, DC: CQ Press, 2000. p.31-72.

BECKMANN, Matthew; McGANN, Anthony. Navigating the legislative divide: polarization, presidents, and policymaking in the United States. *Journal of Theoretical Politics*, v.20, n.2, p.201-20, 2008.

BLUM, Rachel. *How the Tea Party Captured the GOP Insurgent Factions in American Politics*. Chicago: The University of Chicago Press, 2020.

CONTRERA, Flávio. Terceiros partidos podem ser competitivos nas eleições presidenciais estadunidenses? *Perspectivas: Revista de Ciências Sociais*, v.54, p.11-35, 2019.

COX, Gary; McCUBBINS, Matthew. *Setting the Agenda*: Responsible Party Government in the U.S. House of Representatives. New York: Cambridge University Press, 2005.

FENNO, Richard. *Home Style*: House Members in their Districts. Boston: Little, Brown, 1978.

FINOCCHIARO, Charles; ROHDE, David. War for the Floor: Partisan Theory and Agenda Control in the U.S. House of Representatives. *Legislative Studies Quarterly*, v.33, n.1, p.35-61, 2008.

FIORINA, Morris. *Whatever Happened to the Median Voter*. Paper presented at the Midwest Political Science Association Annual Meeting at Chicago, Illinois, 15-17 April, 1999.

GAILMARD, Sean; JENKINS, Jeffery. Negative Agenda Control in the Senate and House of Representatives: Fingerprints of Majority Party Power. *The Journal of Politics*, v.69, n.3, p.689-700, 2007.

JACOBSON, Gary C. Party Polarization in National Politics: The Electoral Connection. In: BOND, Jon R.; FLEISHER, Richard (Ed.). *Polarized Politics*: Congress and the President in a Partisan Era. Washington, DC: CQ Press, 2000. p.9-15.

JENKINS, Jeffery; MONROE, Nathan. Buying Negative Agenda Control in the U.S. House. *American Journal of Political Science*, v.56, n.4, p.897-912, 2012.

JONES, David. Evaluations of Congress and Voting in House Elections: Revisiting the Historical Record. *Public Opinion Quarterly*, v.74, n.4, p.696-710, 2010.

______. Partisan Polarization and the Effect of Congressional Performance Evaluations on Party Brands and American Elections. *Political Research Quarterly*, v.68, n.4, p.785-801, 2015.

LEE, Frances. Populism, democracy, and the post-2020 Republican Party in Congress. *Presidential Studies Quarterly*, p.1-17, 7 fev. 2023.

MAINWARING, S. EUA: a guinada à direita. *Lua Nova*, v.3, n.1, 1986.

MAYHEW, David. *Congress*: The Electoral Connection. New Haven: Yale University Press, 1974.

MORRIS, Zachary. How the Tea Party Captured the GOP Insurgent Factions in American Politics. *The Journal of Economics and Politics*, v.27, n.1, 2022.

PARKER, C. S.; BARRETO, M. A. *Change They Can't Believe In*: The Tea Party and Reactionary Politics in America. Princeton: Princeton University Press, 2013.

POOLE, Keith; ROSENTHAL, Howard. *Congress*: A Political-Economic History of Roll Call Voting. New York: Oxford University Press, 1997.

______; ______. *Ideology and Congress*. New Brunswick: Transaction Publishers, 2007.

RAGUSA, Jordan. Partisan Cohorts, Polarization, and the Gingrich Senators. *American Politics Research*, v.44, n.2, p.296-325, 2016.

ROHDE, David. *Parties and Leaders in the Postreform House*. Chicago: University of Chicago Press, 1991.

STOKES, Donald; MILLER, Warren. Party Government and the Saliency of Congress. *Public Opinion Quarterly*, v.26, n.4, p.531-46, 1962.

THERIAULT, Sean. Party Polarization in the US Congress Member Replacement and Member Adaptation. *Party Politics*, v.12, n.4, p.483-503, 2006.

TORCHINSKY, Jason; ROBERTS, Steve; POLIO, Dennis; PARDUE, Andrew. If you ain't first, you're last: How State "sore-loser" laws make it impossible for Trump to run a successful third-party campaign if he loses the Republican primary. *Harvard Journal of Law & Public Policy Per Curiam*, n.7, primavera, 2023.

TSEBELIS, George. *Nested Games*: Rational choice in comparative politics. Berkeley: University of California Press, 1990.

VAISSE, J. Why Neoconservatism Still Matters. *Foreign Policy at Brookings*, n.20, 2010.

VELASCO E CRUZ, Sebastião C. Uma casa dividida. Donald Trump e a transformação da política americana. In: VELASCO E CRUZ, Sebastião C.; BOJIKIAN, Neusa M. Pereira (Org.) *Trump*: primeiro tempo. Partidos, políticas, eleições e perspectivas. São Paulo: Editora Unesp, 2019. p.11-44.

Sites

AP News, Majority of Republicans Say Biden Was Not Legitimately Elected President, *AP-NORC Poll*, 5 fev. 2021. Disponível em: <https://apnews.com/ article/joe-biden-donald-trump-capitol-siege-coronavirus-pandemic-elections-79599e3eef68732134c94375a26897f7>. Acesso em: 14 set. 2023.

CNN. Former President Donald Trump announces a White House bid for 2024, 16 nov. 2022. Disponível em: <https://edition.cnn.com/2022/11/15/politics/trump-2024-presidential-bid/index.html> Acesso em: 14 set. 2023.

International Viewpoint. Trump, Trumpism, and the Great Backlash, abr. 2022. Disponível em: <https://internationalviewpoint.org/spip.php?article7627>. Acesso em: 14 set. 2023.

Politico. Florida Republicans tether themselves to DeSantis – even without his support, 8 jan. 2022. Disponível em: <https://www.politico.com/news/2022/08/01/florida-republicans-desantis-support-00048617>. Acesso em: 14 set. 2023.

The Guardian. The winner of the midterms is not yet clear – but the loser is Donald Trump, 9 nov. 2022. Disponível em: <https://www.theguardian.com/us-news/2022/nov/09/the-winner-of-the-midterms-is-not-yet-clear-but-the-loser-is-donald-trump>. Acesso em: 14 set. 2023.

The Hill. These prominent Republicans are speaking out against Trump's 2024 run, 20 nov. 2022. Disponível em: <https://thehill.com/homenews/campaign/3744045-these-prominent-republicans-are-speaking-out-against-trumps-2024-run/>. Acesso em: 14 set. 2023.

The New York Times. A Functional Congress? Yes, 16 ago. 2022. Disponível em: <https://www.nytimes.com/2022/08/16/briefing/congress-productive-democrats-republicans.html>. Acesso em: 14 set. 2023.

______. Divided Government. A split Congress could lead to government shutdowns and economic turmoil, 16 nov. 2022. Disponível em: <https://www.nytimes.com/2022/11/16/world/republican-house-divided-government-us.html>. Acesso em: 14 set. 2023.

The Washington Post. This Congress has gotten more done than you might realize, 13 ago. 2022. Disponível em: <https://www.washingtonpost.com/opinions/2022/08/13/117th-congress-legislative-record/>. Acesso em: 14 set. 2023.

______. Trump and DeSantis: Once allies, now in simmering rivalry with 2024 nearing, 24 set. 2022. Disponível em: <https://www.washingtonpost.com/politics/2022/09/24/desantis-trump-2024/>. Acesso em: 14 set. 2023.

3
Os direitos de voto e regras eleitorais nos Estados Unidos de hoje: uma nova modalidade de "separados, mas iguais"

Celly Cook Inatomi

Introdução

O direito de voto nos Estados Unidos tem crescentemente enfrentado desafios, assim como os direitos civis têm passado por redefinições conservadoras problemáticas (Inatomi, 2020a, 2021). Se antes tínhamos preocupações sobre o caráter altamente descentralizado do processo eleitoral estadunidense (Hasen, 2020a), aliado à ausência de um direito de fato constitucional ao voto (Schultz, 2020), hoje, essas preocupações se juntam aos impactos do discurso de suposta fraude eleitoral perpetuado à exaustão pelo ex-presidente Donald Trump e seus apoiadores.

Mais alarmante, no entanto, é que essas acusações de suposta fraude acabaram impactando recentemente e de forma concreta a estrutura administrativa eleitoral de alguns estados, fazendo com que os receios de futuros questionamentos não sejam apenas rumores sem embasamento (Hasen, 2020b; Levitsky; Ziblatt, 2021). Isso acontece, em grande medida, por conta do caráter altamente partidário das regras e dos funcionários eleitorais (recrutados pelos republicanos nos últimos anos), e por esses mesmos funcionários engrossarem o coro de Donald Trump de que a eleição de 2020 foi fraudada.

Essa dinâmica, em parte, é fortalecida por decisões da maioria conservadora da Suprema Corte dos Estados Unidos que, apesar de ter contido as tentativas de Trump e aliados de reverter os resultados da eleição de 2020

(Inatomi, 2020b),[1] vem atuando de forma cada vez mais partidária. Suas decisões ajudaram a esvaziar a Lei de Direitos de Voto de 1965 (Inatomi, 2022) e fortaleceram ideias que subvertem o pacto federativo. Isso porque concederam excessiva discricionariedade aos estados, independentemente de sua adequação aos limites constitucionais e estatutários federais. A partir de tais posicionamentos, especialistas têm alertado para uma crise constitucional, ou para uma crise da própria democracia nos Estados Unidos (Schultz, 2020; Hasen, 2020b, 2022; Levitsky; Ziblatt, 2021). Os reflexos disso podem ser observados no enfraquecimento do direito de voto como um direito de cidadania (Hill, 2023), sentido, sobretudo, pelas minorias no país (Inatomi, 2022).

Para explorar essas questões, resgataremos, num primeiro momento, a construção do discurso de fraude eleitoral empreendido por Donald Trump e seus aliados ainda no período em que foi eleito. Depois, veremos como esse discurso foi inflamado em função das mudanças nas regras eleitorais durante a pandemia, no que exploraremos a questão do voto por correio e seus impactos na última eleição. Em seguida, nos debruçaremos sobre uma série de medidas tomadas pelos republicanos para a substituição dos quadros de funcionários eleitorais por apoiadores da "grande fraude", colocando em risco a lisura das futuras eleições. E, por fim, comentaremos algumas importantes decisões da Suprema Corte que auxiliaram os republicanos em sua empreitada contra o direito de voto e têm concedido aos estados ampla liberdade para elaborarem suas próprias regras eleitorais. Essas decisões fortalecem ora os legislativos estaduais ora os estados enquanto uma entidade única e fechada, independentemente dos constrangimentos constitucionais que possam recair sobre eles.

A construção da "grande mentira" por Trump e aliados

Em texto anterior, pudemos verificar que a construção do discurso da "grande fraude eleitoral" foi, pelo menos desde 2016, bastante meticulosa e insistente (Inatomi, 2020c), gerando impactos que tensionaram os contornos democráticos e culminaram no episódio da invasão do Capitólio em 6 de janeiro de 2021. Alguns estudiosos têm demonstrado, contudo, que a "grande mentira" não parou por aí e deu ensejo à criação de medidas e procedimentos que, como veremos adiante, vêm tornando o sistema eleitoral estadunidense cada vez mais passível, agora de fato, de fraudes (Hasen, 2022a).

É sabido que os republicanos já sustentavam narrativas de fraude eleitoral desde muito antes da ascensão de Donald Trump à presidência da

1 Ver Supreme Court of The United States (2020a; 2020b).

república, compartilhando, inclusive, teses que questionavam a nacionalidade de seu antecessor, o democrata Barack Obama. Mas foi com Trump que o discurso da "grande fraude", juntamente com o fortalecimento da divisão entre "nós e eles", ganhou impulso sem precedentes na história da política estadunidense. Desde 2012, Trump já propagava informações falsas sobre as eleições, culminando em sua cruzada contra o voto por correio nas eleições de 2020.

Mesmo depois de ter ganhado as eleições em 2016, Donald Trump criou, logo no início de seu governo, a "Comissão Consultiva Presidencial sobre Integridade Eleitoral", para investigar acusações que ele mesmo fazia sobre ilegalidades e fraudes nas eleições de 2016. Desde o início, contudo, a Comissão deu indícios claros acerca dos seus reais objetivos, apresentando algumas peculiaridades que, antes de serem vistas como meros defeitos institucionais, faziam parte de um projeto voltado para minar a confiança pública nas eleições (Hasen, 2020b). Esse se mostrou bem-sucedido em 2020 e com possibilidades de se reafirmar futuramente.

A primeira dessas peculiaridades estava relacionada à composição da Comissão. Se anteriormente esse tipo de atividade investigativa do governo era composto de forma equilibrada por membros de ambos os partidos, agora, havia mais republicanos que democratas. Além da disparidade, documentos oficiais revelaram, mais tarde, que trumpistas da Comissão comunicavam-se em segredo sobre as atividades realizadas, excluindo membros democratas das principais decisões a serem tomadas (Woodall, 2017). Isso foi descoberto algum tempo depois por conta de um membro democrata ter levado a Comissão à Justiça por falta de transparência nas operações de aconselhamento presidencial (Watkins, 2017).

A segunda e mais importante característica da Comissão foi que, além da disparidade numérica entre republicanos e democratas, os membros de ambos os lados eram absolutamente desconhecidos nacionalmente no campo da administração eleitoral. Em trocas de *e-mails* entre membros trumpistas e Jeff Sessions, então secretário de Justiça de Trump, foi explicitada a demanda por excluir não só democratas e republicanos *mainstream*, mas, principalmente, acadêmicos especialistas em direito eleitoral (Huseman, 2018).

Quando questionados a respeito da ausência de especialistas, argumentavam que a Comissão contava com nomes como os de Jesse T. Richman, professor de ciência política da Old Dominion University, e de Hans von Spakovsky, da Heritage Foundation. Ocorre que, além de não serem reconhecidos como autoridades no tema, ambos já haviam passado por situações constrangedoras ao serem questionados sobre os métodos de pesquisa empregados para provar que havia milhares de estrangeiros votando ilegalmente no país (Hasen, 2020b). Inclusive, uma carta assinada por mais de duzentos cientistas políticos em todos os Estados Unidos,[2] dentre os quais alguns dos mais autorizados nessa área de estudo, criticou duramente os métodos e os resultados apresentados por Richman,[3] mostrando os sérios equívocos por ele cometidos.

Além dessas peculiaridades, a Comissão tomou medidas que foram questionadas por democratas e pelos próprios republicanos. A solicitação de registros eleitorais de cada estado, incluindo nomes, endereços, datas de nascimento e números de seguro social, assustou muitos políticos de ambos os partidos em nível federal e estadual. Democratas desconfiavam que o objetivo da Comissão era apenas o de criar justificativas para propor leis de supressão de votos. Enquanto republicanos apontavam que a Comissão estava violando leis de privacidade e o princípio da soberania dos estados em questões eleitorais. Cidadãos simpáticos ao Partido Republicano no Colorado, por exemplo, começaram a cancelar seus registros eleitorais depois que o estado concordou com os requerimentos da Comissão, pois eles não queriam que o governo federal tivesse acesso aos seus dados pessoais. Inclusive, contestações desse teor foram parar na Justiça: organizações como a Common Cause processaram a Comissão por violar a lei de privacidade, que proíbe a coleta de informações pessoais confidenciais pelo governo em determinadas circunstâncias.[4]

Ao fim, sem apresentar qualquer relatório com evidências que comprovassem as acusações de grandes fraudes eleitorais, e não conseguindo justificar a necessidade de leis mais rígidas para o registro eleitoral, a Comissão acabou sendo dissolvida por Trump em janeiro de 2018 (Huseman, 2018). Sem mencionar as resistências dos próprios republicanos à Comissão, Trump acusou os democratas de obstaculizarem os trabalhos, causando prejuízos aos contribuintes em função das batalhas jurídicas que se abriram a partir de então (Landers; Watkins; Liptak, 2018).

Pandemia, voto por correio e a galvanização do discurso de fraude eleitoral na eleição de 2020

Apesar da malfadada experiência da Comissão, Trump e seus aliados não arrefeceram o discurso de fraude eleitoral. Pelo contrário, ele foi galvanizado

---

2 A carta se encontra disponível em: <https://www.courthousenews.com/wp-content/uploads/2018/03/Kansas-Voter-ID-LETTER.pdf>.

3 Ver, por exemplo, o artigo que Richman escreveu com Guishan A. Chattha e David C. Earnest (2014).

4 Ver listagem das ações judiciais disponibilizada pelo Brenner Center for Justice em: <https://www.brennancenter.org/legal-actions-taken-against-trump%E2%80%99s-%E2%80%9Cfraud%E2%80%9D-commission>.

com a pandemia de Covid-19 e com a alteração dos procedimentos de voto para as eleições de 2020. O foco do discurso recaiu, principalmente, sobre o voto por correio, que foi a medida central adotada por diversos estados para tentar solucionar o problema das aglomerações nos locais de votação. O uso desse recurso acarretou uma série de outras preocupações procedimentais. Por exemplo, relacionadas aos requerimentos das cédulas por correio e aos prazos para a votação e para a contagem de votos (Bajak; Cassidy, 2020). Decisões precisaram ser rapidamente tomadas para determinar se as pessoas deveriam requisitar as cédulas por correio ou se elas deveriam ser enviadas a todos os eleitores indiscriminadamente; se os prazos para envio e recebimento das cédulas deveriam ser estendidos para além do dia da eleição; e se o prazo para a contagem de votos deveria ser estendido e por quanto tempo.

De acordo com dados do Departamento de Recenseamento dos Estados Unidos em 2021 (USA, 2021), 69% dos eleitores em todo o país depositaram seus votos de modo não tradicional nas eleições de 2020, seja pelo correio ou pessoalmente antes do dia da eleição. Muito do crescimento desses métodos não tradicionais se deu por conta do aumento do voto por correio, que, em 2020, foi utilizado por 43% dos eleitores. Para se observar a magnitude dessa mudança, em 2016, apenas 21% dos eleitores tinham votado por meio desse recurso.

Figura 1 – Votação não tradicional, Eleições Presidenciais: 1996-2020 (Em porcentagem)

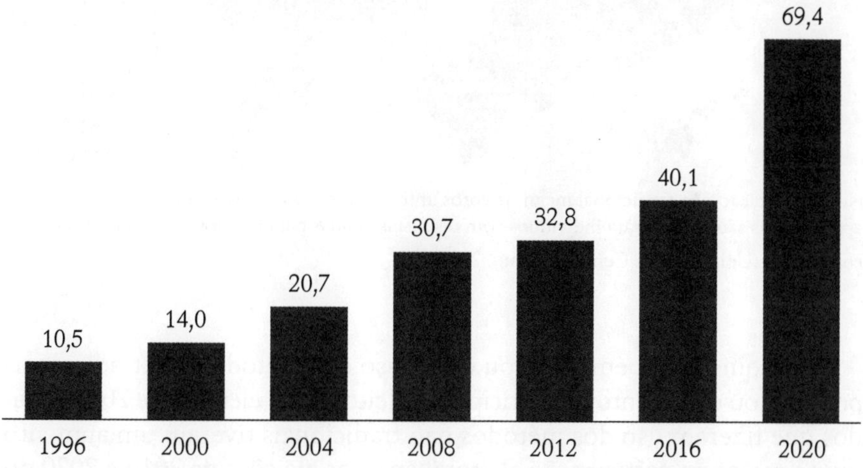

Nota: A votação não tradicional inclui os votos antecipados e/ou votos ausentes. As estimativas apresentadas são apenas para indivíduos com respostas válidas para questões de tempo e método.

Fonte: EUA (Estados Unidos da América), 2021.

Ainda sobre o uso dos métodos não tradicionais, a pesquisa mostrou que, em estados como Washington e Oregon, que já enviavam uma cédula a todos os eleitores há diversas eleições, mais de 95% votaram por meios não tradicionais em 2020. Como mostra o mapa abaixo, o uso dos métodos não tradicionais nas eleições de 2020 foi bastante alto em diversos estados, inclusive naqueles reconhecidos como republicanos. Com relação aos estados mais conservadores, a pesquisa ressaltou os exemplos do Alabama e do Mississippi, que apresentaram apenas 15,1% e 18,5%, respectivamente, de eleitores votando de forma não tradicional em 2020. Como esses dois últimos, alguns estados não aceitaram alterar as regras eleitorais para adotar e/ou expandir os votos por meios não tradicionais (Collinson, 2020), defendendo, pelo contrário, leis que dificultavam ainda mais o registro eleitoral.

Mapa 1 – Taxa de Votação não tradicional: 2020

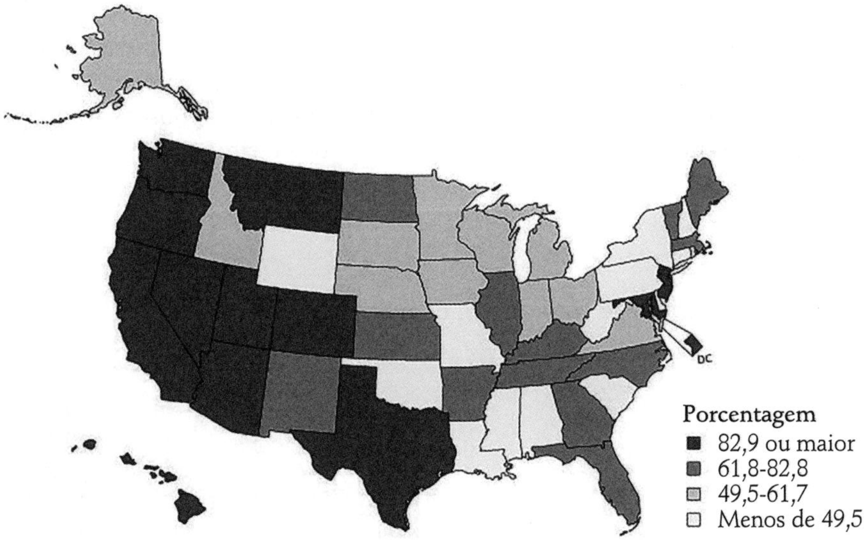

Nota: A votação não tradicional inclui os votos antecipados e/ou votos ausentes. As estimativas apresentadas são apenas para indivíduos com respostas válidas para questões de tempo e método.
Fonte: USA (United States Census Bureau), 2021.

A pesquisa também mostrou que o uso dos métodos não tradicionais possibilitou o aumento da participação eleitoral nas eleições de 2020. Estados que fizeram uso dos métodos não tradicionais tiveram um aumento muito maior na participação eleitoral entre as eleições de 2016 e 2020 do que aqueles que não alteraram seus procedimentos. Nos estados em que se utilizou métodos não tradicionais em 2020, a participação aumentou 7,7 pontos percentuais se comparados com a eleição de 2016. No Havaí, por exemplo, 97,6% dos eleitores depositaram seus votos por correio ou anteriormente ao dia da eleição, implicando um aumento de 17% com relação ao ano de 2016.

Figura 2 – Mudanças na participação eleitoral, 2016-2020 (Em pontos percentuais)

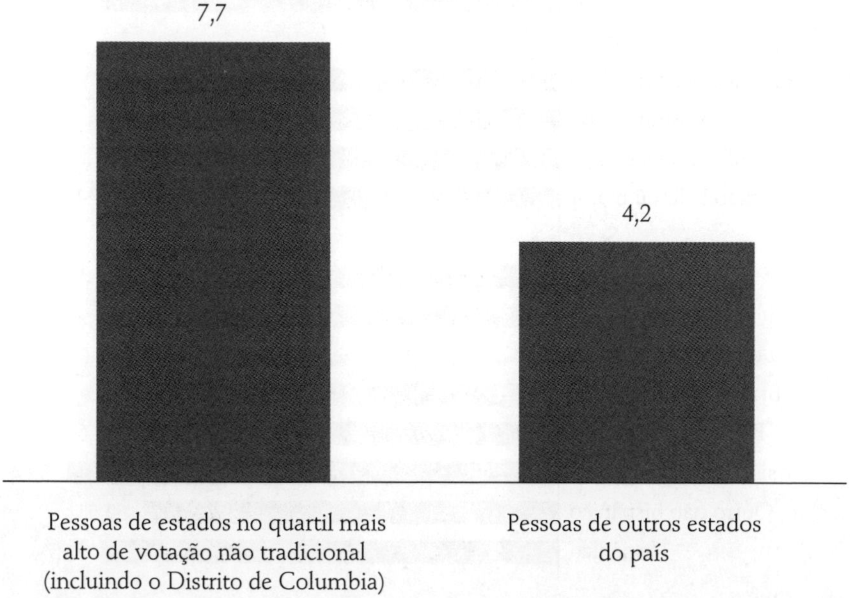

Nota: A participação eleitoral é calculada entre cidadãos com 18 anos ou mais. A votação não tradicional inclui aqueles que votaram antecipadamente e/ou por voto ausente. Os quartis de votação não tradicional são baseados em indivíduos com respostas válidas tanto para o método quanto para as questões de tempo.

Fonte: EUA (Escritório do Censo dos Estados Unidos), 2021.

Destacam-se, ainda, as mudanças na participação eleitoral considerando idade, escolaridade, sexo e raça. Segundo a pesquisa, os eleitores com mais de 65 anos foram os que mais votaram por meios não tradicionais, totalizando 77,7%. Quanto à escolaridade, aqueles que despontaram foram os com formação superior, com 74,5%. Em relação ao sexo, as mulheres foram as que mais usaram dos procedimentos não tradicionais, com 71,2%. E, no tocante à raça, foram os de origem asiática não hispânica que mais se utilizaram desses recursos, com 82,4%, seguidos pelos de origem hispânica, com 76,7%.

Figura 3 – Votação não tradicional em 2020 pelas Características Demográficas (Em porcentagem)

Nota: A votação não tradicional inclui os votos antecipados e/ou votos ausentes. As estimativas apresentadas são apenas para indivíduos com respostas válidas para questões de tempo e método.

Fonte: EUA (Escritório do Censo dos Estados Unidos), 2021.

Todas essas mudanças foram importantes porque parte delas foi estrategicamente mobilizada por Trump e seus apoiadores para se oporem ao resultado da eleição de 2020. Se antes das eleições Trump já acusava o voto por correio de ser um procedimento fraudulento e manipulado pelos democratas para trapacear nas eleições, depois, o discurso ganhou ainda mais radicalidade.

Entre 2012 e meados de 2020, Trump publicou 713 afirmações e *tweets* sobre a suposta insegurança do voto por correio, dentre as quais cerca de 90 foram apenas em 2020. Três semanas após a eleição, Trump fez ao menos quatrocentas alegações falsas de fraude eleitoral nas redes sociais, afirmando que a eleição de 2020 havia sido fraudada. Além de espalhar declarações falsas sobre máquinas de votação que teriam trocado seus votos por votos em Biden, membros de sua equipe jurídica espalhavam nas redes sociais que isso fazia parte de uma trama de comunistas venezuelanos a mando de Hugo Chávez, já falecido na época (Hasen, 2022b, p.6).

A notícia de que o voto por correio havia possibilitado um aumento importante na participação eleitoral, aliada à informação de que estados democratas utilizaram o procedimento de forma massiva, assim como fez uma alta porcentagem de eleitores de origem hispânica, contribuiu para que Trump e aliados afirmassem que o voto por correio continuava a ser uma estratégia democrata para roubar as eleições. Ao fazer tais afirmações, ignoravam, estrategicamente, a informação de que estados republicanos também se utilizaram do procedimento.

Para Trump e apoiadores, as mudanças nas regras eleitorais, especialmente para a adoção do voto por correio, e de todos os procedimentos necessariamente ligados a ele, teriam sido feitas à revelia dos legislativos estaduais, sendo, portanto, inconstitucionais. E assim o seriam porque a Constituição dos Estados Unidos concede aos legislativos dos estados autonomia para legislar sobre as eleições em nível federal. Logo, qualquer decisão de uma autoridade administrativa, executiva ou judicial, local ou estadual, que usurpe esse poder seria considerada inconstitucional. Assim, somente os legislativos estaduais poderiam realizar tais mudanças, e, segundo Trump, se essa decisão tivesse sida atribuída a eles de fato, as mudanças não teriam acontecido e ele teria ganhado as eleições (Hasen, 2022a, p.284-5).

Mais de quatrocentas ações judiciais estaduais e federais foram apresentadas no judiciário estadunidense apenas um dia antes da eleição de 2020.[5] Muitas delas questionaram as mudanças feitas com base nessa argumentação de Trump, conhecida como a "teoria do legislativo estadual independente". Outras tantas foram fundamentadas no fato de que algumas localidades e estados não fizeram mudanças emergenciais no processo eleitoral mesmo diante da pandemia. Depois das eleições, Trump e seus aliados ajuizaram dezenas de ações federais e estaduais, mas sem sucesso, tentando derrubar o resultado do pleito. As acusações de Trump inflamaram essa discussão, colocando o país contra o seu próprio sistema eleitoral.

Apesar da insistência de Trump nas alegações de fraude eleitoral em 2020, uma extensa pesquisa empírica realizada recentemente mostrou que, embora o voto por correio tenha de fato aumentado a participação eleitoral em todo o país, ela não teve impactos político-partidários relevantes. E, quando teve, eles se deram mais em favor dos republicanos do que dos democratas (McGhee; Paluch; Romero, 2022). Ou seja, ainda que Trump alegue que as mudanças tenham sido inconstitucionais e que por isso não poderiam ter acontecido, segundo tais dados, o voto por correio aumentou

5 Ver: COVID-Related Election Litigation Tracker, Stanford-MIT Healthy Elections Project. Disponível em: <https://healthyelections-case-tracker.stanford.edu>; e Lila Hassan e Dan Glaun (2020).

mais a participação de simpatizantes do Partido Republicano do que do Partido Democrata, que não se alterou significativamente. Nessa perspectiva, caso o voto por correio não tivesse sido adotado como foi na eleição de 2020, talvez a vitória de Biden tivesse sido ainda maior.

Assim, o que Trump e seus apoiadores buscavam era apenas substituir os votos dos cidadãos por qualquer mecanismo que lhe desse a vitória nas eleições presidenciais, nem que para isso tivesse que questionar a lisura do pleito. Não lhe era importante, portanto, responder ao argumento de que o voto por correio era um procedimento utilizado há anos, inclusive por estados republicanos, sem relatos de fraudes (Block, 2019). Ao que tudo indica, suas ações estavam voltadas para desacreditar o sistema perante os eleitores, e assim tornar o perdedor um vencedor.

Da "grande mentira" ao risco de fato: os impactos na administração eleitoral dos estados

No entanto, o que se observa atualmente é um duplo movimento, político e jurídico, por parte de Trump e seus aliados, que vai além da galvanização do discurso de fraude e da abertura de diversas auditorias locais e estaduais para questionar o resultado da eleição de 2020 (Hasen, 2022a). Dessa vez, essa estratégia é mais robusta e cuidadosa, já que mobiliza a construção de um movimento de baixo para cima dentro do Partido Republicano, que defende a aprovação de leis eleitorais draconianas e restritivas. Esse movimento tem subvertido gradualmente o pacto federativo, colocando em risco a lisura de eleições futuras, conformando um difícil cenário para a defesa do direito de voto como um direito de cidadania e precarizando direitos de minorias em diversos estados do país.

O primeiro movimento, que seria o de "reconstruir" o Partido Republicano de baixo para cima, parte do diagnóstico de que os republicanos fizeram uso do voto por correio, e não embarcaram em peso no discurso da "grande fraude eleitoral". Desse modo, reconstruir o partido implicaria reformar suas fileiras, para que os valores conservadores voltem a guiar as suas ações e para que a liberdade estadual seja resgatada como um valor supremo a ser defendido.

Segundo artigo escrito para o *ProPublica* (Arnsdorf; Clark, Berzon; Damon, 2021), quem estaria à frente desse movimento seria Steven Bannon. Em seu *podcast War Room*, um dia antes da invasão do Capitólio, Bannon afirmou que Trump teria perdido as eleições por ter sido abandonado pelo Partido Republicano. A solução, segundo ele, estaria em reassumir o controle do partido de baixo para cima, começando pela substituição de funcionários e delegados distritais, inserindo novos membros adeptos da tese da grande fraude eleitoral.

Para Bannon, os delegados distritais são como abelhas operárias dos partidos políticos, responsáveis geralmente por tarefas simples e rotineiras, mas que, em conjunto, influenciariam a forma como as eleições são realizadas em cada localidade. Em alguns estados, por exemplo, eles possuem voz ativa na escolha dos mesários eleitorais e, em outros, ajudam a selecionar os membros dos conselhos que supervisionam as eleições. Assim, essa mobilização estratégica poderia, facilmente, impedir um resultado indesejado caso assim fosse necessário.

Após tal manifestação de Bannon, o movimento de reconstrução do Partido Republicano disparou na mídia de extrema direita. Como desdobramento, Arnsdorf, Clark, Berzon e Damon (2021) verificaram um aumento do número de pessoas interessadas em se alistar nas fileiras partidárias. Isso se deu tanto em estados em que Trump ganhou como nos que perdeu as eleições de 2020, em áreas rurais de tendência republicana, em subúrbios com muitos votos indecisos, e em cidades bastante populosas. Dos 65 condados cujos líderes do Partido Republicano foram contatados pelo *ProPublica*, 41 relataram um aumento incomum nas inscrições partidárias desde o início da campanha de Bannon. Pelo menos 8.500 novos delegados de distritos se juntaram ao Partido, o que não se assemelha em nada ao que foi encontrado se comparado com o partido democrata em cargos equivalentes.

Segundo o referido artigo, embora não seja a primeira vez que uma derrota presidencial mobilizou e energizou o partido do candidato perdedor, o foco intransigente nas próprias eleições é agora um diferencial bastante importante. Ou seja, a reconstrução do Partido Republicano é feita inteiramente em torno da insistência de Trump em que o sistema eleitoral havia sido fraudado em 2020, e que isso não poderia acontecer novamente. O resultado mais imediato disso é a formação de uma frente nacional de ativistas partidários, cujo objetivo central é não apenas vencer as eleições, mas reformular a máquina eleitoral para que essa vitória seja possível. E isso já tem acontecido em diversos estados e cidades.

No estado de Michigan, o diretor-executivo do Partido Republicano, que contradissera as acusações de Trump de fraude eleitoral, renunciou em função de pressões exercidas pelo organizador de recrutamento de novos membros distritais. Na cidade de Las Vegas, os moderados que controlavam o Partido sofreram uma tentativa de golpe dos Proud Boys, grupo extremista cujos membros foram acusados de participar do ataque ao Capitólio, em 2021. Em Phoenix, funcionários do Partido que se recusaram a cooperar na realização de uma auditoria sobre as cédulas eleitorais de 2020 estão sendo questionados por funcionários recém-chegados ao Partido, que pedem suas destituições. Além desses exemplos, o artigo analisa outros tantos em que novos membros estão sendo recrutados em diversas localidades, de forma a transformar o perfil do Partido Republicano e, consequentemente, o perfil dos funcionários eleitorais, para, com isso, garantir que as futuras eleições lhes sejam favoráveis.

O segundo movimento, mais propriamente jurídico, tem procurado aprovar leis eleitorais estaduais mais rigorosas que, segundo os republicanos, impediriam que a grande fraude de 2020 voltasse a acontecer. Como afirma Richard Hasen (2022a), a possibilidade de fraudes futuras existe não contra os republicanos, mas sim encabeçadas por eles mesmos em seu próprio benefício. Segundo o autor, até pouco tempo atrás, seria um absurdo levantar a possibilidade de que fraudes eleitorais de grande escala pudessem acontecer nos Estados Unidos, mesmo com todos as patologias próprias da administração eleitoral estadunidense (Hasen, 2020a). Contudo, essa possibilidade tem se tornado cada vez mais concreta tendo em vista os exemplos de leis eleitorais estaduais aprovadas e os projetos de lei formulados após a derrota de Trump, que procuram defender e promover teses jurídicas como a do "legislativo estadual independente", que veremos na seção seguinte.

Dentre os diversos exemplos, Hasen (2022a) comenta sobre uma lei aprovada no estado da Geórgia que removeu o secretário de estado de seu posto para substituí-lo por alguém escolhido pelo legislativo estadual. Essa mesma lei concedeu à Junta Eleitoral do estado autoridade para suspender funcionários eleitorais locais, inclusive de condados com grande presença democrata. Tal legislação é apenas uma entre outros 216 projetos de lei espalhados pelo país com o objetivo de dar aos legisladores estaduais maior controle do processo eleitoral. Em Iowa, os funcionários eleitorais poderão enfrentar processos criminais por enviarem cédulas de votação por correio a um eleitor caso elas não sejam solicitadas. No Texas, os mesários poderão enfrentar sanções criminais por interferir nas atividades de policiais fora de serviço que queiram monitorar os locais de votação. E, no Arizona, o legislativo estadual teria autoridade para ignorar o voto dos cidadãos do estado, nomeando sua própria lista de eleitores, nos casos de irregularidades eleitorais ou por qualquer outro motivo.

Leis e projetos como esses têm causado, segundo o autor, um êxodo sem precedentes de funcionários eleitorais, que já enfrentavam condições difíceis de trabalho. E isso cria dois riscos simultâneos para a integridade eleitoral. Em primeiro lugar, a falta de profissionalização dos novos membros amplia o risco de erros administrativos durante as eleições, o que pode aumentar a desconfiança no processo eleitoral. E, em segundo, as vagas em postos eleitorais na atual atmosfera política, inclusive de reconstrução do Partido Republicano, podem facilitar a interação com aqueles que são partidários da tese de que a eleição de 2020 fora roubada e que estão, portanto, dispostos a quebrar as regras para evitar que isso aconteça novamente.

Com isso, milhares de trumpistas e adeptos da tese da grande fraude têm ocupado posições em juntas eleitorais locais, levantando o sério perigo de atuações de má-fé na contagem dos votos em eleições futuras. Nesse cenário, seria possível e legalmente permitido que funcionários eleitorais descartassem grande número de votos com base em pequenas tecnicalidades, como a caixa de seleção do candidato não estar inteiramente preenchida ou as cédulas de votação por escrito conterem algum erro de ortografia nos nomes dos candidatos. Esse tipo de manipulação dos resultados seria um componente-chave na tendência do país ao autoritarismo (Levitsky; Ziblatt, 2021).

A teoria do legislativo estadual independente, os direitos de voto e a atuação da Suprema Corte dos Estados Unidos

As leis e projetos de lei que têm dado aos legislativos estaduais poder ilimitado sobre as eleições têm como embasamento jurídico a teoria ou doutrina do legislativo estadual independente. Essa é uma teoria complexa, com ramificações que podem levar a interpretações judiciais distintas entre si, gerando situações díspares, e que denotariam a crise em que se encontram o sistema eleitoral e os direitos de voto nos Estados Unidos (Hill, 2023).

Veja o caso do papel desempenhado pelas supremas cortes estaduais. Enquanto alguns consideram que elas podem revisar a constitucionalidade das leis eleitorais estaduais, outros apontam que somente as cortes federais poderiam fazê-lo, pois a autoridade do legislativo estadual sobre as eleições federais seria outorgada pela própria Constituição Federal. Em paralelo, verifica-se, ainda, o conflito sobre o limite da competência legislativa estadual. Por um lado, há os que sustentam que os legisladores estaduais poderiam contradizer suas respectivas constituições, alterando regras atinentes às eleições federais. Por outro, observam-se aqueles que argumentam no sentido de que os legisladores estariam limitados pela constituição estadual, haja vista que ela encontraria seu fundamento na Constituição Federal. Por fim, há o debate sobre o conflito de competência entre leis federais e estaduais. Enquanto alguns argumentam que as normas federais, como a Lei de Direitos de Voto de 1965, imporiam limites ao legislativo estadual em material eleitoral, outros sustentam que não. Conforme esse segundo entendimento, a competência do legislativo estadual sobre o processo eleitoral derivaria diretamente da Constituição Federal, logo, ela não poderia ser limitada por norma inferior, nesse caso, a legislação federal.

Considerando essa diversidade de posicionamentos, as leis e projetos de leis comentados na seção anterior são radicais com relação à independência do legislativo estadual. Significa dizer que, para essas leis e projetos, o legislativo dos estados possuiria um poder quase ilimitado, estando acima das constituições estaduais e das leis federais. Isso se daria, pois suas atribuições derivariam diretamente da Constituição Federal dos Estados Unidos. Nesse sentido, ele seria bastante abrangente também em relação aos poderes executivos estaduais, podendo questionar judicialmente, por exemplo, as medidas emergenciais tomadas por autoridades administrativas referentes à pandemia. Por fim, o legislativo estadual seria ainda mais forte na medida em que a constitucionalidade de seus atos só poderia ser revisada pelas cortes federais, não se curvando às decisões da sua própria Suprema Corte estadual.

Ao analisar a teoria do legislativo estadual independente, Michael Morley (2021) verificou os posicionamentos tomados pela Suprema Corte com relação a diversas correntes da teoria. Pelas decisões analisadas por Morley, a Corte tem emitido diversos pareceres demonstrando interesse em se valer da doutrina. Ao mesmo tempo, contudo, as visões por ela aplicadas até o momento apresentam muitas inconsistências atinentes à teoria de modo geral, donde não se pode afirmar com certeza a direção que a Suprema Corte vai tomar nos casos surgidos com a pandemia e que estão à espera de seu julgamento, como o Moore *v.* Harper (2023). Morley demonstra que a Suprema Corte vem oscilando no reconhecimento da independência do legislativo estadual, ora lhe dando plenos poderes, ora submetendo-o às revisões das supremas cortes estaduais e às decisões de autoridades executivas estaduais. Com isso, não podemos afirmar que a Suprema Corte é adepta sem restrições da visão mais radical dessa teoria, defendida pelos estados que questionam as mudanças eleitorais feitas para as últimas eleições e que alegam que houve uma grande fraude eleitoral em função delas.

Ao analisarmos, no entanto, o conjunto das decisões da Suprema Corte sobre questões eleitorais e direitos de voto, é possível observar que seu posicionamento mais se aproxima dos referidos estados do que propriamente se afasta deles, especialmente se olharmos pelo prisma da defesa de valores políticos conservadores. E é possível observar isso mesmo com as negativas da Suprema Corte às tentativas de Trump e aliados de reverter os resultados da eleição de 2020.

Segundo Hasen (2020c), a argumentação utilizada pela Corte deixa explícito um claro partidarismo e uma completa desatenção com relação aos direitos de voto. De modo geral, a maioria conservadora da Suprema Corte se utiliza há anos de três ferramentas doutrinárias centrais para decidir em favor de estados republicanos em detrimento dos direitos de voto. A primeira é a que Hasen chamou de "(falsa) ingenuidade", aplicada geralmente para descartar argumentos de caráter científico sobre o sistema eleitoral americano. A segunda é a "presunção de boa-fé legislativa", utilizada para afastar as contestações de leis estaduais restritivas do direito de voto. E a terceira é a que Hasen denominou de "animus laundering" ou "limpeza de hostilidades", mobilizada pelos juízes para remover a vertente discriminatória de determinadas ações políticas. Todas as três, cada uma a sua forma, tem ajudado a esvaziar a Lei de Direitos de Voto de 1965.

Em casos como Gill *v.* Whitford (Supreme Court of The United States, 2018) e Rucho *v.* Common Cause (Supreme Court of the United States, 2019), fica bastante evidente a utilização da "(falsa) ingenuidade" e da "presunção da boa-fé legislativa". O juiz John Roberts, liderando o voto da maioria conservadora na Corte, descartou o uso de evidências científicas para discutir a questão do redistritamento eleitoral, que é prática de redesenhar os limites dos distritos congressionais dos Estados Unidos. Para ele, é impossível entender os índices matemáticos trazidos pelos peticionários para demonstrar que o redistritamento feito pelos republicanos era inconstitucional. Segundo Roberts, além de serem difíceis de entender, as demonstrações matemáticas seriam como coisas esotéricas, "um monte de bobagens", pois elas lidam com as expectativas de votos, que, na sua visão, são coisas impossíveis de se prever.

Além disso, ele também ignorou as evidências científicas trazidas pelos peticionários que mostravam como a tecnologia computadorizada estava conseguindo manter exemplos de *gerrymandering* efetivos e duráveis em diversos estados, isto é, desenhos eleitorais distritais que davam vantagens para republicanos. E, para piorar, em Rucho *v.* Common Cause, Roberts disse que as cortes federais não podem interferir no *gerrymandering* partidário, declarando-o como constitucional. Segundo Roberts, o *gerrymandering* partidário não seria um *gerrymandering* racial, este sim proibido pela Constituição. Para ele, exigir que a Suprema Corte impeça esse fenômeno "natural" da vida política americana é que seria exigir da Corte um posicionamento partidário. Em seu argumento, não haveria questionamento se o partidarismo excessivo nos redistritamentos leva a resultados injustos. Deve-se apenas presumir que não há má-fé alguma no fato de um estado querer diluir o poder do partido opositor no contexto do redistritamento.

Segundo Hasen, essas decisões não apenas permitiram a continuação dos redistritamentos partidários, como também têm fechado os olhos para o fato de que muitos deles podem se constituir em redistritamentos raciais, dada a alta identificação partidária de grupos minoritários com o Partido Democrata. Além disso, essas decisões colocam em xeque, como descreveu a juíza Elena Kagan em seu voto dissidente, a soberania da população na escolha de seus representantes, ao passo que o princípio da proporcionalidade de cadeiras no Congresso passa a estar cada vez mais submetido à tecnologia computadorizada, que vem trabalhando para um partido específico.

Em outros casos, como NAMUDNO *v.* Holder (Supreme Court of the United States, 2009) e o importantíssimo Shelby County *v.* Holder (Supreme Court of the United States, 2013), as decisões da Suprema Corte têm tido impactos ainda mais deletérios para os direitos de voto. Chamada a responder sobre a constitucionalidade de leis estaduais que dificultavam o exercício de voto por grupos minoritários, os juízes conservadores da Corte, novamente liderados por Roberts, praticamente esvaziaram de sentido a

Lei de Direitos de Voto de 1965. Essa lei exigia que os estados com passado racista e segregacionista submetessem suas mudanças legislativas eleitorais para aprovação do Departamento de Justiça dos Estados Unidos. Contudo, em 2013, os juízes conservadores derrubaram essa ordem legal, apontando que "as coisas mudaram no Sul"; que as taxas de participação e de registro eleitoral se aproximaram da paridade; que as violações de leis federais são cada vez mais raras; e que os candidatos de grupos minoritários ocupam cargos em níveis bastante altos. Nessa perspectiva, deve-se presumir a boa-fé do legislativo estadual, invertendo o ônus da prova nos casos de discriminação racial, e limpar as hostilidades do passado, garantindo o que Roberts chamou de "igual soberania" dos estados.

Na ocasião, a juíza Ruth Ginsburg, que foi voto dissidente, apontou que a razão da melhora no Sul se devia justamente às limitações impostas pela Lei de Direitos de Voto de 1965 que, até então, impedia leis estaduais discriminatórias de entrarem em vigor. Para ela, descartar a avaliação do Departamento de Justiça quando ele vinha funcionando e trabalhando para evitar a discriminação no direito de voto é como "jogar fora seu guarda-chuva numa tempestade somente porque você não está se molhando".

Essa decisão incitou muitos estados controlados por republicanos a promulgarem leis de identificação eleitoral cada vez mais duras e a realizarem expurgos em listas de registro eleitoral (Liptak, 2020), como fez o Texas com base em alegações infundadas de fraude. Segundo Hasen (2020b), aliás, a Suprema Corte já tinha sustentado em uma decisão de 2008, Crawford *v.* Marion City Election Board (Supreme Court of the United States, 2008), que um estado não precisa oferecer evidências de fraude para aprovar uma lei restringindo os direitos de voto, mas que os ativistas pelos direitos de voto deveriam demonstrar concreta e seriamente o quão prejudicial são essas leis para determinados grupos na sociedade.

Em um caso diretamente relacionado à pandemia, é possível observar que a Suprema Corte tem aprofundado ainda mais seu papel partidário e sua irresponsabilidade diante da defesa dos direitos de voto. Em Republican National Committee *v.* Democratic National Committee (Supreme Court of The United States, 2020c), a Corte decidiu que um juiz federal não deveria ter estendido o prazo para os votos ausentes por conta da pandemia no estado de Wisconsin. A maioria conservadora apontou que se tratava de uma decisão meramente técnica, apontando que as regras eleitorais não devem ser alteradas em períodos muito próximos das eleições. Na decisão, os juízes sequer citaram os prejuízos trazidos pela pandemia aos direitos de voto dos eleitores, embora tivessem deliberado nesse caso e em vários outros de forma remota em razões de segurança. Além disso, também criticaram os peticionários por não produzirem evidências de que os eleitores enfrentariam dificuldades para votar, mais uma vez pressupondo a "boa-fé" estadual.

O posicionamento dissidente da juíza Ruth Ginsburg, na ocasião, procurou trazer a pandemia de volta para pensar as questões eleitorais e o direito de voto. Além de tratar da crise de saúde pública, fato que a Corte deveria levar em consideração, Ginsburg apontou que a decisão da maioria conservadora resultaria numa privação massiva de direitos de voto, sobretudo para eleitores cujos pedidos de voto ausente não pudessem ser contados a tempo. Para ela, a preocupação com a extensão dos prazos não era nada em comparação com o risco de dezenas de milhares de eleitores serem privados de seus direitos. Não se tratava, portanto, de uma questão meramente técnica, mas de extrema importância para os direitos de voto dos cidadãos.

Mais recentemente, a Suprema Corte demonstrou galgar passos ainda mais largos na direção de esvaziar a Lei de Direitos de Voto de 1965. Ao acatar o pedido do secretário de Estado do Alabama, a Corte suspendeu a decisão da Corte distrital (Supreme Court of The United States, 2022), que havia anulado o mapeamento eleitoral em função de comprovadas violações da Seção 2 da Lei de Direitos de Voto. Segundo Brett Kavanaugh, no entanto, a suspensão não significava que a Corte estava analisando o mérito da questão e atacando a Lei de Direitos de Voto. Ela estaria, simplesmente, seguindo precedentes importantes da Suprema Corte, como Purcell *v.* Gonzalez (Supreme Court of The United States, 2006), que estabeleceu que não se faz mudanças eleitorais em períodos muito próximos às eleições. Além disso, também apontou que a discussão acerca da formação de um segundo distrito de maioria negra no Alabama é algo que demandaria mais discussões, dado que a jurisprudência em torno dessa questão é muito confusa.

John Roberts, que em outras vezes ajudou a esvaziar a Lei de Direitos de Voto, dessa vez restou em dissidência. Ao citar a importante decisão Thornburg *v.* Gingles (Supreme Court of The United States, 1986), que utilizou as diretrizes estabelecidas pelo Senado em 1982 para atestar a violação da Seção 2 da Lei, Roberts disse que a Corte distrital agiu corretamente ao suspender o mapeamento eleitoral do Alabama, dado que, de fato, o grupo minoritário se mostrou suficientemente grande para constituir uma maioria num segundo distrito, como manda o texto da Lei. Explicou que ele concederia o *certiorari*, ou seja, daria aos peticionários a certeza de que a Suprema Corte analisaria o caso, mas que não poderia suspender a decisão da Corte menor. O efeito prático da sua decisão seria que as eleições de 2022 teriam que se dar de acordo com a decisão da Corte distrital, mas as eleições subsequentes teriam que se dar de acordo com o que a Suprema Corte decidir.

É Elena Kagan, no entanto, quem dá o voto de dissenso mais contundente contra a decisão que a Corte estava tomando. Segundo ela, a Corte distrital fez o que era de direito dentro da lei, e argumentou que aceitar as alegações do estado do Alabama, ainda que sem avaliar o mérito da questão, teria o efeito prático de diluir votos da população negra no estado do

Alabama para as eleições de 2022. Sustenta, ainda, que não caberia mobilizar o caso Purcell *v.* Gonzalez, dado que a Corte distrital proferiu sua decisão meses antes de qualquer pessoa votar, e não a algumas semanas. A Corte distrital analisou uma quantidade imensa de provas e proferiu sentença em tempo razoável, entendendo que os pedidos por um distrito de maioria negra atenderiam a todas as condições exigidas pela lei e pela jurisprudência. Quem demorou para entrar com recurso à decisão foi o próprio estado.

Além disso, Kagan argumentou que o estado do Alabama não poderia alegar que não havia tempo para fazer outro mapa quando o seu próprio fora aprovado em menos de uma semana e sob circunstâncias bastante suspeitas. Também relembra que o pedido por um segundo distrito de maioria negra no estado do Alabama não é nenhuma surpresa, dado que as violações vinham sendo denunciadas desde 2018. E termina seu voto afirmando que a Suprema Corte estaria prestando um desserviço em diversos sentidos: para os próprios processos de apelação, que servem tanto para restringir quanto para legitimar a autoridade da Corte; para a Corte distrital em questão, que aplicou meticulosamente da Lei de Direitos de Voto; e, acima de tudo, para a população negra do Alabama que, sob esse novo precedente, teve seu poder eleitoral diminuído, violando uma lei que sustenta toda a democracia americana.

A caminho de um novo "separados, mas iguais"

As diversas e diferentes estratégias traçadas por Trump e seus aliados para desacreditar o sistema eleitoral dos Estados Unidos têm se mostrado efetivas. A formação de uma Comissão de investigação sobre fraudes eleitorais, o uso das mídias sociais para espalhar massivamente acusações de que o voto por correio é um procedimento fraudulento, a reconstrução de baixo para cima do Partido Republicano e dos quadros eleitorais responsáveis pelas eleições, a aprovação de leis restritivas do direito de voto e a defesa de uma liberdade quase soberana dos legislativos estaduais, são todas estratégias que impactaram concretamente os quadros e as regras eleitorais de diversos estados e enfraqueceram o direito de voto como um direito de cidadania.

O caminho aberto por tais estratégias tem sido resguardado por decisões de apoio da maioria conservadora da Suprema Corte, que, embora não adote por completo a teoria do legislativo estadual independente, pode ser vista como uma Corte altamente partidária e propensa a deixar para os estados as decisões sobre temas cruciais para a democracia americana. O que se observa é que, ao mesmo tempo que a Corte faz isso, independentemente se favorecendo os legislativos ou executivos, ela alivia ambos de constrangimentos constitucionais e legais muito importantes para a defesa e garantia dos direitos de voto de minorias dentro do país.

Com isso, a pluralidade de leis eleitorais e de procedimentos para o voto deixa de ser uma característica "normal" do sistema federativo dos Estados Unidos para se tornar fonte de fragilização do direito de voto como um direito de cidadania, ao passo que vai depender de cada localidade respeitar ou não limites impostos por leis federais, tais como a Lei de Direitos de Voto e outros limites estatutários sobre questões como registro eleitoral, redistritamentos eleitorais, e outros procedimentos eleitorais.

Assim, como argumenta o professor e especialista em direitos de voto Atiba R. Ellis (Hill, 2023), formar uma opinião acerca da situação dos direitos de voto nos Estados Unidos vai depender do estado para o qual se olha. Se em alguns estados é possível encontrarmos avanços significativos, voltados para a expansão da participação eleitoral, em outros, identificamos leis cada vez mais rígidas, voltadas para dificultar essa participação. Seria, portanto, segundo Hill, uma nova modalidade de "separados, mas iguais" da Era Jim Crow, evidentemente que não sob as normas do apartheid que foi aquele período, mas certamente seguindo linhas raciais. Afinal, os impactos negativos das medidas estaduais eleitorais que fazem redistritamentos partidários, que dificultam o registro eleitoral, e que impedem o exercício do voto recaem, principalmente, sobre as minorias do país. E tudo isso, ainda, com a chancela catalisadora da Suprema Corte dos Estados Unidos.

Referências

ARNSDORF, Issac; CLARK, Doug B.; BERZON, Alexandra; DAMON, Anjeanette. Heeding Steve Bannon's Call, Election Deniers Organize to Seize Control of the GOP – and Reshape America's Elections. *ProPublica*, 2 set. 2021. Disponível em: <https://www.propublica.org/article/heeding-steve-bannons-call-election-deniers-organize-to-seize-control-of-the-gop-and-reshape-americas-elections>. Acesso em: 18 set. 2023.

BAJAK, Frank; CASSIDY, Christina A. Vote-by-mail worries: A "leaky pipeline" in many states. *AP News*, 8 ago. 2020. Disponível em: <https://apnews.com/article/virus-outbreak-election-2020-u-s-news-ap-top-news-ca-state-wire-52e87011f4d04e41bfffccd64fc878e7>. Acesso em: 18 set. 2023.

BLOCK, Daniel. What Happens If Trump Refuses to Concede? *Washington Monthly*, 7 abr. 2019. Disponível em: <https://washingtonmonthly.com/2019/04/07/how-trump-could-lose-the-election-and-remain-president/>. Acesso em: 18 set. 2023.

COLLINSON, Stephen. Texas move on mail-in voting stirs new supression fears. CNN *Politics*, 2 out. 2020. Disponível em: <https://edition.cnn.com/2020/10/02/politics/donald-trump-election-2020-texas-voting/index.html>. Acesso em: 18 set. 2023.

HASEN, Richard L. Three Pathologies of American Voting Rights Illuminated by the Covid-19 Pandemic, and How to Treat and Cure Them. *Election Law Journal*, UC Irvine School of Law Research Paper No. 2020-43, 2020a. Disponível em: <https://papers.ssrn.com/sol3/papers.cfm?abstract_id=3604668>. Acesso em: 18 set. 2023.

HASEN, Richard L. *Election Meltdown*: Dirty Tricks, Distrust, and the Threat to American Democracy. New Haven and London: Yale University Press, 2020b.

______. The Supreme Court's Pro-Partisanship Turn. *The Georgetown Law Journal On-line*, v.19, 2020c, p.50-80. Disponível em: <https://www.law.georgetown.edu/georgetown-law-journal/wp-content/uploads/sites/26/2020/07/Hasen-The-Supreme-Court%E2%80%99s-Pro-Partisanship-Turn.pdf>. Acesso em: 18 set. 2023.

______. Identifying and minimizing the risk of election subversion and stolen elections in the contemporary United States. *Harvard Law Review Forum*, v.135, p.265-301, 2022a. Disponível em: <https://harvardlawreview.org/wp-content/uploads/2022/04/135-Harv.-L.-Rev.-F.-265.pdf>. Acesso em: 18 set. 2023.

______. *Cheap Speech:* How Disinformation Poisons Our Politics – And How to Cure It. New Haven and London: Yale University Press, 2022b.

HASSAN, Lila; GLAUN, Dan. COVID-19 and the Most Litigated Presidental Election in Recent U.S. History: How the Lawsuits Breack Down. *PBS Frontline*, 29 out. 2020. Disponível em: <https://www.pbs.org/wgbh/frontline/article/covid-19-most-litigated-presidential-election-in-recent-us-history/>. Acesso em: 18 set. 2023.

HILL, Jonquilyn. How the Voting Rights Act ended up at the Supreme Court: The Past – and The Future – of The Voting Rights Act. *Vox*, 24 jan. 2023. Disponível em: <https://www.vox.com/podcasts/23568372/voting-rights-act-civil-rights-legislation-us-history>. Acesso em: 18 set. 2023.

HUSEMAN, Jessica. Election Commission Documents Cast Doubt on Trump's Claims of Voter Fraud. *Electionland from Propublica*, 3 ago. 2018. Disponível em: <https://www.propublica.org/article/election-commission-documents-cast-doubt-on-trumps-claims-of-voter-fraud>. Acesso em: 18 set. 2023.

INATOMI, Celly Cook. Os juízes de Trump e o projeto conservador de direitos civis. *Informe OPEU*, 23 dez. 2020a. Disponível em: <https://www.opeu.org.br/2020/12/23/os-juizes-de-trump-e-o-projeto-conservador-de-direitos-civis/>. Acesso em: 18 set. 2023.

______. O rompante democrático da Suprema Corte dos EUA. *Informe OPEU*, 14 dez. 2020b. Disponível em: <https://www.opeu.org.br/2020/12/14/o-rompante-democratico-da-suprema-corte-dos-eua/>. Acesso em: 18 set. 2023.

______. "Terra de ninguém"? Os direitos de voto nas eleições americanas de 2020. *Panorama EUA*, v.10, n.7, nov. 2020c. Disponível em: <https://www.opeu.org.br/wp-content/uploads/2020/11/Panorama-EUA_OPEU_Os-direitos-de-voto-nas-elei%C3%A7%C3%B5es-americanas-de-2020-v10-n7-Nov-2020.pdf.> Acesso em: 18 set. 2023.

______. Os juízes de Trump e os desafios ao governo Biden. In: VELASCO E CRUZ, Sebastião; BOJIKIAN, Neusa Maria P. (Org.). *De Trump a Biden:* Partidos, políticas, eleições e perspectivas. São Paulo: Editora Unesp, 2021. p.53-66.

______. Retórica do "*colorblindness*" e Lei de Direitos de Voto de 1965. *Panorama EUA*, v.12, n.6, set. 2022. Disponível em: <https://www.opeu.org.br/wp-content/uploads/2022/10/Panorama-EUA_OPEU_Retorica-do-colorblindness-e-Lei-de-Direitos-de-Voto-v12-n6-Set-2022.pdf>. Acesso em: 18 set. 2023.

LANDERS, Elizabeth; WATKINS, Eli; LIPTAK, Kevin. Trump dissolver voter fraud commission; adviser says it went "off the rails". CNN *Politics*, 4 jan. 2018. Disponível em: <https://edition.cnn.com/2018/01/03/politics/presidential-election-commission/index.html>. Acesso em: 18 set. 2023.

LEVITSKY, Steven; ZIBLATT, Daniel. The Biggest Threat to Democracy Is the GOP Stealing the Next Election. *The Atlantic*, 9 jul. 2021. Disponível em: <https://www.theatlantic.com/ideas/archive/2021/07/democracy-could-die-2024/619390/>. Acesso em: 18 set. 2023.

LIPTAK, Adam. A More Liberal Supreme Court? Not When It Comes to Voting Rights. *The New York Times*, 18 jul. 2020. Disponível em: <https://www.nytimes.com/2020/07/18/us/supreme-court-voting-rights.html>. Acesso em: 18 set. 2023.

MCGHEE, Eric; PALUCH, Jennifer; ROMERO, Mindy. Vote-by-mail policy and the 2020 presidential election. *Research and Politics*, p.1-15, abr./jun. 2022. Disponível em: <https://papers.ssrn.com/sol3/papers.cfm?abstract_id=3825939>. Acesso em: 18 set. 2023.

MORLEY, Michael T. The Independent State Legislature Doctrine. *Fordham Law Review*, v.90, 2021, p.501-60. Disponível em: <https://papers.ssrn.com/sol3/papers.cfm?abstract_id=3961147>. Acesso em: 18 set. 2023.

RICHMAN, Jesse T.; CHATTHA, Guishan A., EARNEST, David C. Do Non-Citizens Vote in U.S. Elections? *Political Science & Geography Faculty Publications*, 11, 2014, p.1-29. Disponível em: <https://digitalcommons.odu.edu/cgi/viewcontent.cgi?article=1011&context=politicalscience_geography_pubs>. Acesso em: 18 set. 2023.

SCHULTZ, David. Voting Rights and the 2020 Election: A New Judicial Federalism for the Right to Vote. *Minnesota Law Review Headnotes*, v.104, p.41-50, 2020. Disponível em: <https://libpubsdss.lib.umn.edu/minnesotalawreviewprod/wp-content/uploads/2020/05/Schultz.pdf>. Acesso em: 18 set. 2023.

SCOTUS BLOG. *Moore v. Harper*, 2023. Disponível em: <https://www.scotusblog.com/case-files/cases/moore-v-harper-2/>. Acesso em: 18 set. 2023.

SUPREME COURT OF THE UNITED STATES. Thornburg *v.* Gingles. 1986. Disponível em: <https://supreme.justia.com/cases/federal/us/478/30/>. Acesso em: 18 set. 2023.

______. Purcell v. Gonzalez. 2006. Disponível em: <https://casetext.com/case/purcell-v-gonzalez>. Acesso em: 18 set. 2023.

______. Crawford *v.* Marion City Election Board. 2008. Disponível em: <https://www.supremecourt.gov/opinions/07pdf/07-21.pdf>. Acesso em: 18 set. 2023.

______. NAMUDNO *v.* Holder. 2009. Disponível em: <https://www.supremecourt.gov/opinions/08pdf/08-322.pdf>. Acesso em: 18 set. 2023.

______. Shelby County *v.* Holder. 2013. Disponível em: <https://www.supremecourt.gov/opinions/12pdf/12-96_6k47.pdf>. Acesso em: 18 set. 2023.

______. Syllabus. Gill et al. *v.* Whitford et al. 2018. Disponível em: <https://www.supremecourt.gov/opinions/17pdf/16-1161_dc8f.pdf>. Acesso em: 18 set. 2023.

______. Rucho *v.* Common Cause. 2019. Disponível em: <https://www.supremecourt.gov/opinions/18pdf/18-422_9ol1.pdf>. Acesso em: 18 set. 2023.

______. Kelly, Mike, et al. *v.* Pennsylvania, et al. 2020a. Disponível em: <https://www.supremecourt.gov/orders/courtorders/120820zr_bq7d.pdf>. Acesso em: 18 set. 2023.

______. Texas *v*. Pennsylvania. 2020b. Disponível em: <https://www.supremecourt.gov/orders/courtorders/121120zr_p860.pdf>. Acesso em: 18 set. 2023.

______. Republican National Committee *v*. Democratic National Committee. 2020c. Disponível em: <https://www.supremecourt.gov/opinions/19pdf/19a1016o759.pdf>. Acesso em: 18 set. 2023.

______. Merrill *v*. Milligan. 2022. Disponível em: <https://www.supremecourt.gov/opinions/21pdf/21a375_d18f.pdf>. Acesso em: 18 set. 2023.

USA (United States Census Bureau). What Methods Did People Use to Vote in the 2020 Election? *United States Census Bureau*. 29 abr. 2021. Disponível em: <https://www.census.gov/library/stories/2021/04/what-methods-did-people-use-to-vote-in-2020-election.html>. Acesso em: 18 set. 2023.

WATKINS, Eli. Judge sides with Dem member suing Trump voting commission. CNN *Politics*, 25 dez. 2017. Disponível em: <https://edition.cnn.com/2017/12/24/politics/matthew-dunlap-voter-fraud-commission/index.html>. Acesso em: 18 set. 2023.

WOODALL, Hunter. Email from key player on Kobach-led voter fraud commission: Keep Democrats off panel. *The Kansas Sity Star.*, 13 set. 2017. Disponível em: <https://account.kansascity.com/paywall/subscriber-only?resume=173178756&intcid=ab_archive>. Acesso em: 18 set. 2023.

4
Controle de corpos nos Estados Unidos: Uma análise das restrições ao aborto após a derrubada da Decisão Roe *v.* Wade (2022)

Débora Figueiredo Mendonça do Prado
Isabella Fontaniello
Nathalia Sgaravato Zambuzzi

Introdução

O mês de junho de 2022 representou um momento crucial no debate sobre o direito ao aborto nos Estados Unidos. Em 1973, a histórica decisão da Suprema Corte no caso Roe *v.* Wade assegurou o direito das mulheres à interrupção da gestação, estabelecendo assim décadas de precedentes sobre o direito constitucional ao aborto no país. Contudo, em junho de 2022, ocorreu uma mudança significativa com a decisão da Suprema Corte no caso Dobbs *v.* Jackson, que reverteu o entendimento anterior e concedeu aos estados a prerrogativa de legislar sobre o aborto. Essa decisão resultou na anulação de dois marcos legais fundamentais para a proteção do acesso ao aborto estabelecidos no âmbito da Suprema Corte: a decisão Roe *v.*Wade, de 1973, e a Planned Parenthood *v.* Casey, de 1992, colocando os Estados Unidos na contramão do debate sobre direitos reprodutivos.

O cenário estabelecido com a decisão Dobbs *v.* Jackson aprofundou ainda mais a desigualdade de acesso para as mulheres nos diferentes estados. Com a descentralização das competências nessa matéria, criou-se um cenário fragmentado em que mais de um quarto das mulheres vivem em estados onde o procedimento é proibido ou enfrenta restrições severas. Nos estados com restrições mais rigorosas, como Texas, Oklahoma, Louisiana,

Arkansas, Mississippi, Alabama, Tennessee, Missouri, Kentucky, West Virginia, Idaho, Carolina do Norte e Carolina do Sul, as barreiras para o acesso ao aborto envolvem restrições legais em relação ao limite gestacional, além de dificuldades para encontrar clínicas e profissionais qualificados. Em contrapartida, em estados mais progressistas, não há limites para o estágio gestacional, há fundos do *Medicaid* estatal para cobrir o procedimento, os planos de saúde privados são obrigados a oferecer cobertura para o aborto e existem clínicas e profissionais qualificados. Além disso, são implementados projetos de proteção contra assédio e danos físicos a qualquer pessoa que entre em uma clínica de aborto. Nas regiões mais restritivas, as mulheres precisam percorrer em média uma distância de até 1266 km[1] para chegar a uma clínica que realize o procedimento, enquanto nos estados sem restrições, como Oregon, a distância média percorrida é de cerca de 57 quilômetros. Desde a decisão no caso Dobbs *v.*Jackson, cerca de quatrocentos projetos de lei foram propostos para restringir ainda mais o acesso ao aborto no país. Essa decisão da Suprema Corte acentuou a desigualdade entre as mulheres, estabelecendo um cenário cada vez mais fragmentado na estrutura federativa do país.

O debate sobre direitos reprodutivos no país sempre foi fragmentado. Não havendo uma legislação federal aprovada no Congresso que regulamente o aborto no país, a decisão adotada desde 1973 (Roe *v.* Wade) pela Suprema Corte nos Estados Unidos legalizou o procedimento no país e garantiu, em alguma medida, um acesso mais igualitário. A revogação desse entendimento, devolvendo o poder aos governos estaduais para ditar as regras em seu território a respeito dessa agenda, representou um grande retrocesso no debate sobre direitos reprodutivos.

Durante as eleições de meio de mandato no país (*midterms*) realizadas em novembro de 2022, o tema do aborto foi amplamente discutido, mobilizando especialmente os estados mais progressistas em garantir o acesso a esse direito. Durante esse período, Michigan, Vermont e Califórnia aprovaram emendas adicionando o direito ao aborto às suas constituições estaduais. Por outro lado, vários estados conservadores têm implementado leis restritivas, conhecidas como leis de gatilho, após a decisão da Suprema Corte, estabelecendo medidas mais rigorosas ou mesmo proibindo completamente o aborto.

O objetivo deste capítulo consiste em analisar o estado atual do acesso ao aborto nos Estados Unidos após a suspensão da decisão Roe *v.* Wade, evidenciando como essa decisão da Suprema Corte aprofundou a desigualdade

1 No Texas, segundo dados do Guttmacher Institute (2023), a distância média de condução, num só sentido, de mulheres com idades compreendidas entre os 15 e os 49 anos até à clínica mais próxima que efetua abortos após as 24 semanas é de 787 milhas.

no acesso aos direitos reprodutivos. É importante ressaltar que essa reversão ocorre em um contexto em que a composição da Suprema Corte passou a ser majoritariamente conservadora, o que acarreta impactos significativos envolvendo o debate sobre gênero e sexualidade no país.

No primeiro tópico, serão analisados os fatores contextuais que contribuíram para a revogação da decisão que garantia o direito ao aborto nos Estados Unidos. Serão abordados os principais argumentos e elementos que influenciaram essa mudança de posicionamento. Em seguida, será apresentado um panorama sobre as políticas de acesso e restrições ao aborto adotadas pelos estados norte-americanos desde a anulação até o período atual, um ano após essa decisão. Para isto, realizou-se um levantamento de dados empíricos sobre as medidas adotadas tanto pelos estados que restringiram o acesso quanto para aqueles que buscaram garantir o direito ao aborto. Os dados foram coletados em documentos disponíveis nas seguintes plataformas: *Center for Reproductive Rights, Guttmacher Institute, Abortion Finder* e *National Conference of State legislatures* (NCSL).

Serão examinadas as diferentes abordagens adotadas pelos estados e como essas políticas impactam o acesso das mulheres aos serviços de aborto em diferentes regiões do país. Por fim, serão discutidos os impactos decorrentes dessa decisão. Abordar-se-á, também, de que maneira a revogação de Roe *v.* Wade afeta o acesso aos serviços de aborto, bem como a saúde e o bem-estar das mulheres, além de ressaltar as desigualdades socioeconômicas entre os estados. Por meio desses tópicos, busca-se fornecer uma análise abrangente e fundamentada acerca da situação atual do acesso ao aborto nos Estados Unidos após a reversão da histórica decisão Roe *v.* Wade.

O avanço conservador na Suprema Corte e a revogação da decisão Roe *v.* Wade (2022)

A anulação da decisão Roe *v.* Wade, que garantia o direito ao aborto nos Estados Unidos, pela Suprema Corte em 24 de junho de 2022 representou um duro golpe para as garantias dos direitos reprodutivos no país. Como destacam Obermuller, Scapini e Inatomi (2022), ao equilibrar o direito de privacidade com os interesses dos estados, a Corte estabeleceu um limite para a realização do aborto (o chamado ponto de viabilidade, entre o segundo e o terceiro trimestre da gestação), colocando fim às leis estaduais que proibiam totalmente o aborto ou colocavam restrições muito severas para o procedimento. O entendimento, contudo, seguiu sendo alvo de ataques por parte de setores conservadores da sociedade que questionavam a decisão, seja através de legislações estaduais que entravam em conflito com a decisão da Suprema Corte, seja com as ações judiciais questionando tal entendimento.

Ao longo desse período, diversos estados conservadores vinham se movimentando em nível subnacional com a aprovação de legislações que restringiam o acesso ao aborto e que entravam em conflito com o entendimento da Suprema Corte. Até 2021, onze estados passaram a aprovar legislações que tornavam o aborto ilegal, mesmo em conflito com o entendimento da Suprema Corte no caso Roe *v.* Wade. Os casos mais emblemáticos de legislações restritivas nesse período foram a lei SB 8, conhecida como Lei do batimento cardíaco, assinada pelo governador do Texas, Greg Abbott, em 2021, que proibia o aborto por volta das seis semanas de gestação, mesmo em casos de estupro e incesto, e a lei do estado do Mississippi, de 2018, que proibia todos os abortos após quinze semanas de gestação, contrariando o padrão de viabilidade por Roe *v*. Wade.

A estratégia dos governos estaduais conservadores foi de implementar legislações cada vez mais restritivas que seriam questionadas na Suprema Corte tendo a expectativa da reversão da decisão Roe *v.* Wade. Esse cenário foi possível sobretudo diante da mudança estabelecida na Suprema Corte durante os primeiros anos do governo de Donald Trump (2017-2021), de perfil neoconservador. Logo, durante os anos do governo Trump, uma ofensiva antigênero foi estabelecida, buscando fortalecer grupos contrários às políticas voltadas para a promoção da igualdade de gênero, educação social e enfrentamento da discriminação. Objetivando esvaziar a agenda e minar os avanços nas questões envolvendo direitos reprodutivos e sexuais, Trump nomeou, para cargos-chave nessa agenda, pessoas historicamente contrárias à pauta dos direitos reprodutivos. Como exemplo, podemos mencionar a indicação da juíza conservadora Amy Barrett para a composição da Suprema Corte, a indicação de Mary Ann Glendon, ex-embaixadora dos Estados Unidos no Vaticano e contrária à legalização do aborto, para chefiar o tema de direitos humanos na política externa do país através da Comissão de Direitos inalienáveis (Anderson, 2019). A cruzada antigênero proposta pela administração Trump, com impactos na condução da política doméstica e na posição dos Estados Unidos nos órgãos de direitos humanos das Nações Unidas, foi denunciada por organizações como a Oxfam (Oxfam, 2019), que apontava que o Departamento de Estado reduziu os relatórios e o acompanhamento da situação envolvendo os direitos das mulheres e da população LGBTQI+.

Uma das frentes de atuação desses setores conservadores tem sido a oposição aos direitos sexuais e reprodutivos. A criminalização do aborto e a restrição ao acesso à contracepção são algumas das principais pautas desse movimento. No que se refere aos direitos reprodutivos, Vidal (2013) destaca que a posição conservadora entende o aborto como algo imoral, contrário à vontade divina. Além disso, como destaca a autora, a rejeição ao aborto pelos conservadores se dá pelo entendimento de que as decisões da Suprema Corte norte-americana, como a Roe *v.* Wade, seriam reflexo de posições pessoais e alheias à Constituição.

Com o perfil alinhado ao pensamento neoconservador e contrário ao direito ao debate sobre gênero e direitos reprodutivos, Trump alterou a composição da Suprema Corte, que passou a contar com uma maioria conservadora. O domínio da direita sobre a Corte foi possível em decorrência da recusa do líder da maioria no Senado, Mitch McConnel, em conceder uma audiência de confirmação à última escolha de Obama para o cargo, Merrick Garland, atualmente procurador-geral do governo Biden. Com a recusa, Trump pôde nomear o juiz Neil Goursuch como seu primeiro candidato ao Supremo em 2017. Posteriormente, em 2018, Trump indicou o também juiz conservador Brett Kavanaugh para a Corte, tendo este tomado posse em outubro de 2018, após ter enfrentado acusações de assédio e agressões sexuais. Contrariando o seu argumento de que a nomeação de juízes para a Corte não deve ocorrer em ano eleitoral, McConnel apressou a confirmação de Trump para a entrada da juíza conservadora Amy Coney Barrett, em 2020, consagrando a atual maioria conservadora de 6-3 (*The New York Times*, 2020).

Como destacam Obermuller, Scapini e Inatomi (2022), a mudança na posição da Corte a respeito desse tema, com possível reversão da decisão pela legalização do aborto, já era observada quando, em 2021, a Corte rejeitou uma liminar contra a lei SB8, permitindo que ela entrasse em vigor no estado. Dessa maneira, a decisão sem precedentes adotada pela Suprema Corte de retirar o direito constitucional ao aborto foi resultado do ativismo conservador no judiciário norte-americano, que passou a explorar a nova composição da Corte para acelerar mudanças em nível nacional. Como a Suprema Corte é a responsável pela interpretação da constitucionalidade ou inconstitucionalidade das legislações, o ativismo nos legislativos estaduais permitiu que o tema chegasse até a Corte em um momento de forte reconfiguração ideológica da instituição.

As políticas estaduais para o aborto nos Estados Unidos e o cenário após a revogação Roe *v.* Wade

A revogação da decisão de Roe *v.* Wade teve impactos imediatos na vida de milhões de mulheres com a implementação pelos estados das chamadas "*Trigger laws*" (leis de gatilho). As leis de gatilho consistem em legislações que foram aprovadas por um órgão legislativo, mas que só entram em vigor após uma decisão que permita sua aplicação (Nash; Guarnieri, 2022). Tais estatutos foram formulados na expectativa da decisão da Suprema Corte, sendo devidamente redigidos para entrar em vigor automaticamente após a anulação de Roe *v.* Wade. No geral, eles focam na maior restrição ao aborto em nível estadual, acompanhando um processo já existente nos estados conservadores de diminuição no número de estabelecimentos que ofereciam esse tipo de procedimento.[2] O gráfico a seguir ilustra a progressão dessas regulamentações no período entre os anos 2010 e 2019:

Figura 1 – Políticas estaduais para o aborto nos Estados Unidos de 2010 a 2019

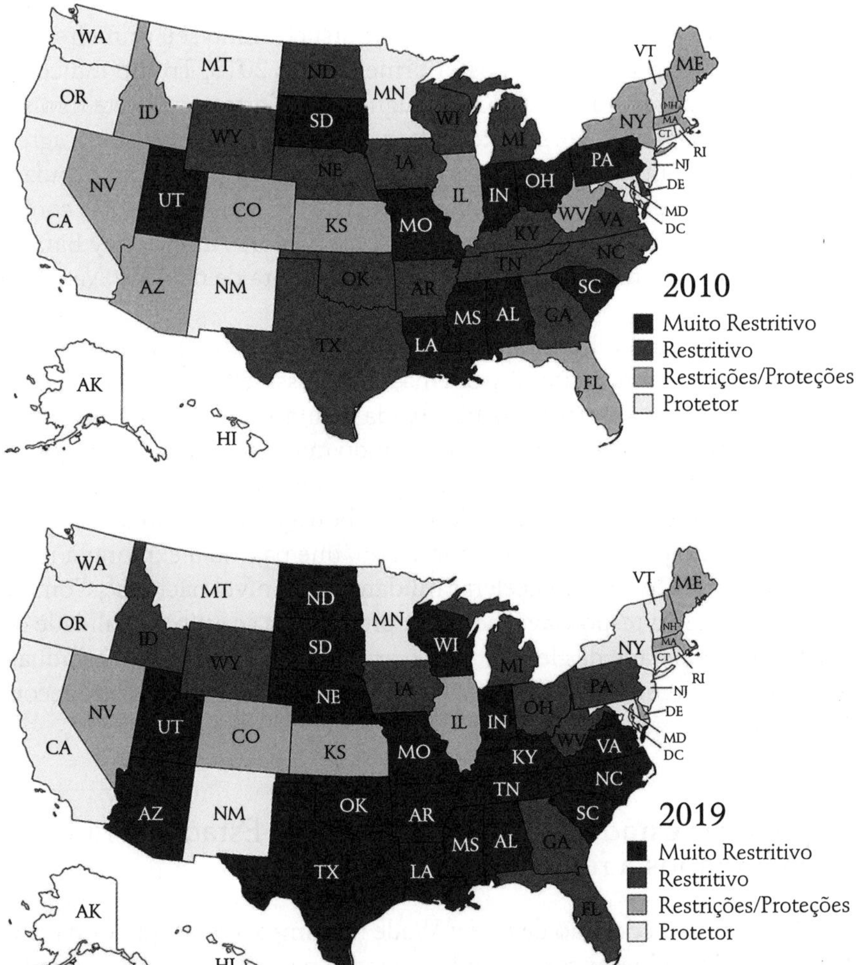

Fonte: Guttmacher Institute (2023); Center for Reproductive Rights (2023).

2 Mesmo antes da decisão da Corte que revogou o direito ao aborto na revisão de Roe *v.* Wade, já era perceptível uma diminuição no número de estabelecimentos que realizavam esse procedimento. Entre 2014 e 2017, houve uma redução de pelo menos 5% no número de locais que ofereciam serviços de aborto, evidenciando a tendência conservadora em algumas regiões (Guttmacher Institute, 2022b).

Em 2019, houve um aumento nas restrições ao aborto, especialmente em comparação a 2010, como é demonstrado no mapa. De acordo com os dados do *Guttmacher Institute*, entre janeiro de 2011 e julho de 2019, foram promulgadas mais de 483 restrições relacionadas ao aborto, representando 40% de todas as restrições ao aborto desde a aprovação de Roe *v.* Wade. Segundo o instituto, as restrições em nível estadual incluíam:

> Notificação dos pais ou requisitos de consentimento para menores, limitações de financiamento público, aconselhamento obrigatório projetado para dissuadir os indivíduos de fazer um aborto, períodos de espera obrigatórios antes de um aborto, e regulamentos desnecessários e excessivamente onerosos sobre as instalações de aborto. (Guttmacher Institute, 2022a)

No total, treze estados possuíam leis de gatilho, concebidas para entrar em vigor imediatamente após uma reversão da decisão Roe *v.* Wade, sendo eles: Carolina do Sul (2005), Louisiana (2006), Mississippi (2007), Dakota do Norte (2007), Arkansas (2019), Kentucky (2019), Missouri (2019), Tennessee (2019), Texas (2019), Idaho (2020), Utah (2020), Oklahoma (2021) e Wyoming (2022). Além dos estados com leis de gatilho, outros nove estados possuíam proibições anteriores à decisão da Suprema Corte de 1973 que passaram a valer com a revogação: Alabama, Arizona, Arkansas, Michigan, Mississippi, Oklahoma, Texas, Virgínia Ocidental e Wisconsin (Nash; Guarnieri, 2022).

A supressão de Roe *v.* Wade possibilitou que os estados implementassem políticas pró-vida, como a redução de período para a realização do aborto ou sua total proibição. Essas restrições podem ou não abrir exceções em casos de estupro, incesto e risco à saúde da gestante, dependendo do estado. O Quadro 1 apresenta as leis antiaborto dos estados mais restritivos quanto ao tema.

Além dos estados que promulgaram leis mais rigorosas com restrições limitadas para regulamentar o aborto, outras regiões também adotaram medidas restritivas com base na contagem de semanas de gestação, determinando em qual momento o procedimento de interrupção da gravidez seria completamente proibido. Com a revogação da decisão Roe *v.* Wade, o entendimento definido pela Suprema Corte de que o aborto deveria ser legalizado até o ponto de viabilidade do feto deixa de existir. Com isso, vários estados passaram a impor restrições à realização do procedimento com uma maior limitação no número de semanas gestacionais. A Figura 2 apresenta o acesso ao aborto no país no cenário pós-Roe.

Os estados do nível 1 são aqueles em que o aborto é considerado ilegal em qualquer situação. No segundo nível estão os estados que consideram o aborto ilegal, tendo em vista determinado limite gestacional. Essas

Quadro 1 – Leis estaduais de aborto que entraram em vigor após a revogação de Roe *v*. Wade

<table>
<tr><th>Estado</th><th>Políticas de banimento</th><th>Ano da Lei de Gatilho</th></tr>
<tr><td>Wisconsin</td><td>Aborto ilegal desde a fertilização, com exceção apenas em casos de risco de vida para a mulher</td><td>Nova lei criada após a revogação</td></tr>
<tr><td rowspan="8">Alabama | Arkansas | Dakota do Sul | Tennessee | Missouri | Louisiana | Kentucky | Oklahoma</td><td rowspan="8">O aborto é proibido em qualquer idade gestacional e sem exceções para estupro ou incesto.</td><td>AL - 2019</td></tr>
<tr><td>AR - 2019</td></tr>
<tr><td>SD - 2005</td></tr>
<tr><td>TN - 2019</td></tr>
<tr><td>MO - 2019</td></tr>
<tr><td>LA - 2006 (temporariamente revogada)</td></tr>
<tr><td>KY - 2019</td></tr>
<tr><td>OK - 1910</td></tr>
<tr><td>Mississippi</td><td>O aborto é proibido com exceções para estupro, mas não para incesto.</td><td>2018</td></tr>
<tr><td>Dakota do Norte</td><td>O aborto é proibido com exceção de estupro ou incesto apenas nas primeiras seis semanas de gravidez.</td><td>2007</td></tr>
<tr><td>Texas</td><td>O aborto é proibido sem exceções para estupro ou incesto.</td><td>2021</td></tr>
<tr><td>Virgínia Ocidental</td><td>O aborto é proibido com exceções para estupro e incesto.</td><td>Nova lei criada após a revogação</td></tr>
</table>

Fonte: Elaborado pelas autoras.

restrições foram possíveis com o fim do entendimento da Suprema Corte que na decisão Roe *v.* Wade definiu a legalização do aborto até o ponto de viabilidade do embrião. Com isso, esses estados passaram a restringir o aborto antes do ponto de viabilidade. Os níveis 3 e 4 abarcam os estados com medidas protetivas ao aborto. No nível 3 o aborto é legalizado até o ponto de viabilidade do embrião, que ocorre por volta da 23ª semana de gestação. No nível 4 estão os estados em que não há restrições ao aborto considerando a idade gestacional.

Como podemos verificar, com eliminação do direito constitucional ao aborto através da decisão Dobbs *v*. Jackson Women 's Health em junho de 2022, os estados passaram a adotar limites gestacionais mais rigorosos, com a determinação da ilegalidade do procedimento em catorze estados. Ao todo, vinte estados passaram a adotar medidas de banimento ou medidas mais restritivas ao procedimento.

Figura 2 – Direito ao aborto nos Estados Unidos após junho de 2022

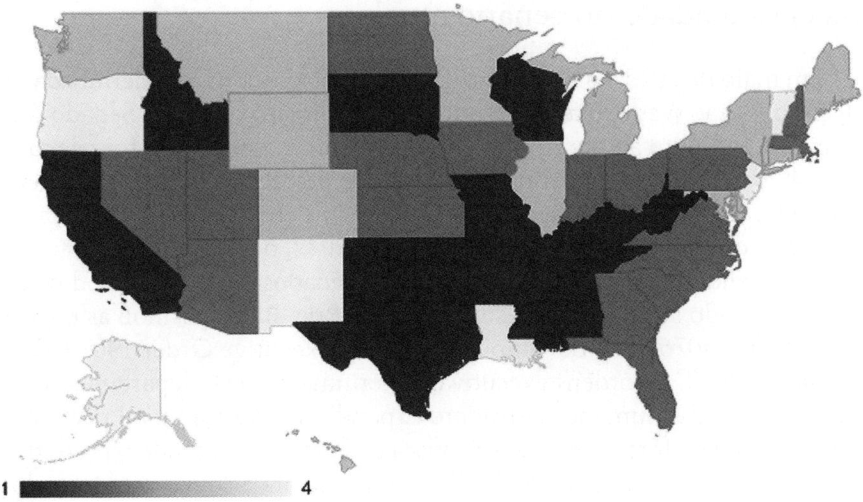

1 Aborto ilegal desde a fertilização

2 Aborto legal, com restrições vinculadas ao limite de semanas por estado

3 Aborto legalizado até o "ponto de viabilidade" do embrião

4 Aborto legal sem limite de semanas

Fonte: elaborada pelas autoras.

Além das regulações impondo limites gestacionais rigorosos em vários estados, observou-se no período pós-Roe debates acerca do aborto medicamentoso. Observou-se, nesse período, um aumento na demanda por medicamentos que induzem o aborto por meio de compras *on-line* e telemedicina. Cohen, Donley e Rebouché (2023) enfatizam a procura por parte da população de informações sobre abortos autogerenciados, mas destacam que a maioria acaba optando por métodos ineficazes e perigosos: cerca de 52% utilizam suplementos, ervas ou vitaminas; 19% utilizam pílulas anticoncepcionais; e 18% recorrem a traumas físicos. Apenas 18% optam pelo aborto medicamentoso.

O uso desse método abortivo frustrou os opositores do aborto que estão solicitando que o *mifepristone* perca a sua aprovação de 23 anos pela Food and Drug Administration dos Estados Unidos. Nesse período, o Texas emitiu uma liminar bloqueando o uso do medicamento em sua jurisdição; contrários a essa decisão, Oregon e Washington, acompanhados de outros dezesseis estados, contestaram os possíveis bloqueios de distribuição do medicamento (Sobel; Salganicoff, 2023). Em abril de 2023, a Suprema Corte determinou que o acesso ao medicamento abortivo seria protegido, congelando as decisões dos tribunais estaduais que impuseram restrições ao seu uso (Vogue; Sneed, 2023).

As dificuldades de acesso a direitos e ampliação da desigualdade no cenário atual

Em maio de 2022, os democratas, diante da expectativa de derrubada da decisão Roe *v.* Wade, buscaram aprovar um projeto de lei no Senado que manteria o direito ao aborto nos Estados Unidos. A proposta foi rejeitada com 49 votos a favor e 51 contrários à "Lei de proteção à saúde da mulher", com 11 votos abaixo do necessário para seguir com o debate no senado. Com fim do direito ao aborto, em junho de 2022, o governo Biden buscou adotar medidas para proteger o acesso aos cuidados de saúde reprodutiva.

No período subsequente à suspensão da Roe, Biden assinou as ordens executivas 14076, de 8 de julho de 2022, e a Executive Order 14079, de 3 agosto de 2022. As ordens executivas determinam que o departamento de saúde e serviços humanos considere expandir a cobertura para pacientes que viajam para fora do estado em busca de cuidados de saúde reprodutiva através da cobertura de saúde *Medicaid*, que passará a cobrir determinados custos de deslocamento para cuidados reprodutivos. Outra medida adotada no âmbito das ordens executivas prevê a contribuição das agências federais para facilitar as pílulas abortivas nos estados onde estas continuam a ser legais e a darem instruções explícitas aos hospitais que recebem fundos federais para programas de cuidados de saúde de baixo rendimento para que forneçam medicamentos abortivos em emergências com risco de vida. A ordem executiva 14076 instruiu as agências federais a adotar medidas para proteger o acesso a medicamentos para o aborto, bem como atualizar as orientações para a garantia dos cuidados de emergência. As agências federais também foram incumbidas de elaborar guias de instrução para que os pacientes possam proteger seus dados da vigilância estatal ou local. O objetivo do governo também foi de incentivar ações para suporte e apoio de profissionais de saúde que se encontram em risco legal por prestar cuidados de saúde essencial, tendo em vista as dificuldades das pacientes de receber cuidados de rotina para abortos espontâneos e gravidezes ectópicas no país desde a decisão da Suprema Corte (*Federal Register*, 2022; *The White House*, 2022).

Apesar dessas ações, os impactos da anulação da Roe *v.* Wade foram significativos e representaram um forte retrocesso no acesso à saúde reprodutiva no país. Atualmente, mais de 25 milhões de mulheres com idades entre 15 e 44 anos, que representam aproximadamente 40% das mulheres no país, vivem em estados com novas proibições ou restrições ao acesso ao aborto. Em outras regiões, cerca de 5,5 milhões de mulheres vivem em estados que adotaram restrições, mas que estão pendentes de contestação judicial (Mulvihill; Kruesi; Savage, 2023).

Dados recentes levantados pela Society of Family Planning (2023) apontam para uma redução expressiva no número de procedimentos realizados no país. De julho de 2022 a março de 2023, houve uma redução de 25.640

abortos cumulativos, em comparação com o número médio mensal de abortos no período anterior à revogação de Roe *v.* Wade (antes da decisão Dobbs *v.* Jackson, de junho de 2022).

O relatório ainda aponta que, enquanto o número total de abortos diminuiu, os abortos fornecidos por prestadores de serviços de telessaúde de clínicas virtuais aumentaram de uma média de 4.025 abortos por mês nos dois meses anteriores à decisão Dobbs (5% de todos os abortos), para uma média de 7.461 abortos por mês nos nove meses após a decisão Dobbs (9% de todos os abortos), representando um aumento de 85% no número de abortos efetuados em serviços exclusivamente virtuais.

O número médio de interrupções de gravidez de julho a dezembro foi de 77.073, o que representa uma redução de 7% em relação à média registrada entre abril e maio, de acordo com um relatório publicado pela Sociedade de Planejamento Familiar. Nos Estados com as restrições mais rigorosas – Alabama, Arkansas, Idaho, Kentucky, Louisiana, Mississippi, Missouri, Oklahoma, Dakota do Sul, Tennessee, Texas, Virgínia Ocidental e Wisconsin – registraram-se 265 abortos por mês, em média, de julho a dezembro. Trata-se de uma queda de 96% em relação a abril e maio (*Society of Family Planning*, 2023).

Os estados restritivos criaram os chamados "desertos de aborto", principalmente em localidades do Centro-Oeste e Sul, fazendo com que pessoas que desejavam realizar um aborto precisassem percorrer cerca de 160 quilômetros. Agora, com a possibilidade de os estados proibirem quase todos os abortos em qualquer estágio da gravidez, o tamanho desses desertos de aborto aumentará. Essas mudanças já são possíveis de ser observadas: em cem dias após o caso Dobbs *v.* Jackson, 66 clínicas foram fechadas em quinze estados (Guttmacher Institute, 2023). De acordo com os dados levantados por Cohen, Donley e Rebouché (2023), nos dois meses após a revogação da decisão judicial, aproximadamente 10 mil pessoas não puderam viajar para realizar o aborto de forma legal.

Segundo os dados divulgados pelo Human Rights Watch em abril de 2023, em decorrência da decisão da Suprema Corte de atribuir aos estados a responsabilidade de agir em relação aos direitos das pessoas grávidas, estima-se que aproximadamente 22 milhões de indivíduos em idade reprodutiva nos Estados Unidos não vão ter acesso ao aborto seguro. Essas restrições representam um risco significativo para as pessoas que buscam realizar o procedimento do aborto, colocando em perigo suas vidas e saúde, o que pode resultar em um aumento da mortalidade e morbidade. Ademais, as limitações criam uma situação de incerteza para os profissionais de cuidados de saúde devido à legalidade dos procedimentos, ao mesmo tempo que reduzem o acesso aos cuidados para as grávidas. A hesitação em efetuar um aborto ou prestar cuidados conexos por parte dos prestadores de cuidados de saúde foi verificada em casos em que foram negados cuidados vitais a mulheres com gravidezes ectópicas e abortos espontâneos devido à preocupação em violar as recentes restrições ao aborto em estados como Texas e Tennesse (Zhou, 2023), aumentando os índices de mortalidade materna no país.

O relatório da Human Rights Watch a respeito desse tema destaca que:

> [...] a ofensiva das restrições legislativas ao aborto nos Estados Unidos nega a autonomia decisória e corporal das mulheres de uma maneira que rejeita a capacidade de agência, dignidade e igualdade das pessoas que podem engravidar. Esse ataque draconiano à igualdade de gênero ameaça a vida e a saúde das mulheres em uma escala massiva. (Human Rights Watch, 2023)

Em virtude disso, as pessoas que engravidam são colocadas em uma posição de maior vulnerabilidade, resultando em um significativo aumento do risco de violência para as que eram expostas a relacionamentos abusivos. Roberts et al. (2014), em artigo publicado na *BMC Medicine*, destaca que a limitação do acesso à interrupção da gravidez leva a um aumento no número de mulheres em situação de gravidez indesejada, o que as mantém em contato com parceiros violentos, colocando em perigo tanto suas vidas quanto as de seus filhos. "Esses impactos são agravados para mulheres de grupos marginalizados, que são mais propensas a sofrer violência doméstica e têm menos probabilidade de ter acesso a um aborto se o procedimento for proibido em seu estado." (Human Rigths Watch, 2023).

A consideração da faixa etária também é importante para essa discussão, uma vez que meninas e adolescentes se encontram em uma posição de maior fragilidade, resultando em complicações relacionadas à gravidez, incluindo traumas físicos e psicológicos. Apesar dessa realidade, nenhuma das proibições estaduais ao aborto reconhece uma exceção específica para casos de gravidez na adolescência. A vulnerabilidade desses jovens é evidenciada não apenas pelo caso Dobbs *v.* Jackson, mas também precede a revogação do direito ao aborto, que exigia o envolvimento dos pais na decisão de permitir ou impedir a interrupção da gravidez. Desse modo, podendo resultar em abusos físicos e emocionais, além da possibilidade da expulsão de suas casas e alienação familiar, fazendo com que essas jovens sejam obrigadas a prosseguirem com uma gravidez indesejada (Human Rights Watch, 2023).

As desigualdades relacionadas à raça, renda e identidade de gênero também são variáveis importantes na compreensão da supressão dos direitos que garantem o acesso ao aborto seguro. Segundo Fuentes (2023):

> Restrições e proibições novas e iminentes ao aborto sem dúvida aprofundarão as profundas desigualdades no acesso ao aborto que há muito marcam a saúde reprodutiva e o bem-estar das grávidas e suas famílias. Não apenas pessoas negras, latinas e indígenas e pessoas que vivem com baixa renda, mas também homens trans e não binários, imigrantes, adolescentes e pessoas com deficiência são particularmente

propensos a encontrar obstáculos complexos para o atendimento ao aborto e serem prejudicados como resultado. Os impulsionadores da desigualdade, como disparidades de renda e seguro-saúde e viés do provedor de saúde (incluindo uma história de tentativas racistas de limitar a gravidez entre mulheres negras e indígenas) não são simplesmente o resultado de atos individuais de discriminação, mas sim o resultado de como as instituições e infraestruturas públicas funcionam. Como resultado, às pessoas desses grupos é sistematicamente negado o acesso a cuidados de saúde de qualidade e comunidades seguras que as ajudariam a determinar se e quando engravidar e ter filhos.

O relatório apresentado pela Society of Family Planning no período de abril de 2022 a março de 2023 aponta os estados da Flórida (12.460), Illinois (12.400), Carolina do Norte (7.930), Colorado (4.500) e Califórnia (4.260) como aqueles com os maiores aumentos no número total de abortos realizados. Esses aumentos não compensam as grandes reduções em outras regiões, apontando para uma queda significativa no número de procedimentos em âmbito nacional. Segundo o relatório, os estados com as maiores reduções no número de abortos durante o período de nove meses após a supressão de Roe *v.* Wade, em comparação com a linha de base, incluem o Texas (23.340), a Geórgia (15.720) e Tennessee (10.100). O relatório ainda aponta que as reduções no Texas estão subestimadas, dado que, em abril e maio de 2022, já estava em vigor uma proibição de seis semanas para os procedimentos de aborto no estado (Society of Family Planning, 2023).

As clínicas localizadas em regiões sem restrições ao aborto têm enfrentado dificuldades em suprir essa demanda crescente. Um exemplo disso é o Planned Parenthood de Mar Monte, na Califórnia, que registrou 2.800 abortos em 2022, mas viu esse número aumentar para 3.500 em 2023. Além disso, o número de pacientes provenientes de outros estados em busca de serviços de aborto nas clínicas do Planned Parenthood nos condados de Orange e San Bernardino aumentou três vezes entre junho – quando a decisão Roe *v.* Wade foi anulada – e agosto (Kendall, 2023).

As áreas que carecem de acesso a serviços de interrupção voluntária da gravidez enfrentam consequências significativas, especialmente entre a população de baixa renda, que representa a maioria dos indivíduos que buscam encerrar uma gestação. Essas pessoas se deparam com obstáculos consideráveis devido à escassez de recursos financeiros e à impossibilidade de dedicar o tempo necessário para se deslocarem em busca desses serviços (Cohen; Donley; Rebouché, 2023).

Considerações finais

A decisão da Suprema Corte dos Estados Unidos de derrubar a Roe *v.* Wade, jurisprudência que garantia o acesso ao aborto legal, representou um grande retrocesso nas políticas de direitos reprodutivos no país, com repercussões em outras regiões, como o Brasil, marcadas por um movimento conservador em ascensão que tem, dentre suas principais pautas, os ataques aos direitos e à saúde reprodutiva. A derrota na Corte contou com o apoio dos três juízes nomeados por Trump: Amy Barrett, Neiwl Gorshuck e Brett Kavanaugh, responsáveis pelo perfil conservador da Suprema Corte.

A decisão Roe *v.* Wade legalizava o aborto no país e regulamentava o procedimento nos estados, estabelecendo a data de viabilidade geral para a realização dos procedimentos. Logo após a rescisão desse entendimento com a decisão Dobbs *v.* Jackson, os estados que possuíam as chamadas leis de gatilho imediatamente passaram a proibir a realização do aborto. Atualmente, o aborto é ilegal em catorze estados norte-americanos, e seis impuseram leis de restrições ao acesso ao procedimento.

Como observado anteriormente, o fim da regulamentação do aborto no país trouxe impactos significativos na vida de milhões de pessoas. É importante destacar que o impacto é ainda maior entre as mulheres pobres, negras, hispânicas e indígenas que já tinham um acesso desigual à saúde reprodutiva. Com o fechamento das clínicas que ofereciam aborto seguro em pelo menos dezesseis estados, o tempo de locomoção até a chegada de uma clínica próxima aumentou, sobretudo nos estados mais restritivos como o Texas. Essas disparidades no acesso ao aborto no país reforçam ainda mais uma estrutura já bastante desigual.

Há ainda o risco de mais retrocessos e a principal questão atualmente diz respeito ao acesso à pílula abortiva. Em abril de 2023, o juiz distrital conservador Matthew Kacsmaryk, do Texas, tentou suspender a aprovação da FDA para a utilização da mifepristona, principal medicamento usado para a realização de aborto medicamentoso, considerada essencial e de uso seguro pela Organização Mundial da Saúde (OMS). Apesar de a Suprema Corte interromper a aplicação da sentença, o tema segue em aberto com tentativas por parte de cortes federais de impor novas restrições ao acesso da pílula no país. Em reação a esse movimento, legisladores democratas buscam aprovar projetos para garantir os direitos reprodutivos, por exemplo, o acesso à contracepção. As ordens executivas implementadas por Biden acompanham esse mesmo caminho, buscando garantir e proteger o direito ao acesso a métodos contraceptivos diante da preocupação de uma possível reconsideração da Suprema Corte quanto ao acesso à contracepção.

Nos estados onde o aborto foi proibido após a revogação do caso Roe *v.* Wade, muitas pessoas foram expostas a riscos significativos. Essa tendência tem sido acompanhada pela disseminação de um discurso moralista que avança com o apoio de setores conservadores da sociedade, sustentados por uma Suprema Corte conservadora. O atual cenário dos direitos reprodutivos nos Estados Unidos é permeado por incertezas, com diversas especulações e opiniões sobre o futuro desses direitos tendo em vista a transferência de responsabilidades e competências para lidar com essa temática em nível subnacional. Os Estados Unidos são um país dividido e a decisão pelo fim da regulamentação do aborto pela Suprema Corte aprofundou ainda mais o abismo existente entre os estados mais progressistas e as regiões mais restritivas, tornando inviáveis as garantias dos direitos reprodutivos em nível nacional, com impactos decisivos tanto na estrutura federativa do país quanto na vida de sua população.

Referências

ABORTION FINDER. Find Verified Abortion Care & Support. [S. l.], *on-line*. Disponível em: <https://www.abortionfinder.org/>. Acesso em: 20 set. 2023.

ANDERSON, D. New Report on Anti-LGBTQ Activists Leading State Department's New Commission on Unalienable Rights. *GLAAD*, 2019. Disponível em: <https://glaad.org/news/santa-fe-mayoral-candidate-javier-gonzales-%E2%80%9Caccepting-you-are-gay-complicated?response_type=embed&page=17>. Acesso em: 3 jul. 2023.

CENTER FOR REPRODUCTIVE RIGHTS. After Roe Fell: Abortion Laws by State, 2023. Disponível em: <https://reproductiverights.org/maps/abortion-laws-by-state/?state=AZ>. Acesso em: 20 set. 2023.

COHEN, D. S.; DONLEY, G.; REBOUCHÉ, R. The New Abortion Battleground. *Columbia Law Review*, v.123, n.1, p.1-100, 2023. Disponível em: <https://columbialawreview.org/content/the-new-abortion-battleground>. Acesso em: 20 set. 2023.

FEDERAL REGISTER. Securing Access to Reproductive and Other Healthcare Services. *National Archives*, 2022. Disponível em: <https://www.federalregister.gov/documents/2022/08/11/2022-17420/securing-access-to-reproductive-and-other-healthcare-services>. Acesso em: 20 set. 2023.

FEDERAL REGISTER. Protecting Access to Reproductive Healthcare Services. *National Archives*, 2022. Disponível em: <https://www.federalregister.gov/documents/2022/07/13/2022-15138/protecting-access-to-reproductive-healthcare-services>. Acesso em: 20 set. 2023.

FUENTES, L. Inequity in US Abortion Rights and Access: The End of Roe Is Deepening Existing Divides, 2023. Disponível em: <https://www.guttmacher.org/2023/01/inequity-us-abortion-rights-andaccessend-roe-deepening-existing-divides>. Acesso em: 10 jun. 2023.

GUTTMACHER INSTITUTE. Interactive Map: US Abortion Policies and Access After Roe, 2023. Disponível em: <https://states.guttmacher.org/policies>. Acesso em: 20 set. 2023.

GUTTMACHER INSTITUTE. State Facts About Abortion: Louisiana, 2022a. Disponível em: <https://www.guttmacher.org/fact-sheet/state-facts-about-abortion-louisiana>. Acesso em: 20 set. 2023.

GUTTMACHER INSTITUTE. Why This Anniversary of Roe *v.* Wade Matters So Much: Reflections from Guttmacher Experts, 2022b. Disponível em: <https://www.guttmacher.

org/why-anniversary-roe-v-wade-matters-so-much-reflectionsguttmacher-experts>. Acesso em: 11 jun. 2023.

HUMAN RIGHTS WATCH. Human Rights Crisis: Abortion in the United States After Dobbs, 18 abr. 2023. Disponível em: <https://www.hrw.org/news/2023/04/18/human-rights-crisis-abortion-unitedstates-after-dobbs>. Acesso em: 10 jun. 2023.

KENDALL, M. Demand has quadrupled at some California abortion clinics since Roe fell. *The Mercury News*, 2023. Disponível em: <https://www.mercurynews.com/2023/01/01/demand-hastripled-quadrupled-at-california-abortion-clinics-since-roe-fell>. Acesso em: 10 jun. 2023.

MULVIHILL, G.; KRUESI, K.; SAVAGE, C. A year after fall of Roe *v*. Wade, 25 million women live in states with abortion bans or restrictions, *PBS News Hour*, 2023. Disponível em: <https://www.pbs.org/newshour/politics/a-year-afer-fall-of-roe-v-wade-25-million-women-live-in-states-with-abortion-bans-or-restrictions>. Acesso em: 3 jul. 2023.

NASH, E.; GUARNIERI, I. 13 States Have Abortion Trigger Bans Here's What Happens When Roe Is Overturned, 2022. Disponível em: <https://www.guttmacher.org/article/2022/06/13-states-have-abortion-trigger-bans-heres-what-happens-when-roe-overturned>. Acesso em: 20 set. 2023.

NCSL (National Conference of State Legislatures). State Abortion Laws in the Absence of Roe *v.* Wade, 2022. Disponível em: <https://www.ncsl.org/health/state-abortion-laws-in-the-absence-of-roe-v-wade>. Acesso em: 20 set. 2023.

OBERMULLER, D.; SCAPINI, A.; INATOMI, C. C. A anulação de Roe *v.* Wade e o início do fim dos Direitos nos EUA. *Panorama OPEU*, 2022. Disponível em: <https://www.opeu.org.br/2022/06/26/a-anulacao-de-roe-v-wade-e-o-inicio-do-fim-dos-direitos-nos-eua/#:~:text=Na%20contram%C3%A3o%20das%20lutas%20e,direito%20de%20aborto%20no%20pa%C3%ADs>. Acesso em: 20 set. 2023.

OXFAM. Sins of Omission: Women's and LGBTI Rights Reporting Under the Trump Administration. University of Denver; Sié Center. 2019. Disponível em: <https://webassets.oxfamamerica.org/media/documents/Sins_of_Omission_April_2019.pdf>. Acesso em: 20 set. 2023.

ROBERTS, S. C. et al. Risk of violence from the man involved in the pregnancy after receiving or being denied an abortion. *BMC Medicine*, v.12, n.1, p.144, 2014. Disponível em :<https://doi.org/10.1186/s12916-014-0144-z>. Acesso em: 20 set. 2023.

SOBEL, L.; SALGANICOFF, A. Q & A: Implications of Two Conflicting Federal Court Rulings on the Availability of Medication Abortion and the FDA's Authority to Regulate Drugs. *KFF*, 2023. Disponível em: <https://www.kff.org/policy-watch/q-a-implications-of-two-conflicting-federalcourt-rulings-on-the-availability-of-medica tion-abortion-and-the-fdas-authority-to-regulate-drugs>. Acesso em: 3 jul. 2023.

SOCIETY OF FAMILY PLANNING. #*WeCount Report*, 2023. Disponível em: <https://societyfp.org/wp-content/uploads/2023/03/WeCountReport_April2023Release.pdf>. Acesso em: 20 set. 2023.

THE NEW YORK TIMES. Tracking the States Where Abortion Is Now Banned, 2022. Disponível em: <https://www.nytimes.com/interactive/2022/us/abortion-laws-roe-v-wade.html>. Acesso em: 20 set. 2023.

THE WHITE HOUSE. FACT SHEET: President Biden Issues Executive Order at the First Meeting of the Task Force on Reproductive Healthcare Access. Disponível em: <https://www.whitehouse.gov/briefing-room/statements-releases/2022/08/03/fact-sheet-president-biden-issues-executive-order-at-the-first-meeting-of-the-task-force-on-reproductive-healthcare-access-2/>. Acesso em: 20 set. 2023.

VIDAL, C. F. O movimento conservador norte-americano da década de 1950 e a percepção conservadora a respeito da sociedade, economia e política externa. *Revista TOMO*, n.23, 2013. DOI: 10.21669/tomo.v0i23.2112. Disponível em: <https://periodicos.ufs.br/tomo/article/view/2112>. Acesso em: 20 set. 2023.

VOGUE, A.; SNEED, T. Supreme Court protects access to abortion pill. CNN *Politics*, 2023. Disponível em: <https://www.cnn.com/2023/04/21/politics/supreme-court-abortion-pill-mifepristone/index.html>. Acesso em: 20 set. 2023.

ZHOU, L. The end of Roe, one year later. *Vox*, 2023. Disponível em: <https://www.vox.com/2023/6/23/23771804/roe-dobbs-abortion>. Acesso em: 20 set. 2023.

5
Biden e sua agenda climático-ambiental à luz da trajetória democrata na presidência dos Estados Unidos

Pedro Henrique Vasques

Introdução

O presente trabalho é parte das atividades de pesquisa do Grupo de Trabalho sobre Ambiente, Cultura e Sociedade do INCT-INEU. O texto visa contribuir para o debate sobre a política ambiental estadunidense no século XXI, fornecendo elementos para compreender os discursos e práticas observados nos dois primeiros anos da administração Biden. Para implementar essa proposta, buscou-se analisar a atuação democrata nessa agenda nos governos Carter, Clinton, Obama e Biden, identificando suas convergências e rupturas. Tais presidências correspondem a todos os momentos em que os democratas lideraram a administração federal após a aprovação da Política Nacional de Meio Ambiente, em 1969. O estudo foi feito via análise da bibliografia especializada e através de documentos escritos, vídeos e áudios produzidos pelos três poderes em nível federal, partidos políticos e seus representantes, centros de pesquisa, e organizações científicas e movimentos sociais contrários e a favor da pauta ambiental. Nesse esquema, apesar de sua importância, a dinâmica internacional é observada lateralmente, como mais uma variável relevante para compreender o comportamento da administração federal em relação à agenda ambiental.

O trabalho foi dividido em quatro seções, uma para cada administração democrata mencionada. A primeira trata do governo Carter, destacando a crise energética, o uso estratégico da religião e a associação da crise ambiental a desvios morais. Na segunda, trabalha-se a presidência de Clinton, enfatizando-se a importância da visão ambientalista de Al Gore e a sua proposta de um novo Plano Marshall, a busca por protagonismo internacional e o acirramento da polarização com o Protocolo de Quioto. Já a terceira, voltada à administração Obama, enfoca na inicial marginalização da agenda ambiental, na mudança de perspectiva com a edição da política climática e no aumento das tensões com o Congresso. Na quarta, o governo Biden é analisado e se explicita a insuficiência da reversão dos retrocessos conduzidos na administração de Trump, a influência da pandemia de Covid-19 e da guerra entre Rússia e Ucrânia, e os significativos avanços legislativos obtidos. Por fim, conclui-se que a política contemporânea sobre meio ambiente nos Estados Unidos estaria condicionada à agenda nacional e que a acentuação dos movimentos de ruptura e polarização no governo Trump teria levado Biden a adotar uma estratégia menos conflitiva, optando por desenvolver sua agenda ambiental à sombra de sua política econômica.

Jimmy Carter: a crise energético-ambiental como um equivalente moral da guerra

James Earl Carter Jr. (Jimmy Carter) iniciou seu governo em janeiro de 1977 colocando-se como um *outsider* preparado para transformar a política, a despeito de sua carreira na arena pública haver começado nos anos 1960 (Glad, 2009). Suas primeiras pautas ligadas à gestão dos recursos naturais foram marcadas por conflitos sobre financiamento federal de projetos hídricos apoiados por congressistas, explicitando desde aquele momento a problemática relação com o legislativo que caracterizaria seu governo. Carter se colocava em claro descompasso com a dinâmica político-eleitoral e, mesmo tendo seu partido o controle do Congresso, foi incapaz de utilizar dessa vantagem a seu favor.[1] Ele preferiu desenvolver suas agendas via comunicação direta com a população através da mídia. Essa estratégia parecia um contrassenso, afinal, ao longo do governo, sua relação com os veículos de comunicação foi se deteriorando, sendo marcada pela desconfiança e desaprovação (Daynes; Sussman, 2010).

A temática ambiental foi prioritária em seu governo, sendo beneficiada por seu interesse e preocupação. Graças ao seu histórico enquanto governador da Geórgia (1971-1975), as expectativas de ambientalistas eram elevadas, e Carter recebeu apoio da League of Conservation Voters (LCV)[2]

---

1 Apesar da atuação de Carter, o legislativo federal aprovou regulações relevantes durante seu governo. Isso foi possível graças a articulações bipartidárias que, nas décadas seguintes, se tornam cada vez menos prováveis em decorrência da acentuação da polarização política.

2 A LCV é uma organização não partidária que analisa, avalia e publiciza os registros da atuação de oficiais públicos em questões ambientais. É composta por lideranças de outras

durante a campanha presidencial. Essa dinâmica contribuiu para a incorporação no governo de indivíduos engajados no tema e, por outro lado, para a formação de coalizões voltadas ao ataque à regulação ambiental (Kline, 2000). No desenvolvimento da agenda normativa, Carter reconheceu os governos estaduais como parceiros indispensáveis para o sucesso da atuação da União. Por exemplo, via medidas compensatórias adotadas em resposta à queda na arrecadação tributária, haja vista a diminuição no uso de combustíveis fósseis, como diesel e gasolina.

Desde sua gestão estadual, Carter compreendia a crise ambiental como decorrente de um declínio moral. Na presidência, projetou esse entendimento em ações administrativas e modos de comunicação. Essa caracterização do problema teve implicações diretas em ao menos dois aspectos. Primeiro, porque a exploração do campo moral no debate ambiental teve maior êxito junto a grupos conservadores – que se aliaram a conglomerados empresariais – em oposição à agenda, notadamente, a partir dos anos 1980, no governo Reagan (Vasques, 2021a). Segundo, ao associar a crise ambiental à conduta individual, Carter foi criticado por transferir para a população os insucessos de seu governo ao lidar com a escassez de combustíveis e a dependência energética externa do país. Ao pedir para que consumissem menos, provocou uma tensão sociocultural, já que isso significava também renunciar ao "Sonho Americano".

A crise energética dos anos 1970, qualificada por Carter como um equivalente moral da guerra, foi central na sua administração (Horowitz, 2005). Em 1977, apresentou seu plano nacional de energia, em resposta aos desdobramentos do embargo petrolífero de 1973. Seu trâmite desajeitado, junto a um Congresso fragmentado, resultou numa lei aquém das expectativas da presidência. A insuficiência das iniciativas federais e a eclosão da segunda crise, em 1979, levou à elaboração de um novo conjunto de medidas (e.g., controle de preços dos combustíveis, aumento na arrecadação junto às companhias de óleo e gás, criação de empresas públicas e estruturas administrativas para acelerar a aprovação de projetos ligados ao setor de energia). Contudo, a falta de apoio à referida política energética e a baixa popularidade do governo contribuíram para que Carter avançasse no discurso moral, desenvolvendo temas religiosos que, até então, haviam sido explicitamente evitados (O'Connell, 2015).

Carter explorou a religiosidade como parte da sua estratégia de comunicação entre o discurso de 15 de julho de 1979 (*crisis of confidence speech*) e a crise dos reféns americanos no Irã, em novembro do mesmo ano. Além de haver se mostrado ineficaz para os efeitos pretendidos, as ocorrências no

---

organizações, como Sierra Club, Friends of the Earth, Environmental Policy Center, Natural Resources Defense Council, Izaak Walton League, Environmental Defense Fund, Audubon Society etc.

Oriente Médio nesse período deslocaram o foco do debate, permitindo a associação da questão energética com segurança nacional. Após se distanciar no início do século XX, o protestantismo evangélico nos Estados Unidos voltou a disputar o campo político-institucional nos anos 1970.[3] Carter consolidou sua carreira política em paralelo a essa dinâmica, mas, ao evitar associar sua espiritualidade com a presidência (e.g., negando-se a questionar o precedente Roe *v.* Wade e a nomear evangélicos para o alto escalão da Casa Branca), limitou seu relacionamento com diversas lideranças religiosas. Parte delas se aproximou de Reagan, em 1980, que foi mais responsivo às suas demandas.

A referência à ética cristã do cuidado (*stewardship*)[4] foi recorrentemente empregada no mencionado período, com o endosso de organizações religiosas. Carter explorou o sentimento de culpa, reforçando que as mazelas ambientais derivariam de ações egoístas. Esse tipo de evocação se opôs a outras narrativas religiosas, como as que compunham a doutrina do Destino Manifesto, do século XIX, e que incentivavam um modelo de exploração dos recursos, calcado na ideia de superabundância. O *stewardship* emergiu como uma dimensão espiritual das propostas de conservação da natureza do final do século XIX. Esse episódio ilustra como Carter e os democratas, em geral, organizaram seus discursos e ações. Isto é, à luz do passado e à margem do emergente campo em disputa, qual seja, o ambientalismo. Como se verá adiante, essa estratégia os colocou em desvantagem no embate com opositores da agenda ambiental.

Essa discrepância estratégica é percebida no interior e na oposição ao governo. Carter tinha Henry D. Thoreau (1817-1862) como uma referência no tocante à conservação da natureza (Carter, 1994). Isso se refletiu, por exemplo, no foco dado à criação de espaços protegidos, como no Alasca, via Antiquities Act, de 1906, pelo Departamento do Interior, gerido por Cecil Andrus. Já Douglas Costle, que participou da criação da Agência de Proteção Ambiental (EPA) no governo Nixon, e chefiou a referida agência em Carter, adotou uma abordagem significativamente distinta, associando meio ambiente à saúde pública. Na oposição, republicanos e conservadores estruturaram seu antagonismo ao ambientalismo a partir do legado conservacionista de Theodore Roosevelt (Vasques, 2021a). Diferentemente de Carter, Reagan e seus sucessores utilizaram dessa memória política do final

---

3 Organizações como o National Council of Churches of Christ contribuíram para difundir a agenda ambiental no meio cristão. Até grupos mais conservadores, como a Southern Baptist Convention, foram atuantes durante as crises energéticas dos anos 1970 (Fowler, 1995).

4 O *stewardship* pressupõe que os cristãos sejam responsáveis por manter, cuidar e utilizar com sabedoria os presentes que lhes teriam sido dados por Deus – dentre eles, os recursos naturais.

do século XIX e início do XX para se diferenciar e negar a política ambiental que emergiu no pós-guerra e que foi dominada pelos democratas.[5]

Tal estratégia de oposição foi eficiente ao convencer parte da população estadunidense de que as políticas ambientais seriam negativas, excludentes e contrárias ao interesse nacional. Seu sucesso está também associado à resposta democrata, que insistiu em lidar com a questão a partir de uma perspectiva científica elitista, em que a comunicação de seus resultados indicava a iminência de um apocalipse causado pela ação humana e, portanto, a urgência de uma transformação social. A emergência de um sujeito coletivo (humanidade) e de um objeto universal (a biosfera) tornou-se condição de possibilidade para a ação política lastreada pelas ciências naturais. Assim, ao colocar o problema ambiental em termos planetários, a questão da diferença foi marginalizada. Isto é, a temática foi articulada tendo como pressuposto uma incontornável unidade (todos somos habitantes do mesmo planeta), inadmitindo as hipóteses de conflito ou dissenso (e devemos caminhar nessa mesma direção).

De todo modo, na perspectiva externa, a unidade oferecida pelo discurso ambiental e sua integração com a economia contribuíram para a consolidação do domínio internacional dos Estados Unidos na disputa com a União Soviética durante a Guerra Fria. Carter compreendeu sua importância tática, indo além da participação em tratados internacionais e da celebração de acordos bilaterais – prática que se manteve nos governos seguintes. Ele editou a Ordem Executiva n. 12.114 e financiou a elaboração do Global 2000 Study. A primeira visava ampliar os propósitos da Política Nacional de Meio Ambiente para fora do país. O segundo, elaborado por um físico, projetou as condições planetárias, inclusive climáticas, para o início do século XX.

Internamente, a dificuldade do discurso ambiental de lidar com a diferença fortaleceu métodos de oposição de grupos conservadores, que enfocavam na dimensão excludente dessa abordagem (e.g., junto a trabalhadores de setores agroindustriais do Centro-Oeste dos Estados Unidos). Em paralelo, também produziu tensões no interior do ambientalismo. O caso de contaminação química em Love Canal (NY), em 1978, é um exemplo importante. Ele contribuiu para chamar atenção para o fardo desproporcional que as comunidades negras suportavam. Isso porque foi demonstrado que a instalação de depósitos químicos e de indústrias poluentes não era aleatória, mas acompanhava a distribuição espacial das comunidades de cor no país (Bullard, 1983). Essas e outras ocorrências questionam a homogeneidade

5 Em Trump, essa diferenciação do conteúdo e da definição da política ambiental, bem como o fundamento de legitimidade em um passado glorioso, se mantêm. A mudança observada se dá com a inversão da percepção (até então negativa) dos próprios republicanos sobre suas práticas nessa agenda, implicando também alterações no modo de agir no presente (Vasques, 2021b).

pressuposta pelo discurso ambiental e o apagamento da diferença. Contudo, a incorporação dessa agenda na política institucional democrata vem se dando de forma lenta e tortuosa, tendo seus primeiros ensaios efetivos durante o governo Clinton.

Bill Clinton: tensões com o legislativo diante da busca por protagonismo internacional na agenda climático-ambiental

William J. Clinton (Bill Clinton) chegou à Casa Branca com a promessa de realizar um governo ambientalmente amigável. Entretanto, a ênfase nessa temática ficou, em larga medida, restrita ao segundo mandato. Reproduzindo uma prática de Carter e que se tornou comum nas administrações democratas, nomeou para o alto escalão profissionais engajados na agenda. Adotou uma abordagem transdisciplinar, instruindo a interlocução das agências federais com os níveis subnacionais de planejamento e com as populações afetadas pela regulação. Lidou no segundo mandato com um Congresso de maioria republicana, avesso a questões ambientais. A atuação bipartidária nessa agenda se mostrou inviável. A crescente polarização no legislativo federal, notadamente no tocante ao debate climático, se acentuou e limitou a atuação presidencial a ações administrativas e a vetos legislativos. Mesmo considerando tais adversidades, o governo Clinton foi considerado por ambientalistas um dos mais verdes da história do país (Nie, 1997; Daynes; Sussman, 2010).

Diferentemente de Carter, Bill Clinton teve o apoio da LCV por conta de seu vice, Albert A. Gore Jr. (Al Gore). Senador pelo Tennessee, atuou na área ambiental, em especial, na questão climática, opondo-se às medidas do governo H. W. Bush. Em 1992, Al Gore publicou o livro *A terra em balanço: ecologia e o espírito humano* (1993), um dos mais vendidos no período. Ainda que compartilhe dos fundamentos conservacionistas mobilizados por Carter, o texto avança em conteúdo, propostas, sensibilidade e estratégia. Está estruturado no eixo interpretativo que fundamenta a emergência do debate ambiental, qual seja, as formas contemporâneas de governo do apocalipse. O fim dos tempos é definido como um problema individual, social e institucional. Sob a perspectiva moral, a avareza e o egoísmo deveriam ser substituídos por um propósito coletivo comum. A ética do cuidado (*stewardship*) emergiria como modelo alternativo à subjugação da natureza pelo direito divino de explorar a Terra. E o uso racional dos recursos em contraposição à crença na inventividade estadunidense.

Para Al Gore, no pós-guerra fria, a gestão ecológica do planeta constituiria o novo horizonte comum da humanidade e a última barreira a ser vencida pelo capitalismo. Tal como os Estados Unidos foram protagonistas na reconstrução da Europa após a Segunda Guerra Mundial, o fim do mundo bipolar demandaria um novo Plano Marshall, mas, dessa vez, global. Essa referência explicitaria ao menos dois aspectos que ajudam a compreender sua contraposição com republicanos e conservadores, e a distinção desse modelo em relação ao Green New Deal, proposto por democratas no início do século XXI.

Primeiro, a busca por protagonismo internacional ambiental é destacada por republicanos e conservadores como negação dos interesses da população estadunidense. Essa narrativa é organizada visando fomentar o ressentimento, reforçando a ideia de que a única diferença relevante para os democratas é aquela observada em outros países. Mesmo quando eles se voltam para o plano interno, sua política ambiental seria acusada de privilegiar moradores de grandes cidades, marginalizando habitantes do interior do país, em regra, vinculados a práticas desprezadas pelo ambientalismo. A percepção dessa fragilidade pelos democratas e a necessidade de responder ao movimento negro dos anos 1980 levam o governo Clinton a declarar o tema da justiça ambiental como prioritário, editando a Ordem Executiva n. 12.898 (Binder et al., 2001), base regulatória para a futura atuação de Obama e Biden.

Segundo, a referência ao conservacionismo do século XIX feita por Carter foi destacada como um anacronismo entre o seu pensamento e o ambientalismo emergente. Em adição, afirmou-se que a mobilização desse referencial pelos republicanos compôs parte de sua estratégia de diferenciação e distanciamento da política ambiental dominante. A alusão de Al Gore ao Plano Marshall é estratégica, buscando na ordem política internacional vigente uma referência para legitimar sua proposição. Diferentemente da proposta de Carter, que abre uma contradição insustentável, o caminho proposto por Al Gore articularia a agenda ambiental com a posição de dominância assumida pelo país no pós-guerra fria. Tal referência traz consigo o reconhecimento de que o meio ambiente (*environment*) seria distinto da natureza selvagem (*nature/wilderness*) gerida entre a segunda metade do século XIX até a primeira do século XX. Esse novo objeto suscitaria tratamento distinto, e a chave para uma abordagem adequada não deveria ser buscada no conservacionismo, mas nas oportunidades abertas pelo pós-guerra.

O Plano Marshall reuniria três características que o qualificariam como uma referência para a promoção da agenda ambiental após o fim da Guerra Fria. Primeiro, seria reconhecido como uma política bem-sucedida. Segundo, estaria fundado na cooperação entre as nações. Terceiro, os Estados Unidos lideraram sua execução. Esses elementos explicitariam, de modo geral, a maneira pela qual os democratas estruturaram sua política ambiental internacional na chave discursiva do pós-guerra. Através desses pressupostos se garantiria a proeminência do país nos espaços multilaterais, na formulação internacional da política e na constituição de modelos a serem exportados, notadamente, para os países periféricos. Assim, o governo Clinton contribuiu para fortalecer e reconhecer o ambientalismo enquanto um dispositivo relevante para garantir qualidade de vida dos estadunidenses e, principalmente, para estruturar mecanismos de competição no mercado – haja vista a desqualificação das práticas de acesso a recursos via conquista de outros territórios soberanos.

No referido enquadramento, o bom governo do meio ambiente pelas outras nações passou a ser qualificado como questão de segurança nacional. Isso porque conflitos ambientais são vistos como potenciais contribuintes para geração de instabilidade no plano doméstico estadunidense (Vasques, 2018). Por exemplo, fluxos migratórios de refugiados climáticos implicariam pressões sobre a infraestrutura pública e o mercado de trabalho; a instabilidade política em países periféricos inviabilizaria grandes investimentos, impedindo a extração de recursos de seus territórios; a exploração predatória da natureza contribuiria para a circulação de novas doenças, sobrecarregando sistemas de saúde. O reconhecimento da importância da questão é refletido na atenção dada pelo governo Clinton às nomeações – e.g., Carol Browner, Hazel O'Leary, Timothy Wirth etc. – e à criação de estruturas específicas voltadas à atuação nos planos interno e externo – e.g., White House Office on Environmental Policy, President's Council on Sustainable Development (Cavanagh; Hahn; Stavins, 2001).

Dentre os tratados internacionais negociados nas administrações Clinton e seguintes, o Protocolo de Quioto é o que melhor explicita os limites da política democrata e da possibilidade de atuação bipartidária. Em síntese, o acordo climático buscava fixar metas e limites para as emissões de carbono nos países desenvolvidos, deixando para os países em desenvolvimento, dentre eles, a China, obrigações mais flexíveis. Em julho de 2017, meses antes de sua adesão pelos Estados Unidos, o Senado aprovou por unanimidade – inclusive contando com o voto de John Kerry – uma resolução condicionando a assinatura de qualquer tratado sob a Convenção Quadro das Nações Unidas sobre Mudança do Clima de 1992 a três critérios: (i) o estabelecimento de metas específicas e vinculantes aos países em desenvolvimento, (ii) a não ocorrência de graves danos à economia nacional; e (iii) uma prévia avaliação regulatória e de custo-benefício sobre os impactos de sua implementação[6] (Harris, 1999).

O Protocolo de Quioto, que sequer foi enviado à ratificação pelo Senado, viola uma premissa básica, comum a ambos os partidos, qual seja, de que os Estados Unidos não adotarão voluntariamente ações que contrariem interesses nacionais. Isso fica evidente no acordo na medida em que, além de

6 As soluções de mercado dominam o debate nos anos 1990. Apesar da oposição inicial dos democratas, e para a repulsa majoritária de ambientalistas, elas se tornam tendência nas décadas seguintes (e.g. via créditos de carbono, em especial durante o governo Obama).

contribuir para o fortalecimento de países como a China, o modo de fixação de metas e cronogramas favorecia, especialmente, países europeus. Isso porque eles já passavam um processo de transição energética por outras circunstâncias, dentre elas, pressões internas, colocando os estadunidenses em desvantagem. Nesse contexto, o clima foi alçado à condição de alvo e motor para a polarização por grupos conservadores e de extrema direita no país (McCright; Dunlap, 2003). Contudo, as administrações republicanas posteriores e o Senado vêm adotando uma postura favorável a outra legislação climática, o Protocolo de Montreal.

Voltado à redução do consumo de gases que destroem a camada de ozônio, a ratificação de Montreal e de suas emendas exibe a outra face dos limites dessa oposição, contrastando com o Protocolo de Quioto. Como avaliado por John Kerry (Purvis, 2004), a adesão do Congresso teria sido possível porque a discussão internacional se baseou numa política pública estadunidense bem-sucedida. Montreal auxiliou na organização da concorrência de um mercado no qual os Estados Unidos já eram uma liderança. Além disso, o desenvolvimento de um mercado interno e de garantias para a sua proteção, viabilizando a proeminência de companhias estadunidenses no plano internacional, foram essenciais para que setores da indústria atuassem para convencer senadores republicanos a ratificarem o acordo. E, mesmo que seus efeitos sobre o clima e a camada de ozônio sejam positivos, sua implementação vem atendendo às expectativas do setor privado estadunidense, enquanto contribui para a produção de efeitos negativos em países periféricos (Swanson; Mason, 2003).

Obama: o Judiciário como avalizador das políticas climático-ambiental doméstica e externa

Barack H. Obama II (Barack Obama) assumiu a presidência em janeiro de 2009, em meio à crise financeira eclodida no ano anterior. Ainda que seu discurso sobre meio ambiente tenha sido marcado pela urgência, sua estratégia no primeiro mandato foi evitar a polarização, priorizando a aprovação da sua política de saúde pública. Para fazê-lo, manteve a agenda ambiental em segundo plano, associando-a à economia e à segurança nacional. Como em Clinton, esse caminho suscitou críticas daqueles que nutriam grandes expectativas em seu governo, atendidas em parte no final do segundo mandato. Nesse período inicial, a aprovação do pacote de estímulos econômicos – o American Recovery and Reinvestment Act – pelo Congresso nos primeiros meses do governo foi considerada uma vitória para a promoção da agenda ambiental, mesmo que não tratasse diretamente do tema. Isso porque, visando produzir efeitos imediatos para conter a crise, incluiu investimentos de curto prazo aplicáveis ao setor de energias renováveis e à geração de empregos verdes – o que foi contrabalanceado por um controverso apoio à indústria fóssil.

A tática de alinhar crescimento econômico e meio ambiente, utilizada recorrentemente pelos democratas, compunha o repertório de contraposição às narrativas conservadoras depreciativas. Essas associavam a agenda climático-ambiental aos seus aspectos potencialmente negativos (e.g., racionamento de energia, redução do consumo, negação da inventividade). Tais características, opostas ao imaginário do "Sonho Americano", marcaram as principais abordagens de ambientalistas e do governo Carter entre os anos 1970-80. Elas, contudo, foram pouco efetivas no aumento da adesão da população às políticas de gestão ao meio ambiente do governo federal. As pesquisas de opinião pública indicavam que a maioria da população apoiaria perdas na qualidade ambiental em favor do crescimento da economia do país, não vendo urgência para tratar de questões como as climáticas (Bricker, 2012). Propondo-se a lidar com esse tipo de percepção, a administração Obama investiu em políticas voltadas ao aumento da conexão da população com a natureza, visando ampliar sua preocupação ambiental.

A associação entre ambiente e segurança nacional encontra ressonância no contexto cultural estadunidense, aproximando grupos conservadores através de valores que lhes são caros. Trata-se de um argumento em que oposições correm o risco de serem consideradas traição (Lehrer, 2010). Sua articulação com a temática ambiental se dá via democratas e republicanos, ainda que seus efeitos nem sempre sejam positivos. É o caso dos incentivos concedidos à produção de etanol de milho. O cultivo, situado no Centro-Oeste, foi fortalecido, notadamente, com a concessão de benefícios fiscais por Clinton, sob o pretexto de reduzir a dependência de petróleo estrangeiro. Essa linha foi seguida por W. Bush e Obama[7] (Graham, 2010; Fahey, 2010) mesmo com o alerta da comunidade científica de que a produção de etanol de milho trouxe implicações negativas para os indicadores ambientais nacionais e que não teria contribuído para reduzir o consumo de energia vinda do exterior (Scharlemann; Laurance, 2008).

A opção de evitar conflitos foi acompanhada da reprodução de práticas adotadas pelas presidências democratas anteriores. É o caso do foco em ações administrativas – i.e., ampliação de parques e regulação de poluentes (e.g., ozônio) – e em nomeações para o alto escalão de profissionais vindos de organizações ambientalistas ou de governos pretéritos – e.g., Lisa Jackson, Gina McCarthy, Ken Salazar, Sally Jewell, Carol Browner. Essa dinâmica furtiva (Berg, 2017) permaneceu até o final de 2013, quando ainda

7 A referência à segurança nacional fundamentou o apoio dado à indústria fóssil, em especial na exploração do gás de xisto, via fraturamento hidráulico, no governo Obama. O argumento foi recuperado em Biden, dados os desdobramentos associados à guerra entre Rússia e Ucrânia.

havia esperança de uma aliança bipartidária no Congresso – liderada pelo então senador John Kerry – para aprovação de soluções climáticas baseadas em mecanismos de mercado. Após sua reeleição, e ante a manutenção do impasse legislativo, Obama modifica sua estratégia, a começar por sua orientação discursiva. Ele diminui as referências à economia e à segurança nacional, privilegiando os argumentos científicos, os efeitos negativos imediatos das mudanças climáticas, e a responsabilidade pelo meio ambiente nos níveis nacional e internacional.

Em junho de 2014, a EPA propôs o Clean Power Plan (CPP), cuja versão final foi apresentada por Obama cerca de um ano depois. Em linhas gerais, o CPP fixou metas para os estados, que deveriam elaborar planos descrevendo como as alcançariam. Seu foco estava na redução das emissões de carbono de usinas a carvão e no aumento do uso de energias renováveis. O CPP teve como lastro legal o precedente fixado pela Suprema Corte em Massachussetts *v.* EPA. Nele, o Tribunal entendeu que o Clean Air Act autorizou a EPA a regular o dióxido de carbono (CO_2), não necessitando da aprovação de lei específica. Essa e outras ações do governo Obama – descritas adiante – foram caracterizadas pelos republicanos como ataques à separação de poderes. Tais medidas contribuíram para acentuar a polarização, mantendo a agenda climática como alvo preferencial dos conservadores. Com Trump, houve a redução dos recursos destinados à implementação do plano e, depois, sua revisão.

No CPP, a preocupação com minorias e grupos vulnerabilizados (i.e., a justiça ambiental) também contribuiu para acirrar os conflitos ao assumir a condição de indicador a ser considerado nos planos estaduais. Esse tema ainda é trabalhado pelo governo federal via outras medidas: implementação da Ordem Executiva 12.898, que determinou que as agências considerem questões ligadas à justiça ambiental nos seus processos decisórios; revisão das respostas dadas às reclamações apresentadas sob o Título VI do Civil Rights Act de 1964; confecção de uma agenda de longo prazo baseada em ferramentas de planejamento e diagnóstico, como o *Environmental Justice Screening and Mapping Tool* (EJScreen) – que teve versões estaduais (California, Nova York e Nova Jersey) (Soloway, 2021; Wilson et al., 2017). Essas medidas estimularam a formação de frentes interfederativas de oposição. Estados governados por conservadores se recusaram a implementar as referidas práticas. E, em paralelo, se articularam – com outros atores – para questionar judicialmente o CPP.

As respostas da oposição estão associadas a pelo menos duas mudanças na estratégia de Obama junto a sua política climático-ambiental. Primeiro, com a marginalização do legislativo, o judiciário foi visto pelos conservadores como uma arena prioritária para estruturação da disputa. E, tratando-se de atos administrativos, o objetivo da judicialização não precisava ser a decisão final, bastando uma suspensão liminar. Isso porque, considerando que a sua reversão por um próximo presidente não dependeria da aprovação do Congresso, um dos principais fatores responsáveis pela elevação do custo político-econômico de uma nova mudança regulatória seria o grau de implementação da norma anterior. Assim, impedir sua materialização – como ocorreu – aumentaria as chances de seu esvaziamento ou revogação por uma próxima administração. Segundo, com o deslocamento de ênfase para o subnacional, governadores e prefeitos saíram fortalecidos, ainda que com suas obrigações ampliadas. Articulações interfederativas não são novidade, mas antes o Congresso liderava a concertação entre o nível subnacional e a União. Pressões domésticas e internacionais e o esgarçamento dessa dinâmica suscitaram tal deslocamento, reconfigurando o repertório da oposição nos níveis regional e local.[8]

Os estímulos da União ao fortalecimento da atuação subnacional têm como premissa a autonomia legislativa e a compreensão de que os efeitos da regulação se dão em seus territórios. Essa estratégia recoloca em destaque o debate sobre a centralização da agenda e a formulação de soluções adaptadas às realidades regionais,[9] enfraquecendo a União já que sua eventual reversão não suspenderia automaticamente a eficácia das ações estaduais. Ademais, elas poderiam se tornar referência para uma futura política nacional, diversificando as fontes de tensionamento junto ao Congresso. Em síntese, a arquitetura proposta limitaria os efeitos das tentativas de desconstituição das políticas climático-ambientais por futuras administrações. Ocorre que sua implementação se deu no final do governo, o que moderou seu impacto, ainda que tenha acentuado os custos de eventuais mudanças.

No plano internacional, os caminhos adotados por Obama contribuíram para evitar desfecho similar ao do Protocolo de Quioto. Com Clinton, a oposição do Congresso explicitou os contornos da atuação presidencial. No Acordo de Paris, também voltado ao controle de emissões de carbono, Obama driblou o legislativo federal ao utilizar o caso Massachussetts *v.* EPA – e a Convenção-Quadro das Nações Unidas sobre Mudanças Climáticas, subscrita por H. W. Bush – para lastrear sua assinatura. Essa decisão se baseou no entendimento de que, se a pactuação não cria novas obrigações ou altera lei nacional, não seria necessário remeter à aprovação do Congresso.[10] Ainda que tal interpretação tenha sido rechaçada pela oposição, a incorporação de Paris como um acordo executivo, e não como um tratado internacional vinculante (Durney, 2017; Bodansky, 2016), permitiu sua reversão por Trump, dada a natureza administrativa da medida.

---

8 O protagonismo dos entes subnacionais e das estratégias de judicialização se mantém no governo Trump com a ação coordenada de estados governados por democratas que, em articulação com outros atores sociais, buscaram impedir retrocessos na agenda ambiental.

9 Em regra, a oposição conservadora tem oscilado estrategicamente entre condenar a centralização pela União e defender a redução de múltiplas regras estaduais.

10 O Acordo teve como referência o pacto sobre os limites de lançamentos de mercúrio, que não prevê metas vinculantes no seu texto. Essas devem ser apresentadas pelo país voluntariamente.

Biden: uma política climático-ambiental à sombra dos avanços legislativos na área econômica[11]

Em janeiro de 2021, Joseph R. Biden Jr (Joe Biden) assume a presidência ainda em meio à pandemia de Covid-19 e suas implicações socioeconômicas. Tal como Trump iniciou seu governo revertendo as regulações climático-ambientais de Obama, Biden fez o mesmo em relação a seu antecessor, explicitando os limites da presidência administrativa. A despeito de ter mantido relações dúbias com a indústria de combustíveis fósseis – e que continuaram com o início do governo –, sua campanha foi marcada pelo apelo a questões ligadas ao meio ambiente, com destaque para a justiça ambiental, explicitada na escolha de sua vice-presidente, a senadora pela Califórnia, Kamala Harris. Ademais, a crise sanitária permitiu reincorporar ao trinômio economia, ambiente e justiça, a saúde pública, um dos fundamentos do ambientalismo no pós-guerra. Assim, seria preciso uma boa gestão do ambiente para evitar a ocorrência de efeitos negativos sobre a saúde coletiva, atingindo desproporcionalmente determinados grupos, pressionando serviços públicos e paralisando a economia.

Biden mantém o repertório de ações administrativas adotadas nas administrações democratas passadas. Como a edição de medidas regulatórias e nomeações de especialistas para o alto escalão (e.g., Gina McCarthy, Michael Regan, Cecilia Martinez, Deb Haaland). Nesse quadro, fica evidente a preocupação do governo em recuperar o protagonismo internacional do país. Esse interesse é explicitado na escolha de John Kerry como representante da Casa Branca nas negociações climáticas internacionais (i.e., *Special Presidential Envoy on Climate*), e na edição, na primeira semana de governo, da Ordem Executiva 14.008. Ela determinou, dentre outros, a condução de uma política climática integrada entre as agências federais, o retorno ao Acordo de Paris, o compromisso de ratificação da emenda de Kigali (ao Protocolo de Montreal), uma avaliação do risco climático pelo Departamento de Defesa, a organização de um encontro internacional virtual – realizado em abril de 2021 – e a adoção de medidas para acelerar a transição energética, limitando e, em seguida, abandonando os incentivos e usos de combustíveis fósseis.

Em termos de justiça ambiental, verifica-se uma divisão implícita da agenda na Ordem Executiva 14.008: investimentos e impactos regulatórios. Sobre a primeira, sua principal proposta é a *Justice40 Initiative*, que estabelece a meta de que pelo menos 40% dos benefícios derivados de investimentos federais sejam direcionados para comunidades vulnerabilizadas. Apesar de mencionar a Ordem Executiva 12.898, a norma previu uma nova ferramenta

11 A análise do governo Biden foi limitada apenas aos seus dois primeiros anos em virtude do encerramento da pesquisa, em março de 2023.

de diagnóstico para identificar as áreas a serem beneficiadas pela iniciativa, a ser desenvolvida pelo Council on Environmental Quality, o *Climate and Economic Justice Screening Tool* (CEJST). Ou seja, um instrumento distinto do EJScreen – que foi elaborado e utilizado pela EPA, lançado no governo Obama –, a ser empregado prioritariamente na *Justice40 Initiative*. O CEJST e uma nova versão do EJScreen foram preliminarmente disponibilizados em fevereiro de 2022, sendo objeto de críticas por movimentos sociais, dentre outros, haja vista a ausência do critério racial na definição das áreas prioritárias pelo CEJST (Costley, 2022).

Sobre a segunda, Biden previu a criação de um grupo de trabalho para lidar com os impactos econômicos e sociais negativos da política de transição energética, notadamente, suportados por indivíduos ligados à indústria do carvão. Apesar de a referida atividade minerária estar em declínio, empregando apenas cerca de 50 mil trabalhadores (Rosenbaum, 2021), ela exerce larga influência política, dado que é a principal engrenagem econômica em certas regiões no país (Cha; Farrell; Stevis, 2022). Ademais, grupos e comunidades como essas têm sido alvo preferencial de republicanos conservadores – desde os anos 1980 – para a propagação da sua agenda de oposição, através da associação da política climática democrata ao sentimento de ressentimento e marginalização. O primeiro relatório, de abril de 2021, identificou as comunidades impactadas e os programas federais que poderiam ser utilizados em seu benefício. Desde então, as agências vêm atuando para disseminar oportunidades e facilitar o acesso aos recursos públicos disponíveis para lidar com essa demanda.

As agendas climática e de justiça ambiental estão contidas no plano Build Back Better (BBB). Além de medidas voltadas à mitigação dos impactos da pandemia de Covid-19, o BBB foi dividido em dois eixos para lidar com a oposição no Congresso, inclusive de democratas: infraestrutura física (The American Jobs Plan) e infraestrutura humana/social (The American Families Plan). O primeiro, intitulado Infrastructure Investment and Jobs Act, foi aprovado no final de 2021, após a revisão do volume de recursos e do seu escopo, e previu a destinação de US$ 550 bilhões para infraestrutura. O segundo, nomeado Inflation Reduction Act (IRA), foi chancelado pelo Congresso em agosto de 2022, também após modificações em relação à versão original, e previu US$ 369 bilhões em investimentos nas áreas de segurança energética e mudança do clima (em regra, através de incentivos econômicos e créditos tributários).[12]

12 Outros US$ 300 bilhões foram previstos para lidar com a inflação, US$ 64 bilhões para estender a política de acesso à saúde do governo Obama e US$ 4 bilhões para a gestão da seca no Centro-Oeste. Os democratas também aprovaram o CHIPS and Science Act para financiar pesquisa e desenvolvimento em tecnologia, notadamente para a produção doméstica de semicondutores.

O IRA é considerado o maior investimento federal em mudança do clima no país. Entretanto, com a eclosão da guerra entre Rússia e Ucrânia, em fevereiro de 2022, as prioridades internacionais foram rearticuladas. A percepção do risco associado à dependência do gás russo foi elevada, em especial, nos países europeus, que aumentaram sua importação dos Estados Unidos e reativaram fontes de energias outrora descartadas por conta do debate climático. A guerra explicitou, novamente, a centralidade da questão energética para a segurança nacional. A força dessa narrativa viabilizou a incorporação no IRA de previsões que devem contribuir para ampliar a produção de combustíveis fósseis em terras públicas. Assim, o enfoque nos investimentos domésticos em energia, inclusive fóssil, é, outra vez, justificado pela necessidade de reduzir a dependência externa. Seus riscos foram explicitados pelas implicações da guerra iniciada pela Rússia – e da pandemia de Covid-19.

Ainda que a conjuntura externa tenha influenciado o IRA, o principal determinante para sua aprovação foram as dinâmicas internas da política nacional. Mesmo com o controle do Congresso, Biden aprovou a lei apenas uma vez dissolvidas as oposições dos senadores Joe Manchin (Virgínia Ocidental) e Kyrsten Sinema (Arizona). Sinema teria aderido à proposta após a inclusão no IRA de recursos para gestão da seca e para a política de saúde em seu estado. Manchin, ante seu declínio eleitoral no último pleito, teria cedido após avaliar que seu futuro político dependeria de ampliar sua base no partido, já que migrar para os republicanos não seria uma opção no momento. E, para além do debate econômico, ambos compreendiam que as eleições de 2022 marcariam o fim do domínio democrata no Congresso, inviabilizando a agenda legislativa de Biden.

A aprovação das medidas legislativas contribuiu para rearticular a disputa sobre a política climático-ambiental no país. Primeiro, verificou-se uma retração no protagonismo do judiciário. Em junho de 2022, no caso West Virginia *v.* EPA, a Suprema Corte mudou seu posicionamento (Massachussetts *v.* EPA), definindo que a EPA não poderia compelir as usinas a carvão a trocarem suas fontes de energia para alternativas renováveis com base no Clean Air Act. Assim, a Corte condicionou a regulação de emissões de CO_2 à existência de lei específica, o que se deu com a aprovação do IRA. Segundo, respaldada pela maior estabilidade das medidas legislativas, a política doméstica ganhou mais importância do que a atuação do país nos espaços multilaterais para afirmar sua credibilidade e liderança. Tal mudança foi evidenciada na perda de protagonismo de John Kerry em favor de John Podesta, indicado por Biden para implementar o IRA, que demandará a produção de regulações complexas, além da articulação e participação dos entes subnacionais numa curta janela temporal.

Entre a eleição e o início do governo, Biden incorporou o (Green) New Deal ao seu discurso, mas o abandonou ao longo dos dois primeiros anos. No Earth Day, em 2022, o democrata cita trecho da obra de Edward Abbey

(1927-1989), um importante conservacionista do século XX, que tem como referência pensadores do século XIX, como Thoreau. New Deal e Abbey ajudam a explicitar o anacronismo de Biden em relação ao ambientalismo e como essa estratégia, apesar de parecer o contrário, indica seu interesse em despolarizar a agenda. Ambas as referências remetem a um modo de gestão da natureza prévio ao ambientalismo. Todavia, enquanto a primeira representa uma potencial fissura nas políticas ambientais dominantes, contrapondo-se também às propostas de Trump, a segunda se encontra estrategicamente fora do lugar. Isso porque ela enfraquece oposições sociais, via práticas de conservação da natureza, sem avançar em propostas progressistas – logo, mais conflitivas – como as previstas no Green New Deal. Essa aproximação do conservacionismo sugeriria que o principal compromisso de Biden seria com a economia, na qual a agenda ambiental estaria contida. Isso é evidenciado na contraposição entre o apoio conferido à indústria fóssil no IRA e a provável marginalização das práticas de justiça ambiental, dada a estrutura da lei e o limitado tempo para implementá-la.

Considerações finais

A agenda ambiental de Carter foi marcada por inúmeros conflitos, inclusive com o Congresso. A partir de seu governo, nomeações de especialistas e articulações subnacionais se tornaram comuns. Contudo, Carter caracterizou a crise ambiental em termos morais-religiosos. Além dessa estratégia haver sido mais eficientemente utilizada pela oposição, ela fragilizou politicamente a posição democrata, já que culpabilizava a população e não o governo pela crise energética. A dimensão moral foi complementada pelo enfoque internacional dado à temática ambiental, definida por sua suposta homogeneidade planetária. Nessa chave, o problema da diferença passou a ser explorado pela oposição com frequência, haja vista a dificuldade do ambientalismo em lidar com essa questão. Ao longo dos anos, quando não priorizaram a economia, as respostas democratas a esse problema orbitaram, em regra, o tema da justiça ambiental.

Clinton concentrou sua atuação na área ambiental no segundo termo, quando o legislativo estava sob controle dos republicanos, ficando limitado a vetos e ações administrativas. Nesse período, os democratas apostaram na construção de uma ampla articulação internacional sob liderança dos Estados Unidos. Tal caminho os levou a serem acusados no plano doméstico de priorizar interesses externos, o que ficou evidenciado no contraste do tratamento dado aos Protocolos de Quioto e Montreal pelo Congresso. O primeiro foi rejeitado por unanimidade, sob o argumento de que as medidas climáticas seriam prejudiciais à economia nacional. O segundo foi aprovado em conjunto com suas emendas ao longo dos anos. Os Estados Unidos são líderes no mercado de alternativas aos gases que afetam a camada de ozônio, e o avanço regulatório beneficiou, especialmente, as companhias estadunidenses no mercado internacional.

Obama priorizou a política de saúde no primeiro mandato, ainda que tenha associado seu discurso ambiental à urgência. Evitou gerar polarização, desagradando ambientalistas e, em regra, nutrindo apenas avanços colaterais à agenda. O alinhamento entre ambiente e economia contrapôs narrativas republicanas que associavam a política democrata a elementos depreciativos, e a associação com a segurança nacional permitiu a aproximação de certos grupos conservadores. No segundo mandato, ante o impasse legislativo, Obama mudou sua estratégia na pauta climático-ambiental e adotou uma rota mais belicosa, explicitada em dois conjuntos de ações: contornar o legislativo federal e tentar limitar a atuação do futuro presidente. Para tanto, utilizou precedentes judiciais para lastrear seus atos (i.e., *Clean Power Plan*) e compromissos internacionais (i.e., Acordo de Paris), e contribuiu para ampliar o protagonismo dos entes subnacionais.

No primeiro ano de governo Biden, as crises econômica e sanitária influenciaram sua atuação de modo que, apesar de possuir maioria no Congresso, avançou em sua agenda legislativa de forma limitada. O democrata tentou combater a narrativa moral republicana enfatizando sua preocupação com justiça ambiental, mas, com o início da guerra entre Rússia e Ucrânia, o debate sobre clima e ambiente foi novamente deslocado para a segurança nacional. O foco no plano doméstico só retornou com a aprovação do Inflation Reduction Act, determinada, em larga medida, pela dinâmica endógena da política eleitoral estadunidense – ainda que tenha sido influenciada pelo conflito internacional. O avanço da agenda legislativa explicitou a prioridade de Biden em relação à economia nacional, o que ficou claro diante da premissa de que todos os problemas climático-ambientais seriam resolvidos com a criação de mais empregos.

A análise das referidas administrações explicita como a política ambiental democrata está, desde o final dos anos 1970, condicionada à agenda nacional. Não se trata apenas de essa temática possuir natureza transdisciplinar. Após o final dos anos 1960 e início de 1970 (i.e., a era de ouro do ambientalismo), essa se tornou incapaz de determinar a agenda congressual, a despeito de sua potência narrativa. Esse enfraquecimento foi explicitado na maneira em que avanços nas pautas ambientais foram obtidos, ou seja, articulados a outras agendas como economia, saúde, trabalho e segurança nacional. Tal dinâmica fica evidente ao se contrapor a relação executivo-legislativo nas administrações Carter, por um lado, e Clinton e Obama, por outro. A primeira viveu o declínio da era de ouro e da atuação bipartidária (quase) autônoma em relação à Casa Branca. As duas seguintes, ao tentarem impulsionar o ambientalismo por ele próprio, experimentaram a ampliação das tensões com o Congresso, a acentuação da polarização e a abertura de espaços para retrocessos. Após o governo Trump, marcado por tentativas de ruptura, a identificação dessa dinâmica ajudaria a compreender o distanciamento de Biden em relação ao Green New Deal. Isto é, ao se aproximar de narrativas menos conflitivas, como as do conservacionismo do século XIX, ele buscaria evitar novos acirramentos, enquanto desenvolveria sua agenda ambiental à sombra de investimentos em infraestrutura.

Referências

BERG, J. C. Obama and the Environment. *The Obama Presidency and the Politics of Change*, 2017. p.217-34.

BINDER, D. et al. A Survey of Federal Agency Response to President Clinton's Executive Order No. 12898 on Environmental Justice. *Envtl. L. Rep.News & Analysis*, v.31, p.11133, 2001.

BODANSKY, D. The Legal Character of the Paris Agreement. *RECIEL*. v.25, n.2, p.142-50, 2016.

BRICKER, B. Salience over sustainability: Environmental rhetoric of president Barack Obama. *Argumentation and Advocacy*, v.48, n.3, p.159-73, 2012.

BULLARD, R. D. Solid waste sites and the black Houston community. *Sociological inquiry*. v.53, n.2-3, p.273-88, 1983.

CARTER, J. *An outdoor journal*: Adventures and reflections. Fayetteville: University of Arkansas Press, 1994.

CAVANAGH, S. M.; HAHN, R. W.; STAVINS, R. N. National environmental policy during the Clinton years. *AgEcon Search*. Discussion Paper 01-38, 2001.

CHA, J. M.; FARRELL, C.; STEVIS, D. Climate and Environmental Justice Policies in the First Year of the Biden Administration. *Publius: The Journal of Federalism*, v.52, n.3, p.408-27, 2022.

COSTLEY, D. Race excluded as WH rolls out climate justice screening tool. *AP News*, 18 fev. 2022. Disponível em: <https://apnews.com/article/climate-science-environment-pollution-fe337100f1bb1f5fa86f081af8a3b69f>. Acesso em: 2 out. 2023.

DAYNES, B. W.; SUSSMAN, G. *White House Politics and the Environment*. Texas: Texas A&M University Press, 2010.

DURNEY, J. Defining the Paris Agreement: A Study of Executive Power and Political Commitments. *Carbon & Climate Law Rev.* v.11, n.3, p.234-42, 2017.

FAHEY, J. Corn ethanol gets Obama's support. *Forbes*, 10 fev. 2010. Disponível em: <https://www.forbes.com/2010/02/08/corn-ethanol-obama-technology-ecotech-biofuels.html>. Acesso em: 2 out. 2023.

FOWLER, R. B. *The greening of Protestant thought*. Chapel Hill and London: University of North Carolina Press, 1995.

GLAD, B. *An outsider in the White House*: Jimmy Carter, his advisors, and the making of American foreign policy. Ithaca: Cornell University Press, 2009

GORE, A. *Earth in the balance*: Ecology and the human spirit. New York: Penguin, 1993.

GRAHAM, J. D. *Bush on the home front*: Domestic policy triumphs and setbacks. Bloomington: Indiana University Press, 2010.

HARRIS, P. G. Common but differentiated responsibility: The Kyoto Protocol and United States policy. *NYU Envtl. LJ*, v.7, 1999, p.27.

HOROWITZ, D. Jiimmy Carter and the Energy Crisis of the 1970s. *The "Crisis of Confidence"*, Speech of July 15, 1979: A Brief History with Documents. Boston: Bedford/St. Martin's, 2005.

KLINE, B. *First Along the River*: A Brief History of the U.S. Environmental Movement. São Francisco: Acada Books, 2000.

LEHRER, N. *U.S. Farm Bills and policy reforms*: Ideological conflicts over world trade, renewable energy, and sustainable agriculture. New York: Cambria Press, 2010.

MCCRIGHT, A.; DUNLAP, R. E. Defeating Kyoto: The conservative movement's impact on US climate change policy. *Social problems*, v.50, n.3, p.348-73, 2003.

NIE, M. A. "It's the Environment, Stupid!" Clinton and the Environment. *Presidential Studies Quarterly*, v.27, n.1, p.39-51, 1997.

O'CONNELL, D. *God Wills it*: presidents and the political use of religion. New Brunswick: Transaction Publishers, 2015.

PURVIS, N. Europe and Japan Misread Kerry on Kyoto. *Global Warming. Brookings*, 5 abr. 2004. Disponível em: <https://www.brookings.edu/articles/europe-and-japan-misread-kerry-on-kyoto-global-warming/>. Acesso em: 2 out. 2023.

ROSENBAUM, E. Biden's Climate Change Plan and the Battle for America's Most Threatened Workers. *CNBC*, 31 jan. 2021. Disponível em: <https://www.cnbc.com/2021/01/31/bidens-climate-change-plan-and-americas-most-threatened-workers.html>. Acesso em: 2 out. 2023.

SCHARLEMANN, J. P. W.; LAURANCE, W. F. How green are biofuels? *Science*, v.319, n.5859, p.43-4, 2008.

SOLOWAY, M. Measuring Environmental Justice: Analysis of Progress under Presidents Bush, Obama, and Trump. *Envtl. L. Rep.*, v.51, 2021.

SWANSON, T.; MASON, R. The Impact of International Environmental Agreements: The Case of the Montreal Protocol. In: MARSILIANI, L.; RAUSCHER, M.; WITHAGEN, C. (Ed.). *Environmental Policy in an International Perspective*. Netherlands: Springer, 2003.

The New York Times. McConnell Paved the Ways for Barrett's Confirmation in an Election Year. 2020. Disponível em: <https//www.nytimes.com/2020/10/27/us/mcconnell-barrett-confirmation.html>. Acesso em: 20 set. 2023

VASQUES, P. H. R. P.Anti-ambientalismos nos Estados Unidos e no Brasil: uma avaliação sobre os elementos que contribuíram para sua emergência. *Sul Global*, v.2, p.173-98, 2021a.

______. A política ambiental norte-americana para a terceira década do século XXI: limites e possibilidades à luz da conjuntura e do passado. In: CRUZ, Sebastião Carlos Velasco; BOJIKIAN, Neusa Maria Pereira (Org.). *De Trump a Biden*: partidos, políticas, eleições e perspectivas. São Paulo: Editora Unesp, 2021b. v.1, p.65-80.

______. *O governo ambiental no Brasil*: uma análise a partir dos processos de avaliação de impacto ambiental. Campinas, 2018. Tese (doutorado) – Instituto de Filosofia e Ciências Humanas, Universidade Estadual de Campinas.

WILSON, B. et al. The State of Environmental Justice: An Obama Administration Retrospective. *Envtl. L. Rep. News & Analysis*, v.47, 2017.

6
Alívio e reconstrução: Bidenomics em meio a uma tempestade perfeita

Filipe Mendonça
Leonardo Ramos

Joseph (Joe) Biden Jr. concorreu ao governo dos Estados Unidos em um cenário complexo e conturbado, permeado por instabilidade política e econômica. Essas condições foram agravadas pela pandemia da Covid-19, que não só foi responsável por uma recessão aguda, mas também assolou os Estados Unidos com um total de quase 104 milhões de casos confirmados de Covid-19 e o número trágico de 1,1 milhão de mortes até julho de 2023.

Nesse cenário turbulento, a retirada de Bernie Sanders da corrida presidencial democrata em abril de 2020 já marcava o fim de uma campanha que moveu o Partido Democrata mais para a esquerda e transformou a maneira como as campanhas democratas arrecadavam dinheiro (Ember, 2020). A tendência é anterior à campanha de Biden: o partido democrata se moveu para a esquerda em questões econômicas desde a era Obama. Biden também o fez, apresentando um robusto projeto de lei garantindo alívio durante a pandemia, por exemplo, além de defender publicamente a elevação do salário mínimo para US$ 15 por hora (Selyukh, 2021). A saída de Sanders, portanto, forçou ainda mais a campanha de Biden à esquerda, enfrentando o desafio de unir o partido e se preparar para a eleição geral contra Trump em meio a uma tempestade perfeita (Ramos; Mendonça, 2021).

Não se tratava de uma tarefa fácil. Paradoxalmente, Biden tinha a favor o fato de que quatro anos de governo de Donald Trump haviam prejudicado a credibilidade e a liderança dos Estados Unidos em todo o mundo. A política

"America First" de Trump e o abandono das instituições multilaterais enfraqueceram a liderança estadunidense na ordem internacional liberal, bem como encorajaram os desafiadores mais poderosos dessa ordem, como a Rússia e a China, com desdobramento direto no jogo político doméstico (Mendonça et al., 2019). Diante disso, a analogia da tempestade perfeita é apropriada. Esse tipo de tempestade se forma quando dois fenômenos atmosféricos de grandes proporções (como um furacão e uma tempestade) se combinam de forma a amplificar seus efeitos. Da mesma forma, a crise orgânica da última década se combinou com a pandemia de coronavírus – inicialmente um evento ocasional, mas cujo desenvolvimento ganhou um maior alcance histórico. Nos Estados Unidos, as conjunturas domésticas e internacionais críticas se uniram de forma particular, o que permitiu certa aglutinação, embora frágil, em torno da candidatura de Biden, a fim de reconstruir, entre outras coisas, a indústria dos Estados Unidos bem como sua hegemonia (Ramos; Mendonça, 2021).

Diante desses desafios estruturais, Bernie Sanders alertava os responsáveis pela campanha de Joe Biden sobre a necessidade de ampliar seu foco para além do ataque a Donald Trump, enfatizando uma plataforma econômica que melhorasse a vida dos americanos. Mesmo diante da pandemia de Covid-19, o índice de aprovação de Trump em relação à economia manteve-se surpreendentemente alto em 2020 (Scheiber, 2021). Sanders argumentava que, embora Biden estivesse liderando as pesquisas, ele deveria mostrar como sua administração beneficiaria os americanos comuns, especialmente a classe trabalhadora que enfrentava a estagnação salarial e a pandemia (Cassidy, 2020).

Segundo Scheiber (2021), os sindicatos foram importantes nesse processo, com destaque para o United Automobile Workers (UAW). Fundado em 1935, o UAW possui cerca de 400 mil trabalhadores/as sindicalizados/as nos Estados Unidos, com forte atuação em defesa dos direitos civis e trabalhistas no país. Num documento de 2018 intitulado "Taking the High Road: Strategies for a Fair E.V.Future", o UAW discute a transição da indústria automobilística dos Estados Unidos para veículos elétricos (EVs) e analisa os impactos dessa mudança no mercado de trabalho. Em suma, o sindicato argumentava que, mesmo diante da concorrência estrangeira, a indústria automobilística norte-americana poderia continuar a oferecer empregos bem remunerados no setor de manufatura, mas somente se o governo investisse grandes somas em veículos elétricos (United Automobile Workers, 2021). O documento foi incorporado ao plano econômico de Biden durante a campanha com entusiasmo, numa primeira sinalização de que, numa conjuntura extrema desafiadora, a campanha econômica do Biden não poderia ser pautada apenas na defesa de "um retorno à normalidade". Seria preciso fazer mais.

Segundo Scheiber (2021), o plano econômico de Biden prometia um casamento entre o presente e o futuro: "Uma estratégia de 'empregos do futuro' tinha de incluir o reequipamento das fábricas e dar aos atuais trabalhadores uma via para continuarem a trabalhar", afirmou Gene Sperling, ex-conselheiro econômico da Casa Branca, que ajudou Biden a desenvolver seu plano econômico. Em suma, Biden buscava reformular a postura econômica do país, promovendo determinados setores (como a produção de energia verde e a fabricação de turbinas eólicas, por exemplo) para não cedê-los a concorrentes na Europa e na Ásia (Scheiber, 2021). Tratava-se, portanto, de uma política industrial clássica, ao mesmo tempo que apontava para os temas do futuro: o casamento entre o presente e o futuro. Diante de tal cenário, o plano econômico de Biden pode ser entendido como uma mistura de, por um lado, um pensamento econômico que incorpora novos temas e, por outro, um pensamento *old-school*, com ênfase na produção doméstica de componentes estratégicos (Scheiber, 2021). A campanha de Biden adotou essas ideias, focando em empregos e investimentos em infraestrutura e tecnologia verde.

A abordagem encontrou várias complicações dentro e fora da própria base do partido democrata. Um foco na construção da indústria americana certamente entraria em conflito com outras forças do partido democrata, como ambientalistas ou setores aliados a Wall Street. Em geral, liberais norte-americanos tendem a achar políticas industriais contraproducentes por representarem desvios de mercado. Não obstante, o apoio governamental à indústria, nos Estados Unidos, tem sido usado em larga escala no país desde sua fundação (Vigevani; Mendonça; Lima, 2018). Tratava-se, portanto, de um tipo de nacionalismo econômico – em alguns aspectos, mais ambicioso do que o de Trump. Segundo Scott Paul, presidente da Alliance for American Manufacturing, "O pacote [de Biden] é a coisa mais próxima que tivemos de uma política industrial ampla em gerações" (Scheiber, 2021).

Ainda em campanha, Biden propôs uma série de programas direcionados a pessoas com baixa renda, incluindo educação, saúde, habitação e segurança social, numa sinalização importante a Bernie Sanders. Algumas propostas específicas incluíam um programa nacional de pré-escola, redução da idade de elegibilidade para o Medicare, expansão do programa de habitação federal e eliminação das mensalidades em faculdades comunitárias e universidades públicas para famílias que ganham menos de US$ 125 mil por ano. Os planos econômicos de Biden, entretanto, seriam muito caros: a previsão era que somente o plano educacional custaria algo em torno de US$ 1,9 trilhão em dez anos (Cassidy, 2020). No plano de Biden, a maior parte do financiamento viria da reversão dos cortes de impostos para corporações e famílias de alta renda, implementados em 2017 por Trump, além do aumento de outros impostos direcionados aos ricos (Mendonça; Ramos, 2021). Além disso, a plataforma de Biden também incluía a garantia de doze semanas de licença médica e familiar remunerada, o aumento do salário mínimo nacional para US$ 15 por hora, a expansão do cuidado com idosos e o fortalecimento das leis trabalhistas e sindicatos.

Outro importante pilar da agenda econômica do Biden foi chamado de "Build Back Better". Anunciado em julho de 2020, a proposta oferecia uma visão concorrente do nacionalismo econômico que o presidente Trump promoveu nos últimos anos conhecido como "America First". Biden criticou Trump por focar principalmente no mercado de ações durante a crise do coronavírus e prometeu focar nas famílias trabalhadoras e na classe média (Khalid; Sprunt, 2020). Além disso, Biden apresentou seu programa do tipo "Buy American" que incluía, inicialmente, um investimento de US$ 700 bilhões em compras e pesquisa e desenvolvimento para novas tecnologias, como biotecnologia, energia limpa e inteligência artificial (Khalid; Sprunt, 2020). A previsão de Biden durante a campanha era que essa mobilização de investimentos em P&D seria a maior desde a Segunda Guerra Mundial, e ajudaria a criar 5 milhões de novos empregos.

Em discurso proferido logo após sua indicação pelo partido democrata em agosto de 2020, Joe Biden invocou o New Deal, um dos maiores programas de reformas econômicas e sociais implementados nos Estados Unidos durante o primeiro mandato do presidente Franklin D. Roosevelt (FDR). Conhecido também como "Bidenomics", o plano de Biden explora esta visão, que busca um papel mais expansivo para o governo na economia, inspirado também, em parte, pelo "Great Society" de Lyndon Johnson (Eichengreen, 2021). A proposta inicial de Biden incluía US$ 2,3 trilhões em gastos com infraestrutura e US$ 1,8 trilhão no American Families Plan, mas foi reduzida para US$ 600 bilhões para ganhar apoio bipartidário. Nas palavras de Biden, "FDR insistiu que ele se recuperaria e prevaleceria, e ele acreditava que a América também poderia – e ele conseguiu, e nós também podemos. Esta campanha não é apenas sobre ganhar votos. É sobre conquistar o coração e, sim, a alma da América – conquistá-la para os generosos entre nós, não para os egoístas" (Biden, 2020).

O plano econômico de Biden era, portanto, ambicioso e pode ser resumido no Quadro 1.

Portanto, o plano buscava enfrentar, por meio da política industrial, o que Biden chamou de "a pior pandemia em mais de cem anos, a pior crise econômica desde a grande depressão, o apelo mais convincente por justiça racial desde os anos 1960 e as realidades inegáveis das mudanças climáticas" (Biden, 2020). Entretanto, membros de sua equipe sugeriram que a abordagem poderia enfrentar sérios problemas devido ao déficit fiscal do país (Galbraith, 2020). O déficit fiscal dos Estados Unidos em 2020 foi de aproximadamente US$ 3,1 trilhões (Gráfico 1), um recorde histórico, o que agitou os mercados e motivou teses pessimistas em relação ao plano econômico de Biden (Office of Management and Budget, White House, 2023). O aumento

Quadro 1 – Bidenomics, principais tópicos

Área	Detalhes do plano
Covid-19 e Saúde pública	Implementação do American Rescue Plan Act de $1,9 trilhão. Proposta de um plano de saúde que expande o Obamacare, cobrindo mais de 97% dos americanos.
Impostos	Aumento da receita tributária. Aumento da alíquota do imposto de renda para 39,6%. Tributação de ganhos de capital a taxas ordinárias. Aumento da alíquota do imposto corporativo para 28%.
Dívida estudantil	Busca por tornar a mensalidade gratuita para aqueles que ganham até $125 mil. Cancelamento de uma parte da dívida estudantil. Implementação do Plano SAVE, um plano de pagamento baseado em renda.
Direitos dos trabalhadores	Campanha para aumentar o salário mínimo federal para $15. Eliminação das leis de "direito ao trabalho". Proposta de regras para proteger os trabalhadores.
Buy American	Plano de $700 bilhões para impulsionar a indústria e inovação tecnológica nos EUA. Investimentos em veículos elétricos, materiais leves, 5G e IA.
Infraestrutura e mudança climática	Proposta de gastar $1,3 trilhão em infraestrutura, incluindo estradas, pontes, banda larga rural e pesquisa em energia limpa. Apoio à ideia de um Green New Deal. Promessa de se juntar novamente ao Acordo de Paris.
Classe média e comunidades rurais	Proposta de revitalizar a classe média e torná-la mais inclusiva racialmente. Foco em comunidades rurais, investindo em banda larga rural, criando empregos em manufatura de baixo carbono e melhorando o acesso a recursos federais.
Estímulo ao mercado de carros elétricos	Proposta de investimentos de $7,5 bilhões para construir uma rede nacional de carregadores de veículos elétricos. Fornecimento de mais de $7 bilhões para que os fabricantes domésticos tenham acesso aos materiais para criar baterias.

Fonte: Quadro elaborado pelos autores a partir de dados extraídos de D'Souza (2023).

excepcional do déficit fiscal em 2020 pode ser explicado em grande parte pelos gastos extraordinários relacionados à pandemia de Covid-19, que incluíram estímulos econômicos e programas de auxílio para empresas e indivíduos afetados pela crise defendidos pelo próprio Biden.

As questões fiscais não são triviais: elas representam um dos principais instrumentos de política econômica do setor público, consistindo na elaboração e organização do orçamento governamental, o qual indica as fontes de arrecadação e os gastos públicos a serem efetuados em determinados períodos. Não é à toa que as discussões em torno do orçamento são, via de regra, tão politizadas e cruciais nas corridas eleitorais. Daí partem as ênfases, estratégias e prioridades, traduzidas em números, do governo. Como sabemos, o déficit fiscal dos Estados Unidos tem sido uma questão recorrente desde o fim de Bretton Woods (Bohn, 2008). Nos anos 2000, o país enfrentou déficits fiscais crônicos, impulsionados por gastos com as guerras do Iraque e do Afeganistão, bem como pelos cortes de impostos sob a administração de George W. Bush. Em seguida, a crise financeira global de 2008 impactou a economia dos EUA, levando a um aumento significativo nos gastos do governo com programas de estímulo para enfrentar a recessão. Já na administração Obama, foram implementadas medidas para estabilizar a economia, o que levou a uma redução gradual do déficit fiscal ao longo dos anos. No entanto, sob a presidência de Donald Trump, ocorreram cortes de impostos significativos em 2017, que resultaram em um aumento do déficit fiscal, atingindo um recorde histórico. O plano econômico de Biden, portanto, ampliaria ainda mais o déficit, tornando-o pouco crível para os mais céticos.

Gráfico 1 – Balanço fiscal dos Estados Unidos (2000-2022) [Em bilhões de dólares]

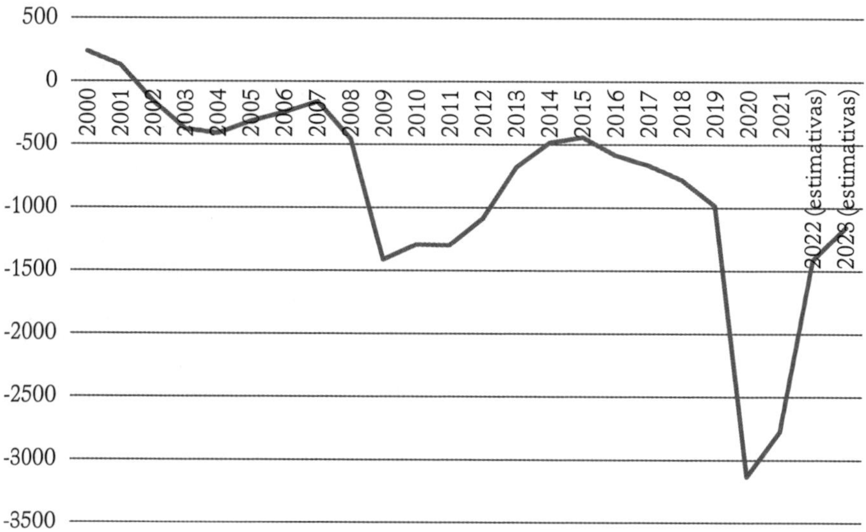

Fonte: Gráfico elaborado pelos autores a partir de dados extraídos de Office of Management and Budget, White House (2023).

A evolução do pensamento econômico de Biden, desde sua postura centrista nos anos 1980 até uma abordagem mais nacionalista e pró-indústria em 2020, passa por figuras como Gene Sperling,[1] ex-conselheiro econômico

1 Gene Sperling foi diretor do Conselho Econômico Nacional e assistente do presidente para política econômica sob os presidentes Bill Clinton e Barack Obama. Durante o governo Biden, passou a atuar como consultor sênior e coordenador de Implementação do Plano de

da Casa Branca, e Brian Deese,[2] principal assessor econômico de Biden. Além desses nomes, vale destacar também a presença na equipe econômica de Jared Bernstein, economista e assessor econômico de longa data de Biden, responsável pela elaboração de políticas econômicas voltadas para a classe média e trabalhadora; Heather Boushey, economista e membro do Conselho de Assessores Econômicos de Biden e autora conhecida por suas pesquisas sobre desigualdade econômica e políticas para promover maior inclusão (Mishel; Bernstein; Boushey, 2003); Ben Harris, economista e conselheiro econômico-chefe de Biden durante a campanha, responsável pela elaboração de políticas fiscais e tributárias; Jake Sullivan, especialista em política externa; Ron Klain, advogado e político americano, chefe de gabinete do então vice-presidente Joe Biden durante o governo Obama, assessor do vice-presidente Al Gore durante o governo Clinton e atual chefe de gabinete; e Bruce Reed, outro assessor econômico importante na campanha de Biden, especialista em políticas sociais e econômicas e uma das vozes que mais influenciaram o plano econômico do candidato.

A campanha de Donald Trump em 2020 criticava duramente o histórico de Biden, alegando que as políticas defendidas por ele ao longo de sua carreira política causaram a recuperação econômica mais lenta desde a Grande Depressão. Durante a campanha presidencial, o então presidente Donald Trump lançou várias críticas ao plano econômico de seu adversário, Joe Biden. Essas críticas centraram-se em quatro áreas principais. Primeiramente, Trump alegava que o plano de Biden era excessivamente caro e levaria a um aumento da inflação. Em segundo lugar, Trump expressou preocupações sobre o impacto do plano de Biden no déficit orçamentário, afirmando que o plano aumentaria ainda mais o déficit, deixando as gerações futuras com uma dívida enorme e comprometendo a estabilidade fiscal do país. Terceiro, Trump criticou duramente o plano de Biden por sua potencial influência negativa nos empregos e na economia em geral, argumentando que as políticas propostas por Biden poderiam prejudicar o crescimento econômico e a criação de empregos, afetando negativamente tanto

Resgate Americano. Sperling é autor do livro *Economic Dignity*, onde defende uma abordagem econômica que se concentre em criar oportunidades para todos, não apenas para os mais ricos (Sperling, 2020). Para o autor, a economia dos Estados Unidos falha ao deixar para trás muitos americanos e defende políticas que criam, segundo ele, "dignidade econômica", tais como investimento em educação e treinamento, aumento do salário mínimo, criação de empregos de qualidade, fornecimento de assistência de saúde acessível e proteção ao meio ambiente.

2 Brian Christopher Deese foi um dos responsáveis pelo plano econômico da campanha de Biden que, depois de eleito, o nomeou para ser o diretor do National Economic Council. No livro intitulado *Delivering on Debt Relief: From IMF Gold to a New Aid Architecture*, Brian Deese, em coautoria com Nancy Birdsall, examina o problema da dívida externa dos países pobres e propõe uma nova arquitetura de ajuda para lidar com esse problema (Birdsall; Deese, 2002).

os trabalhadores quanto os empresários. Por fim, Trump caracterizou o plano de Biden como socialista, argumentando que ele levaria à perda de liberdade e à erosão dos valores capitalistas que, segundo ele, são fundamentais para a prosperidade americana. Trump contrastou essas críticas com seu próprio plano econômico, que ele descreveu como mais centrado no crescimento econômico e na criação de empregos. Ele também enfatizava que seu plano era mais responsável e não levaria a um aumento da inflação.

No entanto, as críticas de Trump ao plano econômico de Biden foram amplamente rejeitadas por economistas e especialistas em política pública. Eles argumentaram que o plano de Biden era factível e necessário para enfrentar os desafios econômicos contemporâneos que os Estados Unidos enfrentam. Além disso, refutaram as alegações de Trump, afirmando que seu plano era baseado em promessas falsas e não traria benefícios reais para a economia.

Considerada por Trump como irrealista, a agenda de Biden encontrou inúmeros adeptos de primeira hora. Em artigo publicado em 1º de outubro de 2020, em plena corrida presidencial, Paul Krugman apresentava um argumento a favor do plano econômico de Joe Biden, contrastando-o com as políticas de Donald Trump (Krugman, 2020). Para o autor, em contextos de excesso de poupança e baixas taxas de juros, o governo deve executar déficits orçamentários para utilizar a poupança excedente de maneira produtiva. Diante disso, Krugman critica o corte de impostos corporativos de Trump em 2017 e elogia o plano de Biden de reverter esse corte, substituindo-o por programas de gastos em infraestrutura e educação. Esses investimentos, argumenta Krugman, fortaleceriam a economia a longo prazo. No fim, as críticas de Trump não foram suficientes para impedir Biden de vencer as eleições presidenciais. Biden foi eleito com uma margem apertada e já está implementando seu plano econômico, sinalizando uma nova direção na política econômica dos Estados Unidos, apesar das objeções levantadas durante a campanha.

Bidenomics, alívio e recuperação: primeiro tempo

Originalmente, a administração Biden formulou uma política econômica guiada por nove objetivos principais: (1) combater a pandemia da Covid-19 e revitalizar a economia; (2) posicionar os trabalhadores no cerne da política comercial; (3) direcionar o mundo para uma trajetória sustentável em relação ao meio ambiente e clima; (4) fomentar a equidade racial e apoiar comunidades em necessidade; (5) confrontar as práticas comerciais coercitivas e injustas da China através de uma abordagem abrangente; (6) estabelecer parcerias com amigos e aliados; (7) proteger fazendeiros, pecuaristas, produtores de alimentos e pescadores norte-americanos; (8) incentivar um crescimento econômico equitativo globalmente; e (9) fazer cumprir as regras. Para implementar essas prioridades, o governo Biden se empenhou em atuar tanto bilateral quanto multilateralmente, construindo consensos e focando em políticas comerciais que proporcionem benefícios tangíveis para todos os trabalhadores, famílias e comunidades norte-americanas.

O plano econômico de Biden pode ser dividido em duas frentes: a primeira busca o alívio; a segunda, recuperação. Essas duas frentes podem parecer iguais, mas, nos meses desde que Biden e seus assessores começaram a usá-los para descrever sua agenda econômica, eles investiram cada termo com um significado distinto. Alívio, argumenta Scheiber (2021), refere-se ao dinheiro que Biden propôs gastar para acabar com a pandemia e ajudar os milhões de pessoas que estão sofrendo com ela. Por outro lado, recuperação descreve as esperanças do governo de transformar a economia após a crise.

Pelo lado do alívio, logo depois de eleito, em resposta às graves perturbações causadas pela pandemia de Covid-19, o Congresso dos EUA aprovou uma série de pacotes de alívio fiscal, totalizando o maior socorro macroeconômico desde o New Deal dos anos 1930. O plano econômico do presidente Joe Biden enfrenta desafios significativos e complexos, tanto na economia doméstica quanto no cenário político. O déficit crônico e estrutural dos Estados Unidos, que existe desde a década de 1970, atingiu um novo patamar sob a administração Trump, com a dívida nacional aumentando em quase US$ 7,8 trilhões. A aprovação do American Rescue Plan Act of 2021 (ARPA) em março daquele ano, sob a administração Biden, ampliou ainda mais o problema, aumentando os gastos em US$ 1,9 trilhão. Para Biden, a aprovação do plano representou uma resposta significativa e multifacetada à pandemia de Covid -19 e à subsequente crise econômica que assolou os Estados Unidos. Entre suas principais disposições, destacam-se pagamentos diretos de US$ 1.400 para indivíduos e famílias, extensão do seguro-desemprego, auxílio às pequenas empresas, investimentos substanciais em infraestrutura, apoio à educação e saúde, e assistência a moradia e alimentação. Essas medidas foram projetadas para fornecer alívio imediato a indivíduos e empresas afetados pela crise.

A aprovação do ARPA, no entanto, não foi isenta de controvérsia. Enquanto o pacote foi aprovado com o apoio unânime dos democratas, enfrentou oposição dos republicanos. Todos os 49 republicanos presentes no Senado e todos os 210 republicanos da Câmara votaram não (Govtrack. US, 2021). Além disso, a reação da comunidade econômica foi mista. Alguns economistas elogiaram o ARPA por sua abordagem abrangente e por ter ajudado a impulsionar a recuperação econômica. Argumentaram que o pacote desempenhou um papel vital na redução do desemprego e no estímulo ao crescimento econômico, além de proteger milhões de pessoas da pobreza e da fome (Barnichon et al., 2021; Wheaton et al., 2021). Por outro lado, outros criticaram o ARPA por ser excessivamente caro, por não fazer o suficiente para abordar as causas subjacentes da desigualdade ou, no limite, gerar pressão inflacionária (Cillizza, 2021; Pisani-Ferry, 2021).

Em suma, o ARPA foi um pacote de estímulo econômico significativo que teve um impacto positivo tangível na economia dos Estados Unidos. Sua implementação ajudou a mitigar alguns dos efeitos mais graves da pandemia, fornecendo suporte financeiro direto e investimentos em áreas críticas (ver Figuras 2 e 3). No entanto, o debate sobre sua eficácia e abordagem revela tensões subjacentes na política econômica e destaca a complexidade de responder a uma crise sem precedentes com soluções políticas abrangentes.

Já o lado da recuperação se mostrou mais difícil. Aqui, a agenda econômica de Biden tinha dois planos principais, um ligado a infraestrutura e outro ligado a políticas sociais (Build Back Better). O primeiro custaria originalmente US$ 2,3 trilhões, e o segundo, US$ 3,5 trilhões, totalizando originalmente US$ 5,8 trilhões em gastos públicos.

O primeiro capítulo desse plano foi aprovado pelo Congresso em 15 de novembro de 2021: o Bipartisan Infrastructure Bill (Infrastructure Investment and Jobs Act, no valor de US$ 1,2 trilhão (bem abaixo do originalmente proposto, i.e, US$ 2,3 trilhões). A votação final foi de 228 a 206 na Câmara, sendo que treze republicanos votaram com a maioria dos democratas em apoio ao projeto de lei, embora seis democratas tenham votado contra (Foran, 2021a). O texto já havia passado pelo Senado em agosto por uma ampla maioria bipartidária de 69 a 30, com 19 senadores republicanos votando a favor (Foran, 2021b), mas ficou paralisado na câmara até novembro. Trata-se de um projeto de lei de infraestrutura que pode representar o maior investimento em infraestrutura dos Estados Unidos em décadas. O projeto de lei destina US$ 550 bilhões em novos investimentos federais na infraestrutura dos Estados Unidos ao longo de cinco anos, incluindo dinheiro para estradas, pontes, transporte público, ferrovias, aeroportos, portos e vias navegáveis. O pacote inclui ainda um investimento de US$ 65 bilhões para melhorar a infraestrutura de banda larga do país e investe dezenas de bilhões de dólares para melhorar a rede elétrica e os sistemas de água (The White House, 2021).

A aprovação do projeto foi conturbada, com divisões entre as alas moderada e progressista do Partido Democrata, exigindo negociações intensas e a intervenção pessoal do presidente Biden. As divergências entre democratas progressistas e centristas sobre o tamanho do gasto social e os acordos políticos em negociação se mostraram um empecilho, enquanto a ala mais ao centro do partido democrata acha que o aumento do gasto precisa ser acompanhado por um aumento similar das receitas. O Escritório de Orçamento do Congresso (CBO) estima que o projeto de infraestrutura de 1,2 trilhão de dólares aprovado aumentará os déficits orçamentários federais em 256 bilhões de dólares ao longo dos próximos dez anos.

Esse dado não é trivial. O "Bipartisan Infrastructure Bill" foi aprovado com apoio dos republicanos em detrimento de um segundo projeto de lei proposto por Biden para a reconstrução do país (conhecido como o plano de "infraestrutura humana", ou como Build Back Better). Aqui o plano original era aprovar um megapacote de US$ 3,5 trilhões que ampliaria de maneira significativa a rede de proteção social americana, com ações em áreas muito diversas, do enfrentamento à emergência climática até a educação infantil. Entretanto, não há consenso bipartidário nessa etapa. O Build Back Better era um plano ambicioso que tinha por objetivo transformar a economia dos Estados Unidos. O plano recebeu apoio de uma ampla coalizão de grupos, incluindo sindicatos, organizações de defesa da saúde e organizações de defesa do meio ambiente, mas enfrentou fortes resistências nos partidos republicano e democrata e em setores ligados ao mercado financeiro que argumentam que o plano é muito caro e que aumentará a inflação.

A trajetória do pacote "Build Back Better" é marcado por idas e vindas, além de uma drástica redução de tamanho. Depois de muito debate, em julho de 2021, os democratas concordaram que o pacote deveria custar $3,5 trilhões, mas enfrentaram objeções de democratas centristas como Joe Manchin e Kyrsten Sinema. Em agosto do mesmo ano, no bojo das discussões sobre o orçamento de 2022, o Senado dos EUA aprovou sua resolução por uma votação de 50-49, abrindo caminho para a Câmara considerar o plano (Krawzak, 2021). No mesmo mês, a Câmara adotou a resolução orçamentária para o ano fiscal de 2022 após negociações com os democratas que estavam preocupados com a possibilidade de a Câmara tentar aprovar às pressas o pacote que não poderia ser aprovado no Senado. Em setembro, devido ao impasse, o senador democrata Manchin pediu uma pausa no projeto de lei e confirmou que só apoiaria um pacote de US$ 1,5 trilhão. Em outubro, Biden disse que o pacote precisaria ser reduzido para cerca de US$ 2 trilhões e, posteriormente, apresentou um quadro de reconciliação de US$ 1,75 trilhão (McPherson, 2021). Em novembro de 2020, a Câmara aprovou um pacote de aproximadamente US$ 2,2 trilhões que incluía algumas cláusulas, como quatro semanas de licença médica e familiar remunerada, que não estavam na estrutura da Casa Branca e que os democratas da câmara sabiam que não poderiam ser aprovadas no Senado em meio às objeções de Manchin. Em dezembro, Manchin anunciou sua oposição ao projeto de lei, encerrando as negociações.

Em 2022, as negociações continuaram, mas com foco reduzido em três áreas: clima, impostos e saúde. Em julho de 2022, Manchin concordou em apoiar uma versão estreita e focada na saúde do pacote, contendo apenas uma extensão de dois anos dos subsídios de seguro de saúde expandidos, custando cerca de US$ 40 bilhões, e um pacote de preços de medicamentos prescritos. Atualmente, a versão reduzida do projeto de lei representa apenas uma fração da visão econômica original de Biden e está muito distante dos trilhões em gastos não compensados buscados pelos progressistas. A versão atual foca principalmente em cuidados de saúde, deixando de fora as disposições climáticas e fiscais, e muitos democratas acreditam que a versão final será apenas o pacote de saúde, trilhões aquém das metas iniciais de gastos. Entretanto, a oportunidade parece ter passado, já que, na eleição de 2022, os democratas perderam a maioria na Câmara dos Deputados e mantiveram a maioria no Senado. Na Câmara dos Deputados, os democratas perderam dez cadeiras, enquanto os republicanos ganharam oito. Com isso, a Câmara dos Deputados agora tem 222 republicanos, 212 democratas e 1 independente. No Senado, os democratas e independentes aliados mantiveram a maioria com 51 cadeiras, enquanto os republicanos têm 49. A vice-presidente, Kamala Harris, que é democrata, tem o poder de romper um eventual empate no Senado.

Enquanto o Build Back Better agoniza, Biden aprovou a "Lei dos CHIPS" (The CHIPS and Science Act of 2022). Trata-se de uma lei federal sancionada em 9 de agosto de 2022 que fornece aproximadamente US$ 280 bilhões em novos recursos para impulsionar a pesquisa nacional e a fabricação de semicondutores nos Estados Unidos. A lei é dividida em duas partes principais: a Lei dos CHIPS (Creating Helpful Incentives to Produce Semiconductors) e a Lei de Inovação Científica e Tecnológica. Enquanto a A CHIPS for America Act fornece US$ 52 bilhões em financiamento para subsidiar a construção de novas fábricas de semicondutores nos Estados Unidos e US$ 20 bilhões em financiamento para pesquisa e desenvolvimento no setor de semicondutores, a "Lei de Inovação em Ciência e Tecnologia" fornece US$ 100 bilhões em financiamento para pesquisa e desenvolvimento em diversos campos, incluindo inteligência artificial, computação quântica e biotecnologia. A lei também fornece US$ 75 bilhões em financiamento para a National Science Foundation (The White House, 2022). Em suma, a Lei CHIPS pode ser assim resumida no Quadro 2.

Todos esses projetos aprovados, aliados à nova correlação de forças dos Estados Unidos, ao déficit fiscal crônico, bem como à guerra na Ucrânia, levaram a uma pressão inflacionária significativa no país. A principal prioridade do presidente Biden em 2022 foi reduzir a inflação e diminuir os custos para as famílias, com alguns progressos já observados, como a queda nos preços do gás. Neste contexto, Biden propõe o Inflation Reduction Act em 2022, uma versão reduzida do plano Build Back Better. A lei foi aprovada com o apoio majoritário dos democratas no Senado e na Câmara espera arrecadar US$ 737 bilhões em receita na próxima década. Os principais componentes da lei incluem um investimento de US$ 369 bilhões em políticas climáticas e energéticas, $64 bilhões para estender a política sob o Affordable Care Act para reduzir os custos do seguro-saúde, e uma taxa mínima de imposto corporativo de 15% para empresas que ganham mais de US$ 1 bilhão por ano (The White House, 2021). Algumas partes do plano original, como cuidados infantis universais e cortes de impostos para a classe média, foram abandonadas para garantir a aprovação. A lei foi aprovada no Senado por 51-50 e na Câmara por 220-207, sem votos republicanos (Cox, 2022). Segundo John D. Podesta, assessor sênior do presidente para

Quadro 2 – The CHIPS: Principais tópicos

Área de foco	Detalhes
Investimento em semicondutores	Fornece $52,7 bilhões para pesquisa, desenvolvimento e fabricação de semicondutores nos EUA, incluindo $39 bilhões em incentivos à produção.
Pesquisa e desenvolvimento	Restaura o investimento em P&D, incluindo a formação de uma rede nacional de treinamento em microeletrônica e o estabelecimento de uma agenda de pesquisa em semicondutores.
Inovação em tecnologias sem fio	Inclui $1,5 bilhão para promover e implantar tecnologias sem fio que utilizam redes de acesso de rádio abertas e interoperáveis.
Liderança global em tecnologias futuras	Estabelece uma diretoria na NSF para focar em campos como semicondutores, computação avançada e biotecnologia.
Crescimento econômico regional	Autoriza $10 bilhões para investir em centros regionais de inovação e tecnologia, criando empregos e desenvolvimento econômico em setores de alta tecnologia.
Oportunidades em STEM (Science, technology, engineering, and mathematics)	Autoriza investimentos em educação e treinamento em STEM, expandindo oportunidades para comunidades marginalizadas e sub-representadas.
Equidade e oportunidade	Autoriza investimentos para expandir a diversidade geográfica e institucional de instituições de pesquisa, incluindo apoio a HBCUs e outras instituições que atendem a minorias.
Guardrails fortes	Inclui salvaguardas para garantir que os fundos não sejam usados para construir instalações em países preocupantes, como a China, e proíbe o uso de fundos públicos para recompra de ações e dividendos de acionistas.

Fonte: Quadro elaborado pelos autores a partir de dados extraídos de The White House (2022).

Inovação e Implementação de Energia Limpa, a lei representa um compromisso histórico para construir uma nova economia de energia limpa nos EUA, focada em criar empregos bem remunerados e reduzir a poluição que alimenta a crise climática (The White House, 2021).

Em suma, a Inflation Reduction Act implementará seus objetivos por meio de uma combinação de subsídios, empréstimos, reembolsos, incentivos e outros investimentos. Inclui cerca de duas dúzias de disposições fiscais para economizar dinheiro das famílias em suas contas de energia e acelerar a implantação de energia limpa, veículos limpos, edifícios limpos e manufatura limpa. Muitas dessas disposições fiscais oferecem créditos extras para projetos em comunidades de baixa renda ou que pagam salários prevalecentes e usam aprendizes registrados. A lei também fornece bilhões de dólares em programas de subsídios e empréstimos para energia limpa e ação climática, com foco em beneficiar famílias trabalhadoras e partes dos

EUA frequentemente negligenciadas. Avança a Iniciativa Justice40 do presidente Biden, comprometendo-se a entregar 40% dos benefícios totais de clima, energia limpa e outros investimentos a comunidades desfavorecidas.

Bidenomics na prática

Apesar de indicadores econômicos fortes, como o desemprego em apenas 3,7% e a adição média de mais de 278 mil empregos por mês, pesquisas mostram que apenas 38,3% das pessoas aprovam a maneira como Biden está lidando com a economia, enquanto quase 58% desaprovam. A pesquisa CNBC All-America Economic Survey revelou que a aprovação econômica do presidente Joe Biden aumentou ligeiramente para 37%, um aumento de três pontos percentuais em relação à pesquisa anterior em abril. No entanto, uma maioria substancial ainda desaprova a forma como Biden está lidando com a economia. A pesquisa também mostrou que os republicanos têm uma vantagem de dois dígitos sobre os democratas em questões econômicas críticas, como inflação e empregos (Liesman, 2023; Realclearpolitics, 2023). As baixas avaliações econômicas são difíceis de explicar. A inflação, que atingiu níveis não vistos desde os anos 1960 e 1970, afetou negativamente a percepção pública, mesmo que a inflação anual tenha caído de quase 9% para pouco mais de 3%.

Gráfico 2: Variação percentual em 12 meses, Índice de Preços ao Consumidor, todos os itens, sem ajuste sazonal

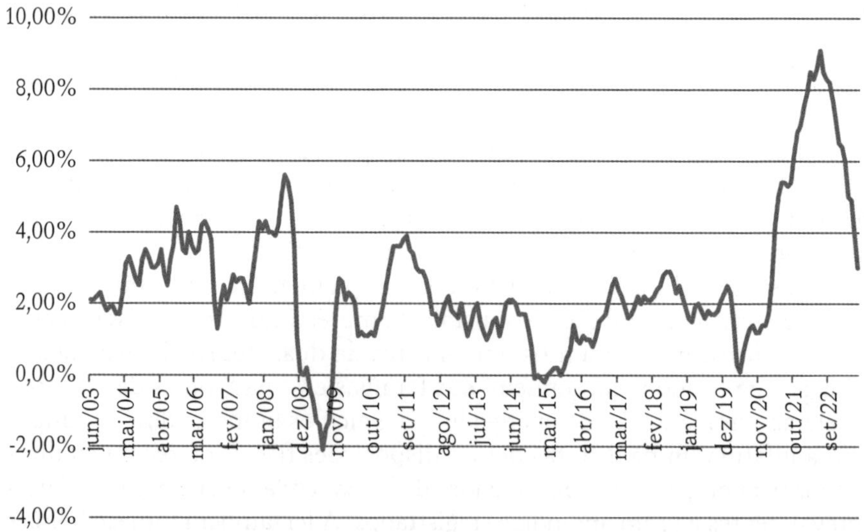

Fonte: Gráfico elaborado pelos autores a partir de dados extraídos de U.S. Bureau of Labor Statistics (2023a).

Gráfico 3: Taxa de desemprego civil, ajustada sazonalmente

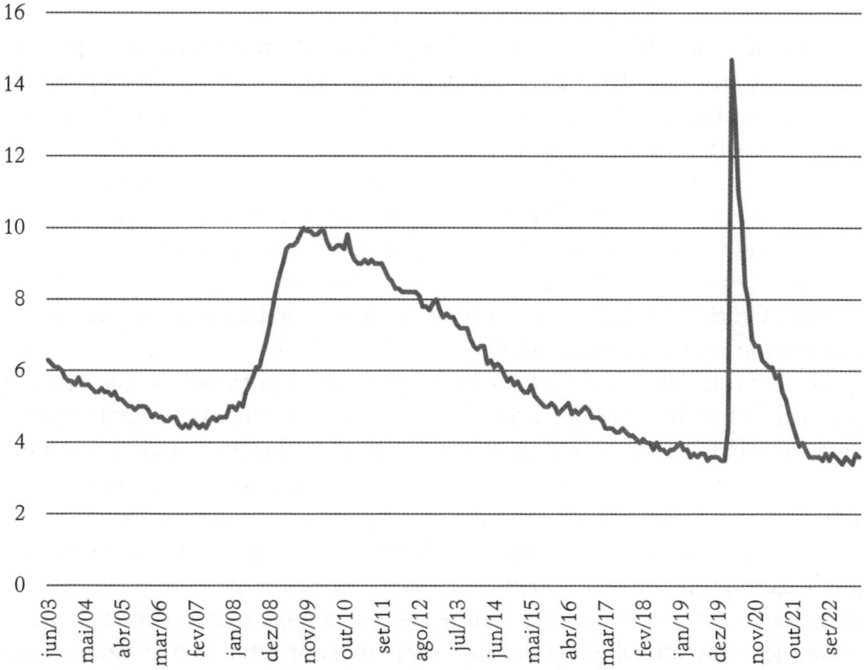

Gráfico elaborado pelos autores a partir de dados extraídos de U.S. Bureau of Labor Statistics (2023b).

Especificamente com relação ao enfrentamento da pandemia, o governo Biden fez investimentos de longo prazo para fortalecer a produção nacional de equipamentos médicos essenciais que irão expandir a capacidade industrial e reforçar a preparação para enfrentar futuras crises de saúde pública. De igual maneira, seu governo buscou trabalhar com parceiros comerciais para colaborar em iniciativas relacionadas à saúde global e à resposta humanitária. Já no que se refere aos trabalhadores norte-americanos, temos que sua administração está empenhada em invocar o mecanismo de solução de controvérsias conhecido como "resposta rápida", pactuado no Acordo Estados Unidos-México-Canadá (USMCA), buscando com isso garantir alívio aos negócios estadunidenses considerados alvos de políticas "injustas".

O USMCA entrou em vigor em 1º de julho de 2020, modernizando e substituindo o Acordo de Livre-Comércio da América do Norte (Nafta). O acordo, inserido nas iniciativas regionais dos Estados Unidos, garante, entre outras diretrizes, fortes melhorias na proteção e aplicação da propriedade intelectual, que é um dos principais pontos de preocupação do Relatório do United States Trade Representative (USTR) de 2021 (USTR, 2021a). Segundo o relatório, a violação de propriedade intelectual põe em perigo o trabalhador americano, inclusive por meio da exposição a riscos de saúde e segurança de produtos falsificados, como semicondutores, peças de automóveis, roupas, calçados, brinquedos e medicamentos.

Para além do USMCA, a administração Biden tem buscado se empenhar ainda mais em iniciativas para fortalecer a proteção e aplicação da propriedade intelectual em mercados estrangeiros, como as instituições multilaterais, principalmente a Organização Mundial de Comércio (OMC), e as iniciativas bilaterais e multilaterais, a exemplo dos Acordos Estruturais de Comércio e Investimento (TIFAs), firmados entre os Estados Unidos e mais de cinquenta parceiros comerciais e regiões em todo o mundo. Para tal, pretende-se reparar parcerias e alianças, bem como restaurar a liderança dos Estados Unidos em todo o mundo, reintegrando e liderando organizações internacionais, incluindo a OMC.

No entanto, apesar de o presidente priorizar um trabalho com aliados em prol da fiscalização do comércio e da busca por mudanças significativas para os trabalhadores e empresas dos Estados Unidos no cenário do comércio global, Biden não exclui que a ação unilateral possa ser necessária em alguns casos. Dentre esses casos, a China ganha destaque em sua agenda, uma vez que as práticas comerciais adotadas por Pequim são reconhecidas por Washington como sendo coercitivas e injustas, e, além de prejudicar os trabalhadores norte-americanos, ameaçam a vantagem tecnológica do país, enfraquecendo a resiliência de sua cadeia de suprimentos e minando seus interesses nacionais.

Diante desse cenário, a administração Biden está "empenhada em usar todas as ferramentas disponíveis para enfrentar a variedade de práticas comerciais desleais da China" (USTR, 2021a). A China, bem como o Chile, Índia, Indonésia, Tailândia e Turquia, foram listados todos os anos desde o início do Relatório da Special 301, que possui uma Lista de Observação Prioritária (PWL) e uma Lista de Observação (WL). A colocação de um parceiro comercial na PWL ou na WL indica que existem problemas específicos naquele país com relação à proteção de propriedade intelectual, fiscalização ou acesso ao mercado para pessoas que dependem da propriedade intelectual. Desse modo, os países incluídos na PWL recebem uma maior atenção nas discussões bilaterais com os Estados Unidos a respeito das áreas problemáticas identificadas.

Dentre as principais preocupações que o relatório analisa, podemos sublinhar: (1) os desafios relacionados a fronteiras e à execução criminal contra falsificações, inclusive no ambiente *on-line*; (2) os altos níveis de pirataria *on-line* e de transmissão, inclusive por meio de dispositivos de *streaming* ilícitos; (3) as inadequações na proteção e aplicação de segredos comerciais na China, na Rússia e em outros lugares; (4) os problemas de "inovação local" e políticas de transferência de tecnologia forçada, que podem prejudicar injustamente os titulares de direitos dos Estados Unidos em mercados no exterior; e (5) outras questões contínuas e sistêmicas relacionadas à proteção e fiscalização da propriedade intelectual, bem como ao acesso ao mercado de muitos parceiros comerciais em todo o mundo.

Não obstante, há elementos inerentes à política de Estado norte-americana que também são postos em destaque na agenda de Biden, como a abertura de mercados e a redução de barreiras comerciais. No que diz respeito às barreiras comerciais, o 2021 National Trade Estimate Report sublinha onze categorias que cobrem medidas e políticas impostas pelos governos que restringem, previnem ou impedem a troca internacional de bens e serviços, dificultando indevidamente o investimento estrangeiro direto ou o comércio eletrônico dos Estados Unidos (USTR, 2021b). Tais barreiras incluem: (1) políticas de importação, como tarifas, licenciamento de importação e barreiras alfandegárias; (2) barreiras técnicas ao comércio; (3) medidas sanitárias e fitossanitárias; (4) subsídios; (5) compras governamentais; (6) proteção da propriedade intelectual; (7) barreiras de serviços; (8) barreiras ao comércio digital e eletrônico; (9) barreiras de investimento; (10) competição; e (11) outras barreiras.

Já no que concerne à implementação dos acordos comerciais dos Estados Unidos, o USTR pretende afirmar os direitos norte-americanos por meio dos órgãos e comitês da OMC encarregados de monitorar a implementação e supervisão de acordos e disciplinas, e usar a solução de controvérsias conforme apropriado; promover os interesses dos Estados Unidos sob os FTAs por meio de programas de trabalho, redução acelerada de tarifas e uso estratégico de mecanismos de solução de controvérsias, inclusive com relação a obrigações trabalhistas e ambientais; monitorar e fazer cumprir vigorosamente outros acordos bilaterais e multilaterais; invocar as leis comerciais dos Estados Unidos para promover a conformidade, inclusive em conjunto com a legislação bilateral, mecanismos plurilaterais e da OMC quando apropriado; e fornecer assistência técnica aos parceiros comerciais, especialmente aos países em desenvolvimento, para garantir que as principais obrigações sejam implementadas dentro do cronograma.

Bidenomics e a ordem liberal internacional

As políticas econômicas externa e doméstica de Biden trazem questionamentos significativos ao consenso neoliberal bipartidário que domina a política americana desde os anos 1990. Entre outros pontos, questiona-se se a agenda econômica do democrata representa um novo neoliberalismo, um neoliberalismo progressista ou, no limite, até mesmo a própria superação desse modelo econômico e político. Tanto Trump quanto Biden implementaram pacotes de estímulo econômico que, juntos, representam a maior expansão fiscal da história americana em tempos de paz. Isso contrasta com a política econômica de Barack Obama (2009-2017) que, mesmo enfrentando a Grande Recessão, resistiu a fazer uma grande expansão fiscal, e também com a política de austeridade da União Europeia, mantida com modificações até hoje. Diversos fatores conjunturais explicam essa mudança, como a pandemia da Covid-19 e a intensificação da competição estratégica com a China. As declarações do G20 nos últimos anos, por exemplo, indicam legitimação, ou, ao menos, "não demonização" da ação estatal na condução econômica.

A pandemia reforçou essa mensagem de que a atuação econômica do Estado é importante, visto que os países como a China, onde a autoridade política não se esquivou do papel de condutor de políticas de combate à pandemia e de retomada econômica, obtiveram maior sucesso. Essa virada em direção a um papel maior do Estado na atuação econômica pode ser classificada como uma virada estatista, ou heterodoxa, e apresenta três elementos estruturais importantes: mudança climática, desigualdade socioeconômica e o desafio anti-hegemônico da China. Não é razoável conceber que qualquer um desses desafios possa ser superado sem atuação estatal ou, exclusivamente, por mecanismos de mercado.

Em sua campanha eleitoral, Biden propôs uma agenda arrojada de investimentos que compunham um pacote denominado Build Back Better. Na impossibilidade de executá-la em sua integralidade, essa agenda foi implementada, parcialmente e aos poucos, por pacotes legislativos como o Inflation Reduction Act, que inclui investimentos em transição energética e infraestrutura física, mas também sociais, como em cuidado com idosos e crianças e redução de custos de medicamentos. Como vimos, outra parte do pacote, voltada para desenvolvimento tecnológico e estímulos à indústria de semicondutores, foi implementada pela Lei CHIPS e Ciência (CHIPS and Science Act).

Na conjuntura imediata, pode-se conceber algum nível de ruptura com o neoliberalismo clássico, como na superação da ideia de que há um trade off necessário entre crescimento econômico e redução do desemprego, por um lado, e preocupação com a pressão inflacionária, por outro. Tanto que a opção por estimular a economia, mesmo em um cenário de pressão inflacionária, pode ter barrado a onda vermelha que era esperada nas eleições de meio de mandato de 2022 (*midterms*), pela manutenção de baixo nível de desemprego.

Apesar de reconhecer um maior papel do Estado na condução de política econômica, o Bidenomics não desafia de forma radical o establishment neoliberal. Percebe-se investimento e regramento insuficientes na questão ambiental e, mesmo com a redução do desemprego a níveis históricos, há pouca perspectiva de melhora para os direitos e empoderamento dos trabalhadores. Não foi empreendida nenhuma restrição ao poder do setor financeiro privado, especialmente no que se refere às tentativas de exportação do modelo econômico neoliberal para os países do Sul Global, como no caso da DFC (U.S. International Development Finance Corporation), e do estímulo de privatizações como forma de promover a expansão do capital estadunidense. Há, portanto, mudanças importantes, mas elas encontram obstáculos e limitações na própria estrutura da hegemonia estadunidense e de seu setor financeiro. Ainda assim, há elementos importantes de questionamento e de reposicionamento do papel do Estado na política econômica de Biden, em relação à forma que o neoliberalismo, que dominou a política dos Estados Unidos nas últimas décadas, assumiu anteriormente.

No que diz respeito à crise orgânica da ordem liberal internacional, a administração Biden deve dar atenção especial a pelo menos três aspectos principais da ordem mundial. Cada um desses aspectos expressa contradições significativas e a resposta política que o governo dos Estados Unidos fornecerá a eles será fundamental para o futuro da ordem liberal internacional: o primeiro aspecto refere-se às tensões entre o nacional e o internacional durante a administração Biden, algo que se arrastará até as eleições de 2024 e que Biden deverá atacar em sua pré-candidatura a reeleição. Biden enfrentará enormes desafios domésticos, incluindo uma crise fiscal significativa, o rescaldo de uma crise sanitária sem precedentes e uma polarização política que frequentemente se converte em atos violentos. Paralelamente, a liderança dos Estados Unidos no cenário global está sendo questionada em várias frentes, desde instituições internacionais até a influência crescente da China nos processos de reconstrução econômica e a geopolítica da vacina. Matthew P.Goodman (2021), em sua análise "Three Tensions in Biden's International Economic Policy", sugere que alguns elementos do plano Build Back Better, como o programa Buy American, podem estar em conflito com as prioridades internacionais de Biden, o que pode prejudicar os esforços para reconstruir laços com os aliados dos Estados Unidos.

O segundo aspecto envolve as tensões com a Ásia e a Europa. A política econômica internacional de Biden, em termos gerais, herda do trumpismo uma aversão às negociações comerciais tradicionais. Além disso, o programa visa restabelecer a liderança dos Estados Unidos na região do Indo-Pacífico, o que coloca, por exemplo, os Estados Unidos e a China em rota de colisão. Na Europa, várias contradições também devem surgir. Josef Joffe (2020), em seu artigo "Back to Liberal American Hegemony", argumenta que, mesmo quando Biden se apresenta como o anti-Trump, ele continuará a perseguir alguns dos mesmos interesses estratégicos centrais dos Estados Unidos em relação à China, à Rússia e à concorrência comercial com a Europa.

O terceiro aspecto está relacionado com as tensões no G2. Segundo Goodman (2021), altos consultores do governo Biden, como Jake Sullivan e Kurt Campbell, coordenador para a região do Indo-Pacífico, não têm ilusões sobre o desafio que Pequim representa para os interesses dos Estados Unidos. A lista de assuntos é extensa: mudanças climáticas, proliferação nuclear, Taiwan, abertura de mercado, guerras comerciais, entre outros.

A tarefa não será fácil. As atuais contradições entre estrutura e superestrutura apresentam sérios limites à liderança dos Estados Unidos. Se a crise financeira de 2007-2008 pode ser vista como o ápice dos processos orgânicos que atingiram o epicentro do capitalismo naquela época, o governo Trump e a pandemia da Covid-19 se combinaram em uma "tempestade perfeita", reunindo aspectos orgânicos e conjunturais que corroem ainda mais a ordem liberal internacional e, portanto, a hegemonia estadunidense. Se a administração Biden tiver sucesso em lidar com tais contradições por meio de engajamento ideológico, normas e instituições internacionais, bem como pela força, talvez possa contribuir para reconstruir uma ordem mundial – nem tão ocidental, nem tão liberal, mas mais pluralista, com a China sendo um ator crucial.

Referências

ALLEN, Gregory C. Choking off China's Access to the Future of AI. *Center for Strategic International Studies*, out. 2022. Disponível em: <https://www.csis.org/analysis/choking-chinas-access-future-ai>. Acesso em: 14 fev. 2023.

BARNICHON, R. et al. Is the American Rescue Plan taking us back to the'60s? *FRBSF Economic Letter*, v.27, 2021.

BIDEN, J. Joe Biden's 2020 Democratic National Convention Speech. Disponível em: <https://abcnews.go.com/Politics/full-text-joe-bidens-2020-democratic-national-convention/story?id=72513129>. Acesso em: 1 ago. 2023.

BIRDSALL, N.; DEESE, B. *Delivering on Debt Relief*: From IMF Gold to a New Aid Architecture. [s.l.]: Columbia University Press, 2002.

BOHN, H. *The Sustainability of Fiscal Policy in the United States*. Sustainability of public debt, p.15-49, 2008.

CASSIDY, J. Broadcasting Joe Biden's Economic Program. *The New Yorker*, 15 set. 2020.

CILLIZZA, C. Why Republican opposition to the Covid-19 stimulus bill looks like very bad politics. CNN *Politics*. Disponível em: <https://www.cnn.com/2021/03/11/politics/covid-19-bill-american-rescue-plan-mcconnell/index.html>. Acesso em: 3 ago. 2023.

COX, C. Biden signs Inflation Reduction Act into law, setting 15% minimum corporate tax rate. Disponível em: <https://www.cnbc.com/2022/08/16/watch-live-biden-to-sign-inflation-reduction-act-into-law-setting-15percent-minimum-corporate-tax-rate.html>. Acesso em: 3 ago. 2023.

D'SOUZA, D. Joe Biden's Economic Plan Explained. Disponível em: <https://www.investopedia.com/joe-biden-s-economic-plan-save-the-middle-class-4769869>. Acesso em: 7 ago. 2023.

EICHACKER, N. Pluralist Economics as a Democratizing Force: A Review Essay about The Routledge Handbook of Heterodox Economics and Democratizing the Economics Debate: Pluralism and Research Evaluation. *SocArXiv*, 26 ago. 2021. Disponível em: <https://osf.io/preprints/socarxiv/j4vmc/>. Acesso em: 1 ago. 2023

EICHENGREEN, B. Bidenomics: Content and Prospects. *Intereconomics*, v.56, n.4, p.243-4, 2021.

EMBER, S. Bernie Sanders Drops Out of 2020 Democratic Race for President. *The New York Times*, 8 abr. 2020.

FORAN, A. G., Manu Raju Clare. Congress passes $1.2 trillion bipartisan infrastructure bill, delivering major win for Biden. CNN *Politics*. 2021a. Disponível em: <https://www.cnn.com/2021/11/05/politics/house-votes-infrastructure-build-back-better/index.html>. Acesso em: 3 ago. 2023a.

FORAN, A. Z., Clare. Senate passes $1 trillion infrastructure bill after months of intense bipartisan talks. CNN *Politics*. 2021b. Disponível em: <https://www.cnn.com/2021/08/10/politics/bipartisan-plan-infrastructure-vote-congress/index.html>. Acesso em: 3 ago. 2023b.

GALBRAITH, J. K. Rebuilding the Economy Will Require Joe Biden to Think Very Differently Than 2009. Disponível em: <https://theintercept.com/2020/09/01/biden-economic-policy-us-economy/>. Acesso em: 1 ago. 2023.

GOODMAN, M. P.Three Tensions in Biden's International Economic Policy. Disponível em: <https://www.csis.org/analysis/three-tensions-bidens-international-economic-policy>. Acesso em: 30 out. 2023.

GOVTRACK.US. H.R. 1319 (117th): American Rescue Plan Act of 2021 – *House Vote #49*, 27 fev. 2021. Disponível em: <https://www.govtrack.us/congress/votes/117-2021/h49>. Acesso em: 3 ago. 2023.

JOFFE, J. Opinion. Back to liberal American hegemony. Disponível em: <http://kathmandupost.com/columns/2020/11/17/back-to-liberal-american-hegemony>. Acesso em: 3 ago. 2023.

KHALID, A.; SPRUNT, B. Biden Counters Trump's "America First" With "Build Back Better". *Economic Plan. NPR*, 9 jul. 2020.

KRAWZAK, P. Senate approves budget resolution after "vote-a-rama". Disponível em: <https://www.rollcall.com/2021/08/10/budget-resolution-debate-begins-as-senators-eye-quick-exit/>. Acesso em: 3 ago. 2023.

KRUGMAN, P. The Very Strong Case for Bidenomics. *The New York Times*, 1 out. 2020.

LIESMAN, S. Biden's economic approval rating rises slightly, but is still just 37% despite "Bidenomics" push. Disponível em: <https://www.cnbc.com/2023/07/20/bidens--economic-approval-rating-rises-slightly-but-is-still-just-37percent-despite-bidenomics-push.html>. Acesso em: 3 ago. 2023.

MCPHERSON, L. Biden plays for time on infrastructure, larger budget package. Disponível em: <https://www.rollcall.com/2021/10/01/biden-plays-for-time-on-infrastructure-larger-budget-package/>. Acesso em: 3 ago. 2023.

MENDONÇA, F. et al. America First but not alone: Uma (nem tão) nova política comercial dos Estados Unidos com Donald Trump. *Revista Tempo do Mundo*, v.5, n.1, p.107-41, 2019.

MENDONÇA, F.; RAMOS, L. A volta dos que não foram: o governo Trump e Wall Street. In: VELASCO E CRUZ, Sebastião Carlos; BOJIKIAN, Neusa M. Pereira (Org.). *De Trump a Biden*: Partidos, políticas, eleições e perspectivas. São Paulo: Editora Unesp, 2021. p.107-26.

MISHEL, L. R.; BERNSTEIN, J.; BOUSHEY, H. *The State of Working America, 2002/2003*. Ithaca and London: Cornell University Press, 2003.

OFFICE OF MANAGEMENT AND BUDGET, WHITE HOUSE. Historical Tables. 2023. Disponível em: <https://www.whitehouse.gov/omb/budget/historical-tables/>. Acesso em: 30 out. 2023.

PISANI-FERRY, J. Is Bidenomics more than catch-up? Bruegel-Blogs, 3 jun. 2021. Disponível em <https://www.bruegel.org/comment/bidenomics-more-catch>. Acesso em: 30 out. 2023.

RAMOS, L.; MENDONÇA, F. Administração Biden e a crise orgânica da ordem liberal – OPEU. Disponível em: <https://www.opeu.org.br/2021/02/23/administracao-biden-e-a-crise-organica-da-ordem-liberal/>. Acesso em: 1 ago. 2023.

REALCLEARPOLITICS. President Biden Job Approval – Economy. Disponível em: <https://www.realclearpolitics.com/epolls/other/president_biden_job_approval_economy-7321.html>. Acesso em: 1 ago. 2023.

SCHEIBER, N. The Biden Team Wants to Transform the Economy. Really. *The New York Times*, 11 fev. 2021.

SELYUKH, A. Biden To Call For Raising Federal Minimum Wage To $15 An Hour. *NPR*, 15 jan. 2021.

SPERLING, G. *Economic Dignity*. [s.l.]: Penguin, 2020.

THE WHITE HOUSE. Fact Sheet: The Bipartisan Infrastructure Deal. 2021. Disponível em: <https://www.whitehouse.gov/briefing-room/statements-releases/2021/11/06/fact-sheet-the-bipartisan-infrastructure-deal/>. Acesso em: 3 ago. 2023.

______. Inflation Reduction Act Guidebook. Clean Energy. Disponível em: <https://www.whitehouse.gov/cleanenergy/inflation-reduction-act-guidebook/>. Acesso em: 3 ago. 2023.

______. Fact Sheet: CHIPS and Science Act Will Lower Costs, Create Jobs, Strengthen Supply Chains, and Counter China. 2022. Disponível em: <https://www.whitehouse.gov/briefing-room/statements-releases/2022/08/09/fact-sheet-chips-and-science-act-will-lower-costs-create-jobs-strengthen-supply-chains-and-counter-china/>. Acesso em: 3 ago. 2023.

______. Fact Sheet: The Biden Economic Plan Is Working. Disponível em: <https://www.whitehouse.gov/briefing-room/statements-releases/2023/02/06/fact-sheet-the-biden-economic-plan-is-working/>. Acesso em: 1 ago. 2023.

UNITED AUTOMOBILE WORKERS. Making EVs Work for American Workers. 2021. Disponível em: <https://uaw.org/wp-content/uploads/2019/07/190416-EV-White-Paper-REVISED-January-2020-Final.pdf>. Acesso em: 1 ago. 2023.

U.S. BUREAU OF LABOR STATISTICS. Civilian unemployment rate. Disponível em: <https://www.bls.gov/charts/employment-situation/civilian-unemployment-rate.htm#>. Acesso em: 1 ago. 2023a.

______. Consumer Price Index, selected categories. Disponível em: <https://www.bls.gov/charts/consumer-price-index/consumer-price-index-by-category-line-chart.htm>. Acesso em: 1 ago. 2023b.

USTR. 2021 National Trade Estimate Report on Foreign Trade Barriers. 2021a. Disponível em: <https://ustr.gov/sites/default/files/files/reports/2021/2021NTE.pdf>. Acesso em: 3 ago. 2023a.

______. USTR releases Annual Special 301 Report on Intellectual Property Protection. 2021b. Disponível em: <http://ustr.gov/about-us/policy-offices/press-office/press-releases/2021/april/ustr-releases-annual-special-301-report-intellectual-property-protection>. Acesso em: 3 ago. 2023b.

VIGEVANI, T.; MENDONÇA, F.; LIMA, T. *Poder e comércio*: A política comercial dos Estados Unidos. [s.l.] SciELO. São Paulo: Editora Unesp, 2018.

WHEATON, L. et al. *2021 poverty projections*: Assessing four American rescue plan policies. Washington, DC: Urban Institute, v.500, 2021.

7
A supremacia em disputa: a guerra tecnológica contra a China e o desenvolvimentismo nada oculto, mas exclusivo, dos Estados Unidos

Neusa Maria Pereira Bojikian
Roberto Goulart Menezes

A tecnologia percebida como uma arena para a luta interestatal focada especialmente na China – em vez de um mercado global, ao menos chamado de neutro – está no topo da agenda do presidente democrata Joseph (Joe) Biden. Recuando um pouco no tempo, vemos que essa disputa ganhou corpo ainda durante os mandatos do ex-presidente Barack Obama (2009-2017). E ganhou novos contornos na administração do governo do ex-presidente Donald Trump (2017-2021), quando esse terreno de luta e as batalhas ali travadas reverberaram a personalidade histriônica do então mandatário diante do avanço tecnológico da China.

De forma planejada e estruturada em políticas efetivas, desde o fim da Segunda Guerra Mundial, os Estados Unidos mantêm a liderança mundial em capacidade tecnológica, ancorada sobretudo no argumento de garantir sua segurança nacional (Fiori, 2018). Dentre as políticas desenhadas e implementadas para tal, aquelas voltadas para promover os insumos de inovação – que consistem nos recursos e na qualidade das instituições destinadas a aumentar o estoque de conhecimento de uma economia – são, como sempre, prioridades. A categoria Pesquisa e Desenvolvimento (P&D), como categoria principal dos insumos de inovação e que envolve pesquisa básica, pesquisa aplicada e desenvolvimento experimental, é tida como necessária para descobrir e adaptar o conhecimento necessário para futuras inovações e para criar produtos e gerar ou aprimorar processos.

Na competição com a China, a ênfase dos esforços governamentais para moldar a economia recai em tecnologias consideradas estratégicas, notadamente nos investimentos em inteligência artificial (IA), computação quântica, 5G, manufatura avançada e biotecnologia. Os governos estadunidenses, independentemente da ala ideológica, têm visto esses setores como chaves não somente para a segurança nacional, mas também para o crescimento econômico e para a própria manutenção da primazia na liderança tecnológica.

Conforme Weiss (2011, p.14), os Estados Unidos têm sido o polo mais ativo na *governança do conhecimento*:

> podemos imaginar um espectro que vai de um extremo mais passivo de governança industrial [o chamado Estado "neoliberal"], simplesmente através de gastos com "pesquisas", a um extremo mais ativo em que os Estados seriam envolvidos em um, alguns ou todos os seguintes elementos: adquirir nova tecnologia (protótipo/desenvolvimento do produto); suprir uma demanda assegurada por essas inovações; criar um conjunto de problemas tecnológicos a serem solucionados pela indústria; gerar invenções públicas/propriedade intelectual para empresas privadas explorarem; assumir participações acionárias em empresas inovadoras; planejar com a indústria novos padrões tecnológicos para flanquear concorrentes estrangeiros, e assim por diante.

A China agora aparece como o desafiante da liderança tecnológica (Rolf, 2021).

Tal visão não apenas orienta e justifica a alocação de recursos significativos em tais setores para promover a infraestrutura crítica e os mercados sob domínios dos Estados Unidos, como também fundamenta as restrições a determinadas empresas chinesas de tecnologia. Huawei e ZTE são dois exemplos da implacabilidade dos governos dos Estados Unidos por meio de controles sobre exportação, participação mercadológica e investimentos. Essas e outras empresas viram-se impedidas de participar de licitações em compras e contratos governamentais, viram-se restringidas em termos de uso de seus equipamentos em infraestrutura crítica e sujeitas a medidas de controle de exportação de tecnologias específicas.

Outro pilar dessa política refere-se à proteção à propriedade intelectual. No contexto de acirramento da disputa com a China, os Estados Unidos tomaram medidas para fortalecer a proteção à propriedade intelectual por meio de legislação, acordos comerciais e mecanismos de fiscalização. Isso inclui conduzir investigações, impor sanções e tomar medidas legais contra indivíduos, entidades ou países, particularmente a China, envolvidos naquilo que as autoridades do país denominam roubo ou violação de propriedade intelectual.

Esses dados nos fazem refletir sobre a seguinte questão: a política industrial deixou de ser estigmatizada nos Estados Unidos e sua prática está amplamente autorizada? Partindo de um quadro conceitual mais amplo, que compreende a política industrial de uma perspectiva que abrange todas as políticas de reestruturação econômica em direção a atividades mais dinâmicas, por assim dizer, sejam ou não do setor industrial propriamente dito, busca-se nesse capítulo mostrar que os Estados Unidos, a título de contrapor as práticas tidas como "iliberais" da China, estão praticando, como em ocasiões passadas, uma robusta política industrial no país. A diferença é que no passado, especialmente no período de competição estratégica do final dos anos 1980 e início dos anos 1990, as políticas industriais implementadas configuravam um modo particular de "Estado desenvolvimentista oculto" (Block, 2008; Block; Keller, 2016). Nos dias atuais, o Estado desenvolvimentista estadunidense parece ter assumido uma postura nada oculta, mas ainda assim exclusiva. Em outras palavras, busca-se neste capítulo mostrar que os diversos tipos de instrumentos de política industrial, tais como medidas de política comercial, controles de capital, política sobre investimento direto externo, regulamentação, estão sendo largamente usados pelos últimos governos estadunidenses para mudar o comportamento dos agentes econômicos.

O conceito de política industrial apresentado por Velasco e Cruz (1997) traz tanto o caráter de abrangência, como também a ideia de sujeito oculto, nos quais nos baseamos para desenvolver nossa análise:

> A noção de política industrial compreende o conjunto de intervenções, mais ou menos coerentes, de maior ou menor alcance, do poder público no campo da produção, com o fim de aliviar pressões econômicas e/ou propiciar o acesso de uma dada nação a posições mais elevadas na hierarquia do sistema internacional... Entendida assim, a política industrial expressa uma dimensão geral da presença do Estado na economia, sendo praticada mais ou menos conscientemente, através de unidades administrativas de âmbito nacional ou subnacional, em todos os países, mesmo naqueles onde o peso da ideologia liberal impede o reconhecimento do fato e a constituição desta em uma área de política pública institucionalizada e claramente distinta. (p.19-20)

No que diz respeito aos objetivos de política industrial, Velasco e Cruz (ibid., p.21) relaciona os seguintes: "promover o crescimento da indústria (ou de algum dos seus setores); fortalecer algumas áreas de atividade (como a tecnologia); fomentar o desenvolvimento de determinadas regiões; elevar o nível de eficiência da indústria e/ou alterar os padrões de competição nela prevalentes". Os instrumentos para atingir tais objetivos seriam inúmeros: "a política industrial mobiliza uma panóplia de instrumentos, dentre os quais se destacam as tarifas aduaneiras, o controle de importações, os estímulos às exportações, a política de compras do governo e das empresas estatais, os incentivos fiscais e creditícios".

Nessa mesma linha está a definição de Dani Rodrik (2008), para quem a política industrial compreende atividades econômicas que promovem mudanças estruturais. Como tal, a política industrial não se exprime no setor industrial *per se*. Os esforços do governo para moldar a economia podem abranger os diferentes setores econômicos – agrícola, manufatureiro, serviços – e atividades econômicas ou empresas específicas. Ainda na mesma linha de pensamento estão Ruchir Agarwal (2023), para quem os objetivos buscados são alcançados por intermédio de um conjunto de instrumentos, como apoio à P&D, subsídios, incentivos fiscais, desenvolvimento de infraestrutura, regulamentos de proteção, e Robert Wade (2015), que entende que se trata de esforços direcionados para mudar a estrutura de produção de uma economia, a fim de acelerar o desenvolvimento econômico. Para Wade, a política industrial deveria ser chamada de "política de transformação da produção" e possui uma espécie de "roda interna", cujos efeitos dependem de "rodas externas" tracionadas pelas condições macroeconômicas e pelos acordos políticos subjacentes.

Por "Estado desenvolvimentista oculto", podemos compreender uma forma de atuação do Estado derivada das prevalentes ideias neoliberais muito aclamadas nas décadas de 1980 e 1990. Conforme Block (2008), as escolhas feitas pelos governos dos Estados Unidos sobre políticas de desenvolvimento de novas tecnologias e de capacidades produtivas refletem a confiança "exagerada" na capacidade do mercado em resolver problemas econômicos e sociais. O modo oculto da prática da política industrial nos Estados Unidos também é observada por Velasco e Cruz (1997, p.167), quando ele diz: "Rejeitada pela opinião dominante como inviável ou ilegítima, nem por isso a política industrial 'implícita' neste país [Estados Unidos] deixou de ter enorme importância".

Nesta parte introdutória, começamos destacando os conceitos de política industrial e Estado desenvolvimentista oculto. Na seção seguinte, fazemos um apanhado histórico das práticas de política industrial nos Estados Unidos. Na terceira seção, discorremos sobre as práticas dos últimos governos: de Obama a Biden. Na última seção, argumentamos, à guisa de conclusão, que a política industrial deixou relativamente de ser estigmatizada nos Estados Unidos, mas sua prática não está autorizada para outros países.

A supremacia tecnológica em disputa e os esforços do governo para moldar a economia dos Estados Unidos não vêm de hoje

Apesar do posicionamento de economistas celebrados nos Estados Unidos – Gary Becker (1985), vencedor do Prêmio Nobel; John Williamson (2012), que cunhou o termo "Consenso de Washington", Lawrence

Summers (Nocera, 2011), ex-economista chefe do Banco Mundial e ex-secretário do Tesouro dos Estados Unidos – contra as práticas de política industrial, os últimos governos estadunidenses intervieram fortemente na economia do país. Mas esses governos não inauguraram tais práticas. Um olhar mais retrospectivo capta uma série de evidências.

Apesar da retórica de certas correntes liberais em não admitir o papel crucial do Estado na economia estadunidense, o fato é que, após a Segunda Guerra Mundial, criou-se "um formidável sistema de inovação tecnológica, que resultou em virtualmente todas as principais tecnologias de amplo uso, nas quais a indústria americana se baseia hoje (pensem nos computadores, softwares, semicondutores, máquinas a jato, biotecnologia, e as recém-emergentes nanotecnologia, robótica e energia verde)" (Weiss, 2011, p.21). E grande parte da arquitetura institucional que os Estados Unidos têm usado para sustentar e proteger sua força tecnológica vem de dois períodos de forte competição estratégica: início da Guerra Fria, com a percepção de ameaça oferecida pela então União Soviética; e final dos anos 1980 e início dos anos 1990, com a percepção de "feroz" concorrência econômica e tecnológica oferecida pelo Japão (Bateman, 2022, p.12).

Logo no início da Guerra Fria, a ciência e a engenharia foram tratadas como fatores-chave pelo Estado norte-americano na disputa contra os soviéticos. A National Science Foundation (NSF), criada em maio de 1950,[1] consumiu uma soma importante do orçamento do país. A NSF financiou bolsas de pesquisa e projetos que contribuíram para avanços sobretudo na ciência espacial e em áreas relacionadas. Esse apoio foi fundamental na construção da base científica e da base de conhecimento necessária para os Estados Unidos buscarem a exploração espacial e rivalizarem na corrida espacial.

O vale do Silício é outro caso comumente vinculado à competição tecnoestratégica da época da Guerra Fria. Tendo sido beneficiado não apenas por vastas somas de dinheiro despejado para desenvolver tecnologias de computação em várias pequenas "cidades iniciantes", o vale configurou-se como uma genuína incubadora científica e tecnológica nutrida pelos contratos do Departamento de Defesa. A Lockheed Martin é citada como tendo sido o maior empregador naquele local a partir de meados da década de 1950, assegurando tal posição até o final da década de 1980.

> No centro do que viria a ser chamado de vale do Silício, Santa Clara subiu ao topo do campo de transistores em decorrência do enfoque dado pela Universidade de Stanford, privada e com visão de futuro, em obter esses contratos federais para si e para a comunidade. Seu reitor, Fred Terman, concentrou a universidade em ciência e

1 Com base na lei National Science Foundation de 1950.

em engenharia, construiu um extenso parque de pesquisa acadêmica e convenceu empresas nascentes da área de computação a se mudarem para lá. Mas o governo dos EUA forneceu o capital inicial; como um exemplo marcante do impacto duradouro desse modelo, o mecanismo de busca original do Google, desenvolvido por Larry Page e outros então estudantes de pós-graduação, foi construído com uma bolsa da Agência de Projetos de Pesquisa Avançada de Defesa (DARPA) e da NSF. (Center; Bates, 2019, p.5)[2]

O Comitê de Coordenação para Controles Multilaterais de Exportação (Cocom) é outra peça importante que sustentou o poder tecnológico dos Estados Unidos. Organização internacional, estabelecida em 1949 pelos Estados Unidos em parceria com os países da chamada Europa Ocidental e pelo Canadá, acabou funcionando até 1994, de modo a impedir fundamentalmente a transferência de tecnologias estritamente militares e aquelas de uso duplo que poderiam contribuir para as capacidades militares soviéticas. Consensualmente, os países-membros aderiam à chamada "Lista Cocom", comprometendo-se com os controles de exportação e com os requisitos de licenciamento para determinados bens, tecnologias e equipamentos com potenciais aplicações militares e assim ajudando a restringir o comércio e a transferência de tecnologia entre os países-membros e os países alvos do Comitê.[3]

Depois, Velasco e Cruz (2017) nos lembra que, em meio à evolução de uma conjuntura política e econômica crítica que se inicia em meados de 1970, com choque de petróleo, tendência inflacionária, recessão e aumento de desemprego, o governo estadunidense interveio na economia no início da década de 1980. Em meados de 1982, o Banco Central dos Estados Unidos (FED) abandonou sua "política ortodoxa de rígido controle dos agregados monetários" e passou a "injetar liquidez na economia". No final daquele mesmo ano, a recuperação econômica do país já se evidenciava, e o crescimento perdurou até o final de 1988. O autor corretamente destaca que: "a recuperação econômica, com queda nos índices de preços, foi impulsionada, sobretudo, pelo aumento do gasto público – o colossal programa de rearmamento lançado pelo governo Reagan, aspecto central da conjuntura batizada pelos estudiosos das relações internacionais de a 'segunda Guerra Fria'" (p.110-1). E é nesse contexto que

---

2 *"At the center of what would be called Silicon Valley, Santa Clara rose to the top of the transistor field because of the focus that the private, forward-thinking Stanford University placed on earning these federal contracts for itself and the community. Its provost, Fred Terman, had focused the university on science and engineering, built a sprawling academic research park, and convinced nascent computing companies to relocate there. But the U.S. government provided the seed capital; as a striking example of the lasting impact of that model, the original Google search engine developed by Larry Page and others as graduate students was done with a grant by the Defense Advanced Research Projects Agency (DARPA) and the NSF."* (Center; Bates, 2019)

3 Depois de 1994, as atividades e responsabilidades do Comitê foram assumidas por outras entidades, como o Wassenaar Arrangement, que surgiu também para regulamentar as exportações de tecnologias de uso duplo.

é aprovada a Lei de Comércio e Tarifas de 1984, que dá ao Executivo autorização para impor uma nova rodada de negociações comerciais multilaterais (Rodada Uruguai – 1986-1994), forçando a liberalização comercial, e define uma série de objetivos de política comercial, além de estabelecer novos dispositivos com a emblemática Seção 301, que mencionaremos mais adiante. Por ora, vale destacar que esse arcabouço legal fornece ao Executivo os instrumentos de retaliação comercial e assim combate as denominadas práticas "desleais" praticadas pelos parceiros comerciais dos Estados Unidos (p.117).

Um segundo período histórico de disputa pela supremacia tecnológica protagonizado pelos Estados Unidos data da segunda metade da década de 1980 e início da década de 1990, quando o Japão se firmou como um forte concorrente econômico e tecnológico no contexto internacional. De fato, durante esse período, o Japão experimentou um crescimento econômico significativo, tornando-se a segunda maior economia do mundo depois dos Estados Unidos. As indústrias japonesas, principalmente dos setores automotivo e eletrônico, conseguiam competir com sucesso com base em reconhecida eficiência e qualidade e em espetacular capacidade de inovação, assegurando desse modo crescente participação no mercado internacional.

Os Estados Unidos, por sua vez, registraram persistentes déficits comerciais com o Japão e assistiram, inconformados, ao triunfo das montadoras nipônicas, como Toyota, Honda e Nissan, e o potencial da indústria de semicondutores. Isso fez surgirem acusações de práticas comerciais desleais e de imposição de barreiras de acesso ao mercado, além de acusações sobre *dumping* (Noyce; Wolff, 1986) e manipulação de moeda – o Acordo Plaza de 1985 abordou essa questão. O déficit comercial alimentou apelos por medidas protecionistas contra o Japão, imposição de medidas de restrição voluntária de exportações sobre o Japão e exigências para que o mercado japonês fosse aberto aos produtos estadunidenses. Isso sem contar as acusações contra as políticas industriais e participação do Estado japonês em diferentes setores econômicos do país. Além dessas e de outras acusações, a proteção japonesa dos Direitos de Propriedade Intelectual foi muito escrutinada. O Japão foi acusado de aplicação inadequada e proteção negligente de patente, particularmente em áreas como software, semicondutores e outras tecnologias consideradas críticas.

O governo dos Estados Unidos, orientado pela ideia de que os interesses nacionais deveriam ser mais bem atendidos, não apenas condenou de forma veemente as políticas japonesas, como também limitou a colaboração tecnológica com aquele país, protegeu e subsidiou de forma institucionalizada determinados setores domésticos. A Lei Federal de Transferência de Tecnologia de 1986 foi emitida, nesse contexto, declaradamente com o objetivo de tornar as empresas do país mais competitivas e aumentar o financiamento do Departamento de Defesa para um consórcio doméstico de fabricantes de semicondutores e de equipamentos: o chamado Semiconductor Manufacturing Technology (Sematech), estabelecido em 1987.

O consórcio visava promover a colaboração entre as principais empresas de semicondutores dos Estados Unidos, agências governamentais e instituições de pesquisa para enfrentar coletivamente esses desafios e recuperar a vantagem competitiva diante da então desafiadora capacidade japonesa de fabricação de semicondutores (Hof, 2011). A atuação do Sematech ocorria nas áreas de Pesquisa e Desenvolvimento (P&D), onde se buscava o avanço das tecnologias de fabricação de semicondutores (chips), principalmente nas áreas como litografia – processo crítico na fabricação de chips menores e mais complexos (Wurm; Jeon; Lercel, 2007) –; em integração de processos; metrologia; materiais e equipamentos. Além disso, o consórcio se ocupou da transferência de tecnologias avançadas de fabricação e experiência de suas empresas membros e parceiros de pesquisa para a indústria de semicondutores dos Estados Unidos. Também apoiou iniciativas de desenvolvimento da força de trabalho – incluindo programas de treinamento e parcerias educacionais – capaz de operar com tecnologias avançadas de fabricação de chips (Browning; Beyer; Shetler, 1995; Grindley; Mowery; Silverman, 1994).

Foi também nesse contexto que se emitiu a chamada Emenda Exon-Florio[4] – uma revisão de lei que foi aprovada pelo Congresso dos Estados Unidos, em 1988, sob a Lei Geral de Comércio e Competitividade de 1988 (Omnibus Trade and Competitiveness Act). Com tal emenda, o Comitê de Investimento Estrangeiro nos Estados Unidos (CFIUS) ganhou projeção, passando de "um sonolento grupo de estudo em um poderoso regulador de negócios transfronteiriços" (Bateman, 2022, p.12). Na prática, o CFIUS, incluindo os chefes dos Departamentos de Justiça, Comércio e Segurança Interna, entre outros, presididos pelo secretário do Tesouro, assumiu o importante papel de recomendar ao presidente do país restrições, incluindo o bloqueio, sobre o investimento estrangeiro em setores considerados sensíveis e potencialmente prejudiciais aos interesses de segurança nacional (Schoff, 2020). Sob os auspícios da Emenda Exon-Florio, uma transação envolvendo uma entidade estrangeira pretendendo adquirir ou assumir o controle de uma empresa norte-americana pode estar sujeita à revisão do CFIUS e eventualmente ser suspensa ou proibida pelo presidente. Isso configura uma tremenda discricionariedade na revisão e determinação das implicações de segurança nacional dos investimentos estrangeiros.

O importante a se notar é que as ofensivas para assegurar o domínio tecnológico da indústria estadunidense, conquistado à base do apoio do Estado e de políticas desenvolvimentistas, foram implementadas em um período

---

4 A Emenda, que faz referência aos nomes de seus proponentes: o então senador J. James Exon e o então deputado William V. Flores, alterou a Seção 721 da Lei de Produção de Defesa de 1950.

em que se verificou a consagração dos apoiadores da liberalização econômica. A despeito dos trágicos efeitos sociais, rígidos compromissos com a política fiscal, o controle da inflação, as reformas administrativas e o ajuste institucional foram impostos (Bojikian; Mariano; Thomaz, 2022) a diversos países, inclusive ao Brasil.

Entre os registros de Velasco e Cruz (2017) sobre os reflexos das respostas do governo dos Estados Unidos a pressões de grupos de interesses – *lobbies* empresariais – a favor de mudanças na política econômica internacional no país em meados de 1980, destaca-se o Plano Baker para os grandes devedores do chamado Terceiro Mundo, apresentado na reunião do FMI em Seul (Coreia do Sul) em outubro de 1985.

> Até então, a política do governo norte-americano para a crise da dívida consistia em ajudar informalmente a organização do cartel dos bancos, mediante o fortalecimento do FMI e o empenho de sua autoridade no respaldo das decisões tomadas neste órgão. No mais, insistia na retórica da "não intervenção", rejeitando liminarmente as tentativas dos devedores de acertar uma "renegociação política da dívida". No tocante à política comercial, afora as medidas *ad hoc* de proteção já mencionadas, a administração republicana depositava parte de suas fichas no propósito de forçar a liberalização dos mercados internacionais de bens e serviços, por meio da ação multilateral pela abertura de mais uma rodada de negociações no Gatt, com a inclusão em sua agenda de "novos temas", até aquele momento não sujeitos à disciplina daquele órgão – "serviços", "propriedade intelectual", e "investimentos". (Velasco e Cruz, 2017, p.117)

A pressão de organizações historicamente defensoras de uma ideologia combinando a defesa dos valores tradicionais e o chamado "fundamentalismo de mercado", entendido como "uma crença quase religiosa na ausência de toda e qualquer regulamentação de mercado como fonte de liberdade pessoal", teria causado certo mascaramento da atuação do Estado como indutor do desenvolvimento tecnológico dentro dos Estados Unidos (Block, 2008; Block; Keller, 2016; Block; Somers, 2014, p.3). Velasco e Cruz apresenta nos seguintes termos o modo mascarado da política industrial nos Estados Unidos nesse período: "o debate sobre a política industrial foi impulsionado por fatores conjunturais, e sufocado, pouco depois, por fatores da mesma ordem. Mas, como sabemos, as propostas de política industrial voltam a circular, ainda que de forma 'camuflada', no final da década de 1980" (2017, p.118).

Por outro lado, nos países objetos das ações reformistas "orientadas para o mercado", o Estado não poderia ser de modo algum o promotor do desenvolvimento econômico, sofreria, pois, um encurtamento em seu "raio de ação" a fim de liberar as amarras do dinamismo próprio do mercado (Velasco e Cruz, 2007, p.75).

Estados Unidos *versus* China: a competição tecnoestratégica de Obama a Biden

Na Estratégia de Segurança Nacional do governo Biden, publicada em outubro de 2022, a China é fortemente criticada por ser "único concorrente com a intenção de remodelar a ordem internacional e, cada vez mais, dispor de poder econômico, diplomático, militar e tecnológico para fazê-lo". Por determinação do atual governo democrata, a vantagem competitiva dos Estados Unidos será mantida (National Security Strategy, 2022, p.23-4) a qualquer custo, incluindo ignorar sua posição junto a Obama e alinhar-se ao diagnóstico estratégico de seu antecessor, Trump, que anunciou, no equivalente documento, em 2017, que "a competição das grandes potências havia retornado" (National Security Strategy, 2017).

Como provocativamente notou David Adesnik, pesquisador sênior e diretor de pesquisa da Foundation for Defense of Democracies, a semelhança dos diagnósticos estratégicos apresentados pelos governos Trump e Biden não necessariamente implicaria as mesmas prescrições políticas. Não obstante, o diagnóstico tem um papel importante: "assim como um diagnóstico médico, um diagnóstico estratégico restringe o leque de opções disponíveis para o tratamento" (Adesnik, 2022). Adesnik também observa que a orientação de Biden teria se distanciado daquela defendida por Obama e por ele próprio, visto que foi vice de Obama. De fato, o plano estratégico de Obama dizia o seguinte: "continuaremos a aprofundar nossa cooperação com outros centros de influência do Século 21, incluindo China, Índia e Rússia – com base em interesses e respeito mútuos" (National Security Strategy, 2010, p.11). E, no caso dos planos estratégicos de Trump e de Biden, há convergência na percepção de ameaça oferecida pela China – além, é claro, da Rússia – e na questão central da rivalidade entre as grandes potências.

Considerando que os planos estratégicos dos governos dos Estados Unidos contêm todos eles ambiguidades, isto é, são geralmente inespecíficos em termos de objetivos, metas e resultados esperados, e levando em conta que a alta política e a baixa política[5] estão sujeitas a atritos, o que se pode verificar é que no reino da tecnoestratégia, em geral, os últimos governos dos Estados Unidos demonstram grandes preocupações com as consequências de se perder a vantagem competitiva em indústrias avançadas de alto valor agregado.

O progresso em insumos de inovação torna-se condição *sine qua non* para conter o próprio progresso da China em direção à inovação de fronteira. Os investimentos em P&D, especialmente aqueles financiados diretamente pelo governo federal, podem ser notados tanto no governo Obama,

5 Por baixa política, referimo-nos às políticas burocrática e partidária.

como no governo Biden. No caso do governo Trump, as alocações de recursos para esse tipo de insumo de inovação estão atreladas à sua abordagem mais ampla de política fiscal e de reforma tributária e ao forte apelo ao alívio tributário para os agentes econômicos. De qualquer modo, os indicadores demonstrando as posições da China em termos de investimentos em P&D fizeram soar os alarmes de grupos de pesquisa nos Estados Unidos. Entre 2010 e 2020, os gastos com P&D da China passaram de US$ 104,3 bilhões para US$ 352,9 bilhões e de 25% para 49% dos níveis dos Estados Unidos, respectivamente (Clay; Atkinson, 2023).

O governo Obama priorizou investimentos em P&D, principalmente em setores como energia limpa, saúde e manufaturas avançadas (Office of Science..., s.d.). A Lei Americana de Recuperação e Reinvestimento de 2009 destinou importante financiamento para essa rubrica, estruturando instituições como a Agência de Projetos de Pesquisa Avançada-Energia (ARPA-E), encarregada de promover e financiar pesquisas e desenvolvimento de tecnologias avançadas de energia, e os Institutos Nacionais da Saúde (NIH), o maior conjunto do mundo de centros de pesquisas em torno do Departamento de Saúde e Serviços Humanos do país. São instituições que foram criadas para fundamentalmente prover pesquisa básica e assim viabilizar o desenvolvimento e a inovação industrial. Além disso, a Fundação Nacional de Ciência (NSF), agência federal que apoia a pesquisa fundamental e a educação em várias disciplinas científicas, recebeu maior financiamento para atividades de P&D, com ênfase em áreas como manufatura avançada, energia limpa e na chamada educação STEM, que reúne as quatro áreas, Ciência, Tecnologia, Engenharia e Matemática.

Outra área que ganhou atenção durante o governo Obama foram os grandes e diversos conjuntos de dados. O governo lançou a Iniciativa de Pesquisa e Desenvolvimento de Big Data, em 2012, com base na ideia de que o ecossistema nacional de inovação de Big Data poderia ajudar o país a acelerar o ritmo das descobertas científicas, reduzir o congestionamento do tráfego, aumentar a eficiência energética e desenvolver terapias personalizadas para as necessidades de pacientes individuais (White House, 2016).

A Agência de Projetos de Pesquisa Avançada de Defesa (Darpa) é sem dúvidas uma referência em termos de entidade governamental dedicada a promover a inovação na história dos Estados Unidos. Trata-se de uma agência do Departamento de Defesa responsável pelo desenvolvimento de tecnologias inovadoras e que tem sido um dos principais impulsionadores dos avanços tecnológicos, apoiando pesquisas em áreas como inteligência artificial, segurança cibernética e materiais avançados. Com o governo Obama, são notáveis os investimentos recebidos pela agência no âmbito da chamada Iniciativa BRAIN, que envolve, além da Darpa, o NIH, a NSF e a Administração de Alimentos e Medicamentos (FDA), entre outras organizações. Com isso, o governo procurou desenvolver "novas neurotecnologias minimamente invasivas que aumentarão a capacidade do corpo e do cérebro de induzir a cura" (The BRAIN Initiative, s.d).

Durante o governo Trump, enquanto algumas agências receberam mais financiamento, outras tiveram seus orçamentos reduzidos ou relativamente inalterados. P&D atinentes à defesa e ao espaço foram priorizados, sobretudo os investimentos em tecnologias militares, armamentos e segurança cibernética. Iniciativas como a Lei da Iniciativa Quântica Nacional e o estabelecimento da Força Espacial dos EUA são apontadas como esforços do governo em promover pesquisa e inovação de ponta. Trump também pressionou pela revitalização do programa espacial, com aumento de recursos para a Nasa. A Darpa, ou seja, o braço de pesquisa do Pentágono, foi outra agência que assegurou uma boa parte do orçamento de P&D em Inteligência Artificial: seu orçamento, conforme o proposto em 2021, foi de US$ 50 milhões para US$ 249 milhões. Assim foi também com a NSF, que foi contemplada com proposta de aumento orçamentário, passando de US$ 500 milhões para US$ 850 milhões. Tais aumentos seriam decorrentes do *lobby* de especialistas em segurança, preocupados, evidentemente, com a China na corrida para construir tecnologias de última geração (Heaven, 2020).

Por outro lado, nota-se que houve cortes no financiamento de P&D particularmente em áreas como pesquisa ambiental, energia renovável e mudança climática. Agências como a Agência de Proteção Ambiental (EPA) e a Administração Nacional Oceânica e Atmosférica (NOAA) enfrentaram reduções nos orçamentos de P&D. No caso das agências propriamente científicas, como o NIH, a NSF e o Escritório de Ciências do Departamento de Energia, houve remanejamento de recursos. Enquanto algumas puderam contar com aumentos, outras sofreram cortes ou congelamentos (Khalid, 2020).

De fato, houve uma redução dos investimentos em P&D, financiados diretamente pelo governo federal, se comparados ao período de seu antecessor. As estatísticas mostram que a parcela de P&D financiada pelo governo federal passou de 31% em 2010 para 20% em 2019, e a parcela de pesquisa básica financiada pelo governo passou de 52% em 2010 para 41% em 2019 (National Science Board, 2022). Mas essa redução acabou sendo compensada pelo aumento da participação do setor empresarial tracionado por diferentes fatores. O governo inclusive publicizou os incentivos previstos na Lei de Cortes de Impostos e Empregos de 2017 (TCJA), destacando resultados esperados com contrapartidas em forma de investimentos em P&D. A questão torna-se naturalmente empírica. Não é o caso aqui de nos determos nisso, mas apenas dizer que cerca de 20% da saída de caixa incremental pós-TCJA foi para gastos de capital ou P&D, enquanto o restante foi para recompra de ações, dividendos e outras atividades (Knopp et al., 2019).

Já com o governo Biden, o que se nota até o momento é uma ênfase em investimentos em P&D como parte de sua agenda mais incisiva para aumentar a competitividade do país e enfrentar a percepção de ameaça oferecida pela China. Nesse contexto, o Plano Americano de Empregos e a proposta de orçamento para o ano fiscal de 2022 delinearam um financiamento bastante robusto para P&D, principalmente em áreas que já apareciam entre as prioridades de Obama, como energia limpa, saúde e manufaturas, mas principalmente sob a bandeira da mitigação das mudanças climáticas. No que se refere à saúde, o governo Biden canalizou os aumentos a agências como o NIH, a NSF, o Escritório de Ciências do Departamento de Energia e os Centros de Controle e Prevenção de Doenças (CDC).

Ao lado dos investimentos em P&D de forma ampla, envolvendo inclusive expansão e extensão de créditos fiscais para tal rubrica, também se verificam iniciativas com o intuito de promover a manufatura no âmbito nacional de setores específicos. Isso é notável sobretudo no governo Biden, com a aprovação da Lei dos CHIPS, de agosto de 2022 (The CHIPS and Science Act, 2022), que institucionaliza os subsídios não somente para P&D de semicondutores, como para a construção de fábricas dentro dos Estados Unidos. Note-se que os requisitos para obter subsídios dizem que os contemplados não podem se envolver em atividades equivalentes na China, com exceção de capacidade relacionada a "semicondutores legados". Ou seja, semicondutores de geração mais antiga, limitada à produção de chips com menor densidade de transistores.[6] A Lei dos CHIPS prevê US$ 52 bilhões para bancar a restauração da liderança dos Estados Unidos na fabricação de semicondutores, para bancar P&D e reduzir a dependência de chips produzidos no exterior.

Como se nota nos discursos e nas descrições de propósitos das diretivas federais emitidas, ao apoiar investimentos em P&D, o governo busca fortalecer a proteção à Propriedade Intelectual (PI) e garantir que os Estados Unidos continuem sendo um líder global em inovação.

Empresas chinesas no centro dos alvos das restrições estadunidenses

Como assinalamos na introdução, um outro instrumento de sustentação da política industrial dos Estados Unidos perante a China configura-se nas restrições a determinadas empresas chinesas, que passam a ser alvos de controles de exportação,[7] de participação nos mercados dos Estados Uni-

6 Note-se que a Lei dos CHIPS diz que a interpretação do significado de "legado" é reservada às autoridades dos Estados Unidos.

7 Baseado na temida Lista de Entidades, que identifica indivíduos e empresas estrangeiras que se envolvem em atividades tidas como contrárias à segurança nacional dos EUA e/ou aos interesses da política externa do país e por isso estão sujeitas aos Regulamentos de Administração de Exportação dos Estados Unidos. De acordo com as regras válidas para a Lista

dos e de países aliados, bem como de regras de investimentos. Ocorre que a China, vista por muito tempo por formuladores de políticas como pouco mais do que uma própria fábrica de mão de obra barata, de repente se tornou um local com as condições muito adequadas para o desenvolvimento de empresas com muito valor tecnológico adicionado.

Controles de exportação

Logo que o governo Obama assumiu o poder, houve uma ampla revisão das regras válidas para a Lista de Entidades. Não há necessidade de comentar cada uma das disposições, mas uma delas evidencia o caráter implacável da referida lista como instrumento fundamental do controle de exportação do país: adicionar partes à lista seria por maioria simples de votos, mas a decisão de remover qualquer parte seria por consenso. Desde então o número de partes adicionadas à Lista de Entidades aumentou dramaticamente. E, embora não tenha consolidado a aplicação do controle de exportação em uma única agência, conforme pretendido pelo então governo democrata com uma revisão abrangente do regime de controle de exportação dos Estados Unidos,[8] foi criado, em 2010, um único órgão para "coordenar e desembaraçar investigações, servindo como um ponto central de contato para coordenar a aplicação do controle de exportação com as atividades da Comunidade de Inteligência, e sincronizar programas sobrepostos de extensão".[9] Dentre os casos que traduzem as restrições impostas pelo

---

de Entidades, as exportações, reexportações e transferências no país de mercadorias, *software* e tecnologia exigirão licenças específicas das autoridades competentes dos Estados Unidos. Vale observar que a Lista de Entidades é um instrumento que não deve ser confundido com a Lista de Cidadãos Especialmente Designados e Pessoas Bloqueadas (SDN) e a Lista Complexo Industrial Militar Chinês Não-SDN (CMIC). São instrumentos distintos e cada um tem sua própria base legal e seu processo burocrático para adicionar novos indivíduos ou empresas.

8 A Export Control Reform Initiative (Ecri) do governo Obama estabeleceu quatro metas: uma única agência de licenciamento para itens de uso duplo e munições, uma única lista de controle, uma única agência para aplicação do controle de exportação e um único sistema integrado de tecnologia da informação.

9 Isso foi institucionalizado com a Ordem Executiva 13.558, emitida em 9 de novembro de 2010, que criou o Centro de Coordenação de Execução de Exportações (E2C2). Oficialmente aberto em 2012, o centro funciona como o principal fórum para coordenar os esforços de fiscalização do controle de exportação entre os Departamentos de Estado, Tesouro, Comércio, Defesa, Justiça, Energia e Segurança Interna, bem como o diretor de Inteligência Nacional, e para resolver possíveis conflitos em aplicação do controle penal e administrativo das exportações. Além disso, o Departamento de Defesa desempenha um papel fundamental na avaliação de licenças encaminhadas a ele por essas outras agências. Unidades do Departamento de Segurança Interna (DHS) e do Departamento de Justiça emitem penalidades criminais por violações dos regulamentos de controle de exportação. As restrições às exportações com base em sanções dos Estados Unidos são administradas pelo Departamento do Tesouro (Kerr; Casey, 2021).

governo Obama, podemos citar a Intel, famosa fabricante estadunidense de chips, que se viu impedida em 2015 de vender seus chips Xeon para centros de pesquisa de supercomputadores militares chineses, como a Universidade Nacional de Tecnologia de Defesa (NUDT).

Previsivelmente, Trump chegou para imprimir sua marca política contra a China e conseguiu ser institucionalmente bem amparado. A Lei de Reforma do Controle de Exportação (Ecra) de 2018 forneceu-lhe ampla autoridade para implementar controles de exportação de uso duplo.[10] Este é considerado o primeiro estatuto de controle de exportação a colocar em evidência a segurança econômica como um elemento da segurança nacional. De fato, ainda que a Ecra mantenha muito do sistema anterior de controle de exportação de uso duplo, várias mudanças notáveis que restringem as restrições gerais ao licenciamento de exportação e sujeitam certas "tecnologias emergentes e fundamentais" a um exame mais minucioso foram introduzidas sob seu escopo (Kerr; Casey, 2021).

Em depoimento perante a Comissão de Revisão Econômica e de Segurança EUA-China, o ex-secretário adjunto de Comércio para Administração de Exportação, Kevin J. Wolf, observou que, sob o amparo da Ecra, as autoridades competentes proibiriam uma pessoa dos Estados Unidos de fornecer assistência a uma agência de inteligência militar chinesa com relação à operação de um satélite comercial, mesmo que não houvesse transferências de mercadorias controladas, *software* ou tecnologia envolvida.[11] Nesse contexto, o governo Trump restringiu particularmente as empresas de telecomunicações ZTE e Huawei nas compras de bens e serviços produzidos com insumos tecnológicos diretos de fabricação dos Estados Unidos. Isso foi parte de um esforço mais amplo que incluiu o bloqueio da adoção da tecnologia Huawei em redes mundiais 5G. Outro aspecto a pontuar é que as proibições de exportação aumentaram quando os Estados Unidos, sob o governo Trump, intensificaram sua guerra comercial contra a China.[12]

10 A lei revoga a Lei de Administração de Exportação de 1979 (Export Administration Act of 1979), que era a autoridade estatutária subjacente para controles de exportação de uso duplo até sua última expiração em 2001. A Ecra ainda determina que o secretário do Comércio "estabeleça e mantenha uma lista" de itens controlados, pessoas estrangeiras e usos finais considerados uma ameaça à segurança nacional e à política externa dos Estados Unidos. Além disso, esta disposição reautorizou a Lista de Controle de Comércio (CCL) existente e forneceu autoridade estatutária para a então existente Lista de Entidades. A legislação também determinou a exigência de licenças para a exportação de itens controlados, para "proibir exportações não autorizadas, reexportações e transferências internas de itens controlados" e "monitorar remessas e outros meios de transferência", entre outros requisitos.

11 Para um estudo mais detalhado sobre a política de controle de exportação do governo Trump, consultar Kerr e Casey (2021).

12 Em 2019, por exemplo, as seguintes empresas foram proibidas de adquirir produtos originários dos Estados Unidos: Avin Electronics Technology Co Ltd, com sede em Shenzhen; Longkui Qu de Linhai, da província de Zhejiang; Multi-Mart Electronics Technology Co de Nanhai, província de Guangdong; Taizhou CBM-Future New Material Science and

Em relação ao governo Biden, merece destaque seu controle de exportação concentrado sobretudo em inteligência artificial (IA) e tecnologias de semicondutores para a China. De fato, em outubro de 2022, o governo Biden anunciou uma mudança importante na política de exportações de semicondutores para a China, bem como nas regras revisadas sobre o gerenciamento das listas de itens restritos. Com a nova política, anunciada na sequência da aprovação da Lei dos CHIPS, o governo Biden revelou que está determinado a manter o controle sobre as chamadas tecnologias de "ponto de estrangulamento", que envolvem projetos de chips de IA, *software* de automação de projetos eletrônicos, equipamentos de fabricação de semicondutores e componentes de equipamentos.

À primeira vista, o governo Biden poderia ser considerado uma continuidade do governo Trump. Entretanto, ele também está imprimindo sua marca própria. Conforme observa Allen (2022, p.2), ao explorar simultaneamente o domínio dos Estados Unidos em todos esses segmentos tecnológicos, o governo Biden demonstra "um grau sem precedentes" de intervenção estatal, visando não apenas preservar o controle sobre tais tecnologias, mas também "iniciar uma nova política dos Estados Unidos de estrangular ativamente grandes segmentos da indústria de tecnologia chinesa – estrangulando com a intenção de matar".

O governo Biden não apenas já ampliou a Lista de Entidades, como também tem invocado implacavelmente as regras do chamado Produto Estrangeiro Direto, o que faz com que as restrições determinadas pelos Estados Unidos impeçam não apenas que os principais projetistas de chips de IA e supercomputação do país, como Nvidia e AMD, vendam seus chips de ponta ou transfiram quaisquer conhecimentos tecnológicos significativos para a China, como também restrinjam as transações de itens produzidos no exterior, quando esses são considerados "produtos diretos" de "tecnologia" ou "software" de origem dos Estados Unidos (Bureau of..., 2023). Por fim, devemos observar que os novos controles de exportação são inteiramente consistentes com a Lei dos CHIPS, que já mencionamos aqui.

Technology CoLtd de Linhai, província de Zhejiang; Tenco Technology Co Ltd, Shenzhen; e Yutron Technology Co Ltd de Shenzhen. Avin, Mult-Mart, Tenco e Yutron tinham escritórios em Hong Kong, uma demonstração de que o governo Trump não estava poupando nem mesmo Hong Kong. O então secretário do Comércio de Trump, Wilbur Ross, sugeriu que as empresas estavam envolvidas em "tramas proibidas de transferência de tecnologia e orquestradas por atores estatais" (Reuters, 2019). Em 2020, o Departamento de Indústria e Segurança (BIS) do Departamento de Comércio dos Estados Unidos emitiu uma nova regra adicionando 77 empresas à Lista de Entidades. As designações do BIS incluíram empresas localizadas na China, bem como na Bulgária, França, Alemanha, Hong Kong, Itália, Malta, Paquistão, Rússia e Emirados Árabes Unidos. Porém, os destaques da lista ficaram por conta de duas empresas chinesas renomadas: Semiconductor Manufacturing International Corporation Incorporated e SZ DJI Technology Co., pertencentes, respectivamente, à indústria de semicondutores e de drones de consumo da China (Bureau of..., 2020).

Os investimentos chineses no radar do CFIUS

Os últimos governos dos Estados Unidos também tomaram uma série de medidas para robustecer os sistemas de triagem de investimentos. O Comitê de Investimentos Estrangeiros nos Estados Unidos (CFIUS) ficou particularmente alerta diante dos investimentos chineses em empresas de tecnologia dos Estados Unidos. Um caso proeminente durante o governo Obama foi a tentativa de aquisição de uma empresa de semicondutores chamada Aixtron, com sede nos Estados Unidos, mas que na verdade é controlada por capital alemão, pela Grand Chip Investment GMBH, uma empresa alemã cuja controladora é a empresa chinesa Fujian Grand Chip Investment Fund. O CFIUS recomendou que a aquisição fosse vetada pelo presidente. Em 2012, Obama já havia ordenado a alienação de várias empresas de parques eólicos de uma empresa, a Ralls, de propriedade de dois cidadãos chineses. As empresas de energia eólica adquiridas ficavam perto de uma base da Marinha dos Estados Unidos. Dos 782 casos analisados pelo CFIUS entre 2008 e 2014, 52 exigiram algum tipo de ação mitigatória das partes, 39 transações foram abandonadas pelas partes e 1 chegou ao presidente e foi de fato bloqueada (Schaus, 2016).

Com Trump, o tom assertivo do CFIUS nas análises de investimentos estrangeiros, principalmente no que diz respeito a transações envolvendo entidades chinesas, de fato se elevou, conformando maior escrutínio nos investimentos em infraestrutura crítica, tecnologias sensíveis e indústrias relacionadas à segurança nacional. A aprovação da Lei de Modernização da Revisão do Risco de Investimento Estrangeiro (FIRRMA) em 2018, que expandiu a jurisdição do CFIUS e aprimorou suas autoridades, ou seja, ampliou o leque de transações sujeitas a revisão, incluindo investimentos não controladores em tecnologias críticas, e introduziu declarações obrigatórias para certas transações, corrobora tal afirmativa.

Trump também emitiu várias ordens executivas e mudanças políticas que acabaram aumentando o controle dos investimentos estrangeiros a título de proteger a segurança nacional. As medidas buscavam proteger tecnologias críticas, propriedade intelectual e informações confidenciais de ameaças potenciais representadas por adversários estrangeiros. Nomeadamente, o governo colocou ênfase significativa na prevenção da transferência de tecnologias sensíveis, particularmente em setores como telecomunicações e semicondutores.

As revisões do CFIUS sob o governo Trump envolveram uma série de casos de destaque, dentre esses inclui-se o bloqueio sobre a aquisição da MoneyGram pela Ant Financial, o braço de serviços financeiros da empresa chinesa Alibaba. A preocupação com a segurança dos dados pessoais foi apontada como argumento. O governo também obrigou a empresa ByteDance, proprietária do aplicativo de mídia social TikTok, de propriedade chinesa, a alienar suas operações nos Estados Unidos, respondendo assim às questões de segurança nacional levantadas pelo comitê sobre privacidade de dados e potencial influência de governos estrangeiros. Diante de inúmeros desafios legais, os prazos anteriormente determinados para a venda acabaram não cumpridos.

Durante os primeiros meses do governo Biden, o CFIUS continuou seu papel na revisão de investimentos estrangeiros manifestando semelhante preocupação sobre a questão de segurança nacional. O presidente Biden emitiu uma nova diretiva federal, proibindo investimentos estadunidenses em empresas chinesas com supostos vínculos com os setores de tecnologia de defesa ou vigilância. A nova ordem expande a "lista negra comercial" da era Trump – que continha inicialmente 31 empresas chinesas –[13] e passa a atingir 59 empresas chinesas, incluindo a gigante das comunicações, a Huawei.[14] Muitas das novas empresas que passaram a ser visadas são subsidiárias e afiliadas de grandes empresas estatais chinesas e outras empresas mencionadas na lista anterior. Com isso, os estadunidenses ficaram impedidos de comprar ou vender títulos negociados publicamente nas empresas visadas, a partir de 2 de agosto de 2021 – data do início de vigência da nova ordem (Bojikian; Pontes, 2021).

Conforme indica sua orientação política, a tendência é que, como seus antecessores, o governo Biden controle de forma rigorosa os investimentos estrangeiros, principalmente aqueles relacionados à infraestrutura crítica, tecnologias importantes e dados.

Em 15 de setembro de 2022, o presidente Biden emitiu a Ordem Executiva 14.083 (Presidential Documents..., 2022), ressaltando o papel do CFIUS como resposta a sua percepção de ameaças e vulnerabilidades envolvendo investimento estrangeiro. A Ordem Executiva elabora e expande a lista existente de fatores que o CFIUS considera, conforme apropriado, ao revisar transações para riscos de segurança nacional e descreve possíveis implicações de segurança nacional em áreas-chave. Ou seja, o governo Biden identifica fatores adicionais de segurança nacional para o CFIUS levar em consideração ao avaliar transações envolvendo investidores estrangeiros. Conforme a interpretação de uma importante banca internacional de advogados sediada em Washington, apesar de a referida OE não expandir o

13 A OE 13.959, originalmente emitida em 12 de novembro de 2020 (Adressing..., 2020), continha 31 empresas pertencentes aos setores: aeroespacial, construção naval, construção civil, tecnologia e comunicação. Menos de um mês depois, em 3 de dezembro de 2020, o Departamento de Justiça (DOD) designou mais quatro empresas como pertencentes ou controladas pela área militar chinesa, elevando o número total de empresas afetadas para 35. No finalzinho do governo Trump, em 14 de janeiro de 2021, o Departamento de Defesa designou mais nove empresas, elevando o número de empresas afetadas para 44 (U.S. Department of Defense, 2021).

14 Ordem Executiva 14.032 (Presidential..., 2021).

escopo jurisdicional do CFIUS ou estabelecer novos requisitos, ela instrui formalmente o CFIUS a se "concentrar em transações que possam dar a partes estrangeiras acesso a tecnologias, dados ou cadeias de suprimentos críticas dos Estados Unidos que o governo Biden identificou como importantes para manter vantagem econômica e tecnológica dos Estados Unidos" (Crowell & Moring LLP, 2022).

Maior escrutínio em proteção aos Direitos de Propriedade Intelectual

A questão dos Direitos de Propriedade Intelectual (DPI) tem sido estrategicamente significativa para os Estados Unidos ao longo da história. Assegurar direitos sobre Propriedade Intelectual (PI) refere-se à obtenção, por indivíduos ou por organizações, de proteção sobre suas criações ou invenções, como patentes, marcas registradas e direitos autorais. Esses direitos asseguram aos proprietários o uso exclusivo e a exploração comercial dos bens intelectuais, que por definição são ativos intangíveis.

Historicamente, os Estados Unidos reconheceram a vantagem de proteger a propriedade intelectual fundamentalmente como meio de impulsionar o avanço tecnológico e consequentemente o crescimento econômico. Os Pais Fundadores dos Estados Unidos consagraram a proteção da PI na Constituição, autorizando o Congresso a conceder patentes e direitos autorais. E a internacionalização das instituições, incluindo a União Internacional para a Proteção da Propriedade Industrial – agora conhecida como Organização Mundial da Propriedade Intelectual (OMPI) –, em 1883, foi uma questão de tempo. Deve-se destacar que as regras instituídas nesse tipo de regime internacional não retiravam os espaços políticos domésticos, permitindo que os respectivos membros adotassem seus próprios marcos regulatórios, adequados às suas necessidades de desenvolvimento. Conforme nota Velasco e Cruz (2010), calcado em ampla revisão bibliográfica, a única restrição imposta à autonomia dos membros de adotar suas próprias políticas e arcabouços legais sobre PI traduzia-se na exigência de não discriminação entre nacionais e estrangeiros (de outros países-membros).

À medida que os Estados Unidos emergiram como líderes globais em tecnologia, inovação e indústrias criativas, proteger a PI tornou-se crucial para manter sua vantagem competitiva. A importância estratégica desse tipo de ativo para os Estados Unidos tornou-se ainda mais pronunciada na era da globalização e da economia mais amparada no conhecimento.

Nesse cenário, o governo estadunidense se envolveu impositivamente em acordos comerciais multilaterais, como o Acordo sobre Aspectos de Direitos de Propriedade Intelectual Relacionados ao Comércio (TRIPS),[15] sob a Organização Mundial do Comércio (OMC), e preferenciais regionais ou bilaterais, justamente para garantir proteção robusta e aplicação dos DPIs em todo o mundo. Porém, desde que o tema da proteção a DPI foi levado à agenda de negociações multilaterais da OMC pelos Estados Unidos, assinalando preferências diametralmente opostas às dos países em desenvolvimento mais articulados, como Brasil e Índia, o conflito de interesses imperou até entre os próprios países desenvolvidos. Durante as negociações da Rodada Uruguai, havia uma divergência significativa entre os Estados Unidos, por um lado, e a União Europeia e o Japão, por outro. O sistema norte-americano favorecia a criação de PI em prejuízo de sua difusão, o que era defendido pelos demais (Ostry, 1997).

Diante das preferências dos governos dos Estados Unidos, as convenções, incluindo a Convenção de Berna para a Proteção de Obras Literárias e Artísticas, e acordos internacionais, como o TRIPS, estabelecem um padrão mínimo de DPI. Com efeito, o engajamento internacional ocorreu concomitantemente a um grande empenho em robustecer os instrumentos legais e administrativos domésticos usados para identificar, controlar e condenar os países tidos como inefetivos no combate à proteção, considerada unilateralmente a mais adequada, dos DPIs. As duas principais leis dos Estados Unidos que abordam violações de DPI relacionadas ao comércio são a Seção 337 da Lei de Tarifa de 1930 e Seção 301 da Lei de Comércio de 1974.[16] Além disso, a Lei de Comércio e Competitividade Omnibus de 1988 alterou substancialmente as disposições de PI da Lei Tarifária de 1930 e fortaleceu a Seção 301 criando a chamada "Especial 301". Com base nas disposições especiais, o Escritório do Representante de Comércio dos Estados Unidos (USTR) identifica países estrangeiros que "negam proteção adequada e efetiva dos direitos de propriedade intelectual" ou "negam proteção justa e acesso equitativo ao mercado para pessoas dos Estados Unidos que dependem de direitos de propriedade intelectual" (Trade Act 1974).

Pode-se refletir sobre tais posições levando em conta os interesses em manter a supremacia tecnológica. O quase monopólio dos Estados Unidos sobre propriedade intelectual de alta qualidade permitiu que suas

15 Os DPIs sob o TRIPS abrangem: patentes, direitos autorais, marcas registradas, indicações geográficas e desenhos industriais.

16 Uma das características da Lei de Comércio de 1988 foi uma emenda à Lei de Comércio de 1974, que forneceu ao governo dos Estados Unidos poderes de aplicação de regras relacionadas ao comércio além daqueles consagrados na Seção 301 da lei original. Essa mudança ficou conhecida como a cláusula Super 301, que expandiu ainda mais a capacidade do governo de penalizar os países em disputas sobre produtos específicos e possibilitou que o governo norte-americano visasse a uma ampla gama de práticas comerciais consideradas injustas, incluindo, claro, violações de DPIs. E as investigações com frequência levam à imposição de tarifas ou a outras medidas comerciais contra os respectivos países investigados.

empresas capturassem uma parcela descomunal do valor agregado globalmente. Nesse sentido, os esforços dos Estados Unidos para produzir, regular e proteger tal ativo podem de fato ser enquadrados como uma tentativa de manter seu poder de moldar a economia global. O compromisso negociado no TRIPS não resolveu as divergências entre os respectivos membros, mas revelou que a maximização dos ganhos com PI era de fato a prioridade da política de comércio nos Estados Unidos. O TRIPS não pode ser considerado um genuíno complemento dos regimes anteriores. Na verdade, ele representa um ponto de inflexão na abordagem das controvérsias em torno dos DPIs no âmbito internacional. O TRIPS não apenas conseguiu reduzir os espaços político e regulatório dos países-membros da OMC, como também encareceu o acesso às inovações tecnológicas. Os países em desenvolvimento se viram na condição de consumidores, mediante pagamento, das inovações produzidas nos países desenvolvidos (Velasco e Cruz, 2010).

Diante da extraordinária ascensão da China, tal prioridade não poderia ser diferente. As autoridades dos Estados Unidos têm recorrentemente mantido a China sob monitoramento ostensivo por alegada falsificação generalizada. Mesmo tendo aderido a vários acordos internacionais e implementado as respectivas reformas impostas, antes e depois da adesão à OMC,[17] a China continuou sendo alvo de implacáveis críticas, que vão desde a condenação de aplicações, tidas como fracas, das regras, passando pelas rejeições às transferências forçadas de tecnologia, até a mais agressiva das críticas, qual seja, o roubo de propriedade intelectual patrocinado pelo Estado.

O USTR, com base no já mencionado estatuto Especial 301, submete a China à fiscalização minuciosa e apresenta suas conclusões no "Relatório Especial 301" anualmente. Embora, de fato, os processos se concentrem em dados questionáveis e autorrelatos fornecidos por grupos da própria indústria norte-americana, todos os países submetidos à pressão do referido estatuto experimentam grandes danos à reputação internacional, e a China vem sofrendo isso incessantemente. Como a OMC exige que se esgotem todos os procedimentos previstos em suas normas, antes que se implemente qualquer retaliação, o processo da Seção 301 é frequentemente usado como uma ferramenta de "envergonhamento" (Yu, 2012, p.247).[18] Mesmo dentro dos

17 Vale observar que, quando a China ingressou na OMC, fez concessões significativas em seus acordos de adesão com os Estados Unidos, a União Europeia e demais membros da OMC, caracterizando as chamadas obrigações OMC-Plus. Na área de propriedade intelectual, a China foi obrigada a cumprir o Acordo TRIPS desde o início de sua adesão, não tendo podido se beneficiar do período de transição, como o Brasil e a Índia, por exemplo. A propósito, a Índia não ofereceu proteção de patente para produtos farmacêuticos até 2005, quatro anos após a adesão da China.

18 Para os acordos preferenciais do tipo TRIPS-Plus, os recursos são outros. Sob um sistema de fiscalização de fronteira TRIPS-Plus, as autoridades competentes decidem se os bens importados infringem uma marca registrada ou direitos autorais com base em um pedido

Estados Unidos há certo constrangimento em relação à falta de critérios legítimos para colocar países na lista – ou para removê-los –, além das diretrizes gerais de o estatuto Especial 301. Com efeito, surgiram preocupações de que a política externa ou outras considerações possam afetar o processo (Schwarzenberg, 2020).

Durante o governo Obama, várias iniciativas foram implementadas para assegurar proteção aos DPIs. Além da articulação para promover a colaboração entre várias agências federais, como o Departamento de Justiça, o Departamento de Segurança Interna e o USTR, para investigar e processar violações de propriedade intelectual, o governo estabeleceu, em 2009, o Escritório do Coordenador de Aplicação da Propriedade Intelectual dos EUA (IPEC).

Trata-se de uma instituição com amplos poderes fornecidos às autoridades designadas para ali coordenar e supervisionar os esforços do governo na proteção e no fazer cumprir as normas dos Estados Unidos sobre PI. No ano seguinte, o IPEC lançou um Plano Estratégico Conjunto de Aplicação da Propriedade Intelectual, que, embasado legalmente pela Priorizando Recursos e Organização para a Lei de Propriedade Intelectual de 2008, delineou uma estratégia fundamentalmente centrada na fiscalização. Isso incluiu aumento orçamentário para bancar pessoal adicional, treinamento e recursos tecnológicos a serem disponibilizados a agências, como a Alfândega e Proteção de Fronteiras dos Estados Unidos. E, para além do aumento dos recursos a serem investidos internamente, a estratégia do IPEC também visou cooperar com as agências de terceiros países a título de fortalecer os dispositivos de DPI e os mecanismos de aplicação legal (Office of Management..., 2010).

Outro esforço do referido governo sobre o tema refere-se ao controverso Acordo Comercial Antifalsificação (Office of the United States Trade..., 2011), em que os negociadores estadunidenses se empenharam em estabelecer padrões internacionais, fundamentalmente de interesses dos Estados Unidos, para fazer valer os direitos de propriedade intelectual.[19] A resposta do governo chinês traduziu-se na associação ao governo indiano para registrar preocupações sobre o desenvolvimento dos padrões de aplicação do TRIPS-plus na reunião do Conselho do TRIPS, em junho de 2010. Entre

registrado na alfândega pelo titular da propriedade intelectual, que inclui um certificado de registro emitido pelo Escritório de Marcas e Patentes dos EUA e pelo Escritório de Direitos Autorais dos EUA, uma descrição dos bens com a marca registrada ou direitos autorais, os locais de fabricação e outros dados. A aplicação de um sistema de fronteira TRIPS-plus é contínua e permite uma ação imediata por parte dos fiscais alfandegários, evitando assim os trâmites dos processos judiciais. Como afirmam os advogados e outros defensores do referido sistema, o governo dos EUA promove um sistema de fronteira desse tipo nas negociações com seus parceiros comerciais por meio do processo Especial 301, devido à sua eficácia. "Em outras palavras, isso funciona!" (Allums, 2006, p.653).

19 Embora o acordo tenha sido assinado em 2011, nem todos os integrantes o ratificaram.

outras colocações, os chineses afirmaram que o aumento da complexidade dos padrões de propriedade intelectual poderia tornar o quadro jurídico internacional altamente imprevisível, impondo barreiras ao comércio legítimo (World Trade..., 2010).

Ainda durante o governo Obama foi promulgada a Lei de Defesa dos Segredos Comerciais de 2016, que fornece dispositivos legais federais para os casos considerados apropriação indevida de segredos comerciais do país. Além disso, o Escritório de Marcas e Patentes dos EUA implementou iniciativas para fundamentalmente agilizar os processos de patentes.

Sob o governo Trump, além da manutenção de iniciativas de seu antecessor, como o trabalho do IPEC, foi criado, sob o Conselho Econômico Nacional da Casa Branca, um Subcomitê de Propriedade Intelectual, que trabalhou na formulação de recomendações de políticas para fortalecer a proteção e aplicação da PI. Com isso, ele aumentou os recursos e os esforços de aplicação da propriedade intelectual, enquanto seguiu, a seu modo excessivamente assertivo, a cartilha de Obama de propagar ao público interno os supostos benefícios econômicos e sociais da proteção de PI.

De um lado, as investigações correspondentes à Seção 301 foram conduzidas ainda com maior agressividade contra a China. De outro, foram também conduzidas negociações internacionais, abordando centralmente questões como transferência forçada de tecnologia, roubo de propriedade intelectual e falsificação em acordos comerciais. A violação de patentes e marcas registradas foi uma parte fundamental do acordo comercial entre os Estados Unidos e a China, assinado no início de 2020 e que ficou conhecido como "Fase Um". Muito embora agentes econômicos e formuladores de políticas já dissessem que a propriedade intelectual continuaria sendo um ponto de discórdia entre os dois países, especialmente no contexto da competição para se desenvolver a próxima geração de tecnologias (Pramuk, 2020), os mais otimistas diziam que provisões legais correspondentes ao tema seriam importantes (Bown, 2021).

Como o governo anterior, o governo Biden destacou desde o início a necessidade de abordar as práticas de PI da China, incluindo transferência forçada de tecnologia, roubo e falsificação de PI a fim de proteger a inovação e a competitividade estadunidense. Como se nota, há uma continuidade na ênfase sobre a fiscalização ostensiva.

Os números exibindo a ascendência chinesa na produção de conhecimento em tecnologias críticas têm apavorado as autoridades dos Estados Unidos. De fato, em 2021, a China foi o maior depositante de patentes do mundo pelo terceiro ano consecutivo. As empresas chinesas registraram aproximadamente 75% das patentes globais de inteligência artificial na última década (World Intellectual..., 2021) e 40% de todas as patentes 6G, enquanto os Estados Unidos representaram 35% das últimas (Sworn; Harjani, 2022). Certamente a vantagem quantitativa nem sempre se traduz em vantagem qualitativa. No caso da China, haveria um desafio ainda a ser superado em termos de qualidade dos ativos em forma de PI (Sworn; Harjani, 2022).

De qualquer modo, o que importa é a percepção de ameaça manifestada pelo governo Biden. Jake Sullivan, no papel de conselheiro de Segurança Nacional do governo democrata, disse, durante a Cúpula de Tecnologias Emergentes Globais do Projeto de Estudos Competitivos Especiais, em setembro de 2022 (The White House, 2022), que as autoridades do país tinham que "revisitar a premissa de longa data de manter vantagens 'relativas' sobre os concorrentes em certas tecnologias-chave. Anteriormente, mantínhamos uma abordagem de 'escala móvel' que dizia que precisávamos ficar apenas algumas gerações à frente".[20] Sullivan, sugerindo combinar diferentes instrumentos de controle sobre a China, disse: "Se implementados de maneira robusta, durável e abrangente, eles podem ser um novo recurso estratégico nos Estados Unidos e um *kit* de ferramentas aliado na imposição de custos aos adversários e, com o tempo, na degradação de suas capacidades no campo de batalha".[21]

Para Sullivan, um dos pilares da estratégia de renovação, revitalização e administração da liderança tecnológica dos Estados Unidos é "proteger nossas vantagens tecnológicas e impedir que nossos concorrentes roubem a propriedade intelectual dos Estados Unidos e usem nossas tecnologias contra nós ou contra seu próprio pessoal".[22]

Com base nessa percepção, o governo Biden tem expressado o compromisso de fazer cumprir implacavelmente os DPIs. Isso envolve apoiar as agências de aplicação da lei, promover parcerias público-privadas e alocar cada vez mais recursos para esforços aprimorados de aplicação dos DPIs.

Política industrial: virtude nos Estados Unidos, pecado capital em outros países

Conforme destacamos anteriormente, grande parte da arquitetura institucional que os Estados Unidos têm usado para sustentar e proteger sua primazia tecnológica foi construída em dois períodos históricos de competição

20 *On export controls, we have to revisit the longstanding premise of maintaining "relative" advantages over competitors in certain key technologies. We previously maintained a "sliding scale" approach that said we need to stay only a couple of generations ahead.* (The White House, 2022).

21 *If implemented in a way that is robust, durable, and comprehensive, they can be a new strategic asset in the U.S. and allied toolkit to impose costs on adversaries, and even over time degrade their battlefield capabilities.* (The White House, 2022).

22 *[...] protecting our technology advantages, and preventing our competitors from stealing America's intellectual property, and using our technologies against us or their own people.* (The White House, 2022).

estratégica: início da Guerra Fria, com a percepção de ameaça oferecida pela então União Soviética; e final dos anos 1980 e início dos anos 1990, com a percepção de ameaça oferecida pelo então gigante asiático, o Japão. Para um exercício de reflexão sobre as condições reais para se praticar hoje uma política industrial, esse último período tende a ser instrumental.

As políticas desenvolvimentistas dos Estados Unidos postas em prática para assegurar o domínio tecnológico de sua indústria coexistiram com as ofensivas que retiravam dos demais países autonomia para implementar esse mesmo tipo de política. Ainda que tais políticas fossem implementadas de modo a não promover o sujeito ou mesmo mantê-lo oculto, o fato é que os demais países tiveram que lidar com os escassos espaços de autonomia para implementar suas próprias políticas públicas. Muitos simplesmente não tiveram meio algum.

Se o "fundamentalismo de mercado" manteve o Estado desenvolvimentista estadunidense discreto, mas ainda assim forte, nos países em desenvolvimento suas orientações foram cumpridas com o exercício imprescindível do poder dos Estados Unidos. Como vimos com os dados que exibimos nas seções anteriores, as ações unilaterais dos Estados Unidos, procurando moldar o comportamento dos agentes econômicos e modificar as regras internacionais a seu favor ou modificar a equação custo-benefício, sãos inúmeras. Essas práticas só não eram enquadradas como política industrial, ou seja, só não levavam o nome de política industrial. Com uma certa licença para discutir o assunto, várias pesquisas recentes de fato mostram que o governo dos Estados Unidos tem empreendido vigorosamente uma forma de política industrial por várias décadas. Nossos registros apresentados corroboram tal afirmação.

Wade, em linha com o que afirmam Block (2008); Block; Keller (2011); Mazzucato (2013); e Block; Keller (2016), disse que essa forma de política industrial dos Estados Unidos escapou da atenção do público, em parte porque não existe uma agência de "política industrial" superordenada, semelhante ao Ministério de Relações Internacionais Comércio e Indústria (MITI) do Japão nas décadas do pós-guerra, bem como porque as agências têm procurado manter seus programas de construção de rede e definição de direção abaixo do radar da atenção pública.

A percepção a respeito de seu poder sobre os demais países do sistema internacional historicamente levou os Estados Unidos a desafiar as normas e regras que eles mesmos ajudaram a instituir no âmbito multilateral. Certamente ao custo de causar crises de legitimidade no sistema, mas seus interesses particulares acabaram sendo aceitos pelos demais (Vigevani; Mendonça; Lima, 2018). Isso sem mencionar que os regimes internacionais tendem a se configurar com base na correlação de forças no momento de sua criação. O conjunto de regras, normas e princípios estabelecidos no momento da criação de um determinado regime e que disciplinará o comportamento dos respectivos membros (Krasner, 1983) reflete a estratificação de poder do momento em que tal regime foi instituído. Desnecessário dizer que o regime servirá às preferências dos membros com maior poder.

Como corretamente observou Wade (2015), o conjunto de esforços direcionados para mudar a estrutura de produção de uma economia com vistas a impulsionar o desenvolvimento econômico faz parte de uma espécie de engrenagem com uma roda interna e basicamente duas rodas externas. O desempenho da roda interna depende das rodas externas, configuradas nas condições macroeconômicas, especificamente a taxa de câmbio, e nos acordos políticos subjacentes. Na teoria clássica das vantagens comparativas no comércio internacional, haveria equilíbrio – sem superávits ou déficits comerciais –, embora os mecanismos de equilíbrio não estejam claros. Enquanto na teoria da paridade do poder de compra das taxas de câmbio, afirma-se que o saldo vem da taxa de câmbio se movendo para garantir que o preço de um bem em dois países seja o mesmo quando expresso em moeda comum. Isso significa que os produtores dos países relativamente mais eficientes se especializarão no bem e outros países o importarão. Com base nessas premissas, a taxa de câmbio se ajustaria para refletir as diferenças relativas de custo, que sinalizam a especialização apropriada. No entanto, conforme a reflexão de Wade, essa imagem do movimento das taxas de câmbio no mundo real é fantasiosa. Elas não apenas se movem condicionadas pelos fluxos comerciais, mas também em resposta aos fluxos de capital volátil (muitas vezes maiores, como testemunhamos no Brasil com as altas taxas de juros), e podem ir na direção errada da tentativa de equilíbrio dos fluxos comerciais.

A segunda imagem da roda externa, configurada nos acordos políticos, e imaginada por Wade, refere-se aos equilíbrios institucionais entre o Estado, empresários e trabalhadores, bem como entre partidos ou grupos que disputam o controle do Estado. Segundo o referido autor, os acordos políticos marcam em que medida "empresários", "políticos", "polícia", "juízes" e "Igreja" são irrestritos em seus controles (conluios) sobre a sociedade; a extensão do "governo pela lei" em vez de "governo de direito"; em que medida os movimentos trabalhistas têm capacidade para contrapor o poder dos empresários; e até que ponto o Estado poderá condicionar a assistência da política industrial a índices de desempenho. Na sua concepção, os acordos políticos afetam os salários, a distribuição de renda, a demanda interna, bem como a capacidade do Estado de ampliar a base de arrecadação de impostos e usar as receitas para custear os bens públicos. No Brasil, a longa e dramática experiência que tivemos, especialmente nos anos 1980 e 1990, é mais do que suficiente para subscrever a análise do citado autor.

Por fim, o terceiro fator condicionante identificado por Wade se refere aos limites ao crescimento, especialmente os limites ambientais. Qualquer discussão sobre o crescimento e a recuperação econômica dos países em desenvolvimento teria que levar em conta a escassez dos bens ambientais.

Nos Estados Unidos, atualmente, a política industrial deixou relativamente de ser estigmatizada, por assim dizer. A grande recessão que decorreu da crise financeira de 2007-2008 teve de fato um papel importante nessa mudança. Robert Wade (2015) observou corretamente que os argumentos favoráveis de economistas desenvolvimentistas proeminentes, como Ha-Joon Chang, Ricardo Hausmann, Justin Yifu Lin, Mariana Mazzucato, Dani Rodrik e Joseph Stiglitz, provocaram respostas mais respeitosas dentro dos círculos políticos se comparados a períodos anteriores. E o *mainstream* econômico parece ter dado um tempo na sua política de persuadir o mundo de que os Estados Unidos não fazem política industrial.

A manifestação de Lin a favor das práticas de política industrial teria importância destacada em razão de seu lugar de fala. Wade lembra que Lin foi economista-chefe e vice-presidente sênior do Banco Mundial, entre 2008 e 2012, e aproveitou a plataforma institucional de divulgação de ideias. Ele também lembra que a Organização para a Cooperação Econômica e Desenvolvimento (OCDE) se manifestou, publicando um relatório emblemático, intitulado "Perspectivas sobre Desenvolvimento Global 2013: Políticas Industriais em um Mundo em Mudança" (2013), e que o livro de Mariana Mazzucato – *The Entrepreneurial State: Debunking Public vs. Private Sector* (2013) – tornou-se um *best-seller*, tendo ocupado o topo da lista dos mais vendidos na categoria economia política da Amazon por seguidos meses. De fato, o livro de Mazzucato foi amplamente debatido, revisado e traduzido para vários idiomas.

Diante dos desafios trazidos pelas consequências da pandemia – Covid-19 –, escassez de vacinas, instabilidade global da cadeia de suprimentos e da competição geopolítica, expressa não só no eixo Estados Unidos-China, mas também no eixo Estados Unidos-Rússia, com uma "guerra quente", as discussões sobre o papel da política industrial e do apoio governamental a empresas e indústrias consideradas estrategicamente importantes voltaram a figurar nas agendas políticas e nas discussões das instituições internacionais multilaterais, como o FMI. Ruchir Agarwal (2023), que integra os quadros do FMI – embora esteja em período sabático e, portanto, não fale de dentro da instituição –, afirma que, nos Estados Unidos, a política industrial não é mais um tabu.

De fato, como vimos com os dados apresentados nas seções anteriores, há apoio bipartidário para a Lei dos CHIPS, que visa revitalizar a indústria de semicondutores dos Estados Unidos. A título de preservar a segurança nacional, as metas são reverter a dependência do país em relação ao fornecimento externo, especificamente de Taiwan, de mais 90% dos chips avançados, cruciais para defesa e inteligência artificial (IA). A política industrial do governo Biden é de fato ampla e impõe rigorosas condicionalidades aos beneficiários do financiamento. Por exemplo, uma proibição de dez anos de expansão da capacidade de chips avançados na China. Como já observamos, essas políticas específicas fazem parte de uma ampla política industrial do governo Biden, que inclui bilhões em subsídios para energia limpa na Lei de Redução da Inflação.

Porém, mais uma vez, essa capacidade exibida pelos substanciais números que configuram a política industrial dos Estados Unidos – sem mencionar as políticas industriais que estão sendo implementadas em países aliados, como Japão e União Europeia, para diminuir suas respectivas dependências externas, particularmente da China – não significa na prática uma relegitimação da política industrial de países em desenvolvimento. Conforme observou Agarwal (2023), em certo tom de advertência, "ao implementar a política industrial como parte de sua estratégia de crescimento, os países frequentemente se deparam com objetivos concorrentes, como garantir o crescimento econômico sustentável, manter a estabilidade financeira e fiscal e estabelecer "campeões nacionais". Sobre esse último objetivo, o autor lembra que os economistas temem as distorções de mercado e a alocação ineficiente de recursos que seriam provocadas pela escolha de vencedores e perdedores.

Embora possa ter se sobrelevado a percepção de que os três mandamentos de Larry Summers, privatização, estabilização e liberalização, não eram tão favoráveis para o desenvolvimento como os países foram levados a acreditar, nos países sem capacidade efetiva para custear o desenvolvimento a realidade não se altera muito. Há barreiras de toda ordem. Contornar os constrangimentos impostos pelos regimes internacionais, incluindo aqui os acordos comerciais internacionais, é um desafio gigante.

De fato, as regras da OMC são mais restritivas para alguns instrumentos de política do que para outros: impor tarifas, restrições quantitativas, requisitos de conteúdo local são restrições mais elevadas; impor condições para compras governamentais, subsídios à exportação na agricultura são restrições de nível médio. Já adotar desvalorizações cambiais e outras políticas monetárias seria de nível restritivo baixo na OMC. Mas é preciso lembrar que adotar tais medidas exige um apoio principalmente das elites financeiras locais. Nesse caso, a ilustração é dada pela política fiscal praticada no Brasil e o rumo dos juros estabelecidos no país em patamares incomparáveis.

As restrições sobre regras de investimentos, embora sejam de nível baixo na OMC, podem se tornar fortes a depender das cláusulas negociadas com os investidores estrangeiros, que, a propósito, pressionam seus respectivos governos a fazerem acordos bilaterais sobre regras de investimentos que tendem a restringir significativamente a autonomia regulatória, portanto o espaço para se implementar políticas industriais, dos governos importadores de capital. O mesmo pode ser dito a respeito das regras sobre propriedade intelectual, que, embora sejam consideradas medianamente restritivas na OMC, revelam-se um tremendo desafio diante dos acordos bilaterais e, especificamente, diante das medidas unilaterais implementadas sistematicamente pelos Estados Unidos.

Essa situação toda coloca para os países em desenvolvimento, o Brasil inclusive, desafios enormes e o repto de vencer esses constrangimentos para evitar o aprofundamento principalmente da dependência tecnológica e o aumento da limitação na capacidade de acompanhar o progresso tecnológico; a desproporcional concentração de recursos em tecnologias militares ou defensivas; a divisão digital; a maior vulnerabilidade a ataques cibernéticos; e evitar o aprofundamento da falta de colaboração na solução de problemas comuns, como mudança climática, saúde pública e desenvolvimento sustentável.

Referências

ADDRESSING the Threat from Securities Investments That Finance Communist Chinese Military Companies. *Federal Register*, 17 nov. 2020. Disponível em: <https://www.federalregister.gov/documents/2020/11/17/2020-25459/addressing-the-threat-from-securities-investments-that-finance-communist-chinese-military-companies>. Acesso em: 31 out. 2023.

ADESNIK, D. Biden´s New National Security Strategy: a lot of Trump, very little of Obama. *Foreign Policy*, 17 out. 2022. Disponível em: <https://foreignpolicy.com/2022/10/17/national-security-strategy-nss-biden-trump-obama-china-russia-geopolitics/>. Acesso em: 31 out. 2023.

AGARWAL, R. Industrial Policy, and The Growth Strategy Trilemma. IMF, 21 mar. 2023. Disponível em: <https://www.imf.org/en/Publications/fandd/issues/Series/Analytical-Series/industrial-policy-and-the-growth-strategy-trilemma-ruchir-agarwal>. Acesso em: 31 out. 2023.

ALLUMS, V. *Special 301*: TRIPS-Plus – Alive and Kicking. The John Marshall Rev. Intell. Prop.Law, v.5, n.651, p.650-4, 2006.

BATEMAN, J. U. S. China Technological "Decoupling". A Strategy and Policy Framework. *Carnegie Endowment for International Peace*. Disponível em: <https://carnegieendowment.org/files/Bateman_US-China_Decoupling_final.pdf>. Acesso em: 31 out. 2023.

BECKER, G. The best industrial policy is none at all. *Business Week*, 26 de ago. 1985.

BLOCK, F. Swimming Against the Current: The Rise of a Hidden Developmental State in the United States. *Politics & Society*, v.36, n.2, p.169-206, jun. 2008.

BLOCK, F.; KELLER, M. R. (Org.). *State of Innovation*: The U.S. Government's Role in Technology Development. Boulder, CO: Paradigm Publishers. 2011.

BLOCK, F.; KELLER, M. R. *State of Innovation*. The U.S. Government's Role in Technology Development. London: Routledge, 2016.

BLOCK, F; SOMERS, M. *The Power of Market Fundamentalism*. Cambridge, MA: Harvard University Press, 2014.

BOJIKIAN, N. M. P.; MARIANO, K. L. P.; THOMAZ, L. F. O Acordo de Alcântara e o desenvolvimentismo oculto dos Estados Unidos. *Caderno CRH*, v.35, p.1-23, 2022.

BOJIKIAN, N. M. P.; PONTES, C. M. Estados Unidos e China na disputa comercial e na competição tecnológica: de Trump a Biden. In: VELASCO E CRUZ, S. C.; BOJIKIAN, N. M. P. *De Trump a Biden*: Partidos, políticas, eleições e perspectivas. São Paulo: Editora Unesp, 2021.

BOWN, C. US-China Trade War Tariffs: An Up-to-Date Chart. Piie, 16 mar. 2021. Disponível em: <https://www.piie.com/research/piie-charts/us-china-trade-war-tariffs-date-chart>. Acesso em: 31 out. 2023.

BROWNING, L.; BEYER, J. M.; SHETLER, J. C. Building Cooperation in a competitive industry: SEMATECH and the semiconductor industry. *Academy of Management Journal,* v.38, n.1, 1995, p.113-51.

BUREAU of Industry and Security. Addition of Entities to the Entity List, Revision of Entry on the Entity List, and Removal of Entities from the Entity List. Federal Register, v.85, n.246, 22 dez. 2020. Disponível em: <https://www.govinfo.gov/content/pkg/FR-2020-12-22/pdf/2020-28031.pdf> Acesso em: 12 jan. 2023.

BUREAU of Industry and Security. Scope of the Export Administration Regulations. 19 maio 2023. Disponível em: <https://www.bis.doc.gov/index.php/documents/regulations-docs/2382-part-734-scope-of-the-export-administration-regulations-1/file>. Acesso em: 13 jun. 2023.

CENTER, S.; BATES, E. Tech-Politik: Historical Perspectives on Innovation, Technology, and Strategic Competition. CSIS, 19 dez. 2019. Disponível em: <https://csis-website-prod.s3.amazonaws.com/s3fs-public/publication/191219_Tech-Politik.pdf>. Acesso em: 31 out. 2023.

CHIPS and Science Act of 2022. Disponível em: <https://www.congress.gov/bill/117th-congress/house-bill/4346>. Acesso em: 31 out. 2023.

CLAY, I.; ATKINSON, R. B. Wake Up, America: China is overtaking the United States in Innovation Capacity. Information Technology & Innovation Foundation, 23 jan. 2023. Disponível em: <https://itif.org/publications/2023/01/23/wake-up-america-china-is-overtaking-the-united-states-in-innovation-capacity/#_Innovation_Inputs>. Acesso em: 20 jun. 2023.

CROWELL & Moring LLP.Biden Administration Announces Presidential Directive on Sharpening Foreign Investment Screening by CFIUS. 2022. Disponível em: <https://www.crowell.com/en/insights/client-alerts/biden-administration-announces-presiden tial-directive-on-sharpening-foreign-investment-screening-by-cfius>. Acesso em: 23 jun. 2023.

FIORI, J. L. A Síndrome de Babel e a nova doutrina de segurança dos Estados Unidos. *Revista Tempo do Mundo*, v.4, n.2, p.49-58, 2018.

GRINDLEY, P.; MOWERY, D. C.; SILVERMAN, B. SEMATECH and Collaborative Research: Lessons in the Design of High-Technology Consortia. *Journal of Policy Analysis and Management*, v.13, n.4, 1994, p.723-58.

HEAVEN, W. D. The White House wants to spend hundreds of millions more on AI research. 11 fev. 2020. Disponível em: <https://www.technologyreview.com/2020/02/11/844891/the-white-house-will-spend-hundreds-of-millions-more-on-ai-research/>. Acesso em: 31 out. 2023.

HOF, R. D. Lessons from Sematech. The consortium that helped revitalize the U.S. semiconductor industry in the 1980s and 1990s has become a model for how industry and government can work together. *MIT Technology Review*, 25 jul. 2011. Disponível em: <https://www.technologyreview.com/2011/07/25/192832/lessons-from-sematech/>. Acesso em: 31 out. 2023.

KERR, P. K.; CASEY, C. A. The U.S. Export Control System and the Export Control Reform Act of 2018. Congressional Research Service, 2021. Disponível em: <https://crsreports.congress.gov/product/pdf/R/R46814>. Acesso em: 17 jun. 2023.

KHALID, A. The White House wants more AI research for less money. Disponível em: <https://qz.com/1803033/the-white-house-wants-more-ai-research-for-less-money>. Acesso em: 31 out. 2023.

KNOPP, E.; LEIGH, D.; MURSULA, S.; TAMBUNLERTCHAI, S. U.S. Investment Since the Tax Cuts and Jobs Act of 2017. IMF Working Paper. International Monetary Fund, 2019. Disponível em: <https://papers.ssrn.com/sol3/papers.cfm?abstract_id=3417718>. Acesso em: 25 jun. 2023.

KRASNER, S. D. Structural Causes and Regimes Consequences: Regimes as Intervening Variables. In: _____. (Org.). *International regimes*. Ithaca, London: Cornell University Press, 1983.

MAZZUCATO, M. *The Entrepreneurial State*: Debunking Public vs. Private Sector Myths. London: Anthem Press, 2013. [Ed. bras.: *O estado empreendedor*: desmascarando o mito do setor público vs. setor privado. São Paulo: Portfolio-Penguin, 2014.]

NATIONAL Science Board. Research and Development: U.S. Trends and International Comparisons. 28 abr. 2022. Disponível em: <https://ncses.nsf.gov/pubs/nsb20225/introduction>. Acesso em: 10 mar 2023.

NATIONAL Security Strategy. The White House, Washington, 12 out. 2022. Disponível em: <https://www.whitehouse.gov/wp-content/uploads/2022/10/Biden-Harris-Administrations-National-Security-Strategy-10.2022.pdf>. Acesso em: 31 out. 2023.

NATIONAL Security Strategy. The White House, Washington, dez. 2017. Disponível em: <https://trumpwhitehouse.archives.gov/wp-content/uploads/2017/12/NSS-Final-12-18-2017-0905.pdf>. Acesso em: 31 out. 2023.

NATIONAL Security Strategy. The White House, Washington, maio 2010. Disponível em: <https://obamawhitehouse.archives.gov/sites/default/files/rss_viewer/national_security_strategy.pdf>. Acesso em: 31 out. 2023.

NOCERA, J. Solar economics. *International Herald Tribune*, 5 out. 2011.

NOYCE, R. N.; WOLFF, A. W. High-Tech Trade in the 1980s: The International Challenge and the U.S. Response. Issues in Science and Technology. v.2, n.3, 1986, p.61-71.

OFFICE of Management and Budget. *Federal Register*, v.75, n.35, p.8137-9, 23 fev. 2010. Disponível em: <https://obamawhitehouse.archives.gov/sites/default/files/omb/assets/fedreg_2010/02232010_ipi.pdf>. Acesso em: 24 mar. 2023.

OFFICE of Science and Technology Policy. Disponível em: <https://obamawhitehouse.archives.gov/administration/eop/ostp/initiatives>. Acesso em: 31 out. 2023.

OFFICE of the United States Trade Representative. Anti-Counterfeiting Trade Agreement. Out. 2011. Disponível em: <https://ustr.gov/acta>. Acesso em: 31 out. 2023.

OSTRY, S. Technology Issues in the International Trading System. In: WESSNER, C. W. *International Friction and Cooperation in High-Technology Development and Trade*. Washington: National Academy Press, 1997. p.304-24.

PRAMUK, J. Trump signs "phase one" trade deal with China in push to stop economic conflict. 16 jan. 2020. Disponível em: <https://www.cnbc.com/2020/01/15/trump-and-china-sign-phase-one-trade-agreement.html>. Acesso em: 24 jan. 2023.

PRESIDENTIAL Documents. Executive Order 14032. *Federal Register*, v.86, n.107, 7 jun. 2021. Disponível em: <https://home.treasury.gov/system/files/126/14032.pdf>. Acesso em: 31 out. 2023.

PRESIDENTIAL Documents. Executive Order 14083. *Federal Register*, v.87, n.181, 20 set. 2022. Disponível em: <https://www.govinfo.gov/content/pkg/FR-2022-09-20/pdf/2022-20450.pdf>. Acesso em: 23 jun. 2023.

REUTERS. Six Chinese entities banned from exporting sensitive U.S. goods. 13 maio 2019. Disponível em: <https://www.reuters.com/article/uk-usa-trade-china-exports-idUKKCN1SJ1HF>. Acesso em: 16 jun. 2023.

RODRIK, D. *Normalizing Industrial Policy*. The World Bank. Commission on Growth and Development. 2008. Disponível em: <https://drodrik.scholar.harvard.edu/files/dani-rodrik/files/normalizing-industrial-policy.pdf>. Acesso em: 12 abr. 2023.

ROLF, S. *China's Uneven and Combined Development*. London: Palgrave Macmillan, 2021.

SCHAUS, J. *President Obama´s Second Order on CFIUS*. Center for Strategic and International Studies. 2016. Disponível em: <https://www.csis.org/analysis/president-obamas-second-order-cfius>. Acesso em: 31 out. 2023.

SCHOFF, J. L. U.S.-Japan Technology Policy Coordination: Balacing Technonationalism With a Globalized World. Carnegie Endowment for International Peace. 29 jun. 2020. Disponível em: <https://carnegieendowment.org/2020/06/29/u.s.-japan-technology-policy-coordination-balancing-technonationalism-with-globalized-world-pub-82176>. Acesso em: 31 out. 2023.

SCHWARZENBERG, A. B. Section 301 of the Trade Act of 1974: origin, Evolution, and Use. 2020. Disponível em: <https://sgp.fas.org/crs/misc/R46604.pdf>. Acesso em: 28 jan. 2023.

SWORN, H. E.; HARJANI, M. *US-China Economic competition rests on intellectual property.* East Asia Forum, 29 jun. 2022. Disponível em: <https://www.eastasiaforum.org/2022/06/29/us-china-economic-competition-rests-on-intellectual-property/>. Acesso em: 14 fev. 2023.

THE BRAIN Iniative. What is The BRAIN Initiative. Disponível em: <https://braininitiative.nih.gov/>. Acesso em: 12 jun. 2023.

THE ECONOMIST. Angst in the United States: What's wrong with America's economy. 28 abr. 2011.

THE WHITE HOUSE. Administration Issues Strategic Plan for Big Data Research and Development. 23 maio 2016. Disponível em: <https://obamawhitehouse.archives.gov/blog/2016/05/23/administration-issues-strategic-plan-big-data-research-and-development>. Acesso em: 24 abr. 2023.

______. Remarks by National Security Advisor Jake Sullivan at the Special Competitive Studies Project Global Emerging Technologies Summit. 2022. Disponível em: <https://

www.whitehouse.gov/briefing-room/speeches-remarks/2022/09/16/remarks-by-national-security-advisor-jake-sullivan-at-the-special-competitive-studies-project-global-emerging-technologies-summit/>. Acesso em: 31 out. 2023.

TRADE Act 1974. § 2242. Identification of countries that deny adequate protection, or market access, for intellectual property rights. Disponível em: <https://www.govinfo.gov/content/pkg/USCODE-2011-title19/pdf/USCODE-2011-title19-chap12-subchapI-part8-sec2242.pdf>. Acesso em: 24 mar. 2023.

U.S. DEPARTMENT OF DEFENSE. DOD Releases List of Additional Companies, In Accordance with Section 1237 of FY99 NDAA. 14 jan. 2021. Disponível em: <https://www.defense.gov/Newsroom/Releases/Release/Article/2472464/dod-releases-list-of-additional-companies-in-accordance-with-section-1237-of-fy/. Acesso: 31 out. 2023.

VELASCO E CRUZ, S. C. *Estado e economia em tempo de crise*. Política industrial e transição política no Brasil nos anos 80. Campinas: Editora da Unicamp; Rio de Janeiro: Dumará Distribuidora de Publicações Ltda. 1997.

______. *Trajetórias*: capitalismo neoliberal e reformas econômicas nos países da periferia. São Paulo: Editora Unesp, 2007.

______. O Acordo sobre os Aspectos dos Direitos de Propriedade Intelectual Relacionados ao Comércio (TRIPS): implicações e possibilidades para a saúde pública no Brasil. In: ACIOLY, L.; CINTRA, M. A. M. *Inserção Internacional Brasileira*: temas de política externa. Livro 3, v.1. Brasília: IPEA, 2010. p.227-44.

______. *Estados e mercados*. Os Estados Unidos e o sistema multilateral de comércio. São Paulo: Editora Unesp, 2017.

VIGEVANI, T.; MENDONÇA, F.; LIMA, T. *Poder e comércio*. A política comercial dos Estados Unidos. São Paulo: Editora Unesp, 2018.

WADE, R. H. The Role of Industrial Policy in Developing Countries. UNCTAD. 2015, p.67-79. Disponível em: <https://unctad.org/system/files/official-document/gdsmdp20151wade_en.pdf>. Acesso em: 12 jul. 2023.

WEISS, L. A volta do Estado: aprendendo com os BIC? O Estado de transformação: volta, renovação ou redescoberta? *Desenvolvimento em Debate*, v.2, n.1, p.9-31, jan.-abr. 2011.

WILLIAMSON, J. Is the "Beijing Consensus" now dominant? *Asia Policy*, n.13, 2012, p.1-16.

WORLD INTELLECTUAL Property Organization. China Leads the World in AI Related Patent Filing. Disponível em: <https://www.wipo.int/about-wipo/en/offices/china/news/2021/news_0037.html>. Acesso em: 18 de mar. 2023.

WORLD TRADE Organization. Council for Trade-Related Aspects of Intellectual Property Rights. IP/C/M/63. Minutes of Meeting. 4 out. 2010. Disponível em: <https://docs.wto.org/dol2fe/Pages/SS/directdoc.aspx?filename=Q:/IP/C/M63.pdf&Open=True>. Acesso em: 23 fev. 2023.

WURM, S.; JEON, C.-U.; LERCEL, M. Sematech´s EUV Program: A Key Enabler for EUVL Introduction. *Proc. SPIE* 6517, Emerging Lithographic Technologies XI, 651705, 23 mar. 2007.

YU, P. K. The Middle Kingdom and the Intellectual Property World. *Rev.Int'l Law*, v.209, 2012. Disponível em: <https://scholarship.law.tamu.edu/cgi/viewcontent.cgi?article=1395&context=facscholar&httpsredir=1&referer=>. Acesso em: 31 out. 2023.

8
Transformação digital e rivalidade geopolítica: Estados Unidos e China

Pedro Txai Leal Brancher
Marco Cepik[1]

No dia 3 de julho de 2023, o Ministério do Comércio (MOFCOM) e a Administração Geral Alfandegária da República Popular da China (RPC) anunciaram a implementação de controles de exportação de materiais relacionados a gálio e germânio, visando à preservação da segurança e dos interesses nacionais (Ziady; Xu, 2023). Gálio e germânio são metais críticos para o funcionamento da indústria de semicondutores que assegura o funcionamento da economia mundial na Era Digital (Brancher, 2023). Enquanto o gálio é essencial para a manufatura de chips e equipamentos eletrônicos, o germânio é indispensável na fabricação de fibra óptica, transistores e painéis solares. De acordo com o Departamento de Pesquisa Geológica dos Estados Unidos da América (EUA), em 2022 a produção chinesa de gálio e germânio correspondeu a, respectivamente, 98% e 68% do consumo global (USA, 2023d).

A decisão de Beijing foi mais um episódio no acirramento da competição estratégica entre a RPC e os EUA. De uma escalada tarifária contra produtos fabricados na China e importados pelos Estados Unidos, juntamente com restrições contra corporações específicas da China, iniciada durante o

1 Os dois autores agradecem ao Conselho Nacional de Desenvolvimento Científico e Tecnológico (CNPq) pelo auxílio de pesquisa. Também agradecem à equipe do INCT-INEU e a Francisco Fabris e Thales Leão, estudantes da UFRGS, pela assistência de pesquisa.

governo Donald Trump (2017-2021), as sanções estadunidenses evoluíram para um cerco geral contra as indústrias digitais e, principalmente, de semicondutores, da RPC.

Em janeiro de 2021, por exemplo, a Comissão Federal de Comunicações (CFC) revogou a autorização da China Telecom Americas de prover serviços de telecomunicações nos EUA (Reuters, 2022). Em julho de 2021, a CFC também aprovou um programa de US$ 1,9 bilhão para substituir equipamentos chineses nas redes estadunidenses (Shepardson, 2021). Por sua vez, aprofundando a política de controles de exportação iniciada no governo anterior, a administração Biden adicionou à "Lista de Entidades" proibidas de adquirirem materiais e equipamentos com componentes tecnológicos estadunidenses mais de quarenta organizações chinesas nas áreas de computação quântica, inteligência artificial, robótica, pesquisa aeroespacial, microeletrônica e biotecnologia, tudo isso também em 2021 (Gibson; Dunn; Crutcher, 2022). De acordo com o Escritório de Indústria e Segurança (EIS) do Departamento de Comércio dos EUA, em agosto de 2022, mais de seiscentas organizações chinesas estavam na Lista de Entidades (USA, 2022a).

Em 7 de outubro de 2022, Washington intensificou novamente o cerco tecnológico. Ao "atualizar" sua política de controles de capitais, o EIS anunciou a imposição de sanções visando explicitamente a restringir a habilidade de a RPC comprar e produzir "chips de computação avançada [...] utilizados para o desenvolvimento e manutenção de supercomputadores, bem como fabricar semicondutores avançados" (USA, 2022b). Ou seja, a China não apenas foi proibida de adquirir dos Estados Unidos chips na fronteira tecnológica, mas impedida de importar os "componentes, tecnologias e *software* de origem estadunidense que poderiam ser utilizados na fabricação de equipamentos de manufaturas que lhe permitiriam construir fábricas de semicondutores em seu próprio território" (Palmer, 2023).

Acompanhando a escalada de Washington, outros países aderiram ao cerco. No dia 23 de março de 2023, alegando estar contribuindo para "a paz e a estabilidade internacional", o Ministério da Indústria, Comércio e Economia do Japão anunciou a implementação de controles de exportação para equipamentos utilizados no processo de fabricação de microchips para a China (Al Jazeera, 2023). No dia 30 de junho de 2023, foi a vez do governo da Holanda aderir à estratégia, obrigando a companhia holandesa ASML, única fabricante mundial de sistemas de litografia de semicondutores com raios ultravioleta, a adquirir licenças para comercializar com empresas chinesas (Sterling, 2023). No dia seguinte ao da decisão de Amsterdam, a porta-voz do Mofcom em Beijing expressou "insatisfação" e ressaltou o papel de Washington na medida holandesa:

> Os EUA não hesitam em sacrificar os interesses de seus aliados, coagiram e cortejaram outros países a suprimir e conter a indústria de semicondutores da China,

> promoveram artificialmente o desacoplamento industrial e romperam as cadeias de suprimentos e prejudicaram seriamente o desenvolvimento da indústria global de semicondutores. (*Global Times*, 2023)

Dois dias depois, em resposta às drásticas medidas forçadas por Washington, o governo chinês anunciou restrições à exportação de gálio e germânio.

Parte dos analistas interpreta o crescimento das barreiras tarifárias e não tarifárias no comércio e desenvolvimento de tecnologias digitais de ponta entre EUA e China como evidência de um processo estrutural e irreversível de desacoplamento (*decoupling*) entre os dois sistemas econômicos (Bajrektarevic, 2021; Bessler, 2022). Com base na noção de desacoplamento, assume-se que a interdependência comercial e financeira entre os dois países, a qual emergiu após a normalização das relações bilaterais sino-estadunidenses no início da década de 1970 e se consolidou após a entrada da RPC na Organização Mundial do Comércio (OMC), em 2001, estaria sendo erodida por uma rivalidade geopolítica análoga à que permeou as interações entre Estados Unidos e União Soviética durante a Guerra Fria (Walt, 2018; Bateman, 2022). A centralidade da disputa atual é descrita de diferentes maneiras pelos governos dos dois países. Enquanto, para Beijing, superar a face tecnológica do conflito permitiria a continuidade do projeto de desenvolvimento baseado no socialismo de mercado, no caso de Washington se trataria "de deter o avanço da potência rival em setores essenciais" visando à manutenção da liderança global (Velasco e Cruz, 2023).

Vale notar, entretanto, que, diferentemente do contexto em que se desenvolveu a competição entre Estados Unidos e União Soviética no século XX, a economia mundial contemporânea é efetivamente caracterizada por um grau mais profundo de integração comercial, produtiva, financeira e tecnológica entre as duas maiores potências, Estados Unidos e China. Além disso, problemas globais, tais como pandemias, fluxos migratórios e mudanças climáticas, criam demandas por cooperação que eram percebidas como menos urgentes na Guerra Fria. Em tal contexto, o tensionamento político e o desacoplamento econômico-tecnológico entre Washington e Beijing tenderia a produzir ondas de choque que afetariam toda a economia mundial, ameaçando a própria capacidade de a humanidade atuar coletivamente para enfrentar os desafios com que se depara (Witt et al., 2023).

Se as causas conjunturais atribuídas ao *decoupling* variam desde tensões militares localizadas até a redução do ritmo do crescimento da economia global, as causas que poderíamos chamar de estruturais estão ancoradas no que diferentes teorias chamam de transição de poder (Can; Chan, 2022). Uma transição internacional de poder tenderia a ser mais ou menos conflitiva dependendo da taxa desigual de crescimento nos recursos de poder entre a potência hegemônica e um ou mais estados desafiantes (Gilpin, 1981). Uma vez reduzida a distância relativa entre incumbente e desafiante, acirrar-se-ia inevitavelmente o dilema de segurança, reforçado por alterações nas percepções acerca dos benefícios da interdependência. Caso não haja mecanismos institucionais efetivos de coordenação e redução da incerteza, as interações estratégicas se tornam um jogo de soma zero, no qual o hegemon tende a mobilizar capacidades para conter o estado ascendente, enquanto este utiliza suas capacidades para alterar a distribuição de custos e benefícios entronizada na ordem internacional vigente.

Ou seja, as várias versões de teorias de transição de poder veem a deterioração nas relações sino-estadunidenses como resultado de constrangimentos estruturais que se sobrepõem aos interesses e peculiaridades dos formuladores de política externa. Logo, o *decoupling* seria apenas mais um elo de uma cadeia causal predeterminada (Armadilha de Tucídides), a qual tenderia muito provavelmente a produzir uma guerra central entre grandes potências com capacidade nuclear retaliatória nas próximas décadas (Allison, 2017).

Embora a metáfora da Armadilha de Tucídides lance luz sobre alguns dos riscos que permeiam a competição estratégica entre Washington e Beijing, a hipótese da inevitabilidade de uma guerra hegemônica talvez subestime os impactos da transformação digital nas dinâmicas políticas internacionais. Para Yan Xuetong (2020), os acelerados avanços tecnológicos nas últimas duas décadas em áreas de Inteligência Artificial (AI), computação em nuvem, computação quântica e *blockchain* transformaram "a economia digital e a cibersegurança no aspecto mais importante da riqueza e segurança nacional" (Yan, 2020, p.317). Na medida em que os EUA e a RPC possuem as duas maiores economias digitais do mundo, suas políticas externas tenderiam a ser mais influenciadas pela "mentalidade digital" (maximizar a inovação digital e a cibersegurança) do que pela "mentalidade da Guerra Fria" (conter a expansão militar e econômica do estado rival em todas as dimensões).

Em 2023, Yan Xuetong reiterou a expectativa de que, com o provável enfraquecimento da mentalidade da Guerra Fria nos processos de tomada de decisão estadunidenses na próxima década, o desacoplamento entre as duas nações será seletivo e provavelmente não evoluirá para uma guerra central. Assim, ao invés de uma separação cada vez maior entre dois blocos coesos e caracterizados por ideologias antagônicas, o duopólio de poder na Era Digital seria caracterizado pela coexistência entre uma competição seletiva e pragmática pela liderança da dinâmica internacional heterogênea de inovação tecnológica, com instâncias de cooperação orientadas para a manutenção da funcionalidade da economia mundial. Ou seja: "uma paz conturbada, com poucas guerras por procuração, mas com uma abundância de ciberataques entre as grandes potências" (Yan, 2023).

O objetivo deste capítulo é analisar o agravamento da estratégia de contenção da China por parte dos Estados Unidos na área de semicondutores à luz das noções de "Armadilha de Tucídides" (Allison, 2017) e de "mentalidade digital" (Yan, 2020). Assumimos como premissa que, nas próximas décadas, a habilidade de implementar uma transformação digital global, entendida como o emprego sinérgico de dados e tecnologias digitais para realizar potenciais econômicos, institucionais, políticos e culturais de uma formação social global emergente, definirá o resultado da competição estratégica entre EUA e China e as chances de vida da humanidade (Hai; Van; Tuyet, 2021; Kraus et al., 2021).

Diante disso, duas questões interconectadas norteiam nossa investigação. Primeiro, quais as diferenças entre as estratégias de transformação digital de Washington e Beijing? Segundo, por que o setor dos semicondutores se tornou o centro da competição sino-estadunidense e quais os riscos para a segurança internacional?

Estados Unidos e China na Era Digital: estratégias e resultados

O estímulo à ciência e à inovação acompanha a trajetória dos Estados Unidos desde o surgimento do país, com determinação presente na Constituição Federal de 1789 para que o Congresso Nacional assegurasse aos autores e descobridores os direitos sobre suas invenções (Thomson, 2009). A transição para a Era Digital também começou nos Estados Unidos, na segunda metade do século XX, com o surgimento da internet e a invenção dos circuitos integrados baseados em semicondutores (Lojek, 2007). Desde o governo do presidente Barack Obama (2009-2017), foram publicados diversos documentos de estratégia nacional em áreas específicas, inclusive nas áreas de cibersegurança, governança da internet, desenvolvimento de ativos digitais e semicondutores.

Na Estratégia Nacional de Cibersegurança, por exemplo, o governo Biden definiu três pilares de atuação, a saber, a defesa da infraestrutura digital crítica contra-ataques externos, a integração interagências para a neutralização de atores considerados como ameaças, e o desenvolvimento seguro de hardware (principalmente IoT) e software. Ao identificar os atores "maliciosos", o documento destaca a RPC como a ameaça "mais ampla, mais ativa e mais persistente" para as redes privadas e governamentais. A China foi considerada uma ameaça maior do que a Rússia, o Irã, a Coreia do Norte e outros Estados "autocráticos com intenções agressivas e revisionistas" (USA, 2021b; 2023d).

Em documentos como a Declaração sobre o Futuro da Internet (USA, 2023b) e a Ordem Executiva sobre o Desenvolvimento de Ativos digitais (USA, 2022c), o foco foi mais propositivo. Sobre a internet, Washington proclamou a defesa dos direitos humanos e das liberdades fundamentais como a base de suas políticas para a rede mundial, além de enfatizar o enfrentamento das desigualdades de acesso e do empoderamento dos diversos atores relevantes em um modelo *multistakeholder* de governança mundial da rede. No caso do *framework* para o desenvolvimento responsável de ativos digitais, o governo Biden reconheceu os riscos associados a uma variação enorme no valor de mercado de ativos digitais (incluindo criptomoedas), que chegou a atingir 3 trilhões de dólares em novembro de 2021 e caíra para 1 trilhão em setembro de 2022. Em um tom menos triunfante e mais cooperativo e multilateral, o governo americano enfatizou agendas de pesquisa, regulação e experimentação com uma moeda digital soberana, chamada de Central Bank Digital Currency (CBDC).

Entretanto, apesar das declarações em prol de uma abordagem mais integrada ("*whole-of-government*"), as políticas e burocracias associadas às iniciativas de transformação digital continuam dispersas e carecem de visão estratégica comum. Internamente, por exemplo, embora os gastos anunciados para programas de *Digital Equity*, incluindo o Broadband Equity, Access and Deployment (Bead) tenham chegado a US$ 42 bilhões em 2023, 40% das residências nos Estados Unidos ainda eram qualificáveis para programas de desconto nas contas de acesso à internet e na compra de computadores e *tablets* (USA, 2023c). Internacionalmente, mesmo o programa mais ambicioso anunciado pelo governo Biden, a chamada New Initiative on Digital Transformation with Africa (DTA), ainda dependia de aprovação do Congresso Nacional para investir meros US$ 350 milhões para o desenvolvimento de infraestrutura e inclusão digital naquele continente (USA, 2023c).

O contraste entre a postura cada vez mais agressiva de Washington contra a China e o alcance limitado de suas próprias iniciativas de liderança global na área de transformação digital são explicados pela posição incumbente no topo da economia digital global e pela crescente disfuncionalidade e divisão política entre as elites políticas e empresariais. Em 2021, o Senado dos Estados Unidos aprovou o Innovation and Competition Act (Usica), favorecendo empresas como a Google, Microsoft, Amazon, Apple e Facebook, cinco das sete maiores doadoras financeiras para a campanha presidencial de Joe Biden (*Open Secrets*, 2021).

Segundo o Bureau of Economic Analysis (BEA) do Departamento de Comércio, em 2020, no primeiro ano da pandemia causada pela Covid-19, a economia digital produziu US$ 3,3 trilhões nos Estados Unidos, com um crescimento médio anual de 4,8% entre 2012 e 2020, muito acima do crescimento geral do Produto Interno Bruto (PIB), de 1,5% no mesmo período (USA, 2023c). Serviços digitais como internet, telecomunicações e computação em nuvem representaram 44% do valor total (US$ 1,5 trilhão), enquanto infraestrutura (*hardware* e *software*) representou 31% (US$ 1 trilhão) e *e-commerce* (B2B e B2C) representou 25% (US$ 821 bilhões). Os Estados Unidos continuam tendo a maior economia digital do mundo.

Mesmo assim, a participação dos EUA na produção global de semicondutores caiu de 37%, em 1993, para 12% em 2023. Em 2020, Taiwan concentrava 63% da capacidade de produção de microchips com menos de 10 nm. Os EUA ainda detêm 43% das receitas globais de design de circuitos integrados, mais de 70% das receitas de *software* para design de chips, 90% das patentes de núcleo, além de 40,9% do mercado de equipamentos de fabricação de semicondutores (Thadani; Allen, 2023). Todavia, essa posição incumbente torna-se mais precária na medida em que o governo dos EUA falha em organizar seu complexo industrial-acadêmico-militar para oferecer ao mundo uma estratégia inclusiva e ecologicamente sustentável de transformação digital.

Como se pode ver no Quadro 1, há uma concentração cada vez maior do setor em torno de grandes corporações organizadas como plataformas (Brancher; Polita, 2023). Mais do que o valor de mercado ou o faturamento anual, para os fins deste trabalho interessa notar a enorme capacidade de erigir barreiras de entrada contra competidores em função do elevado investimento em P&D que caracteriza as plataformas digitais. Uma outra característica importante para que se possa avaliar os custos e a propensão ao *decoupling* em suas variadas intensidades e narrativas é indicada pelo percentual das receitas de cada conglomerado obtido fora do país em que a empresa é sediada, seja no caso dos Estados Unidos, seja no caso da China.

Note-se ainda, por exemplo, que a Tesla obtém 22% das suas receitas no mercado chinês, enquanto a Apple obtém 17,7% e a Microsoft, 12,4% na China. Em 2020, Google, IBM, Intel e Microsoft possuíam laboratórios de pesquisa em IA na China (Heston; Zwetsloot, 2020). Em 2022, a Microsoft instalou seu quinto *data center* na China, enquanto Apple e Tesla completaram as instalações de seus primeiros *data center* no país em 2021 (*Global Times*, 2022). Dentre todas as cooperações científicas entre equipes de dois países no mundo, EUA e China produziram o maior número de publicações científicas binacionais (Jin, 2023).

No caso da China, a inovação tecnológica também desempenhou um papel central e milenar na trajetória da civilização chinesa (Jiang, 2021). Mais recentemente, com a ascensão de Deng Xiaoping em 1978, o sistema nacional de inovação chinês foi reorganizado de acordo com o princípio do socialismo de mercado e foi integrado à economia mundial (Zhou; Lazonick; Sun, 2016). Após a eleição de Xi Jinping para o cargo de Secretário-geral em 2012, a transformação digital tornou-se parte crucial da grande estratégia do país (Sun, 2022). Sob a liderança de Xi, a digitalização compreensiva do governo, economia e sociedade passou a ser encarada como um instrumento potencializador da produtividade e, principalmente, como uma condição necessária para a realização do “Sonho Chinês” em torno do “Grande Rejuvenescimento da Nação Chinesa”.

Quadro 1 – Big Tech EUA: indicadores selecionados

Empresa	Principais Serviços / produtos	% Receitas Internacionais do principal negócio (2022)	P&D (2022) US$
Alphabet Inc	Inteligência artificial, publicidade *on-line*, mecanismo de busca, computação em nuvem, *software*, computação quântica, comércio eletrônico e eletrônicos de consumo.	52%	US$ 39,5 bilhões
Microsoft	Azure, Bing, LinkedIn, Yammer, Microsoft 365, One Drive, Outlook, Git Hub, Windows, Xbox.	49,7%	US$ 24,5 bilhões
Amazon	Vendas *on-line* de produtos de varejo, streaming de vídeos e música, tablets e eletrônicos, estúdios de produção audiovisual, jogos *on-line*, serviços de entregas, *cloud computing*, serviços web, publicações, logística, pagamentos digitais.	30%	US$ 73,2 bilhões
Meta	Plataforma de rede social Facebook (incluindo Messenger, Watch e Portal). Outras redes sociais como Instagram; plataforma de grupos e mensagens WhatsApp; Oculus VR, Giphy e Mapillary, além de ter participação na Jio Platform.	58%	US$ 35,3 bilhões
Apple	iMac, iPhone, iPad, Apple TV, Apple Watch; macOS; iLife, iWork, iOS, Apple Pay, Apple Music. Produtos e serviços adicionais por meio de subsidiárias como a Braeburn Capital, FileMaker Inc, Beats Electronic e Anobit.	62%	US$ 26,2 bilhões

Fonte: Alphabet, 2022; Microsoft, 2023; Amazon, 2022; Meta, 2023; Apple, 2022.

Ainda em 2013, o Conselho de Estado da RPC criou a Administração Chinesa do Ciberespaço, responsável pela segurança da Internet chinesa e por orientar a estratégia de elevação da China ao *status* de "Ciber Grande Potência" (Creemers et al., 2018). Concomitantemente, documentos estratégicos como o "Made in China 2025" (China, 2015a) e o "Internet Plus" (China, 2015b) contribuíram para que, em 2020, o Comitê Central reconhecesse os dados como um fator de produção análogo à terra, trabalho e capital, incorporando definitivamente a digitalização no arcabouço teórico do marxismo chinês (China, 2020a). Em fevereiro de 2023, o Comitê Central e o Conselho de Estado elevaram o termo China Digital ao patamar de uma grande estratégia compreensiva: "a construção da China Digital" visa à "fusão profunda das 'cinco integrações' da tecnologia digital com a economia, a política, a cultura, a sociedade e a civilização ecológica", bem como a otimizar os dois ambientes de desenvolvimento digital, nacional e internacional (Xinhua, 2023). Portanto, a abordagem do Partido Comunista da China (PCC) em relação à digitalização evoluiu de planos securitários e econômicos específicos para uma estratégia compreensiva que a define como o mecanismo indutor da emergência de uma formação social superior (China Digital) integrada plenamente às dinâmicas do sistema internacional.

Entre 2008 e 2022, a taxa de penetração de Internet na RPC aumentou de 23% para 76,6%, o que representou a inclusão de aproximadamente 769 milhões de pessoas e transformou a China no maior mercado de usuários da Internet do mundo (CIW, 2023). O aumento de 40% para 98% de usuários de internet móvel em relação ao total de usuários, entre 2011 e 2021, gerou uma elevação de 193 milhões para 842 milhões no número de consumidores *on-line*. Em 2021, a RPC se tornou o maior mercado de *e-commerce* do mundo, registrando 50% das transações globais, 388 milhões de consumidores *livestreaming* e uma receita de US$ 1,5 bilhão (USA, 2023a). Consequentemente, a economia digital chinesa aumentou de US$ 600 bilhões (15% do PIB) em 2008 para US$ 7,25 trilhões (45% do PIB) em 2022, quando o volume de dados produzidos anualmente no país chegou a 8,1 ZB (10,5% do total global) (*Business Wire*, 2023).

O desenvolvimento da camada lógica da economia digital chinesa foi sustentado por um robusto fortalecimento da camada infraestrutural (Shicong, 2023). Entre 2012 e 2019, o percentual de conexões de fibra ótica de alta velocidade aumentou de 11,60% para 92,90% dos usuários conectados. Essa capilaridade se reflete em custos mais acessíveis de acesso. Em 2018, enquanto um pacote mensal de 100 Mbps nos EUA custava US$ 90, o equivalente a 2,08% da renda nacional per capita, o mesmo serviço poderia ser adquirido por US$ 7,53 na RPC, o equivalente a 1,06% da renda nacional per capita (Jiang; Murmann, 2022, p.792-3).

A tecnologia 5G tornou-se a dimensão mais visível do *catching up* chinês no âmbito das telecomunicações. Em apenas um ano, entre 2021 e 2022, o número de estações de 5G em operação no país aumentou de 887 mil para 2,31 milhões, uma rede que sustentava 561 milhões de usuários, o equivalente a 60% do total mundial. Em articulação com 496 milhões de dispositivos conectados à Internet (IoT), a extensa malha de fibra ótica, redes 5G, *data centers* e computação em nuvem formam as condições habilitadoras da maior rede de cidades inteligentes (*smart cities*) do mundo, a qual abrangia 500 cidades e 749 projetos piloto já em 2019 (Shan et al., 2021; Wang; Chen; Liu, 2023; Weissberger, 2023).

O papel dos conglomerados de tecnologia chineses na operacionalização da estratégia digital nacional foi fundamental. As gigantes Huawei e ZTE são as líderes no setor de infraestrutura de TIC, representando, respectivamente, 59% e 30% do mercado chinês de bases 5G (Slotta, 2023). Tencent e Alibaba, ambas empresas de capital aberto, a primeira listada na Nasdaq e a segunda na New York Securities Exchange (NYSE), são as companhias dominantes no âmbito das plataformas infraestruturais (Brancher; Polita, 2023).

A Tencent, além de controlar o superaplicativo WeChat (1,3 bilhão de usuários) e os aplicativos WePay (pagamentos), QQ (mensagens) e Weibo (rede social), ainda lidera globalmente o mercado de jogos digitais. A Tencent coopera com centenas de agências governamentais municipais, provinciais e centrais em serviços de governo eletrônico e *smart cities* (Xinhua, 2019). A Alibaba, por sua vez, gerencia as plataformas de logística e comércio eletrônico Taobao, Tmall, Taocaicai, Alibaba Health, Freshippo e Sun Art. O grupo Tencent também controla a colossal plataforma fintech chamada de Ant Group, tendo sido um ator fundamental na estratégia de redução da extrema pobreza em áreas rurais através do programa Vilarejos Taobao (Alibaba, 2021).

Logo abaixo na hierarquia das corporações digitais chinesas estão as plataformas setoriais, como a Baidu, com forte presença nos setores de buscas *on-line* e mobilidade smart, a ByteDance, controladora dos aplicativos TikTok, Douyin (rede social e geração de conteúdo) e Toutiao (plataforma de notícias e informação), a JD.com (plataforma de logística e *e-commerce*), a Meituan (plataforma de delivery e mobilidade) e a DiDi Chuxing (plataforma de transporte privado). Somadas, as plataformas digitais chinesas empregam mais de 200 milhões de pessoas, representando 23% da força de trabalho do país (Deng, 2023).

A centralidade dos conglomerados empresariais na operacionalização da estratégia China Digital, ainda que fortemente regulada pelo Estado, é um elemento importante para diferenciar as posturas assumidas por Beijing e Washington (Dorman; Hemmings, 2023). A Tencent, por exemplo, tem ações negociadas na Nasdaq e mantém um contrato de US$ 1,5 bilhão com a liga de basquete americana (NBA) para a transmissão do campeonato na China (DEB, 2022). Em 2022, a Tencent tinha US$ 12,6 bilhões em investimentos nos Estados Unidos, valor maior do que a soma dos investimentos da empresa na Europa, América Latina e África (Tencent, 2023). A Alibaba, por sua vez, possui ações negociadas na NYSE, além de manter parte relevante das operações da Ali Express e dois *data centers* nos EUA (Virgínia e Califórnia). A Alibaba é a investidora líder em diversas *startups* estadunidenses (Henry, 2016). No que concerne à Baidu, três dos principais acionistas da empresa são corporações estadunidenses: Alphabet (tecnologia), GGV Capital (finanças) e GSR Venture (finanças) (Baidu, 2023). A Byte Dance, por sua vez, possui treze escritórios e 7 mil funcionários em território estadunidense, sendo que mais de 60% de seu capital pertence a fundos de investimento americanos

(ByteDance, 2023). O aplicativo mais lucrativo da ByteDance, o TikTok, era utilizado por 150 milhões de pessoas nos EUA em março de 2023, atrás apenas dos mercados chinês (780 milhões) e indiano (190 milhões) (Tiktok, 2023).

Em outras palavras, as corporações da China estão comercialmente, financeiramente e tecnologicamente associadas com entidades relevantes tanto em Wall Street quanto no Vale do Silício. Apesar de algumas restrições regulatórias, Tencent, Alibaba, Baidu e ByteDance não foram incluídas na "Lista de Entidades" do EIS (Ponciano, 2021). Mesmo no caso de empresas como a Huawei e a ZTE, ambas proibidas de oferecerem serviços de telecomunicações nos EUA, mais de 30% de suas receitas são obtidas em mercados internacionais.

Quadro 2 – Big Tech RPC: indicadores selecionados

Empresa	**Principais Serviços /produtos**	**% Receitas Internacionais do Negócio Principal (2022)**	**P&D (2022)**
Huawei	Redes 5G, cabos de fibra ótica, reconhecimento facial, cidades smart, redes elétricas smart, sistemas de controle de tráfego,	37%	US$ 24 bilhões
ZTE	*Wireless*, conexão fibra óptica, infraestrutura telecomunicações, *softwares* telecomunicações, celulares	30,7%	US$ 3,2 bilhões
Tencent	Jogos digitais, rede sociais, *e-commerce*, computação em nuvem, pagamentos digitais, *streaming*	27%	US$ 9,2 bilhões
Alibaba	*e-commerce*, computação em nuvem, *fintech*, pagamentos digitais, *streaming*, centros de dados, *smart cities*	10%	US$ 7,98 bilhões

Fonte: Huawei (2022), Tencent (2023), ZTE (2023), Alibaba (2023).

Em suma, mesmo com as tensões existentes entre os governos dos EUA e da RPC, os conglomerados chineses de tecnologia digital são importantes para poderosos atores na economia política da sociedade norte-americana, além de serem obviamente relevantes para a realização dos objetivos nacionais e internacionais de transformação digital definidos pelo Partido Comunista e pelo governo central da China. Dada a interdependência entre os setores de tecnologia dos dois países, é necessária uma explicação adicional para que se possa avaliar o risco global associado ao conflito em torno da questão dos semicondutores.

A geopolítica dos semicondutores: assimetria e conflito

O acelerado desenvolvimento da indústria de semicondutores foi condição necessária para a transformação digital da economia global na última década. Semicondutores, também denominados microchips, são dispositivos constituídos por elementos como silício, germânio e gálio, nos quais são litografados transistores que formam o núcleo lógico de todos os equipamentos eletrônicos das sociedades contemporâneas. Em 2022, os Estados Unidos aprovaram uma lei chamada de CHIPS and Science Act (Lei 117-167) para estimular investimentos em pesquisa, inovação e manufatura de semicondutores no território do país (USA, 2022d). A cadeia de valor de um chip é composta por três etapas principais: design, manufatura e montagem-testagem-empacotamento (OSAT, em inglês).

Entre 2000 e 2022, houve redução de 90 nm para 3 nm na dimensão dos transistores (Toshiba, 2002; Park; Jeong, 2022). Atualmente, embora chips com transistores de 28 nm ou mais (*Legacy Chips*) sejam amplamente utilizados em automóveis, aeronaves, eletrodomésticos, sistemas militares e dispositivos médicos (Shivakumar; Wessner; Howell, 2023). microchips avançados, com 16 nm ou menos, são pré-requisitos para processadores de smartphones (o Iphone 14 Pro utiliza 4 nm) e para o desenvolvimento de aplicações em áreas estratégicas como IA, computação quântica e veículos autônomos (Kleinhans; Baisakova, 2020). Por outro lado, a diminuição dos controles de capitais na primeira fase da Era Digital engendrou uma cadeia global de valor extremamente oligopolizada, interdependente e especializada (Kshetri, 2023). Ainda que um número relativamente reduzido de corporações participe da indústria de semicondutores, nenhuma nação foi capaz de internalizar todas as etapas do processo produtivo até o momento.

A divisão internacional do trabalho na indústria dos chips reflete as vantagens comparativas de cada país envolvido. O design é a etapa que requer maior intensidade em P&D. Em 2020, desenvolver a concepção de chips de 5 nm custava aproximadamente US$ 540 milhões (Kleinhans; Baisakova, 2020). No terceiro quadrimestre de 2022, cinco empresas dominavam 88% do mercado global dessa etapa: as estadunidenses Qualcomm, Broadcom, NVIDIA, AMD e a taiwanesa MediaTek (Clarke, 2023).

As operações dessas cinco gigantes dependem das companhias que desenvolvem os *softwares* de projeto de circuitos integrados (EDA, em inglês) e de blocos de propriedade intelectual (IP, em inglês). O mercado global de EDA é ainda mais oligopolizado, com quatro grandes corporações, as estadunidenses Cadence, Synopsis, Ansys e a alemã Siemens concentrando 90% das receitas (Chakraborty, 2023; Siemens, 2023). A competição em torno dos blocos de IP, por sua vez, concentra-se nas britânicas ARM e Alphawave, bem como nas estadunidenses Synopsis, Cadence e Imagination Technologies, as quais somadas representavam 72% das receitas em 2022 (Clarke, 2023b).

A fabricação do *wafer* é a etapa que requer maior intensidade de capital. Nesse segmento, a competitividade está associada não só com os custos de produção, mas também com a habilidade de produzir transistores com as menores dimensões possíveis. O investimento estimado pode variar de US$ 7 a US$ 8 bilhões para instalações habilitadas para componentes com 28 nm, e até US$ 19,5 bilhões para manufatura de dispositivos com 3 nm (Kleinhans; Baisakova, 2020). Em maio de 2023, apenas a taiwanesa TSMC e a sul-coreana Samsung conseguiam produzir transistores de 3 nm e, portanto, dominavam o mercado com, respectivamente, 58,5% e 15,8% das receitas globais (Patterson, 2023). Suas concorrentes mais próximas, a também taiwanesa UMC (com 6,3% das receitas globais), a árabe-estadunidense Global Foundries (6,2%) e a chinesa SMIC (4,7%), produziam em massa, respectivamente, semicondutores com 14 nm, 12 nm e 14 nm (Xijia, 2022; Alsop, 2023; UMC, 2023).

Assim como as corporações especializadas no design dependem das desenvolvedoras de EDA e IP, as firmas especializadas na fabricação do *wafer* precisam das fornecedoras de equipamentos para a manufatura de semicondutores (SME). A indústria de SMEs também é extremamente especializada, com os maiores *players* se dividindo entre as operações de deposição (depósito de materiais em nível molecular na superfície do *wafer*), photo litografia (desenho dos padrões do circuito) e gravura (remoção dos materiais indesejados). Enquanto a estadunidense Applied Materials assegura 21% das receitas globais dominando as operações de gravuras com plasma, a japonesa Tokyo Electron detém 14% das receitas com foco em equipamentos de deposição e a holandesa ASML concentra 20,1% das receitas dominando o mercado de litografia (*The Information Network*, 2023). Em termos de criticidade, no entanto, a ASML se destaca por ser a única empresa no mundo que exporta equipamentos de litografia com laser de ondas de luz ultravioleta profundas (EUV, em inglês), o que garante chips até dez vezes menores, maior precisão configuracional e durabilidade operacional (ASML, 2023). A litografia EUV é condição necessária para a fabricação de chips na fronteira tecnológica com dimensões entre 7 e 3 nm.

Os processos de montagem, testagem e empacotamento (OSAT, em inglês) constituem a última etapa da fabricação de semicondutores. Denominada "*back-end*", essa etapa é a mais intensiva em trabalho, com maior descentralização do mercado, a que retém as menores margens de lucro e que representa apenas 6% do valor adicionado da cadeia produtiva (GVR, 2023). Dominam o mercado de OSAT as empresas chinesas ASE Technology (24,2% das receitas globais), JCET (14%) e PTI (9%), além da estadunidense Amkor (18,9%) e da taiwanesa SPIL (11,7%). O segmento de OSAT é o que a China logrou maiores avanços, concentrando 38% do mercado em 2020 (TRENDFORCE, 2021; SIA, 2021). Por sua vez, as empresas especializadas em operações "*back-end*" dependem das fornecedoras de equipamentos utilizados para colagem de moldes, colagem de fios, encapsulamento, moldagem e testes de dispositivos. O mercado de equipamentos para testagem, montagem e empacotamento é dominado por Japão (43% e 35%) e EUA (40,4%). Em 2021, 29% dos equipamentos de empacotamento e 54% dos de testagem adquiridos por firmas chinesas foram provenientes do Japão (Thadani; Allen, 2023).

A cadeia global de semicondutores revela a assimetria da rivalidade geopolítica sino-estadunidense em sua face tecnológica (Gráfico 1). De um lado, corporações estadunidenses e de países aliados dominam as etapas que requerem maiores investimentos em Pesquisa e Desenvolvimento (P&D) e que concentram a maior parcela do valor agregado. Em particular, a viabilidade operacional da tática de cerco parece resultar dos altos graus de criticidade e oligopolização das etapas de *design* de microchips e de fabricação de equipamentos de litografia avançados. Do outro lado, mesmo as companhias chinesas que conquistaram posições privilegiadas no mercado OSAT dependem de equipamentos fabricados em territórios de nações alinhadas com Washington. Ademais, as operações de "*back-end*" e de produção de minerais críticos como gálio e germânio, nas quais a RPC detém vantagens comparativas, são segmentos com maior substitutibilidade e menores barreiras de entrada para novos *players* (Kumar, 2023). Logo, a capacidade de Beijing impor constrangimentos à transformação digital dos Estados Unidos através de controles de exportação é consideravelmente menor em comparação às consequências das restrições impostas por Washington à estratégia digital da China (Lo, 2022).

Gráfico 1 – Valor de mercado da indústria de semicondutores por país (2021)

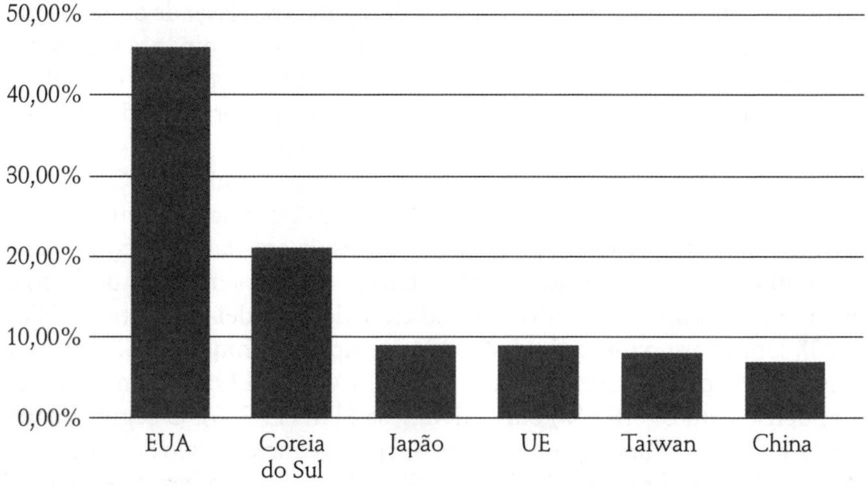

Fonte: SIA (2022).

Beijing percebe a condição de dependência das corporações de tecnologia chinesas em relação à indústria de semicondutores dos EUA, Japão, Holanda e Taiwan como uma vulnerabilidade crítica (Kumar, 2023). Em eventuais cenários de escalada militar no estreito de Taiwan ou no mar do Sul da China, Washington e os países alinhados ameaçam usar essa condição para estrangular a economia da RPC. Portanto, o eventual desacoplamento profundo da cadeia global de valor de microchips resultaria, num primeiro momento, no enfraquecimento das capacidades de inovação chinesas, bem como exigiria a ampliação dos esforços orçamentários e científicos pela busca da autossuficiência em um contexto de desaceleração do crescimento econômico. Em seguida, a eclosão do conflito fortaleceria as forças políticas que defendem o banimento compreensivo das operações de plataformas digitais chinesas do território estadunidense, bem como a exclusão das ações de Tencent e Alibaba das bolsas de valores norte-americanas. A tensão na comunidade internacional engendrada pelo conflito elevaria a probabilidade de outros países aderirem à escalada contra Beijing. Sem acesso a chips de 7 nm ou menos, separadas dos centros de P&D ocidentais, incapacitadas de acessar o sistema financeiro internacional e expulsas de mercados no exterior, as *Big Techs* chinesas precisariam de substantivo apoio do Estado apenas para manterem suas atividades essenciais (SIA, 2022). Tais custos seriam inaceitáveis para Beijing.

É importante considerar que, mesmo com as assimetrias apontadas, o rompimento com a indústria de semicondutores chinesa resultaria em custos significativos para os EUA. Isso porque, em 2021, a RPC representou 60% da demanda global por semicondutores, importando US$ 70,5 bilhões de corporações estadunidenses (USA, 2021a). Ademais, a China possui o maior estoque de graduados e pós-graduados em áreas STEAM e os profissionais chineses são a segunda maior comunidade de engenheiros e cientistas da computação com doutorado nos EUA, atrás apenas da comunidade indiana (Flagg; Harris, 2020; D'Hooghe, 2023).

Diante disso, segundo a Câmara de Comércio dos EUA, se todas as exportações de semicondutores para a China fossem proibidas, a indústria estadunidense perderia US$ 83 bilhões por ano, 12.400 empregos seriam extintos e os investimentos em P&D precisariam ser reduzidos em US$ 12 bilhões (USA, 2021a). Por isso, no dia 17 de julho de 2023, a Associação da Indústria de Semicondutores dos EUA declarou em comunicado que "garantir o acesso contínuo da indústria ao mercado da China é importante para evitar a neutralização dos impactos positivos do CHIPS Act" e apelou para que "ambos os governos aliviem as tensões e busquem soluções por meio do diálogo" (SIA, 2023).

Além de gerenciar os impactos econômicos do *decoupling* dentro dos Estados Unidos, Washington precisaria ainda assegurar a aquiescência dos países "*like minded*" ao cerco tecnológico contra Beijing. Caso a coalizão multilateral perca coesão, os controles de exportação podem simplesmente deslocar os talentos e a demanda chinesa por semicondutores para corporações sul-coreanas e japonesas. Vale notar que Japão, Coreia do Sul e União Europeia implementaram políticas industriais visando defender suas posições na cadeia global de semicondutores (Gui, 2022).

Cientes de suas vulnerabilidades no setor de maior criticidade da economia digital, os governos de Xi Jinping e Joe Biden formularam políticas industriais ambiciosas (China, 2020b; USA, 2022d). A estratégia de Beijing produziu rapidamente resultados em segmentos de alta intensidade em P&D. Casos exemplares são o salto de 60 nm para 14 nm na Corporação Internacional de Manufaturas de Semicondutores (SMIC, em inglês), entre 2012 e 2020, e o desenvolvimento do *design* do chipset de 5 nm Kirin 9000 pela HiSilicon, subsidiária da Huawei. Nos EUA, os incentivos concedidos através do CHIPS Act de 2022 também já começaram a apresentar resultados. Em janeiro de 2023, quatro plantas industriais estavam em construção e nove já haviam sido anunciadas no Arizona, Texas, Ohio, Nova York, Indiana, Novo México, Oregon, Utah e Virgínia. Entre os treze projetos, quatro incluem instalações com capacidades para produzir chips com menos de 7 nm (Bartlett, 2023).

Não obstante, RPC e EUA ainda estão distantes de neutralizar suas respectivas vulnerabilidades. A China ainda é um importador líquido de microchips, registrando um déficit comercial de US$ 272,4 bilhões nesse componente em 2021 (Jeong; Robertson, 2023). Ademais, a produção em massa dos chips de 7 nm da SMIC e do chipset Kirin 9000 da Huawei continuam dependentes, respectivamente, dos equipamentos de litografia avançados da ASML e das capacidades de fabricação da TSMC, ambas sujeitas aos controles de exportação impostos por Washington. No caso estadunidense, a tentativa de *reshoring* das fábricas enfrenta desafios como altas taxas de juros, volatilidade na cadeia de suprimentos, dificuldades ambientais, elevados custos operacionais, competição internacional e escassez de mão de obra qualificada (Liang, 2023).

Em resumo, embora a autossuficiência seja um objetivo muito difícil no médio prazo, o domínio dos EUA e de países alinhados sobre os segmentos intensivos em P&D na cadeia global de valor de semicondutores significa uma vantagem assimétrica atual para Washington na competição tecnológica contra Beijing (Silva, 2023). A combinação entre o cerco à indústria de semicondutores e o banimento das plataformas digitais chinesas dos mercados internacionais se torna, portanto, uma ameaça direta ao modelo de desenvolvimento global baseado no socialismo de mercado e à própria estabilidade social na RPC. E esta é uma linha vermelha que pode levar a uma guerra entre os dois países (Palmer, 2023).

Conclusão

Este capítulo analisou a face tecnológica da rivalidade geopolítica entre Estados Unidos e China na Segunda Era Digital. Partiu-se da premissa de que as interações estratégicas entre as duas grandes potências se caracterizam pelo dilema representado pelas noções de "Armadilha de Tucídides" e de "Mentalidade Digital", com seus possíveis efeitos mitigadores. O contencioso em torno dos semicondutores se situa na intersecção entre as duas lógicas. De um lado, o setor é percebido por Washington como a melhor alternativa para uma estratégia agressiva de contenção contra a China por sua criticidade, elevada oligopolização, especialização da cadeia de valor e, consequentemente, pela dependência chinesa de importações dos EUA e de países alinhados. Do outro, a importância da demanda da China para a lucratividade das indústrias estadunidenses, taiwanesas, japonesas, europeias e sul-coreanas, bem como as dificuldades intrínsecas envolvidas na tentativa de "expulsar" a RPC da economia global, indicam a possibilidade de um caminho alternativo para o processamento de conflitos inerentes à transição hegemônica (Shen; Chan, 2018).

O objetivo central dos controles de exportação impostos por Washington seria, no mínimo, desacelerar a dinâmica de inovação da RPC em áreas como inteligência artificial (IA), computação quântica e blockchain. As contramedidas chinesas, por sua vez, visam a garantir a continuidade de uma coexistência competitiva que possa evitar a guerra. Entretanto, a criticidade do setor para o futuro da transformação digital em escala global, juntamente com as vulnerabilidades da China e a agressividade das tentativas de contenção promovidas pelos Estados Unidos, sugerem um forte risco de deterioração adicional da segurança global e de ocorrência de guerra entre as duas grandes potências. Nesse sentido, a competição estratégica entre as duas nações se traduz também em uma disputa por influência nos processos de transformação digital dos países da Ásia-Pacífico, do Sudeste Asiático e do Sul Global. Cabe a todos os países, nos limites das suas capacidades, contribuir para evitar que aquilo que Chris Miller (2022) chamou de "*chip war*" se transforme na concretização contemporânea da Armadilha de Tucídides.

Referências

ALIBABA. June Quarter 2021 Results. *Alibaba Group*, 3 ago. 2021.

ALIBABA. Alibaba Group Announces December Quarter 2022 Results. Hangzhou: *Alibaba Group*, 2023. Disponível em: <https://data.alibabagroup.com/ecms-files/1532295521/27a80f3a-8bb0-480f-9fdf-ca19569e59f5/Alibaba%20Group%20Announces%20December%20Quarter%202022%20Results.pdf>. Acesso em: 20 jul. 2023.

ALJAZEERA. Japan to restrict chip equipment exports amid China fears. *AL Jazeera*, 31 mar. 2023. Disponível em: <https://www.aljazeera.com/economy/2023/3/31/japan-to-restrict-chip-equipment-exports-amid-china-fears>. Acesso em: 17 jul. 2023.

ALLISON, G. *Destined for War.* Can America and China Escape Thucydides's Trap? New York: Houghton Mifflin Harcourt, 2017.

ALPHABET. Annual Report For the fiscal year ended December 31, 2022. Washington: *United States Securities and Exchange Commission*, 2022. Disponível em: <https://abc.xyz/assets/9a/bd/838c917c4b4ab21f94e84c3c2c65/goog-10-k-q4-2022.pdf>. Acesso em: 23 jul. 2023.

ALSOP, T. Leading semiconductor foundries revenue share worldwide 2019-2022, by quarter. *Statista*, 14 mar. 2023. Disponível em: <https://www.statista.com/statistics/867223/worldwide-semiconductor-foundries-by-market-share/>. Acesso em: 20 jul. 2023.

AMAZON. Annual Report For the fiscal year ended December 31, 2022. Washington: United States Securities and Exchange Commission, 2022. Disponível em: <https://d18rn0p25nwr6d.cloudfront.net/CIK-0001018724/d2fde7ee-05f7-419d-9ce8-186de4c96e25.pdf>. Acesso em: 23 jul. 2023.

APPLE. Annual Report For the fiscal year ended September 24, 2022. Washington: *United States Securities and Exchange Commission*, 2022. Disponível em: <https://s2.q4cdn.com/470004039/files/doc_financials/2022/q4/_10-K-2022-(As-Filed).pdf>. Acesso em: 23 jul. 2023.

ASML. *EUV lithography systems*. Veldhoven: ASML, 2023. Disponível em: <https://www.asml.com/en/products/euv-lithography-systems#:~:text=EUV%20lithography%20is%20used%20to,energy%20and%20have%20higher%20performance>. Acesso em: 24 jul. 2023.

BAIDU. Baidu Research. 2023. Disponível em: <http://research.baidu.com/>. Acesso em: 25 jul. 2023.

BAJREKTAREVIC, A. *The unavoidability of Sino-American Rift*: History of Strategic Decoupling. Viena: Ifimes, 2021.

BARTLETT, K. et al. Semiconductor fabs: Construction challenges in the United States. *McKinsey & Company*, 27 jan. 2023. Disponível em: <https://www.mckinsey.com/industries/industrials-and-electronics/our-insights/semiconductor-fabs-onstruction-challenges-in-the-united-states>. Acesso em: 29 jul. 2023.

BATEMAN, J. U. S. *China Technological "decoupling". A strategy and policy framework*. Washington: Carnegie Endowment for International Peace, 2022.

BESSLER, M. *The Debate to Decouple*. Washington: Center for Strategic & International Studies, 2022.

BRANCHER, P.*Hegemonia financeira na era digital*: O grupo empresarial XP no contexto de transição global. São Paulo: Kazuá, 2023.

BRANCHER, P.; POLITA, E. A geopolítica das plataformas: características estruturais da plataformização e as especificidades do modelo chinês. *Geosul*, v.38, n.86, p.41-68, 2023.

BUSINESS WIRE. Digital China Development Report (2022) Released, China's Digital Economy Ranks Second in the World. *Business Wire*, 30 abr. 2023. Disponível em:

<https://www.businesswire.com/news/home/20230429005017/en/>. Acesso em: 16 jul. 2023.

BYTEDANCE. Select Investors. *ByteDance*, 2023. Disponível em: <https://www.bytedance.com/en/>. Acesso em: 20 jul. 2023.

CAN, C.; CHAN, A. Preventive or Revisionist Challenge During Power Transition? The Case of China–USA Strategic Competition. *Journal of Asian Security and International Affairs*, n.9, v.1, p.7-25, 2022.

CHAKRABORTY, P Big four: Cadence, Synopsys, Ansys, and Siemens EDA. Account for over 90% of EDA industry revenue. *DataQuest*, 11 abr. 2023. Disponível em: <https://www.dqindia.com/big-four-cadence-synopsys-ansys-and-siemens-eda-account-for-over-90-of-eda-industry-revenues/#:~:text=No%20comments-,Big%20four%20%E2%80%94%20Cadence%2C%20Synopsys%2C%20Ansys%2C%20and%20Siemens%20EDA,the%20required%20performance%20and%20density>. Acesso em: 22 jul. 2023.

CHINA. 14th Five-Year Plan for National Informatization. Beijing: PRC Cyberspace Administrative Commission, 2021. Disponível em: <https://digichina.stanford.edu/wp-content/uploads/2022/01/DigiChina-14th-Five-Year-Plan-for-National-Informatization.pdf>. Acesso em: 20 jul. 2023.

______. *Notice of the State Council on the Publication of "Made in China 2025"*. Beijing: PRC State Council, 2015a. Disponível em: <https://cset.georgetown.edu/wp-content/uploads/t0432_made_in_china_2025_EN.pdf>. Acesso em: 22 jul. 2023.

______. *Outline of the National Informatization Development Strategy*. Beijing: PRC Central Committee, 2016. Disponível em: <https://chinacopyrightandmedia.wordpress.com/2016/07/27/outline-of-the-national-informatization-development-strategy/>. Acesso em: 21 jul. 2023.

______. *Parecer do Comitê Central do Partido Comunista da China e do Conselho de Estado sobre a construção de um sistema e mecanismo mais completo para a alocação de fatores orientada para o mercado*. Beijing: PRC Central Committee, 2020a. Disponível em: <https://www.gov.cn/zhengce/2020-04/09/content_5500622.htm>. Acesso em: 20 jul. 2023.

______. Premier Li and Internet Plus. Beijing: PRC State Council, 2015b. Disponível em: <https://english.www.gov.cn/policies/infographics/2015/12/31/content_281475263938767.html>. Acesso em: 16 jul. 2023.

______. State Council Notice on the Publication of Certain Policies to Promote the High-Quality Development of the Integrated Circuit Industry and the Software Industry in the New Period. Beijing: The State Council, 2020b. Disponível em: <https://web.archive.org/web/20200812202600/http://www.gov.cn/zhengce/content/2020-08/04/content_5532370.htm>. Acesso em: 27 jul. 2023.

CIW. Statistics: China internet users 2022. China Internet Watch, 2023. Disponível em: <https://www.chinainternetwatch.com/statistics/china-internet-users/>. Acesso em: 21 jul. 2023.

CLARKE, P. Arm grows market share in the buoyant IP market. *Market News*, 24 abr. 2023. Disponível em: <https://www.eenewseurope.com/en/arm-grows-market-share-in-bouyant-ip-market/#:~:text=In%20terms%20of%20royalties%20Arm,ranked%20by%20royalties%20revenue%202022%20>. Acesso em: 17 jul. 2023.

CLARKE, P. Fabless chip companies' ranking reflects revenue plunge. *Market News*, 25 abr. 2023b. Disponível em: <https://www.eenewseurope.com/en/fabless-chip-companies-ranking-reflects-revenue-plunge/>. Acesso em: 17 jul. 2023.

CREEMERS, R. et al. Lexicon: 网络强国 Wǎngluò Qiáng guó. Stanford Cyber Policy Center, 2018. Disponível em: <https://digichina.stanford.edu/work/lexicon-网络强国-wangluo-qiangguo>. Acesso em: 17 jul. 2023.

DEB, S. After a Boycott, Chinese Television Is Again Airing N.B.A. Games. *The New York Times*, 31 mar. 2022. Disponível em: <https://www.nytimes.com/2022/03/31/sports/basketball/nba-china.html>. Acesso em: 8 jul. 2023.

DENG, I. China's internet firms create at least 200 million jobs amid unemployment crisis, report finds. *South China Morning Post*, 18 jul. 2023. Disponível em: <https://www.scmp.com/tech/big-tech/article/3228105/chinas-internet-firms-create-least-200-million-jobs-amid-unemployment-crisis-report-finds?utm_medium=email&utm_source=cm&utm_campaign=enlz-insidechinatech&utm_content=20230721&tpcc=enlz-insidechinatech&UUID=f65d55338058dc6c33f23c6cf1085326&tc=10&CMCampaignID=ea76badb248af649f6e3d7ae41a51b98>. Acesso em: 23 jul. 2023.

D'HOOGHE, I. Strict Ban on China will Cost Us Dearly in Science. *Clingendael China Center,* 2023. Disponível em: <https://www.clingendael.org/publication/strict-ban-china-will-cost-us-dearly-science>. Acesso em: 29 jul. 2023.

DORMAN, D.; HEMMINGS, J. Digital China: the strategy and its geopolitical implications. *Pacific Forum*, v.23, n.2, 2023.

FLAGG, M.; HARRIS, P. System Re-engineering: A new policy framework for the American R&D system in a changed world. Washington: CSET, 2020. Disponível em: <https://cset.georgetown.edu/wp-content/uploads/CSET-System-Re-engineering.pdf>. Acesso em: 29 jul. 2023.

GIBSON; DUNN; CRUTCHER. *Year-End Sanctions and Export Controls Update*. Washington: Gibson, Dunn & Crutcher LLP, 2022.

GILPIN, R. *War and Change in World Politics*. Cambridge: Cambridge University Press, 1981.

GLOBAL TIMES. China expresses "dissatisfaction" over Dutch plan to curb chip equipment exports. *Global Times*, 3 jul. 2023. Disponível em: <https://www.globaltimes.cn/page/202307/1293624.shtml>. Acesso em: 3 jul. 2023.

GLOBAL TIMES. Microsoft's fifth Azure cloud data center was put into use in China. *Global Times*, 17 mar. 2022. Disponível em: <https://www.globaltimes.cn/page/202203/1255116.shtml>. Acesso em: 25 jul. 2023.

GUI, Y. Moving toward decoupling and collective resilience? Assessing US and Japan's economic statecraft against China. *China Int Strategy Rev*, n.4, p.55-73, 2022.

GVR. Outsourced Semiconductor Assembly And Test Services Market Size, Share & Trends Analysis Report By Service Type (Assembly & Packaging, Testing), By Application, By Region, And Segment Forecasts, 2023 - 2030. *Grand View Research*, 2023. Disponível em: <https://www.grandviewresearch.com/industry-analysis/outsourced-semiconductor-assembly-test-services-market-report>. Acesso em: 14 jul. 2023.

HAI, T.; VAN, Q.; TUYET, M. Digital Transformation: Opportunities and Challenges for Leaders in the Emerging Countries in Response to Covid-19 Pandemic. *Emerging Science Journal*, v.5, 2021.

HENRY, Z. Alibaba's 9 most high-profile investments in US start-ups. *CNBC*, 2016. Disponível em: <https://www.cnbc.com/2016/10/14/alibabas-9-most-high-profile-investments-in-us-start-ups.html>. Acesso em: 31 out. 2023.

HESTON, R.; ZWETSLOOT, R. Mapping U.S. Multinationals' Global AI R&D Activity: CSET Issue Brief. *CSET*, 2020.

HUAWEI. *Huawei Holding Investment Report 2022*. Shenzhen: Huawei Investment & Holding Co, LTD, 2022. Disponível em: <https://www-file.huawei.com/minisite/media/annual_report/annual_report_2022_en.pdf>. Acesso em: 16 jul. 2023.

JEONG, H.; ROBERTSON, R. Beyond the Battle for Supremacy: reshaping the global semiconductor supply chain. *Mosbacher Institute White Paper Series*, v.3, n.1, 2023.

JIANG, H.; MURMANN, J. The Rise of China's Digital Economy: An Overview. *Management and Organization Review*, v.18, n.4, p.790-802, 2022.

JIANG, X. The Origins of Science in China: History of Science and Technology in China Volume 1. Shanghai: Shanghai Jiao Tong University Press / Springer, 2021.

JIN, K. The U.S. Tech Industry Needs China. *Time*, 16 maio 2023. Disponível em: <https://time.com/6280004/us-tech-china/>. Acesso em: 25 jul. 2023.

KLEINHANS, J.; BAISAKOVA, N. *The global semiconductor value chain.* A technology primer for policymakers. Berlin: Stiftung Neue Verantwortung, 2020.

KRAUS, S et al. Digital Transformation: An Overview of the Current State of the Art of Research. *SAGE Open*, v.11, n.3, 2021.

KSHETRI, N. The Economics of Chip War: China's Struggle to Develop the Semiconductor Industry. *Computer*, v.56, n.6, p.101-6, 2023.

KUMAR, A. Defining Dependence-induced Vulnerabilities in Asymmetrical Trade Interdependence. A Conceptual Framework. *Takshashila Discussion Document*, n.2023-11, The Takshashila Institution, 2023.

LIANG, A. TSMC: Chip giant delays Arizona production in blow to Biden. *BBC News*, 21 jul. 2023. Disponível em: <https://www.bbc.com/news/business-66264392>. Acesso em: 29 jul. 2023.

LO, K. Tech war: Beijing will come out of decoupling worse off than the US, say Chinese academics. *South China Morning Post*, 1 fev. 2022. Disponível em: <https://scmp.com/news/china/diplomacy/article/3165435/tech-war-beijing-will-come-out-decoupling-worse-us-say-chinese>. Acesso em: 10 jul. 2023.

LOJEK, B. *History of Semiconductor Engineering*. Berlin: Springer, 2007.

META. *Annual Report For the fiscal year ended December 31, 2022*. Washington: United States Securities and Exchange Commission, 2023. Disponível em: <https://d18rn0p25nwr6d.cloudfront.net/CIK-0001326801/e574646c-c642-42d9-9229-3892b13aabfb.pdf9>. Acesso em: 23 jul. 2023.

MICROSOFT. Annual Report For the fiscal year ended June 30, 2022. Washington: United States Securities and Exchange Commission, 2023. Disponível em: <https://microsoft.gcs-web.com/static-files/e2931fdb-9823-4130-b2a8-f6b8db0b15a9>. Acesso em: 23 jul. 2023.

MILLER, C. Chip War: The Fight for the Most Critical Technology. New York: Scribner, 2022.

OPEN SECRETS. Top Contributors, federal election data for Joe Biden, 2020 cycle. *Open Secrets: following the money in politics.* Disponível em: <https://www.opensecrets.org/2020-presidential-race/joe-biden/contributors?cycle=2020&id=N00001669&src=c&type=f>. Acesso em: 16 jul. 2023.

PALMER, A. An Act of War: Inside America's Silicon Blockade Against China. *The New York Times*, 12 jul. 2023. Disponível em: <https://www.nytimes.com/2023/07/12/magazine/semiconductorchips-us-china.html>. Acesso em: 15 jul. 2023.

PARK, S.; JEONG, J. Samsung 3 nm chip narrows microchip gap with TSMC. *The Korean Economic Daily*, 30 jun. 2022. Disponível em: <https://www.kedglobal.com/korean-chipmakers/newsView/ked202206300016>. Acesso em: 16 jul. 2023.

PATTERSON, A. TSMC's 3-nm Push Faces Tool Struggles. *EE Times Asia*, 19 maio 2023. Disponível em: <https://www.eetasia.com/tsmcs-3-nm-push-faces-tool-struggles/>. Acesso em: 18 jul. 2023.

PONCIANO, J. U.S. Won't Ban Investments In Alibaba, Tencent, Baidu–But 9 Other Firms Are Set To Be Off Limits. *Forbes*, 13 jan. 2021. Disponível em: <https://www.forbes.com/sites/jonathanponciano/2021/01/13/us-wont-ban-investments-in-alibaba-tencent-baidubut-9-other-firms-are-set-to-be-off-limits/?sh=3836460c73d1>. Acesso em: 21 jul. 2023.

REUTERS. Appeals court rejects China Telecom bid to reverse US ban. Reuters, 20 dez. 2022. Disponível em: <https://edition.cnn.com/2022/12/20/business/china-telecom-us-ftc-ban-hnk-intl/index.html>. Acesso em: 14 jul. 2023.

SHAN, Z. et al. A review of recent progress and developments in China smart cities. *IET Smart Cities*, v.3, n.4, p.189-200, 2021.

SHEN, S.; CHAN, W. A comparative study of the Belt and Road Initiative and the Marshall Plan. *Palgrave Communications*, 2018, 4:32. DOI: 10.1057/s41599-018-0077-9.

SHEPARDSON, D. FCC votes to finalize program to replace Huawei equipment in U.S networks. Reuters, 13 jul. 2021. Disponível em: <https://www.reuters.com/business/media-telecom/fcc-votes-finalize-program-replace-huawei-equipment-us-networks-2021-07-13/>. Acesso em: 10 jul. 2023.

SHICONG, D. China's Digital Economy Surged by 10% to Rank n.2 Globally in 2022. *YICAI*, 23 maio 2023. Disponível em: <https://www.yicaiglobal.com/news/20230523-15-chinas-digital-economy-surged-by-10-to-rank-no-2-in-2022>. Acesso em: 13 jul. 2023.

SHIVAKUMAR, S.; WESSNER, C.; HOWELL, T. *The Strategic Importance of Legacy Chips*. Washington: Center for Strategic & International Studies, 2023. Disponível em: <https://www.csis.org/analysis/strategic-importance-legacy-chips>. Acesso em: 21 jul. 2023.

SIA. *Sia White Paper:* Taking Stock Of China's Semiconductor Industry. Washington: Semiconductor Industry Association, 2021. Disponível em: <https://www.semiconductors.org/wp-content/uploads/2021/07/Taking-Stock-of-China%E2%80%99s-Semiconductor-Industry_final.pdf>. Acesso em: 17 jul. 2023.

SIA. *Semiconductor Industry Association Factbook*. Washington: Semiconductor Industry Association, 2022. Disponível em: <https://www.semiconductors.org/wp-content/uploads/2022/05/SIA-2022-Factbook_May-2022.pdf>. Acesso em: 17 jul. 2023.

SIA. *Statement on Potential Additional Government Restrictions on Semiconductors*. Washington: Semiconductor Industry Association, 17 jul. 2023. Disponível em: <https://www.semiconductors.org/sia-statement-on-potential-additional-government-restrictions-on-semiconductors/>. Acesso em: 29 jul. 2023.

SIEMENS. Siemens R&D in China. *Siemens*, 2023. Disponível em: <https://www.siemens.com/cn/en/company/about/research.html>. Acesso em: 25 jul. 2023.

SILVA, E. Estados Unidos Pressionam Tiktok: Venda Forçada De Ações, Ou Banimento? Entenda O Que Está Em Jogo. *Observatório Político dos Estados Unidos*, Panorama EUA, 2023. Disponível em: <https://www.opeu.org.br/2023/04/09/eua-pressiona-tiktok-venda-forcada-de-acoes-ou-banimento-entenda-o-que-esta-em-jogo/>. Acesso em: 20 jul. 2023.

SLOTTA, D. Market share of 5G equipment in China 2022, by provider. *Statista*, 18 abr. 2023. Disponível em: <https://www.statista.com/statistics/1194757/china-market-share-of-5g-base-stations-by-manufacturer/>. Acesso em: 20 jul. 2023.

STERLING, T. Dutch curb chip equipment exports, drawing Chinese ire. Reuters, 30 jun. 2023. Disponível em: <https://www.reuters.com/technology/amid-us-pressure-dutch-announce-new-chip-equipment-export-rules-2023-06-30/>. Acesso em: 14 jul. 2023.

SUN, S. *China's Digital Economy*: development, impacts, and policies. Alberta: China Institute University of Alberta, 2022.

TENCENT. *Annual Report 2022*. Hong Kong: Tencent Group Head Office, 2023. Disponível em: <https://static.www.tencent.com/uploads/2023/04/06/214dce4c5312264800b20cfab64861ba.pdf>. Acesso em: 31 out. 2023.

THADANI, A.; ALLEN, G. *Mapping the Semiconductor Supply Chain*: The Critical Role of the Indo-Pacific Region. Washington: Center for Strategic and International Studies, 2023.

THE INFORMATION NETWORK. Applied Materials Tops Semiconductor Equipment Market in 2021. *The Information Network*, 30 nov. 2021. Disponível em: <https://www.openpr.com/news/2478645/applied-materials-tops-semiconductor-equipment-market-in-2021>. Acesso em: 19 jul. 2023.

THOMSON, R. *Structures of Change in the Mechanical Age*: Technological Innovation in the United States, 1790-1865. Baltimore: The Johns Hopkins University Press, 2009.

TIKTOK. Celebrating our thriving community of 150 million Americans. Tik Tok, 2023. Disponível em: <https://newsroom.tiktok.com/en-us/150-m-us-users>. Acesso em: 24 jul. 2023.

TOSHIBA. Toshiba and Sony Make Major Advances in Semiconductor Process Technologies. Tokio: Toshiba Corporation, 2002. Disponível em: <https://www.global.toshiba/ww/news/corporate/2002/12/pr0301.html>. Acesso em: 18 jul. 2023.

TRENDFORCE. Global OSAT Revenue Reaches $8.89B in 3Q21. *EE Times Asia*, 25 nov. 2021. Disponível em: <https://www.eetasia.com/global-osat-revenue-reaches-8-89b-in-3q21/>. Acesso em: 11 jul. 2023.

UMC. UMC is a 12-inch manufacturing leader with several advanced 12-inch fabs in operation. United Microelectronics Corporation, 2023. Disponível em: <https://www.umc.com/en/Html/fab_information>. Acesso em: 21 jul. 2023.

USA. China – Costs of U.S.-China Economic Decoupling. Washington: Chamber of Commerce, 2021a. Disponível em: <https://www.uschamber.com/assets/documents/024001_us-china_decoupling_factsheet_semiconductors_fin.pdf>. Acesso em: 28 jul. 2023.

______. Interim National Security Strategic Guidance. Washington: The White House, 2021b. Disponível em: <https://www.whitehouse.gov/wp-content/uploads/2021/03/NSC-1v2.pdf>. Acesso em: 29 jul. 2023.

______. Commerce Adds Seven Chinese Entities To Entity List For Supporting China's Military Modernization Efforts. Washington: Bureau of Industry and Security, 2022a. Disponível em: <https://www.bis.doc.gov/index.php/documents/about-bis/newsroom/press-releases/3121-2022-08-23-press-release-seven-entity-list-additions/file>. Acesso em: 12 jul. 2023.

______. Commerce Implements New Export Controls on Advanced Computing and Semiconductor Manufacturing Items to the People's Republic of China (PRC). Washington: Bureau of Industry and Security, 2022b. Disponível em: <https://www.bis.doc.gov/index.php/documents/about-bis/newsroom/press-releases/3158-2022-10-07-bis-press-release-advanced-computing-and-semiconductor-manufacturing-controls-final/file>. Acesso em: 12 jul. 2023.

______. Executive Order 14067 Ensuring Responsible Development of Digital Assets. Washington: The White House, 2022c. Disponível em: <https://www.whitehouse.gov/briefing-room/presidential-actions/2022/03/09/executive-order-on-ensuring-responsible-development-of-digital-assets/>. Acesso em: 20 jul. 2023.

______. Public Law 117-167 CHIPS Act. Washington: U.S. National Congress, 2022d. Disponível em: <https://www.govinfo.gov/content/pkg/PLAW-117publ167/html/PLAW-117publ167.htm>. Acesso em: 10 jul. 2023.

______. Country Commercial Guide. Washington: International Trade Administration, 2023a. Disponível em: <https://www.trade.gov/country-commercial-guides/china-ecommerce>. Acesso em: 12 jul. 2023.

______. Declaration for the Future of the Internet. Washington: The Department of State, 2023b. Disponível em: <https://www.state.gov/declaration-for-the-future-of-the-internet>. Acesso em: 15 jul. 2023.

______. FACT SHEET: Vice President Harris Announces Progress in Lowering Internet Costs for Families, Funding to Expand High-Speed Internet Access. Washington: The White House, 2023c. Disponível em: <https://www.whitehouse.gov/briefing-room/statements-releases/2023/02/27/fact-sheet-vice-president-harris-announces-progress-in-lowering-internet-costs-for-families-funding-to-expand-high-speed-internet-access/>. Acesso em: 15 jul. 2023.

______. National Cyber Security Strategy. Washington: The White House, 2023d. Disponível em: <https://www.whitehouse.gov/wp-content/uploads/2023/03/National-Cybersecurity-Strategy-2023.pdf>. Acesso em: 29 jul. 2023.

______. U.S. Geological Survey, Mineral Commodity Summaries. Washington: Department of the Interior, 2023d. Disponível em: <https://pubs.usgs.gov/periodicals/mcs2023/mcs2023-germanium.pdf>. Acesso em: 12 jul. 2023.

VELASCO E CRUZ, S. *A guerra da Ucrânia e o Governo Biden* (VI). Observatório Político dos Estados Unidos, Estudos e Análise de Conjuntura, 2023. Disponível em: <https://www.opeu.org.br/2023/07/25/a-guerra-na-ucrania-e-o-governo-biden-vi/>. Acesso em: 26 jun. 2023.

WALT, S. *Rising Powers and the Risks of War*: A Realist View of Sino-American Relations. Will China's Rise Be Peaceful?: The Rise of a Great Power in Theory, History, Politics, and the Future. Ed. Asle Toje. Oxford University Press, 2018.

WANG, S.; CHEN, D.; LIU, L. The practice and prospect of smart cities in China's urbanization process. *FURP*, v.1, n.7, 2023.

WEISSBERGER, A. China is global IoT Superpower with 1.8 billion connections as of Dec 2022. *Techblog*, 3 fev. 2023. Disponível em: <https://techblog.comsoc.org/2023/02/03/china-is-global-iot-superpower-with-1-8-billion-connections-as-of-dec-2022/>. Acesso em: 8 jul. 2023.

WITT et al. Decoupling in international business: Evidence, drivers, impact, and implications for IB research. *Journal of World Business*, v.58, n.1, 2023.

XIJIA, Q. Shanghai confirms 14-nm chips being mass produced now. *Global Times*, 14 set. 2022. Disponível em: <https://www.globaltimes.cn/page/202209/1275240.shtml>. Acesso em: 9 jul. 2023

XINHUA. National WeChat mini-program launched to promote e-government services. *Xinhua*, 5 jul. 2019. Disponível em: <http://www.xinhuanet.com/english/2019-06/05/c_138119400.htm>. Acesso em: 14 jul. 2023.

______. Central Committee, State Council issue "Plan for the Overall Layout of Building a Digital China". *Xinhua*: 27 fev. 2023. Disponível em: <https://digichina.stanford.edu/work/translation-plan-for-the-overall-layout-of-building-a-digital-china>. Acesso em: 14 jul. 2023.

YAN, X. Bipolar Rivalry in the Early Digital Age. *The Chinese Journal of International Politics*, v.13, n.3, p.313-41, 2020.

YAN, X. Trajectory of China-U.S. Relations in New International Order. 30 jun. 2023. Disponível em: <https://www.pekingnology.com/p/yan-xuetong-trajectory-of-china-us?utm_source=substack&utm_medium=email>. Acesso em: 2 ago. 2023.

ZHOU, Y.; LAZONICK, W; SUN, Y. *China as an Innovation Nation*. Oxford: Oxford University Press, 2016.

ZIADY, H.; XU, X. China hits back in the chip war, imposing export curbs on crucial raw materials. CNN, 3 jul. 2023. Disponível em: <https://edition.cnn.com/2023/07/03/business/germanium-gallium-china-export-restrictions/index.html>. Acesso em: 10 jul. 2023.

ZTE. ZTE sees double increases in operating revenue and profit in 2022. Shenzhen: ZTE Corporation, 2023. Disponível em: <https://www.zte.com.cn/global/about/news/zte-sees-double-increases-in-operating-revenue-and-profit-in-2022.html>. Acesso em: 19 jul. 2023.

9
Ordem e crise? A questão do poder financeiro e monetário dos Estados Unidos no contexto da guerra na Ucrânia

Aline Regina Alves Martins
Jaime César Coelho

Introdução

Diante da dimensão das sanções econômicas dos Estados Unidos contra a Rússia no contexto da Guerra na Ucrânia, este capítulo buscará debater em que medida os Estados Unidos podem estar erodindo as bases de seu poder monetário e financeiro ao utilizar os instrumentos da arquitetura financeira internacional como instrumento privilegiado de política externa. A ordem mundial atual é caracterizada pelo domínio estadunidense, que, por sua vez, é calcado na cultura, riqueza, armas e moeda. Ela desempenha um papel fundamental ao permitir custos de transação mais baixos, endividamento a um menor custo, exportação de ajustes monetários e dependência global do dólar para transações internacionais. Os Estados Unidos controlam o mercado financeiro e toda a atual arquitetura monetária e financeira internacional.

As primeiras sanções contra a Rússia foram implementadas dois dias após a invasão da Rússia na Ucrânia. Elas envolviam a proibição do uso do dólar e do euro por parte de grandes bancos, empresas e famílias ricas russas com ligações próximas ao Kremlin em suas transações internacionais. Ainda em fevereiro, o banco central russo foi adicionado à lista de instituições sancionadas e metade dos mais de US$ 640 bilhões das reservas internacionais do país foi congelada.

No entanto, o uso exacerbado do dólar como um instrumento de coerção política nas atuais sanções contra a Rússia teria ampliado desconfianças e ações de combate à ordem capitaneada pelos EUA ao longo do século XX.

Nesse aspecto, a perspectiva aqui desenvolvida não considera a moeda desde uma perspectiva puramente quantitativa, ou como um instrumento econômico neutro. A moeda e as finanças são tratadas como vetores de poder coercitivo, que afetam, por exemplo, a distribuição dos custos de ajustamento numa economia capitalista internacionalizada. Essa erosão das bases do poder monetário e financeiro dos Estados Unidos atinge um pico com as sanções aplicadas à Rússia no contexto da guerra na Ucrânia.

O capítulo está dividido em três tópicos. O primeiro contextualiza a questão do poder monetário dentro de um quadro de crise permanente e alteração geopolítica. O segundo trata do histórico das sanções estadunidenses, vistas como um instrumento de poder dos Estados Unidos, de como a moeda e as finanças são poderosos instrumentos de coerção internacional. O terceiro ressalta o processo de ajustamento e tentativa de autonomia ante o dólar tanto da Rússia como de outros países diante das pressões dos EUA na aplicação externa das sanções.

Crises e ordem global em transição

Em junho de 2022, a revista *Finance and Development* do Fundo Monetário Internacional trouxe uma série de artigos cujos títulos poderiam sintetizar a agenda de turbulência da ordem internacional contemporânea. Em seu artigo de abertura, Tharman Shanmugaratnam (2022) nos convida a enfrentar a "longa tempestade perfeita": 1) a escalada geopolítica com o conflito na Ucrânia; 2) a sombra da estagflação, com o decorrente aumento dos preços da energia e das *commodities*; 3) a deterioração ambiental e a emergência climática; 4) o aumento da desigualdade entre as classes e entre os países. Na sequência de artigos, Eswar Prasad (2022) nos pergunta sobre a preeminência do dólar, Nicholas Mulder (2022) trata das sanções impostas pelos Estados Unidos e seus aliados europeus à Rússia, enquanto Patrícia Clavin (2022) nos convida a um passeio histórico pela liga das nações para tratar do multilateralismo das lições da história.

O que há em comum em todos os artigos é a clara identificação de um processo de transformação em curso cujos contornos estruturais remetem a uma ordem em transição. E essa transição, possivelmente de ordem estrutural, começou em 2008 e foi intensificada pelas sanções contra a Rússia na atual guerra. Se levarmos em conta a definição de Cox (2021) sobre o que significa uma ordem mundial, há que se tratar de uma transição que afeta a distribuição de riqueza, as instituições e o conjunto de princípios ordenadores (as ideias). Por sua vez, se levarmos em consideração o que entendemos por poder, no sentido hegemônico de recorte gramsciano, estamos tratando de liderança, de capacidade de estabelecer regras e estruturas de recompensas em âmbito global.

A ordem atual é o produto de um longo processo de construção que remonta ao final do século XIX, quando os Estados Unidos ultrapassaram economicamente a Grã-Bretanha como principal economia, de duas grandes guerras e da construção de um sistema de governança internacional capitaneado pelos Estados Unidos, por meio da criação da Organização das Nações Unidas (ONU) e da formação de um conjunto de acordos e instituições internacionais que permitiram a expansão do "American way of life" e da fábrica fordista. Essa ordem constitui o poder estadunidense: cultura, máquinas de produção de riqueza, armas e moeda. Sem a liderança na produção, seria impossível chegar-se ao poder no plano cultural; sem a exportação de seu padrão de consumo, os Estados Unidos não teriam como se estabelecer em termos da liderança cultural; sem as armas, não teriam capacidade de proteger os interesses de seus capitalistas *offshore*; sem a moeda, não poderiam se tornar por tanto tempo o que se tornaram: a maior economia de dívida do mundo, o "fiel" depositário da riqueza planetária.

A moeda é um fator-chave para compreensão do poder estadunidense. Ela permite: que os custos de transação dos Estados Unidos sejam menores do que dos outros países; um endividamento crescente a um custo irrisório (a senhoriagem); a exportação de ajustes por meio de sua política monetária, que aumenta ou diminui a liquidez internacional conforme as necessidades de ajuste fiscal/ monetário do emissor. Além disso, o *status* de emissor, cujo capital simbólico não é mensurável, mas é perceptível, leva à dependência externa na aquisição do dólar, para os países liquidarem seus compromissos internacionais (Cohen, 2000; Helleiner, 2003).

Ao lado da moeda, a arquitetura financeira internacional cumpre papel de destaque na conformação do poder. Por meio do controle sobre o mercado financeiro mais profundo e diversificado, os Estados Unidos têm vantagem competitiva inigualável na competição por capitais líquidos e induzem o resto do mundo à desregulamentação competitiva, conforme vimos assistindo desde os anos 1970. Ao mesmo tempo que dominam a infoestrutura[1] de transmissão de dados com forte impacto nos fluxos de pagamentos globais. A infoestrutura pode ser vista, por exemplo, no Society for Worldwide Interbank Financial Telecommunication (SWIFT),[2] um sistema de transmissão de dados para a efetivação de pagamentos que, embora privado, tem o controle do poder estadunidense, como visto recentemente nas sanções contra a Rússia, que levaram a instituição a expulsar o país de suas transmissões. A

1 Por infoestrutura financeira entende-se o conjunto da infraestrutura (meios físicos) e da superestrutura (meios institucionais e regulatórios) que criam um sistema de comunicações relacionado aos pagamentos internacionais.

2 O SWIFT é uma organização internacional, privada, que facilita a troca de informações sobre transações financeiras entre bancos em todo o mundo.

combinação do controle da moeda internacional, com o controle das instituições financeiras multilaterais (FMI e Grupo Banco Mundial), e das instituições privadas da governança financeira internacional, bem como dos principais bancos e fundos de investimento internacionais, permite ao governo dos Estados Unidos tanto exercer o poder dissuasório como coercitivo no âmbito financeiro, transformando a moeda e as finanças em poderosas armas geopolíticas[3] (*financial statecraft*). Nesse aspecto, as sanções desencadeadas contra o Irã em 2012 e contra a Rússia, a partir de 2014, são elucidativas.

Breve histórico das sanções estadunidenses

A história das sanções nos Estados Unidos se inicia há mais de dois séculos, o que demonstra que o uso de privações econômicas para enfraquecer seus inimigos não é uma prática recente. Durante a Guerra Civil, os Estados Unidos adotaram uma postura agressiva em seu bloqueio ao Sul do país, definindo praticamente todos os carregamentos como contrabando (Hufbauer, 1998, p.332). Mas a sustentação jurídica das sanções está ancorada principalmente em legislações elaboradas após as duas grandes guerras mundiais e no pós-11 de Setembro (Das, 2018; Luft; Korin, 2019; Ferreira, 2022). Desde 1950, os Estados Unidos têm sido o emissor de sanções mais proeminente.

O Trading With the Enemy Act (TWEA), criado em outubro de 1917 durante a presidência de Woodrow Wilson, tornou-se a base para as sanções estadunidenses (Coates, 2018). Com ele, o congresso dá ao presidente poderes amplos para regular o comércio internacional, investimentos, migração e comunicação entre os Estados Unidos e seus inimigos, podendo congelar os mais diversos ativos de propriedade estrangeira. O TWEA definiu "inimigo" de forma ampla e incluiu "qualquer indivíduo, parceria, ou outro corpo de indivíduos [incluindo corporações], de qualquer nacionalidade, residente dentro do território... de qualquer nação com a qual os Estados Unidos estejam em guerra, ou residente fora de os Estados Unidos e fizer negócios dentro de tal território...." (TWEA §2. apud Casey; Rennack; Elsea, 2022, p.3). Muito embora em 1921 o Congresso tenha extinguido muitos dos poderes de guerra, o TWEA permaneceu, inclusive porque ainda havia sob sua custódia grande quantidade de propriedade.

A lei foi invocada por Franklin Roosevelt em 1933; por Lyndon Johnson em 1968; e por Richard Nixon para impor uma sobretaxa de 10% sobre as importações em 1971. Juntamente com o fechamento do mercado de ouro em agosto de 1971, Nixon impôs uma sobretaxa de 10% sobre todas as importações tributáveis. Era uma forma de tentar reverter a deterioração do balanço de pagamentos nos Estados Unidos ao desestimular importações e

3 Para uma análise sobre o tema, ver Torres Filho (2022).

evitar a saída de dólares do país (Hufbauer, 1998; Irwin, 2013). Durante a guerra, o TWEA foi invocado para impor sanções a uma série de adversários. Com exceção da Guerra da Coreia, as sanções do TWEA não tiveram a aprovação do Conselho de Segurança da ONU e, em alguns momentos, o desrespeito às normas internacionais provocou reação adversa de aliados como França e Canadá (Hufbauer, 1998).

Hufbauer (1998) observa que a era TWEA termina com a aprovação do International Emergency Economic Powers Act (IEEPA). Uma ramificação do TWEA, o IEEPA foi assinado por Jimmy Carter em 28 de outubro de 1977. Torna-se estatuto universal para novas sanções dos Estados Unidos, buscando mais transparência com relação ao poder presidencial durante períodos de emergência nacional. Ele dá ao presidente uma ampla autoridade para regular uma série de transações econômicas durante períodos de emergência (Casey; Rennack; Elsea, 2022). "A aprovação do IEEPA pelo Congresso foi inspirada mais pela preocupação com as implicações domésticas autocráticas do TWEA do que por seu alcance internacional imperial" (Hufbauer, 1998, p.333).

Desde 1977, o IEEPA já passou por nove emendas (a última em 2007), e atualmente confere poderes ao presidente de:

> (A) investigar, regular ou proibir: (i) quaisquer transações em câmbio estrangeiro, (ii) transferências de crédito ou pagamentos entre, por, através ou para qualquer instituição bancária, na medida em que tais transferências ou pagamentos envolvam qualquer interesse de qualquer país estrangeiro ou nacional do mesmo, (iii) a importação ou exportação de moedas ou títulos; e
> (B) investigar, bloquear durante o curso de uma investigação, regular, direcionar e compelir, anular, prevenir ou proibir qualquer aquisição, detenção, retenção, uso, transferência, retirada, transporte, importação ou exportação, ou negociação, ou exercício de qualquer direito, poder ou privilégio com relação a, ou transações envolvendo, qualquer propriedade na qual qualquer país estrangeiro ou nacional tenha interesse, por qualquer pessoa, ou com relação a qualquer propriedade sujeita à jurisdição dos Estados Unidos.
> (C) quando os Estados Unidos estiverem envolvidos em hostilidades armadas ou forem atacados por um país estrangeiro ou nacionais estrangeiros, confiscar qualquer propriedade, sujeita à jurisdição dos Estados Unidos, de qualquer pessoa estrangeira, organização estrangeira ou país estrangeiro que ele determine ter planejado, autorizado, ajudado ou se envolvido em tais hostilidades ou ataques contra os Estados Unidos; e todo o direito, título e interesse em qualquer propriedade assim confiscada será investido, quando, como e nos termos dirigidos pelo presidente, em tal agência ou pessoa como o presidente possa designar de tempos em tempos, e nos termos e condições que o presidente possa prescrever, tal interesse ou propriedade será mantido, usado, administrado, liquidado, vendido ou de outra forma tratado no interesse e para o benefício dos Estados Unidos, e tal agência ou pessoa designada pode

realizar todos e quaisquer atos incidentais à realização ou promoção desses propósitos. (Casey; Rennack; Elsea, 2022, p.10)

Hufbauer (1998) destaca que, em muitos casos, as sanções por parte de Carter (em busca de salvaguardas nucleares e direitos humanos) teriam sido caracterizadas como "favorecendo regimes de tratados e direito internacional consuetudinário". As sanções contra a URSS em função da invasão do Afeganistão no começo dos anos 1980 foram apoiadas pela Austrália, Canadá e Comissão Europeia. Contudo, em casos como o das sanções contra a URSS no contexto da repressão ao movimento Solidariedade, na Polônia, "inflamaram gravemente a opinião europeia e inspiraram vários julgamentos em tribunais europeus que estavam sendo executados contra o IEEPA". Igualmente, as sanções contra a Nicarágua de 1981 a 1990 teriam violado o Acordo Geral sobre Tarifas e Comércio (GATT).

Declarações e ordens executivas citando IEEPA

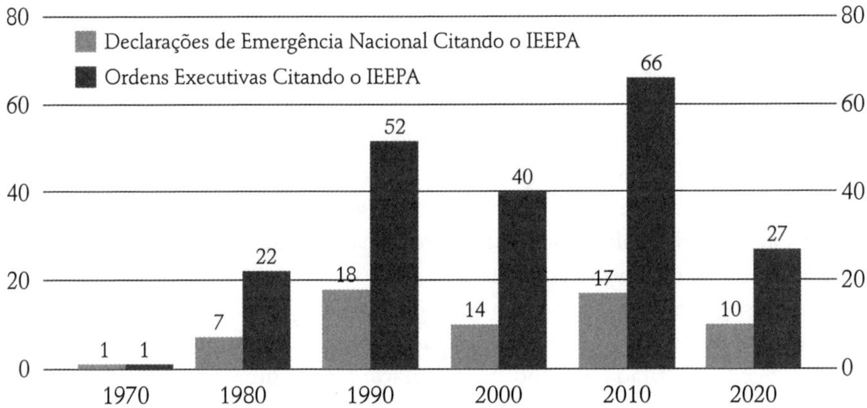

Fonte: Casey; Rennack; Elsea, 2022.

Diferentemente do TWEA, o IEEPA não permitia que o presidente dos Estados Unidos pudesse adquirir ativos congelados. Mas, em 2001, o Congresso alterou o IEEPA como parte do USA PATRIOT Act78, a pedido de George W. Bush, a fim de devolver o poder de adquirir ativos congelados, embora sob circunstâncias limitadas (Casey; Rennack; Elsea, 2022).

Com o Onze de Setembro de 2001, o Departamento de Tesouro se volta para fins de segurança nacional. Antes dos ataques terroristas, agências como a CIA, FBI e NSA tinham maior relevância na luta contra o terrorismo. Após 2001, o Departamento do Tesouro passou a exercer papel central no *financial intelligence* estadunidense. Nesse contexto de Guerra ao Terror, os Estados Unidos passam a exercer um novo tipo de guerra financeira, que se torna central em sua doutrina de segurança nacional. Por meio de pressões e das forças de mercado, não mais, somente, dos tradicionais embargos, os Estados Unidos buscavam suprimir os fluxos financeiros de seus alvos, à época principalmente Al Qaeda, Coreia do Norte, Irã, Iraque e Síria (Zarate, 2013).

Após os ataques terroristas de 11 de setembro de 2001, uma nova forma de guerra financeira surgiu, combinando estratégias de segurança nacional com o poder financeiro. O Departamento do Tesouro se viu lutando contra as mesmas redes financeiras que haviam sido criadas para apoiar a resistência afegã contra a União Soviética décadas atrás, mas agora usadas pela Al Qaeda contra os Estados Unidos. Isso exigiu a adoção de novas estratégias para usar a pressão financeira como forma de limitar o alcance e a influência da organização fundamentalista (Zarate, 2013).

A política antiterrorismo resultou em uma mobilização de todos os departamentos por parte da Casa Branca. O objetivo de George W. Bush era direcionar todos os elementos do poder nacional no combate ao terrorismo. O Departamento do Tesouro enfrentou o desafio de desenvolver mecanismos de combate à lavagem de dinheiro e aplicação de sanções que pudessem desmantelar as redes de financiamento da Al Qaeda. Os terroristas utilizavam várias táticas para disfarçar suas transações, como abrir contas com documentos falsos, se passar por instituições de caridade ou empresas e empregar métodos alternativos de movimentação financeira que escapavam de uma vigilância mais rigorosa (Zarate, 2013).

Nesse contexto de Guerra ao Terror, o governo Bush filho criou o USA Patriot Act em 26 de outubro de 2001. Ele foi promulgado com amplo apoio bipartidário, concedendo às autoridades policiais novas ferramentas para detectar e prevenir o terrorismo. O ato permitiu o uso de ferramentas de investigação já disponíveis no combate ao crime organizado e tráfico de drogas, que agora podem ser aplicadas no combate ao terrorismo. Além disso, facilitou o compartilhamento de informações entre agências governamentais, permitindo uma melhor cooperação e coordenação para desvendar tramas terroristas antes que sejam concluídas. O ato também atualizou a legislação para lidar com novas tecnologias e ameaças, capacitando as autoridades a utilizar métodos de alta tecnologia na investigação de crimes. Além disso, impôs penas mais severas àqueles que cometem crimes de terrorismo, proibindo o abrigo de terroristas e aumentando as punições para diversos delitos cometidos por terroristas (The USA Patriot, 2001).

Ademais, o governo norte-americano intensificou seus esforços para identificar, rastrear e interromper as redes terroristas e seus financiadores. A Specially Designated Nationals And Blocked Persons List (SDN), mantida e publicada pela Office of Foreign Assets Control (OFAC)[4] dos Estados Unidos, desempenhou um papel importante nesses esforços.

---

4 A OFAC (Office of Foreign Assets Control) é uma agência do Departamento do Tesouro dos Estados Unidos responsável pela administração e aplicação de sanções econômicas e comerciais

A criação da SDN List está fundamentada em leis e regulamentos, como a Lei de Poderes Econômicos de Emergência Internacional (International Emergency Economic Powers Act - IEEPA) e a Lei de Sanções Internacionais e Direitos Humanos (International Sanctions and Human Rights Act - ISA), que autorizam o governo dos Estados Unidos a bloquear os ativos financeiros e proibir transações com pessoas e entidades sancionadas. Essa modalidade de sanções por meio da lista SDN foi amplamente utilizada nos governos de Barack Obama e Donald Trump, principalmente contra a Rússia (Ferreira, 2022).

Conjuntamente, os Estados Unidos passaram a ter acesso (a partir de outubro de 2001) aos dados do SWIFT. O Departamento do Tesouro necessitava dar um passo adiante para identificar os fluxos de capital dos terroristas. Criou-se o programa chamado Treasury Terrorist Financing Tracking Program, que visava monitorar operações suspeitas relacionadas ao financiamento do terrorismo. Essa plataforma armazena dados relacionados a transações interbancárias, os quais podem ser úteis em investigações e prevenção de possíveis ataques. Anteriormente, o governo dos Estados Unidos não tinha acesso a essas informações. O Departamento de Justiça já havia tentado obter autorização para acessar esses dados nos anos 1980, sem sucesso (Zarate, 2013).

Ao final do governo Obama, as sanções estadunidenses representavam 30% de todas as que vigoravam no mundo. Em 2019, no governo Trump, passou a ser de mais de 40%[5] (Kirilakha et al., 2021). A taxa crescente de emissão de sanções estadunidenses, referente aos três primeiros anos do governo Trump, foi uma das maiores registradas nas últimas duas décadas, atrás apenas do pós-11 de Setembro. Trump ultrapassou qualquer outro presidente norte-americano que o antecedeu (Kirilakha et al., 2021; Ferreira, 2022).

Já no contexto atual de guerra na Ucrânia, ganha destaque a magnitude das sanções contra a Rússia. Desde fevereiro de 2022, os Estados Unidos emitiram aproximadamente 1.500 listas de sanções novas, e 750 foram alteradas. As sanções implementadas pelos Estados Unidos e aliados imobilizaram cerca de US $300 bilhões em ativos do Banco Central da Rússia. Como demonstrado, as sanções econômicas não são novas, mas a aplicação

---

contra indivíduos, empresas e países que representem uma ameaça à segurança nacional e aos interesses estrangeiros dos Estados Unidos. A agência foi criada em 1950, e, desde então, tem desempenhado um papel importante na implementação das políticas de sanções dos Estados Unidos, buscando promover a segurança nacional, combater o terrorismo, desencorajar a proliferação nuclear, combater o tráfico de drogas, entre outros temas de interesse.

5 Nesses dados, não há diferencial entre sanções militares de sanções econômicas. Mas é importante citar essas informações para marcar a diferença entre as duas administrações e confirmar que Trump impôs mais sanções do que qualquer outro presidente. Cabe ressaltar, em especial, o maior uso de sanções de viagens e sanções financeiras, em comparação ao governo de Obama.

de uma ampla gama de restrições a uma economia como a russa tem consequências muito maiores na economia global.

A Rússia está entre as doze maiores economias do mundo, sendo o segundo maior produtor mundial de gás natural e o maior exportador de gás do mundo. O país está conectado com muitas outras economias, tanto avançadas (fornecedor de energia), quanto com muitos mercados emergentes e países em desenvolvimento (alimentos e fertilizantes) (Mulder, 2022). Em uma economia globalizada, o impacto das sanções não se limita ao país russo e pode levar ao empobrecimento econômico alhures. Decerto, isso pode trazer novas dinâmicas na forma em que os Estados Unidos usam o dólar como um instrumento de coerção política, seus impactos em nações não visadas, assim como na maneira em que os demais países absorvem e reagem a essas sanções.

A intensificação dos conflitos e seus possíveis desdobramentos no âmbito monetário e financeiro (algumas conclusões)

A dinâmica conflitiva que se intensifica com a guerra na Ucrânia se dá num contexto de acirramento da rivalidade internacional que remonta à crise financeira de 2008. Embora a crise não tenha produzido de imediato uma alteração substantiva na composição das reservas internacionais e no papel do dólar como principal ativo monetário internacional, a desconfiança na capacidade da liderança estadunidense gerou uma alteração no comportamento de atores relevantes no sistema internacional. Prova disso foi o incremento das relações entre países emergentes como Brasil, Rússia e Índia, que, aliando-se à China, promoveram a iniciativa de criação do Novo Banco de Desenvolvimento e do Fundo de Contingenciamento (Coelho; Capinzaiki, 2017). Essa inovação institucional deu-se paralelamente à pressão por parte desses países por uma reforma nas instituições de Bretton Woods (Coelho, 2012).

No mesmo sentido, de alterações no padrão relacional, a China muda o tom de sua política externa e passa a ter um papel mais ativo na construção de acordos bilaterais e no lançamento de uma estratégia de âmbito global, a "nova rota da seda". Por seu turno, a Rússia começou a sofrer sanções em 2014, depois da anexação da Crimeia, levando essa grande potência militar a se aproximar economicamente da China com intensificação das operações de *swaps* cambiais em rublo/yuan. Em 2017, os Estados Unidos elevam o nível da rivalidade, quando sob o governo Trump são erguidas várias barreiras tarifárias contra a China. Começava uma guinada na política externa dos Estados Unidos em direção ao que viria a ser chamado de desglobalização. As cadeias globais de valor, alicerces da globalização, passam a ser repensadas, abrindo-se espaço para a deslocalização do capital, num movimento guiado pelas decisões políticas de corte neomercantilista por parte dos Estados Unidos. Nada, no curto prazo, parece ter afetado o poder do dólar, que reina ainda absoluto.

Participação na composição monetária das reservas cambiais oficiais do mundo

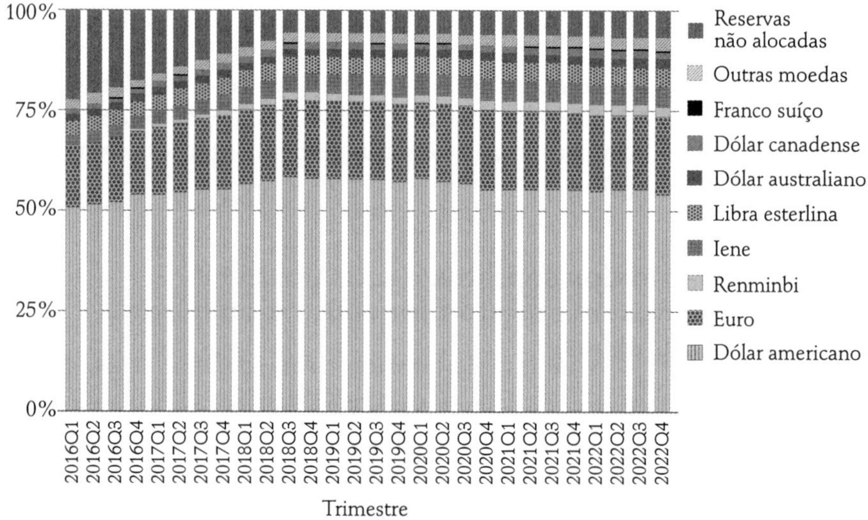

Fonte: FMI. Elaborado pelos autores.

Evolução da participação relativa de moedas e pagamentos Swift

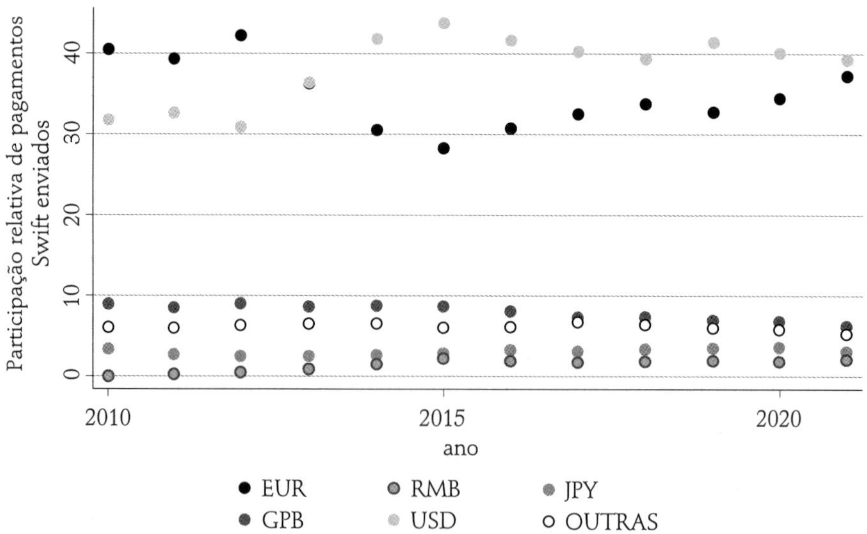

Fonte: FMI. Elaborado por Perez-Saiz, Hector; Zhang, Longmei; Iyer, Roshan (2023).

No entanto, seria um erro pensar que as ações unilaterais dos Estados Unidos e de seus aliados, ao confiscar as reservas russas e tentar retaliar os países que fizerem negócios com a Rússia ou Irã – outro país sancionado –, não terão efeitos de médio e longo prazos. A moeda internacional é uma construção estatal por um lado, de mercado por outro, e que se afirma por uma série de fatores. O primeiro deles é a supremacia econômica do emissor. O segundo, a liderança política que se sustenta paralelamente em seu poderio militar. Foi assim com a libra, foi assim com o dólar. Terceiro, e não menos importante: a moeda soberana que se internacionaliza o faz porque conquista um espaço "autorizativo" (Cohen, op. cit.), um espaço de legitimidade no plano internacional, que ocorre pela preferência dos agentes privados por esse ativo e pela capacidade do Estado em criar (pelo convencimento e pela coerção) sua "comunidade de pagamentos" internacional. Esse terceiro aspecto é fundamental e se dá de forma incremental, criando uma economia de rede difícil de ser substituída (Eichengreen; Mehl; Chitu, 2018).

No primeiro aspecto, a supremacia econômica, a China vem ganhando corpo e deverá em breve ultrapassar a produto interno bruto estadunidense em termos absolutos, sendo que o conjunto das economias emergentes já ultrapassou os 50% do produto mundial. Do ponto de vista comercial, já há incentivos seletivos para a celebração de acordos bilaterais e regionais de substituição do dólar por outros mecanismos de liquidação comercial. Também aumentaram os incentivos seletivos para a criação de moedas contábeis, cesta de moedas, para acordo de liquidação comercial em âmbito regional.

No segundo aspecto, as recentes votações na ONU sobre as imposições de sanções contra a Rússia mostram dificuldades crescentes dos Estados Unidos. Embora consigam formar maioria, os Estados Unidos não o fazem sem que atores estatais relevantes exerçam sua autonomia, não aderindo às sanções, tais como os membros do Brics.

No terceiro aspecto, alguns fatores apontam para uma dificuldade crescente dos Estados Unidos em fazer funcionar a governança financeira internacional sob a liderança do dólar. A crise pandêmica fragilizou enormemente a situação financeira de países pobres e endividados, num contexto de aperto monetário, e isso pode se tornar uma grande oportunidade para o *financial statecraft* chinês. Adicionalmente, cabe lembrar que o *status* simbólico da moeda chinesa, Renminbi, elevou-se desde 2016, quando passou a integrar a cesta de moedas do SDR, a moeda escritural do Fundo Monetário Internacional. Porém, o principal fator que pode abalar a confiança no dólar tem sido a violência monetária financeira aplicada à Rússia por meio do confisco de suas reservas e de sua expulsão do sistema de transmissão de dados de pagamentos internacionais. Iniciativas para criar um sistema de pagamentos alternativo já foram tomadas pela China, o Cross-Border Interbank Payment System (CIPIS). Sem contar os mecanismos históricos de liquidação comercial que foram desenvolvidos ainda nos tempos da URSS e que permitiram que Índia e China estabelecessem suas relações comerciais, a despeito da condenação e reação da Otan (Bhadrakumar, 2022).

O exercício de autonomia também vem sendo exercido por parceiros tradicionais dos EUA, como a Arábia Saudita, que assinou acordos com a China para a liquidação das exportações de petróleo em RMB. (Said; Kalin, 2022).

Para finalizar: assim como a crise de 2008, as sanções contra a Rússia no contexto da Guerra na Ucrânia escancaram os problemas de uma ordem internacional centralizada em torno do dólar. O uso da moeda como instrumento de coerção não é novo, e ela mesma é parte constitutiva do poder estatal no âmbito interno e externo. No entanto, a magnitude dessas sanções e o gigantismo russo em seus diversos aspectos podem gerar, e parecem estar gerando, um efeito de crescente desconfiança sobre a resiliência do dólar e sobre as vantagens da atual arquitetura financeira internacional.

Referências

BHADRAKUMAR, M. K. Russia Adjusts to "Sanctions from Hell" – Russia's Central Bank under western sanctions. 13 mar. 2022. Disponível em: <https://www.thecitizen.in/index.php/en/NewsDetail/index/6/21578/Russia-Adjusts-to-Sanctions-From-Hell>. Acesso em: 7 jun. 2023.

CASEY, C.; RENNACK, D.; ELSEA, J. The International Emergency Economic Powers Act: Origins, Evolution, and Use. Congressional Research Service (CRS Report). Disponível em: <https://sgp.fas.org/crs/natsec/R45618.pdf>. Acesso em: 20 maio 2023.

CLAVIN, P. Turbulence and the lessons of history – opportunities are born of crisis, but the lines that connect them are far from direct. *Finance & Development Magazine*. IMF, v.59, n.2, jun. 2022.

COATES, Benjamin A. The Secret Life of Statutes: A Century of the Trading with the Enemy Act. *Modern American History*, v.1, n.2, p.151-72, 2018.

COELHO, J. C. Reformando as instituições financeiras multilaterais (passado e presente): Banco Mundial e Fundo Monetário Internacional. In: CINTRA, Marcos Antonio Macedo; GOMES, Keiti da Rocha (Org.). *As transformações do sistema financeiro internacional*. Brasília: Instituto de Pesquisa Econômica Aplicada, 2012. v.2, p.605-48.

COELHO, J.; CAPINZAIKI, M. R. Hierarquia dos estados no regime econômico-financeiro: os Brics e a governança econômica global. *Revista Tempo no Mundo*, v.3, n.1, jan. 2017. Brasília: IPEA, 2017.

COHEN, B. J. *The Geography of Money*. New York: Cornell University Press, 2000.

COX, R. W. Forças sociais, estados e ordens mundiais: além da teoria de Relações Internacionais. *Oikos*, v.20, n.2, 2021, p.10-38.

DAS, Satyajit. How the U.S. Has Weaponized the Dollar. *Bloomberg*, 6 set. 2018. Disponível em: <https://www.bloomberg.com/opinion/articles/2018-09-06/how-the-u-s-has-made-a-weapon-of-the-dollar>. Acesso em: 20 abr. 2023.

EICHENGREEN, B.; MEHL, A.; CHITU. *How Global Currencies Work* – Past, Present and Future. New Jersey: Princeton University Press, 2018.

FERREIRA, J. P. S. *Os efeitos das sanções econômicas do governo Trump no fortalecimento da parceira monetária sino-russa*. Goiânia, 2022. Trabalho de Conclusão de Curso (Graduação em Relações Internacionais) – Faculdade de Ciências Sociais, Universidade Federal de Goiás.

HELLEINER, E. *The Making of National Money* – territorial currencies in historical perspective. New York: Cornell University Press, 2003.

HOW THE U.S. Has Weaponized the Dollar. *Bloomberg.com*, 2018. Disponível em: <https://www.bloomberg.com/opinion/articles/2018-09-06/how-the-u-s-has-made-a-weapon-of-the-dollar>. Acesso em: 20 abr. 2023.

HUFBAUER, Gary. Economic Sanctions. *Proceedings of the Annual Meeting* (American Society of International Law), v.92, p.332-5, 1998.

IRWIN, D. The Nixon shock after forty years: the import surcharge revisited. *World Trade Review*, v.12, p.29-56, 2013.

KIRILAKHA, Aleksandra et al. The Global Sanctions Data Base: An Update that Includes the Years of the Trump Presidency. *School of Economics Working Paper Series*, 2021. (School of Economics Working Paper Series). Disponível em: <https://ideas.repec.org//p/ris/drxlwp/2021_010.html>. Acesso em: 6 jun. 2023.

LUFT, G.; KORIN, A. *De-dollarization*: The revolt against the dollar and the rise of a new financial world order. Washington D.C.: Institute for the Analysis of Global Security, 2019.

MULDER, N. The Sanctions Weapon – economic sanctions deliver bigger global shocks than ever before and are easier to evade. *Finance & Development Magazine*. IMF, v.59, n.2, 2022.

OFFICE of Foreign Assets Control. Disponível em: <https://ofac.treasury.gov/>. Acesso em: 6 jun. 2023.

PEREZ-SAIZ, H.; ZHANG, L.; IYER, R. Currency Usage for Cross-Border Payments. *IMF Working Paper*. WP/23/72, 2023.

PRASAD, E. Enduring Preeminence - The US dollar might slip, but it will continue to rule. *Finance & Development Magazine*. IMF, v.59, n.2, jun. 2022.

SAID, S.; KALIN, S. Saudi Arabia Considers Accepting Yuan Instead of Dollars for Chinese Oil Sales. *Wall Street Journal*. 15 mar. 2022. Disponível em: <https://www.wsj.com/articles/saudi-arabia-considers-accepting-yuan-instead-of-dollars-for-chinese-oil-sales-11647351541>. Acesso em: 7 jun. 2023.

SHANMUGARATNAM, Tharman. Confronting a perfect long storm – we must bridge growing divides and rewire multilateralism to serve both collective and national interests more effectively. *Finance & Development Magazine*. IMF, v.59, n.2, 2022.

THE USA PATRIOT Act: Preserving Life and Liberty. Disponível em: <https://www.justice.gov/archive/ll/what_is_the_patriot_act.pdf>. Acesso em: 30 maio 2023.

TORRES FILHO, E. T. Sanções contra a Rússia: Bomba-dólar, desglobalização e geopolítica. *Oikos*, v.21, n.2, 2022.

TREASURY'S WAR: the unleashing of a new era of financial warfare. *Choice Reviews On--line*, v.51, n.6, 2014.

ZARATE, Juan. *Treasury's war*: The unleashing of a new era of financial warfare. Nova York: PublicAffairs, 2013.

10
Grande estratégia do governo Biden: continuidade ou mudança?

Williams Gonçalves

Introdução

Este capítulo empreende uma reflexão sobre a questão da mudança da ordem internacional, tema que tem ocupado um expressivo contingente de estudiosos da política internacional nos Estados Unidos. Conhecer as razões da preocupação dos acadêmicos e dos formuladores de política vinculados às diferentes instituições voltadas para essa questão, conhecendo assim, por conseguinte, seus argumentos, reveste-se de muita importância para quem procura acompanhar mais de perto o comportamento dos Estados Unidos nas relações internacionais.

Isso é importante não apenas pelo fato de os Estados Unidos ocuparem posição central no sistema internacional de poder, mas também porque as decisões decorrentes das ideias desenvolvidas pelos estudiosos e instituições norte-americanas repercutem sobre todo o conjunto de Estados que formam esse mesmo sistema. Em outras palavras, estudar essas ideias e esses projetos significa, em alguma medida, pensar as possibilidades futuras de todos os atores internacionais.

O passivo do governo Trump

Continuidade e mudança não são as melhores ideias às quais recorrer para exprimir a orientação da política externa do governo do presidente Joe

Biden (2021-). "Restauração" parece melhor ideia. Restauração do consenso bipartidário rompido por Donald Trump (2017-2021). O preceito "America First ("América Primeiro", em tradução literal) e a prioridade atribuída à guerra comercial com a China afastaram a política externa do governo Trump da orientação seguida por todos os presidentes norte-americanos desde a Segunda Guerra Mundial. Em vista disso, o mais marcante aspecto da política externa de Biden tem sido a orientação estratégica baseada no consenso bipartidário restaurado.

O consenso bipartidário foi forjado por Franklin Delano Roosevelt (1933-1945), ao longo da Segunda Guerra Mundial. Convencido de que a guerra iniciada na Europa propiciava imperdível oportunidade para a superação da crise econômica que se iniciara em 1929, Roosevelt persuadiu o Congresso a aprovar, no primeiro ano de seu governo, a lei que permitiu ao setor industrial do país orientar sua produção para preencher as necessidades bélicas dos europeus – a Lei de Recuperação da Indústria Nacional (NIRA). E, um pouco depois, ele conduziu os norte-americanos a participarem diretamente da guerra, quando os japoneses, sem encontrar alternativas para as restrições impostas pela política do próprio Roosevelt, atacaram de surpresa a base naval norte-americana em Pearl Harbor. O resultado desse roteiro foi a transformação da economia dos Estados Unidos na economia central do sistema capitalista de produção, responsável por cerca de 55% do Produto Interno Bruto (PIB) mundial no imediato pós-guerra.

A denegação do "consenso isolacionista" – consenso esse deixado por herança pelos "Founding Fathers", pelo qual os Estados Unidos deviam se manter afastados das questões políticas da Europa – e a urdidura do novo consenso se efetivaram por meio do enraizamento na sociedade norte-americana da ideia de que os Estados Unidos eram mais importantes para o mundo do que o contrário. No núcleo desse argumento estava a ideia de que a Segunda Guerra Mundial somente havia acontecido porque os Estados Unidos não haviam assumido as responsabilidades que lhes cabiam após a Primeira Guerra. Dessa vez, caso os Estados Unidos não assumissem os encargos de potência hegemônica, novas guerras voltariam a acontecer. A paz no mundo passava a depender, consequentemente, da iniciativa dos norte-americanos de estabelecerem uma ordem internacional capaz de promover paz e prosperidade para todo o mundo.

Nas palavras de Henry Kissinger (Goldberg, 2016, p.4), o consenso bipartidário se impõe aos presidentes dos Estados Unidos na forma de duas perguntas, cujas respostas são os aspectos indispensáveis da política externa e a base das decisões estratégicas: "O que estamos tentando alcançar, mesmo que devamos persegui-lo sozinhos?" e "O que estamos tentando prevenir, mesmo que devamos combatê-lo sozinhos?". Ainda segundo ele, "a questão estratégica fundamental é: o que não permitiremos, não importa como aconteça, não importa quão legítimo pareça?".

Em síntese, o consenso bipartidário se traduz no projeto hegemônico dos Estados Unidos. Simplificando as palavras de Kissinger, o desafio que se oferece a cada presidente é manter os Estados Unidos em posição hegemônica. Isto é: proteger as empresas norte-americanas, onde quer que estejam instaladas; assegurar livre fluxo de dólar; intervir militarmente em qualquer lugar, onde seus interesses estejam sendo contrariados; e assegurar o funcionamento das instituições internacionais (de natureza financeira, comercial e militar) que se dedicam a reproduzir o sistema e a impedir mudanças que possam afetar negativamente seus objetivos. E, ao mesmo tempo, exortar o restante do mundo a acreditar que os Estados Unidos exercem a liderança em benefício de todos.

Donald Trump será sempre lembrado por ter sido aquele que comprometeu os alicerces da democracia norte-americana ao realizar uma passagem pela presidência que culminou no não reconhecimento da vitória eleitoral de Joe Biden e no incentivo (ou na ordem) a seus fanáticos seguidores para invadir o Capitólio na esperança de impedir a consagração do oponente do Partido Democrata. Seu comportamento exótico nunca será esquecido, seja pelas bizarras mensagens via Twitter e pelas *fake news*, seja pelas extravagantes apresentações diante do público mundo afora. No que diz respeito à política externa, Trump também se comportou de modo completamente diferente de seus antecessores, ao cumprir promessa de campanha eleitoral de não fomentar guerras e de se retirar de compromissos internacionais que não fossem realmente vantajosos para os Estados Unidos. Ou seja, prometeu que não arcaria com os custos da posição hegemônica, uma vez que, segundo sua percepção, tais custos beneficiavam aliados e concorrentes em detrimento dos interesses dos cidadãos do país.

Em nome dessa interpretação acerca dos interesses nacionais dos Estados Unidos, Trump causou estremecimento nas relações com os aliados europeus integrados à Organização do Tratado do Atlântico Norte (Otan). No centro das dificuldades de relacionamento estava a questão dos investimentos europeus em segurança. Em 2006, os membros da organização militar estabeleceram uma meta para que os Estados-membros gastassem 2% do PIB e 20% de seus orçamentos em defesa, em compras de "grandes equipamentos" até o ano de 2024. Dez anos depois de estabelecida essa meta, apenas os Estados Unidos e mais três membros haviam-na cumprido.

Ao iniciar seu mandato, Trump começou aquilo que se tornou conhecido como a "batalha dos 2%" (Olesen, 2020). À custa de uma relação extremamente tensa com o presidente da França, Emmanuel Macron, e com a então chanceler da Alemanha, Angela Merkel, em que não faltaram ofensas pessoais, Trump passou a exigir que o acordo de 2006 fosse cumprido. Seu principal argumento para pressionar os europeus e canadenses a cumprir o combinado era que os Estados Unidos estavam gastando proporcionalmente muito mais do que os europeus para garantir a segurança deles;

enquanto eles, que poupavam recursos com segurança certos de que os Estados Unidos os protegiam militarmente, alimentavam superávit comercial com os norte-americanos. Ademais, no caso específico da Alemanha, Trump se queixava do projeto do gasoduto transnacional Nord Stream 2 que os alemães estavam encaminhando em parceria com os russos e do uso da tecnologia da companhia chinesa Huawei na rede de telefonia celular 5G.

A pressão que Trump exerceu sobre os europeus para que eles elevassem seus gastos com segurança no contexto da Otan produziu inegáveis resultados. Em 2020, os aliados gastaram US$ 313 bilhões, US$ 50 bilhões a mais do que haviam gastado em 2016. Todavia, o custo da negociação que proporcionou tal elevação de gastos levou o Pentágono e senadores norte-americanos democratas e até republicanos ao desespero, porque, em represália às resistências opostas pelos alemães, Trump ordenou a retirada de 11.900 soldados norte-americanos da Alemanha, mandando uma parte desses soldados para casa, e uma parte menor, para bases na Polônia (Kochis, 2020). A angústia dos especialistas em segurança dos Estados Unidos se devia ao fato de a Alemanha, situada estrategicamente no centro da Europa, reunir as maiores e mais bem equipadas bases militares no continente. Ademais, consideravam que o esvaziamento militar da Alemanha pelos Estados Unidos podia sinalizar para os russos um desengajamento norte-americano da região que, em consequência, estimularia os russos a adotar uma política mais ousada naquele continente.

Avançando na contracorrente do esforço geral com vistas a reduzir os gases de efeito estufa e pondo abaixo todo o empenho de seu antecessor Barack Obama (2009-2017) no sentido de liderar o movimento global para limitar as mudanças climáticas, Donald Trump determinou, em junho de 2017, a saída dos Estados Unidos do Tratado de Paris, o que se consumou em novembro de 2020. O Acordo de Mudanças Climáticas foi assinado em 2015, na Cúpula sobre Mudanças Climáticas (COP 21), sendo saudado como um compromisso histórico de reduzir os gases de efeito estufa para evitar os piores efeitos da mudança climática. O objetivo estabelecido pelos signatários do acordo era impedir que as temperaturas médias globais aumentassem em mais de 2°C acima dos níveis pré-industriais até o final deste século e empreender esforços no sentido de manter esse aumento de temperatura abaixo de 1,5°C. Na ocasião, sua decisão causou grande preocupação e gerou um ambiente de pessimismo em todos os que se achavam envolvidos no processo de controle da emissão de gases, pelo fato de os Estados Unidos serem o segundo país que mais emite gás de efeito estufa, sendo superado apenas pela China e superando em muitos degraus a Índia.

A justificativa dada por Trump para se colocar à margem do compromisso de quase duzentos países era que o acordo prejudicava o desempenho da economia norte-americana. Acusando a China de se articular com os demais países para prejudicar a economia dos Estados Unidos e afirmando que foi eleito para representar os interesses das empresas, dos trabalhadores e dos contribuintes norte-americanos, Trump citou estudos da National Economic Research Associates, segundo os quais "o Acordo de Paris custaria aos Estados Unidos 2,7 milhões de empregos perdidos até 2025, incluindo 440 mil na manufatura, e quase US$ 3 trilhões em PIB perdido até 2040" (Tuladhar; Ramkrishnan, et al., 2017, p.50). Embora governadores, prefeitos e diversas instituições dos Estados Unidos tenham marcado posição, afirmando que tudo fariam para rechaçar o negacionismo científico de Trump e colaborar com as metas globais do Acordo de Paris, o resultado da política trumpista foi colocar os Estados Unidos como vilões ambientais.

As relações com a Rússia constituíram outro motivo de controvérsia na política externa do governo de Donald Trump. Tanto as relações bilaterais como as relações pessoais de Trump com o presidente Vladimir Putin foram objeto de escândalo e de revolta, pois não há dimensão do consenso bipartidário que seja tão historicamente sólido como esse das relações com a Rússia.

A importância atribuída pelos formuladores de política externa dos Estados Unidos à Rússia tem por raiz teses geopolíticas que foram atualizadas ao longo do tempo, mas que conservam intacta sua base. Essas teses formam, por assim dizer, o núcleo teórico do consenso bipartidário. A base foi formada pela tese do geógrafo inglês John H. Mackinder no início do século XX. Segundo ele, a aliança da Alemanha com a Rússia proporcionaria a essas duas potências as condições necessárias para exercerem em conjunto a hegemonia sobre o restante do mundo, pois dominariam o Heartland, razão pela qual tudo deveria ser feito para impedir essa aliança. Essa tese foi modificada pelo geógrafo holandês Nicholas J. Spykman – um holandês defensor da adoção pelos Estados Unidos de uma política intervencionista –, que argumentava, ainda antes de finalizada a Segunda Guerra Mundial, sobre a necessidade de os Estados Unidos cercarem o Heartland por ar e mar, de modo a impedir a expansão russa. Spykman denominou sua tese de "poder periférico" (Rimland).

Por fim, essa tese foi atualizada pelo cientista político polonês e conselheiro de Segurança Nacional do presidente Jimmy Carter (1976-1980), Zbigniew Brzezinski. Nas palavras dele: "A Eurásia é o supercontinente axial do mundo. A potência que dominar a Eurásia exercerá decisiva influência sobre duas das três regiões mais produtivas economicamente, Europa Ocidental e Ásia Oriental" (Brzezinski, 1997, p.50), por isso, os Estados Unidos deviam atuar assertivamente na região para evitar o domínio da região por qualquer potência, especialmente a Rússia.

A dissolução do bloco soviético e o desaparecimento da própria União Soviética no final da década de 1980 criaram as condições ideais para os Estados Unidos intervirem e embargarem qualquer novo projeto de poder naquela região. Essa meta foi perseguida por meio de duas iniciativas complementares. Uma delas foi agir no sentido de pressionar os russos a suprimirem o mais rapidamente possível a economia centralmente planificada e substituí-la pela economia de mercado, enredando a *nova* Rússia nos mecanismos econômico-financeiros internacionais. A outra iniciativa foi cooptar os novos governos da Europa Oriental, integrando-os à estrutura militar da Otan. Essa política foi bem-sucedida até certo ponto. Isto é, até o ponto em que o governo pró-norte-americano de Boris Yeltsin não resistiu à profunda crise em que o país mergulhou e foi substituído pelo governo de orientação nacionalista de Vladimir Putin.

Ainda que os Estados Unidos e os aliados da Europa Ocidental tenham feito esforços no sentido de atrair a Rússia para o diálogo, abrindo espaço para ela no G-7 e convidando-a a se integrar à Otan e, com isso, tentar conter o nacionalismo de Putin dentro dos limites do aceitável, o fato é que esse diálogo azedou completamente desde quando Putin determinou a prisão do oligarca Mikhail Khodorkovski, em 2003. A intervenção de Putin frustrou a venda da empresa Yukos, maior exportadora de petróleo da Rússia, para a ExxonMobil e para a Chevron Texaco, empresa em que a então secretária de Estado norte-americana, Condoleezza Rice, trabalhara. Khodorkovski, dirigente da Yukos, abrira uma fundação filantrópica, a Open Russia Foundation, uma imitação da Open Society, de seu grande amigo George Soros, e nutria ótimo relacionamento com a elite econômica do setor petrolífero norte-americano. Caso a venda tivesse se efetivado, essa elite petrolífera obteria direito de veto sobre futuros negócios da Rússia em oleodutos e gasodutos, como descreve com riqueza de detalhes o diplomata brasileiro Roberto Colin em seu livro *Rússia: O ressurgimento da grande potência* (Colin, 2007, p.96-9).

Essa intromissão de Putin em um negócio que se configurava tão auspicioso para o *establishment* que atraiu contra si a ira da elite econômica e dos estrategistas dos Estados Unidos. A partir de então, desencadeou-se intensa campanha contra Putin, em que ele era denunciado como "sanguinário autocrata inimigo da democracia ocidental e de seu próprio povo". O dispositivo acadêmico e midiático se encarregou de difundir essa imagem de Putin por todo o Ocidente. A russa-norte-americana Masha Gossen, que emigrou para os Estados Unidos aos 14 anos, em 1981, tem sido, em grande medida, uma das principais detratoras do presidente russo. A publicidade dada a seus livros e os prêmios que lhe têm sido concedidos, bem como o espaço que lhe é dado em publicações como *The New York Times* e *The New York Review of Books* contribuíram muito para fixar junto aos norte-americanos e ao restante do mundo em geral a imagem de Putin como autocrata. Seus livros *The Man without a Face: The Unlikely Rise of Vladimir Putin* (2012) e *The Future is History: How Totalitarianism Reclaimed Russia* (2017) foram traduzidos para várias línguas e vencedores de importantes prêmios literários.

Donald Trump, por sua vez, não formulou qualquer estratégia política que se contrapusesse formalmente à que foi iniciada pelo governo Barack Obama (2009-2017). Em linhas gerais, sob seu governo, a Rússia continuou apresentada como ator marginal das relações internacionais e como permanente ameaça à segurança nacional dos Estados Unidos. Na Estratégia de Segurança Nacional divulgada em 2017 (National Security Strategy..., 2017), a Rússia teve seu lugar conservado de "concorrente estratégico" e de potência que pretende rever a ordem internacional e que ameaça os pilares da democracia ocidental. Ademais, intensificou-se a assistência militar aos países da Europa Oriental (Iniciativa de Dissuasão Europeia), bem como se forneceu armas à Ucrânia.

Essa orientação estratégica de Trump em relação à Rússia nunca foi suficiente, no entanto, para agradar ao consenso bipartidário. A desconfiança começou logo quando Trump tomou posse como presidente, em virtude das suas relações pessoais e empresariais com russos, e persistiu ao longo de todo seu governo. Ele sofreu forte pressão da oposição e da mídia a contar do momento em que o serviço de Inteligência do país levantou a suspeita de que a Rússia havia interferido no resultado das eleições de 2016. Michael Flynn, seu primeiro conselheiro de Segurança Nacional, renunciou ao cargo, pouco tempo depois da posse, por motivo da revelação do conteúdo de suas conversas com autoridades russas sobre o governo Obama, quando este último ainda exercia o cargo de presidente. Causava também grande desconforto aos opositores e alimentava a desconfiança geral sobre suas reais motivações o tratamento gentil que Trump dispensava a Vladimir Putin. Gentileza essa que, não poucas vezes, culminou com manifestações de admiração pelo modo com que Putin conduzia a política da Rússia (Shapiro, 2020), não se furtando mesmo a considerá-lo um admirável estadista.

A concepção comercialista que regia a política externa de Trump se manifestou com toda nitidez na maneira como seu governo conduziu as relações com a China. A ascensão econômica e tecnológica da China, a ponto de conquistar grande superávit comercial bilateral com os Estados Unidos, serviu como o mais importante argumento para Trump dirigir ácidas críticas aos seus antecessores na presidência da República, especialmente ao presidente Obama e a seu vice-presidente Joe Biden, por terem estimulado o processo de globalização econômica e terem sido condescendentes com as práticas econômico-comerciais chinesas. De acordo com Trump, o estímulo ao processo de globalização, realizado especialmente pelos governos democratas, incluindo o de Bill Clinton, constituiu grave erro, pois esse processo se voltou contra os interesses econômicos dos Estados Unidos. A China teria sido, assim, a principal beneficiada desse estímulo, pois permitiu, em suas palavras, "que Pequim pilhasse nossas fábricas, saqueasse nossas comunidades e roubasse nossos segredos mais preciosos" (apud Council on Foreign Relations, 2020, p.1).

Todos os recursos do Estado norte-americano depositados nas mãos de Trump, além de sua própria agressiva retórica, foram incansavelmente usados para denunciar e tentar reprimir o que ele concebia como o escandaloso comportamento econômico da China. As acusações dirigidas à China incluíam roubo de propriedade intelectual, manipulação de moeda, subsídios à exportação e espionagem econômica. Como represália, Trump desencadeou uma guerra comercial, ao aplicar tarifas sobre inúmeros produtos importados da China, ao mesmo tempo que promoveu restrições às empresas de tecnologia instaladas nos Estados Unidos, inclusive às atividades da empresa de telecomunicações Huawei. Culpou a China pela crise do coronavírus e a acusou de controlar, em benefício próprio, a Organização Mundial do Comércio. Para completar, ofereceu incentivos às empresas norte-americanas instaladas na China a voltarem a produzir nos Estados Unidos.

Por fim, no plano político-estratégico, Trump passou a rejeitar todas as reivindicações chinesas ao mar do Sul da China, denunciou como medida autoritária a nova lei de segurança imposta por Pequim a Hong Kong, aumentou a venda de armas para Taiwan e intensificou a vigilância marítima no estreito de Taiwan. Conquanto não tivesse a intenção de ir à guerra, suas decisões de âmbito político e militar tinham por objetivo marcar clara posição de desagrado quanto ao papel desempenhado pela China na sua relação com os Estados Unidos.

A reconstituição do consenso bipartidário

A política externa do governo Biden tem se desenvolvido a partir de duas ideias medulares. A primeira delas é essa de consenso bipartidário. Ela está explicitada no documento *Estratégia de Segurança Nacional* (NSS) da seguinte forma: "a ideia de que deveríamos competir com as maiores potências autocráticas para modelar a ordem internacional goza de amplo apoio que é bipartidário em casa e está se aprofundando no exterior"[1] (National Security Strategy, 2022, p.7).

A NSS do governo Joe Biden foi publicada em 12 de outubro de 2022. Ele devia apresentá-la no mês de março, porém a ação militar da Rússia contra a Ucrânia obrigou o governo a fazer mudanças no documento, e isso atrasou sua publicação.

Constituída de 48 páginas, a NSS é um documento que todos os governantes dos Estados Unidos são obrigados a publicar. Ele contém as diretrizes para todo o aparato estatal, tanto as relativas às questões externas como às internas. Por isso, tem como característica ser amplo. Sua redação envolve as

1 Trecho no original: "*The idea that we should compete with major autocratic powers to shape the international order enjoys broad support that is bipartisan at home and deepening abroad*".

principais instâncias burocráticas do governo. É um documento redigido por várias mãos. Em virtude de sua amplitude, muitas vezes apresenta algumas incongruências, assim como problemas relacionados à alocação dos recursos necessários à execução das metas que estabelece.

Em vista dessas particularidades, a NSS pode ser analisada de diferentes pontos de vista. Entretanto, nosso ponto de vista não podia ser outro senão aquele que busca identificar a percepção do Estado norte-americano sobre o estado em que se encontra a política internacional, bem como a linha político-estratégica que o governo se propõe a seguir para a melhor defesa dos interesses nacionais. Não são do nosso interesse, dessa maneira, questões tais como a concatenação dos órgãos de administração e a proveniência dos recursos necessários à implementação das propostas.

A edição da NSS do governo Biden confirma, por conseguinte, que a política externa do governo Trump abandonou o consenso bipartidário. E isso se configura como algo de extrema importância, porque tal consenso, ao estabelecer como objetivo estratégico conservar os Estados Unidos na posição hegemônica que passou a experimentar ao fim da Segunda Guerra Mundial, supõe a mobilização convergente de órgãos de Estado, assim como a mobilização de importantes setores da economia e da pesquisa científica e tecnológica do país.

Ao levar à prática uma política externa que deixou de lado o consenso bipartidário, mesmo sob o pretexto de que sua política tinha em vista a defesa das empresas e do emprego dos trabalhadores norte-americanos, Trump contrariou interesses de segmentos muito poderosos da elite econômica norte-americana, tais como o setor petroleiro e o setor da indústria bélica. Ao cumprir a promessa de campanha de encerrar a guerra do Afeganistão, mandando as tropas de volta para casa, e de não iniciar novas guerras, por mais que tenha agradado a seus eleitores e admiradores, ele criou sérios problemas para as elites desses dois segmentos que se alimentam da permanente tensão internacional e da venda de armas para a clientela aliada.

Seu comportamento atrabiliário jogou o país em uma crise sem precedentes desde a Segunda Guerra Mundial. Além de ter comprometido os alicerces institucionais da República, contrapôs-se aos interesses dos setores econômicos mais envolvidos com a luta pela manutenção da hegemonia dos Estados Unidos no sistema internacional. A contar do inesquecível discurso de despedida da presidência proferido por Dwight Eisenhower (1953-1961), em 17 de janeiro de 1961, os norte-americanos e o restante do mundo tiveram ciência de que o poder dos presidentes dos Estados Unidos havia se relativizado consideravelmente. Segundo o general-presidente, a razão fundamental para a corrosão do poder presidencial era o resultado do desenvolvimento de um complexo industrial-militar (President Dwight D...., 1961).

Por esse complexo, devia-se entender os estreitos vínculos que foram criados entre a indústria privada dos armamentos, a pesquisa científico-

-tecnológica com finalidades bélicas e o Pentágono. Nesse seu discurso, Eisenhower despertava a atenção da sociedade norte-americana para o poder adquirido por esse complexo e a advertia quanto à possibilidade de as políticas públicas dele se tornarem reféns. Na verdade, o complexo industrial-militar nada mais seria senão uma poderosa máquina, cujo funcionamento depende da constante produção de guerras, sejam aquelas em que os Estados Unidos têm participado diretamente, sejam aquelas de que participa indiretamente, fornecendo créditos e armamentos para seus aliados. Quanto mais guerras, maior é a pressão no sentido de se fabricar armas mais sofisticadas tecnologicamente, e consequentemente mais letais, o que impulsiona a pesquisa e o desenvolvimento. Trump, ao romper com o consenso bipartidário, rompeu, ao fim e ao cabo, com esse complexo que, convém sublinhar, não funciona à margem da economia norte-americana, senão pelo contrário, constitui importantíssimo setor econômico que vende seus produtos para o Estado, gera empregos de alta qualidade e proporciona elevados impostos para os cofres públicos.

Ao representar a volta de uma política de luta pela hegemonia, o restabelecimento do consenso bipartidário pelo governo Joe Biden representa, igualmente, o retorno dos interesses do complexo industrial-militar ao núcleo da estratégia de segurança nacional. Ou seja, a eleição do candidato democrata significou que a máquina de guerra voltaria a funcionar, sempre embrulhada na imprescindível retórica de defesa dos direitos humanos e de disseminação das instituições democráticas mundo afora.

Um mundo em transformação

Na mesma parte do documento em que anuncia a recomposição pelo governo Biden do consenso bipartidário, a NSS desnuda o que considera que está em jogo na política internacional e que constitui sério obstáculo no caminho da recuperação da posição hegemônica. Não há o que esconder, nem o que discutir: o pós-Guerra Fria é uma etapa do processo político internacional que está encerrada. Aquela confortável posição em que não havia potência com capacidade de questionar o comando dos Estados Unidos no sistema internacional de poder ficou no passado. A nova estrutura do sistema internacional, decorrente da atual correlação de forças, é multipolar. A relação com as demais grandes potências não tem caráter de exclusão. O sistema se apresenta bem diferente daquele do tempo da Guerra Fria, quando existia uma bipolaridade excludente. Hoje, o quadro é bem complexo, pois combina intensa competição, com certo grau de hostilidade, com a necessidade de cooperação.

A complexidade do quadro internacional se deve, em primeiro lugar, ao fato de não existirem mais inimigos irredutíveis, mas, sim, potências competidoras. Ou seja, potências que, por assim dizer, acham-se perfeitamente integradas à ordem internacional, orientando seu comportamento em sintonia com suas regras básicas. No entanto, essas potências – China e Rússia – assumem-se como revisionistas. Estão plenamente integradas ao aparato institucional internacional, porém não se mostram dispostas a aceitar a pretensão hegemônica norte-americana e, à vista disso, nutrem a perspectiva de criação de uma nova ordem internacional; nova ordem internacional essa que a NSS denomina criticamente "iliberal", o que deve se interpretar como não liberal, ou intolerante.

A concepção de que o objeto da disputa na política internacional é a vontade de Rússia e China de liderar a construção de uma nova ordem internacional é a segunda ideia medular da Estratégia de Segurança Nacional do governo Biden. O documento se reporta fartamente a essa ideia, todavia, em parte alguma procura esclarecer em que exatamente consistiria a nova ordem premeditada por essas duas potências oponentes. Em toda sua extensão, o documento se limita a afirmar que o objetivo dos Estados Unidos deve ser o de impedir que China e Rússia, potências de estrutura política autocrática, venham a se impor e a modelar uma nova ordem internacional.

Apesar de não considerar China e Rússia potências inimigas, apenas competidoras, a estratégia não descarta a possibilidade de guerra, considerando mesmo que tal possibilidade tem aumentado. O caráter autocrático dessas duas potências e a insistência delas em introduzir mudanças na ordem internacional seriam, pelo que transpira do documento, motivos suficientes para justificar uma guerra.

Para impedir que a vontade de chineses e russos venha a se concretizar, o documento adverte quanto à necessidade de aumentar os investimentos em equipamentos bélicos tecnologicamente avançados. Na verdade, essa diretriz se inscreve em um contexto mais amplo, que é aquele da intensa disputa tecnológica e comercial que o país tem travado com a China. Nesse aspecto, a política de natureza comercialista de Trump de cerco e asfixiamento tecnológico da China, com vistas a obstruir sua capacidade de inovação e expansão comercial, continua como prioridade.

Revigoramento dos vínculos com importantes aliados estratégicos, nomeadamente Alemanha e Japão, e formação de novas alianças constituem, do mesmo modo, aspectos imperiosos da política de preparação para uma possível guerra. Desse modo, a revitalização da Otan deve ser considerada importante vitória política, após o desgaste da organização militar causado pela política imediatista de Trump. Esse êxito de Biden foi possível, em grande medida, pela reação militar da Rússia à decisão anunciada pela Ucrânia de ingressar na aliança militar, sendo adicionalmente premiado com o pedido de ingresso de Finlândia e Suécia.

O estreitamento das alianças na região Indo-Pacífico também são mencionadas como de inestimável valor para o êxito dessa estratégia de fortalecimento político-militar, uma vez que essa região, por ser área de natural expansão da China, equivale àquela da Eurásia. O Quad (Austrália, Reino Unido e Estados Unidos), assim como o I2 – U2 (Índia, Israel, Emirados Árabes Unidos e Estados Unidos), são apresentados como outras significativas alianças situadas em área estrategicamente de grande sensibilidade.

Ao mesmo tempo que marca clara posição de incompatibilidade com China e Rússia, a NSS procura esclarecer que o mundo atravessa uma fase em que os estadistas são chamados a assumir posições decisivas em relação ao futuro comum. Argumenta que há questões de dimensões globais que, por definição, estão além do alcance de qualquer ação governamental individual. Tais questões exigem a cooperação de todos, independentemente das relações específicas que os estadistas mantêm entre si. Em vista da transcendência dessas questões, nem mesmo China e Rússia podem ser negligenciadas. A pandemia da Covid-19, emergências humanitárias, insegurança alimentar, escassez energética, doenças transmissíveis e inflação são algumas dessas questões que exigem o entendimento para a execução de medidas convergentes. De todas essas questões globais, o documento considera as mudanças climáticas como, de longe, a mais urgente. A emissão de gases poluentes, que provocam as mudanças climáticas, é considerada prioritária, porque incide diretamente sobre o controle da economia, o que, enfim, reclama um entendimento de muita boa vontade entre as partes interessadas.

Com a mesma ênfase que retrata China e Rússia como potências autocráticas e nefastas no convívio das nações, por desconsiderarem a ordem em vigor e se posicionarem em favor de uma nova ordem internacional, o documento enfatiza que a parceria a ser estabelecida com essas mesmas duas potências se apresenta como medida necessária para encaminhar políticas cooperativas para enfrentar o problema das mudanças climáticas. Nesse sentido, não deixa de ser interessante verificar que, depois do negacionismo de Donald Trump, que chegou ao extremo de se retirar do Acordo de Paris, sob o governo de Biden os Estados Unidos tudo fazem para assumir papel de liderança global no enfrentamento da questão das mudanças climáticas.

A NSS admite que a aliança da China com a Rússia constitui o grande desafio estratégico, com o qual os Estados Unidos se defrontam. As duas potências adversárias têm características diferentes uma da outra, mas se põem de acordo sobre as questões estratégicas de fundo, especialmente sobre a mudança da ordem internacional, e cooperam intensamente em área sensível como a área energética, com os russos preenchendo as necessidades de petróleo e gás da China. Essa aliança, aliás, não convém esquecer, foi enfaticamente reforçada quando da abertura dos Jogos Olímpicos de Inverno de Pequim, em fevereiro de 2022, ocasião em que os presidentes Vladimir Putin e Xi Jinping se declararam contrários à política de "interferência em assuntos internos", ao mesmo tempo que declararam sua oposição comum à expansão da Otan e que a ilha de Taiwan é parte inseparável da China.

Em vista da aparente solidez dessa aliança, segundo o documento de diretrizes estratégicas do governo Biden, o objetivo estratégico norte-americano deve ser o de tudo fazer para fraturá-la. O documento considera que esse objetivo pode ser alcançado, porque, apesar de todas as diferenças que separam os interesses chineses dos interesses norte-americanos, com os chineses parece possível o entendimento e a negociação, ao passo que, com a Rússia, isso não é possível. E o que torna a negociação com os russos coisa impossível é o suposto projeto nacionalista russo de expansão territorial, com vistas a recompor o antigo império. A nostalgia do passado imperial da Rússia, que os norte-americanos atribuem ao governo de Putin, é considerada culpada por impedir qualquer entendimento político.

Uma nova ordem em questão

Desde quando Mao Zedong proclamou a República Popular, em 1949, a China assumiu posição contestadora para com a ordem internacional. Sob a liderança de Zhou Enlai, a diplomacia chinesa desempenhou papel de relevo na Conferência Afro-Asiática de Bandung, em 1955. Essa primeira conferência reunindo povos recém-independentes do domínio europeu foi responsável por denunciar a persistência do caráter colonial na ordem internacional que havia pouco fora estabelecida. Embora vários países asiáticos tivessem conquistado a independência política, faltava ainda a independência das colônias africanas, coisa que somente se completou em meados da década de 1970. E os países que haviam se tornado independentes enfrentavam o racismo e o bloqueio do caminho que leva ao desenvolvimento econômico-social. A lógica ideológico-política da Guerra Fria se impunha sobre as pretensões de desenvolvimento dos países periféricos. Essa lógica somente cedeu, em parte, quando, em 1964, sob forte pressão dos países periféricos, a ONU acolheu a questão do desenvolvimento, ao institucionalizar a Conferência das Nações Unidas sobre Comércio e Desenvolvimento (UNCTAD). Não obstante sua inscrição no bloco comunista, a China realçou a identidade de país do Terceiro Mundo, cuja prioridade era promover o desenvolvimento.

No início da década de 1970, quando o Terceiro Mundo se uniu em torno da reivindicação de uma Nova Ordem Econômica Internacional (NOEI), mais uma vez a China assumiu papel proeminente. Depois de um período de introspecção, em que esteve voltada para sua Revolução Cultural, a China, dessa vez na qualidade de membro da ONU, reapareceu apoiando a causa do Terceiro Mundo. O discurso de Deng Xiaoping na tribuna da Assembleia Geral da ONU apresentando a Teoria dos Três Mundos, em

1974, apontava o caráter hegemônico das superpotências como principal obstáculo ao desenvolvimento da periferia, ao mesmo tempo que apresentava a defesa da soberania do Estado como a questão mais sensível da ordem internacional, uma vez que as superpotências a desrespeitavam sistematicamente em sua luta pelo poder hegemônico.

A China voltou a desempenhar papel protagonista na luta por uma nova ordem internacional, dessa vez junto com Brasil, Rússia, Índia e África do Sul, ao criar o Brics. O grupo consiste em nova versão daquela aspiração que se manifestou em Bandung, em 1955, e se repetiu na ONU, nos anos 1970 – uma versão cuja principal característica é ser mais realista do que as duas anteriores. Não mais um amplo e contraditório conjunto de países muito diferentes entre si e sem um objetivo claramente definido, mas, sim, um grupo de grandes países periféricos em processo econômico ascendente, com *status* de líderes políticos regionais, que tomaram medidas concretas com vistas a abrir espaço para o desenvolvimento da periferia, no mesmo momento em que reivindicavam o reconhecimento da diversidade cultural dos povos e o respeito ao princípio da soberania dos Estados. A criação do Novo Banco de Desenvolvimento (NBD) e do Arranjo Contingente de Reservas (ACR), em julho de 2014, no Encontro de Fortaleza, com o objetivo de oferecer alternativa ao Banco Mundial e ao Fundo Monetário Internacional (FMI), ambos controlados pelos norte-americanos e pelos europeus, foram as principais decisões apresentadas pelo grupo. As duas instituições criadas pelo Brics, por sua parte, apresentam a destacável característica de não condicionar seus empréstimos a reformas estruturais, ou a compromissos políticos de alinhamento com Washington. Em vez disso, preferem investir em regime de *leasing*, mediante o qual o país anfitrião se torna proprietário do investimento quando passa a ser lucrativo.

Tal como das vezes anteriores, os Estados Unidos e seus aliados conseguiram, em alguma medida, esquivar-se dessa ofensiva lançada pelos interessados em promover uma nova ordem internacional. África do Sul, Brasil e Índia, por razões específicas, distanciaram-se dos objetivos estabelecidos inicialmente pelo Brics. África do Sul e Brasil se afundaram em uma crise sem fim causada pela luta contra a corrupção, enquanto a Índia, conquanto mantenha o crescimento econômico, governado pelas forças políticas nacionalistas, afastou-se da China e se aproximou dos Estados Unidos. Assim, mais uma vez, as contradições próprias a Estados periféricos que lhes impossibilitam alcançar algo semelhante ao consenso bipartidário norte-americano abriram as portas para a conservação da política hegemônica.

Em virtude dos acidentes políticos por que passam os demais membros do grupo, o Brics, em seu movimento em favor de uma nova ordem internacional, vê-se reduzido à China e à Rússia. Por ora, a África do Sul continua paralisada pela crise política; o Brasil vive a expectativa da retomada da política externa com ênfase nas relações Sul-Sul; a Índia, por fim, ao mesmo tempo que toma distância da China e se aproxima dos Estados Unidos, tem intensificado seus laços com a Rússia.

Há que se destacar, no entanto, que existe considerável diferença entre a orientação política internacional russa e a orientação da política internacional chinesa. A China tem uma atuação marcada pela autonomia, compatível, a bem dizer, com sua ascensão à condição de grande potência econômica, tecnológica e militar. A Rússia executa uma política defensiva, em reação à pressão que sofre por parte dos Estados Unidos e de seus aliados da Otan no sentido de isolá-la e cercá-la. Isolamento e cerco que recobrem o objetivo mais imediato de afastar Vladimir Putin da presidência do país, mas também e sobretudo o objetivo de mais longo alcance de inviabilizar definitivamente qualquer pretensão futura dos russos de formar uma área em que possa exercer influência regional.

O principal instrumento com que a China conta para mudar a ordem internacional é a Iniciativa do Cinturão e Rota (*One Belt and One Road Initiative*). Anunciado por Xi Jinping em 2013, o projeto chinês consiste em um vasto programa internacional de infraestrutura financiado pela China que se estende pela Ásia Central, África, Europa e Américas. Além dessa ambiciosa reconstituição da clássica Rota da Seda, os chineses assumiram posição central em um novo agrupamento econômico-comercial asiático que exclui a participação dos Estados Unidos. Denominado Parceria Econômica Regional Abrangente (RCEP), esse agrupamento é um tratado de livre-comércio proposto na região Ásia-Pacífico, reunindo os dez Estados-membros da Associação de Nações do Sudeste Asiático (Asean) – Brunei, Camboja, Indonésia, Laos, Malásia, Mianmar, Filipinas, Singapura, Tailândia e Vietnã – e cinco dos integrantes da Área de Livre-Comércio (ALC) da Asean – Austrália, China, Japão, Nova Zelândia e Coreia do Sul. A formação desse agrupamento começou a ser negociada em 2012 e chegou a termo em 2020. Os norte-americanos interpretam que esse agrupamento é altamente lesivo para os seus interesses, por isso veem sua exclusão com muita preocupação. Por causa disso, atribuem decisiva importância ao fortalecimento dos vínculos com os aliados da região do Indo-Pacífico e estão permanentemente a reiterar a disposição de fazer valer a proteção que concedem a Taiwan.

Qual ordem internacional?

A crise econômico-financeira pela qual passaram os Estados Unidos em 2008 despertou os *thinks tanks* e os acadêmicos norte-americanos para a discussão acerca da ordem internacional. O fato de a economia chinesa persistir em sua marcha ascensional a despeito da crise que abalava a economia norte-americana levou esses estudiosos da política internacional a se preocuparem cada vez mais com a corrosão do poder dos Estados Unidos e com o aumento de poder da China. A partir daí, a discussão sobre a ordem internacional entrou na pauta, dado que se afigurava a muitos estudiosos que aquele crescimento econômico em algum momento faria a China questionar a ordem internacional criada em Bretton Woods.

Até a primeira década do presente século, o debate acadêmico sobre a ordem internacional não empolgava muito. Nem os trabalhos sobre a Conferência Afro-Asiática de Bandung, nem aqueles dedicados à questão da Nova Ordem Econômica Internacional suscitaram maior interesse nos estudiosos. A explicação para essa falta de interesse se deve, certamente, ao fato de a Conferência Afro-Asiática de Bandung não ter reivindicado uma nova ordem internacional, mas, dentro das possibilidades, apenas ter denunciado o caráter da ordem existente. Já os países do Terceiro Mundo, ao reivindicarem uma Nova Ordem Econômica Internacional, pretendiam eliminar os aspectos mais aberrantes da ordem capitalista, o que, de algum modo, conseguiram ao institucionalizar a UNCTAD e estabelecer o Sistema Geral de Preferências (SGP). E, como mais importante de tudo, nesses dois momentos da política internacional, a hegemonia dos Estados Unidos não estava em jogo. Os centros universitários norte-americanos de excelência, que dão o diapasão da discussão na área das relações internacionais, evidentemente não se sentiram estimulados a dedicar sua atenção a essa ideia. O conceito de ordem internacional era mais usado pelos estudiosos da História das Relações Internacionais, voltados para os estudos de longa duração.

Indiscutivelmente, a principal referência para o estudo do conceito de ordem internacional é a obra do australiano Hedley Bull – *A sociedade anárquica* (Bull, 2002). A tese central de Bull é que o fato de a sociedade internacional não dispor de um centro político capaz de elaborar leis para regular as relações dos Estados e de fazê-las respeitar não significa a impossibilidade de ordem. Isto é, para que haja ordem, não é necessária a existência de um poder central, pois a ordem deve ser negociada entre os interessados, uma vez que ela é indispensável para garantir estabilidade e previsibilidade nas relações internacionais. E a ordem, que se consubstancia em instituições e regras que impõem procedimentos, por ser negociada entre os Estados, reflete inevitavelmente as relações de poder entre esses mesmos Estados. Aqueles que têm mais poder são aqueles que ditam as regras e criam as instituições que todos os demais devem respeitar para se alcançar a paz. Disso deduz-se que aqueles Estados que acumulam poder em algum momento de sua marcha ascensional sentir-se-ão tolhidos em seus interesses pela ordem criada por outros, e, por essa razão, desejarão mudar a ordem, de modo a torná-la mais ajustada aos seus valores e à sua perspectiva das relações internacionais.

Entretanto, a preocupação em aprofundar a reflexão sobre o conceito de ordem internacional somente veio a acontecer quando formuladores de política e acadêmicos norte-americanos começaram a se dar conta de que o novo grupo de poderosas economias emergentes poderia ameaçar o amplo domínio que a economia norte-americana desfrutava até então. A partir da conjuntura que se formava no início da segunda década do novo século, esses estudiosos começaram a refinar o conceito de ordem internacional. Um dos primeiros a marcar posição nessa empreitada foi John Ikenberry (Ikenberry, 2011). Como assinala Nuruzzaman (2020), a partir do momento em que foram criados o Banco Asiático de Investimento e Infraestrutura (AIIB), em 2015, e o Novo Banco de Desenvolvimento (NBD), em 2016, a discussão iniciada por Ikenberry ganhou impulso e se generalizou, tornando-se tema recorrente nas publicações de formuladores e de acadêmicos.

Por meio de uma interpretação muito peculiar da evolução do moderno sistema de Estados, desde sua formação em Westphalia (1648), Ikenberry argumenta que, na segunda década do século XIX, após a derrota do projeto imperial de Napoleão Bonaparte, sobre a estrutura do moderno sistema westfaliano de Estados, deu-se início à construção de uma ordem internacional liberal. Essa construção tem se realizada em sucessivas ondas, decididas de acordo com o resultado das relações entre as grandes potências, segundo os princípios do realismo político. O que quer dizer que, ainda que a estrutura do sistema de poder já tenha assumido formas multipolar ou bipolar, a ordem internacional se manteve liberal durante todo o tempo (Ikenberry, 2011, p.11).

Com o fim da Segunda Guerra Mundial, segundo Ikenberry, os Estados Unidos eram o país que reunia as condições necessárias para, a partir da visão universalista de Woodrow Wilson (1913-1921), avançar o processo de construção de uma ordem internacional liberal bem ampla, incorporando ideias desenvolvidas pela política do New Deal, "porém, a fraqueza da Europa no Pós-Guerra e o aumento das tensões com a União Soviética conduziram a construção da ordem liberal na direção de um sistema muito mais centrado no mundo ocidental sob a liderança dos Estados Unidos (Ikenberry, 2011, p.20)".

Ikenberry denomina essa ordem internacional criada no pós-Segunda Guerra Mundial "ordem liberal hegemônica". Devido ao poder que acumulara ao longo da guerra, os Estados Unidos puderam organizar todo um aparato institucional econômico e militar, que deu ao país a condição de negociar seus interesses em posição vantajosa, mas também o capacitou para impor seus interesses pela força, sempre que as negociações esbarravam na intransigência do Estado interlocutor. A Ikenberry não escapa um aspecto muitíssimo importante dessa ordem liberal hegemônica, que foi a abrangente reconstrução da Alemanha e do Japão. Ao dirigir essa reconstrução, após derrotar seus projetos hegemônicos na Eurásia e na Ásia, os Estados Unidos converteram esses Estados em liberal-democráticos e os incorporaram ao seu projeto hegemônico, mediante a instalação de grande número de bases militares no território de ambos. Essa incorporação da Alemanha e do Japão à política hegemônica se fez de modo a impedir que as elites desses países desenvolvessem projetos autonomistas, bem como usando-os como base para dissuasão contra eventuais potências com intenções de intransigência nos dois contextos regionais. Por outras palavras, Alemanha e Japão se transformaram de inimigos em importantes peões do projeto hegemônico norte-americano.

Segundo sua interpretação, essa ordem internacional foi posta em questão por dois fatores bem identificados. Daí a preocupação em realizar uma reflexão teórica bem convincente, cujo aspecto principal é qualificar a ordem internacional de *liberal*. O primeiro fator foi a tentativa do governo George W. Bush de alterar a ordem hegemônica para ordem imperial (Ikenberry, 2011, p.30). Tal tentativa foi resultado do fim do mundo comunista e do colapso do Estado soviético. A capitalização de poder pelos Estados Unidos como resultado dessa mudança no sistema internacional, que converteu a estrutura de poder em unipolar, levou o governo W. Bush à conclusão que poderia simplesmente impor seus interesses a todos os demais atores, dispensando, portanto, qualquer esforço de persuasão. Ikenberry encontra aí o ponto central de sua reflexão: o governo W. Bush imaginou superar o sistema de Estados westphaliano por um sistema de caráter imperial, no qual os Estados Unidos desempenhariam o papel de Leviatã conservador.

O segundo fator que pôs em questão a ordem internacional que ele qualifica de liberal foi a ascensão das economias da China e da Índia. Decerto, não havia pior hora para os Estados Unidos pretenderem reforçar ainda mais sua capacidade de impor regras no meio internacional, sobretudo aquela regra angular, embora sempre convenientemente ignorada, do respeito pela soberania dos Estados. China e Índia, dois grandes e populosos países asiáticos, com tradições culturais inteiramente distintas das do Ocidente, em pleno processo de ascensão econômica, acumulando sucessivos êxitos produtivos e comerciais, jamais poderiam aceitar a ideia de um sistema de traço imperial.

A conclusão desse raciocínio desenvolvido pelo estudioso norte-americano é que qualquer investida dos Estados Unidos em um projeto como esse, de caráter imperial, encontrará muitas resistências. Ao mesmo tempo, faz parte do processo da política internacional que potências emergentes queiram alterar a ordem internacional em vigor, de modo a contemplar seus interesses específicos. Tendo em vista essa regra básica da política internacional, o melhor encaminhamento que os Estados Unidos podem dar à sua política externa é trabalhar no sentido de manter o caráter liberal da ordem internacional. Não há como impedir o surgimento de novas potências, nem que essas novas potências desejem ver sua visão de mundo e seus valores de algum modo observados na ordem internacional. Por isso, Ikenberry considera que a principal questão política internacional dos Estados Unidos não é impedir a chegada de novas potências ao círculo dos Estados poderosos e influentes, mas impedir que a ordem internacional deixe de ser liberal.

A intervenção teórica de Ikenberry foi extraordinariamente importante do ponto de vista político, tendo em vista as preocupações dos acadêmicos e formuladores de política norte-americanos com a corrosão do poder dos Estados Unidos e a irrupção de novas potências provenientes da periferia do sistema internacional. A partir dessa sua intervenção, convencionou-se qualificar a ordem internacional de liberal. Poucos foram aqueles que, como Glaser (2019), questionaram a validade analítica da ideia de ordem internacional liberal, considerando-a mero *status* geopolítico de caráter normativo, com vistas a projetar um mundo desejável. Em face da possibilidade de criação de alguma ordem internacional alternativa, passou-se a defender o caráter liberal da ordem internacional como absolutamente inegociável. Daí por que Nuruzzaman (op. cit.) afirma que as iniciativas econômico-institucionais na Ásia e do Brics suscitaram uma avalanche de estudos, os quais têm a ordem internacional como objeto central de reflexão.

Em meio aos muitos estudos dedicados à questão, destaca-se o de Richard Haass, em virtude do prestígio desse diplomata e presidente do Council on Foreign Relations (CFR). No artigo intitulado "Liberal World Order, R.I.P.", publicado por esse *think tank* em março de 2018, Haass se mostrava bastante pessimista. Em suas palavras (Haass, 2018):

> Os Estados Unidos, trabalhando de perto com o Reino Unido e outros, estabeleceram a ordem mundial liberal após a Segunda Guerra Mundial. O objetivo era garantir que as condições que levaram a duas guerras mundiais em trinta anos nunca mais surgissem.
>
> Para tanto, os países democráticos se propuseram a criar um sistema internacional que fosse liberal no sentido de que deveria ser baseado no estado de direito e no respeito pela soberania e integridade territorial dos países. Os direitos humanos deveriam ser aplicados a todo o planeta; ao mesmo tempo, a participação era aberta e voluntária. Instituições foram construídas para promover a paz (as Nações Unidas), o desenvolvimento econômico (Banco Mundial) e o comércio e o investimento (o Fundo Monetário Internacional e o que anos depois se tornou a Organização Mundial do Comércio).
>
> Tudo isso e muito mais foi apoiado pelo poderio econômico e militar dos Estados Unidos, uma rede de alianças na Europa e na Ásia e armas nucleares, que serviram para deter a agressão. A ordem mundial liberal baseava-se, portanto, não apenas nos ideais adotados pelas democracias, mas também no *hard power*.

Afora a típica arrogância exibida por aqueles que acreditam na excepcionalidade dos Estados Unidos, único país cujas elites reuniriam todas as condições necessárias para determinar os rumos da ordem internacional, Haass, nessa sua análise do quadro internacional, não esconde seu pessimismo sobre o futuro da ordem internacional liberal. Não tanto por certos acontecimentos desanimadores, nem pelo comportamento incômodo de alguns importantes Estados que exercem grande influência sobre o conjunto do sistema internacional – a saída do Reino Unido da União Europeia; o fortalecimento de regimes autoritários na China, na Rússia e na Turquia; a evolução do programa nuclear da Coreia do Norte; o conflito na Síria. Mas, sim, pela orientação seguida pelos próprios Estados Unidos sob a presidência de Donald Trump. A saída de fóruns multilaterais e a desconsideração para com históricos compromissos com importantes aliados determinados por Trump sinalizavam, na avaliação de Haass, que não havia muito o que esperar do futuro da ordem internacional liberal. O esvaziamento das instituições internacionais não pode ter outras consequências senão o progressivo fortalecimento dos nacionalismos e o acirramento das rivalidades entre os Estados. Se o principal guardião da ordem virava as costas para seu compromisso, como confiar a outros a tarefa de zelar pela manutenção da ordem?

Transcorridos os dois anos finais de governo de Trump (2019-2020) e dois anos iniciais de governo de Joe Biden (2021-2022), desde que publicou o texto "Liberal World Order R.P.I.", a avaliação pessimista de Haass, publicada em 2018, não sofreu alteração. Os dois anos de governo de Biden não alteraram substancialmente, portanto, o rumo dos Estados Unidos no sistema internacional de poder, tampouco a situação interna do país.

O diagnóstico feito em 2018 não apenas continua praticamente o mesmo, como, em alguns aspectos relativos à situação dos Estados Unidos, ele se agravou. Em texto publicado no número de setembro/outubro de 2022, nas páginas da revista *Foreign Affairs*, editada pelo CFR – "The Dangerous Decade: A Foreign Policy for a World in Crisis" –, Haass (2022) não descarta a possibilidade de guerra. Seria essa a maneira de impedir que China e Rússia venham a impor uma nova ordem internacional sobre os escombros da ordem internacional liberal.

Em conformidade com essa sua percepção dos interesses dos Estados Unidos, "a Rússia apresenta um problema agudo e de curto prazo para os Estados Unidos. A China, por outro lado, apresenta um desafio muito mais sério de médio e de longo prazo" (Haass, 2022). À Rússia não restou alternativa senão morder a isca lançada pela Otan por intermédio da Ucrânia, que, por sua vez, está a pagar um elevado preço por ter se disposto a desempenhar esse papel. Mas a Rússia, inevitavelmente, sairá enfraquecida por uma longa e desgastante guerra. Sua economia é altamente dependente da produção de energia, dependente, portanto, de mercados externos. A única coisa por que se faz respeitar é seu dispositivo militar nuclear, sobretudo, porque Putin, sabidamente, é bem capaz de usá-la, daí a razão pela qual a Otan deve agir com toda prudência, apesar de sua superioridade militar.

A respeito dessa questão específica, não custa acrescentar que a Rand Corporation, *think tank* de política global que produz pesquisas e análises para as Forças Armadas dos Estados Unidos desde 1948, dedica parte de seu tempo e de seus recursos a elaborar hipóteses e desenhar cenários concernentes às relações da Otan com a Rússia e aos interesses nacionais norte-americanos na região eurasiana.

Em um desses estudos da Rand Corporation (*Perspectives* – PE338), de 2020, intitulado "What Provokes Putin's Russia? – Deterring without Unintended Escalation", Pezard e Rhoades (2020) buscam inferir qual seria a linha vermelha da defesa nacional russa. Ou seja, especulam acerca de qual seria a provocação feita pela Otan que Putin consideraria ultrapassagem dos limites do tolerável, o ponto a partir do qual ver-se-ia obrigado a dar resposta hostil e, eventualmente, levar a uma escalada militar. E uma das conclusões desse estudo é que uma linha vermelha é a proteção que o Estado russo considera que deve aos russos étnicos que vivem nos estados fronteiriços. Discriminação para com a população russa e integração ao dispositivo militar-nuclear da Otan praticadas por Estados como a Geórgia e a Ucrânia claramente iriam além do que Moscou poderia admitir como provocação, determinando pronta resposta militar do governo russo.

Apesar dessa capacidade de responder assertivamente à provocação, a Rússia de Putin, afirma Haass, não dispõe de recursos, nem de projeto, para a construção de uma nova ordem internacional. Na verdade, o que constitui problema para Washington é a relação de cada vez mais proximidade com a China. Para os Estados Unidos, enfim, o ideal seria que o desgaste a que Putin está sendo submetido pudesse se traduzir em sua queda e em sua substituição por um governo que estabelecesse um diálogo "construtivo" com a Otan.

Já a China, por diversas razões, representa o grande desafio.

A esperança alimentada por economistas e pelos formuladores de política norte-americanos de que o desenvolvimento econômico e a intensa participação no processo de globalização determinariam mudanças no sistema político chinês já acabou. A estrutura política e o comando do Partido Comunista Chinês (PCC) não sofreram qualquer abalo. Pelo contrário, a liderança política exercida por Xi Jinping somente encontra paralelo naquela de Mao Tsé-tung. O Estado continua mantendo controle sobre o processo econômico, e as empresas chinesas se espalham por todo o mundo. Os investimentos em tecnologia colocaram a China em posição de vanguarda em inovação e desenvolvimento de produtos. Ademais, sua capacidade militar convencional e nuclear aumentou significativamente. Sua presença na região do Indo-Pacífico é a cada dia mais sólida. E os chineses dão mostras de que não aceitarão nenhuma interferência em Taiwan que venha representar uma ruptura. Em matéria de defesa da soberania, a China conserva sua posição intransigente.

Esses são problemas reais que os Estados Unidos têm enfrentado, e nada indica que haverá mudanças que possam ir ao encontro de seus interesses a curto e médio prazos. Haass considera, entretanto, que o principal problema com o qual os norte-americanos se defrontam é o próprio Estados Unidos: "um país dividido contra si mesmo não pode subsistir; nem pode ser eficaz no mundo, pois os Estados Unidos rebeldes não serão vistos como um parceiro, ou líder confiável, ou previsível. Tampouco será capaz de enfrentar seus desafios domésticos" (Haass, 2022, p.7). A passagem de Trump pela presidência abriu rachaduras no edifício estatal norte-americano que serão difíceis de serem reparadas. A divisão política interna e a quebra do consenso bipartidário em relação à política externa têm criado problemas políticos de difícil solução, ao mesmo tempo que têm comprometido a imagem do país no restante do mundo. Para Haass (2022, p.8), "o governo Biden fez muito para priorizar alianças e parcerias, mas também às vezes reforçou dúvidas sobre a firmeza e a competência americanas, especialmente durante a caótica retirada das forças americanas do Afeganistão".

Epílogo

A inscrição do problema da mudança da ordem internacional na Estratégia de Segurança Nacional do governo Biden está em perfeita sintonia com o que pensam os principais formuladores de política dos Estados Unidos, estejam eles vinculados ao mundo acadêmico ou ao mundo dos *thinks tanks*. E a qualificação de "liberal" que Ikenberry adicionou ao conceito de ordem internacional foi pronta e acriticamente incorporada à reflexão sobre a questão.

Essa qualificação proporcionou, sem dúvida, mais densidade ideológica à ideia de ordem internacional. Ao classificar a ordem que tem defendido como liberal, os norte-americanos tentam demarcar clara diferença em relação à nova ordem proposta por chineses e russos. Por considerarem as estruturas políticas da China e da Rússia autocráticas, incompatíveis com os valores liberais que caracterizam o mundo ocidental, os norte-americanos argumentam que uma ordem internacional proposta por esses dois países somente pode assumir a forma de uma ordem internacional avessa a valores liberais.

O que estaria em questão, portanto, não seria uma defesa da sua posição hegemônica, mas, sim, defender o mundo de uma proposta de ordem internacional ameaçadora: fundamentada em valores contrários à economia de mercado, à democracia e à preservação dos direitos humanos. As intervenções teóricas desenvolvidas nas instituições voltadas para o acompanhamento e para a formulação de política sobre a questão da mudança da ordem internacional, de autoria de influentes estudiosos são muito importantes no contexto da reflexão sobre as relações internacionais. Embora possa parecer que essa seja uma questão que diz respeito exclusivamente às grandes potências, interessadas em projetar poder e gerar benefícios em proveito próprio, o fato é que a disputa em torno da ordem condiciona todo o ambiente das relações internacionais.

É necessário observar, contudo, que a mudança não se realiza abruptamente, da noite para o dia. Longe disso. A mudança é um processo político, que avança com ações e reações, que ora se aceleram, ora estacionam, e que não poucas vezes apresentam efeitos surpreendentes. Os maiores beneficiados pela ordem em vigor não querem perder o controle, e tudo fazem para impedir que outros se coloquem em posição favorável para impor nova ordem. Esse processo afeta o funcionamento de todo o sistema. Em maior ou menor grau, todos os atores são convocados a participar. Como nosso estudo procura esclarecer, o entendimento de acontecimentos como a guerra da Ucrânia, por exemplo, não pode se limitar ao exame dos seus elementos mais manifestos. Somente com base na análise dos projetos dos principais atores estatais se torna possível identificar interesses ocultos, imediatos e de mais longo prazo.

A leitura da NSS do governo Biden nos revela o quanto a questão da ordem internacional é crescentemente importante e como tem condicionado as relações internacionais. De acordo com esse documento, os Estados Unidos contam com um prazo de apenas dez anos para recuperar a posição hegemônica e, consequentemente, assegurar a continuidade da ordem internacional liberal. Isso porque a China age com a determinação de uma grande potência: à medida que vai acumulando poder econômico, vai traduzindo esse poder em alianças políticas e em capacidade militar à altura do objetivo a que se tem proposto.

Depois da exploração de diferentes aspectos relativos à política externa que tem sido praticada pelo governo Biden, faz-se imperioso investir na busca de uma explicação para algo que se apresenta como uma verdadeira charada, pois está todo o tempo subentendida, não se explicitando com a clareza que a importância da questão exige. Afinal, o que tanto temem os Estados Unidos em face de uma possível ordem internacional organizada pela China, pela Rússia e, eventualmente, pelo conjunto do Brics? Como se concretizaria essa ordem internacional que os norte-americanos reputam como própria às autocracias? O que os responsáveis pela política externa dos Estados Unidos consideram que seria tão repulsivo e tão divergente da atual ordem, por eles denominada liberal?

Convém repetir que a ordem internacional, sinteticamente, é o conjunto de regras, normas e instituições que regem as relações entre os atores internacionais, que tem por objetivo proporcionar estabilidade e previsibilidade a esse sistema de relações. As potências hegemônicas são as que determinam a ordem, em sintonia com seus interesses nacionais e com os valores que cimentam sua estrutura estatal e governativa. Todavia, a ordem não é – e não pode ser – a pura expressão do poder bruto, pois, para ser duradoura, ela precisa gozar de legitimidade junto aos demais atores internacionais. E a legitimidade provém dos bens públicos que ela, a potência, mostra-se capaz de oferecer aos atores que têm menos poder. A disputa travada pelas grandes potências para definir qual delas reúne as condições necessárias para estabelecer a ordem internacional é, portanto, tanto uma exibição de poder econômico, político, científico-tecnológico e militar, como também uma guerra das ideias.

A batalha em torno das ideias é muito importante e não pode ser dissociada das demonstrações de poder bruto (*hard power*), porque os Estados que influem diretamente na construção da ordem servem de referência para todos os demais, sobretudo, para aqueles que lutam pela promoção do desenvolvimento econômico e social. Esses Estados hegemônicos se apresentam como um ideal a ser perseguido pelos demais, pois, por assim dizer, constituem o exemplo de êxito das ideias e dos valores que sustentam Estado e sociedade. E sua permanência na situação hegemônica depende, em grande medida, de sua capacidade de continuar reproduzindo equilíbrio e prosperidade e, do mesmo modo, de gerar produção cultural que expresse sua condição de modelo de sociedade bem-sucedida.

A partir dessa concepção de ordem internacional, consideramos que parece possível tecer algumas considerações para essa questão da disputa entre suas diferentes concepções, que praticamente nunca é devidamente esclarecida.

A primeira delas diz respeito ao processo de desenvolvimento econômico chinês, tal como se encaminhou a seguir às reformas iniciadas em 1978 pelo Partido Comunista, sob a liderança de Deng Xiaoping. Ora denominada "socialismo de mercado", ora denominada "capitalismo de Estado", a economia chinesa se estrutura de modo que seu funcionamento e seu dinamismo se fazem sob o controle do Estado, obedecendo a objetivos por ele fixados. Mediante a permanente supervisão estatal, tornou-se possível a significativa redução da pobreza e a elevação do padrão educacional. A eliminação dos limites do acúmulo de riquezas de parte da sociedade foi compensada pela elevação do nível de bem-estar dos mais pobres.

Esse é, evidentemente, um modelo de sociedade que vai de encontro à concepção liberal de produção de riquezas e de sua distribuição social, uma vez que o liberalismo, ao defender integral liberdade de ação aos agentes econômicos, aceita o avassalador acúmulo de riquezas por parte de uma minoria, sem apresentar qualquer proposta de elevação do nível socioeconômico para a maioria formada pelos mais pobres e pelos alijados do mercado. Para estes últimos, o que o Estado lhes reserva é a garantia de que sua liberdade está assegurada, e o estímulo à esperança de que o crescimento da economia determinado pela disposição dos investidores em continuar ampliando sua riqueza venha a incluí-los em algum momento no elenco dos que participam da prosperidade.

Em vista desse contraste entre a estrutura socioeconômica chinesa e o padrão da estrutura liberal, torna-se clara a razão pela qual os norte-americanos e seus principais aliados procuram sempre enfatizar as diferenças políticas, apresentando a estrutura política chinesa como tirânica e repressiva. Além disso, o crescimento da pobreza, a violência urbana, o elevado consumo de drogas, o mau tratamento dispensado aos imigrantes e, por último, a profunda crise política que atualmente divide os Estados Unidos são fatores que permitem entender o pessimismo de um importante formulador de política como Richard Haass. Vale dizer que, em que pese todo o esforço propagandístico despendido pelos agentes do Estado, a imagem dos Estados Unidos como sociedade capitalista liberal exemplar se acha cada vez mais comprometida. A ameaça golpista levada a efeito pelos prosélitos de Donald Trump na invasão do Capitólio, inconformados com a derrota dele nas eleições, é um desses acontecimentos que trazem à tona os sérios problemas políticos e institucionais que corroem a República norte-americana, manchando sua imagem de sistema político modelar.

No âmbito global, a desenvoltura com que a China se move em todos os continentes causa crescente desconforto aos estrategistas norte-americanos. Em uma região estreitamente vinculada aos Estados Unidos ao longo da história, como é a América Latina, assim avalia a atual situação Diana Roy (2022, p.1):

> O papel da China na América Latina cresceu rapidamente desde 2000, prometendo oportunidades econômicas, mesmo levantando preocupações sobre a influência de Pequim. As empresas estatais da China são grandes investidores nas indústrias de energia, infraestrutura e espaço da região, e o país ultrapassou os Estados Unidos como o maior parceiro comercial da América do Sul. Pequim também expandiu sua presença diplomática, cultural e militar. Mais recentemente, alavancou seu apoio na luta contra a Covid-19, fornecendo à região equipamentos médicos, empréstimos e centenas de milhões de doses de vacinas.

A região do Indo-Pacífico é outra em que a agilidade dos chineses em estreitar os laços com os países locais tem causado grande preocupação em Washington. Diferentemente da América Latina, formada por países que enfrentam sempre grande dificuldade em seu processo de desenvolvimento, a região do Indo-Pacífico se caracteriza como centro nervoso da atual economia mundial. Por essa razão, os norte-americanos têm se empenhado em reforçar os vínculos que têm com importantes aliados locais. A aliança com o Japão e as fortes pressões que exercem sobre a China para impedir que cumpra seu objetivo de finalmente absorver Taiwan ao Estado têm sido manifestações dessa preocupação, pois a perda das relações privilegiadas com o Japão e a integração de Taiwan ao Estado chinês representariam uma verdadeira exclusão dos Estados Unidos daquela área, reduzindo seu *status* de potência global para potência atlântica.

Caso os Estados Unidos não consigam evitar essa hegemonia chinesa na região do Indo-Pacífico, haverá plena conformação da estrutura multipolar do sistema internacional de poder e, consequentemente, o fim da ideia de universalidade dos valores anglo-saxões, substituída pelo entendimento acerca da existência de diferentes tradições culturais e civilizacionais, o que, por sua vez, determinaria o reconhecimento da existência de diferentes concepções de direitos humanos e de mais justa organização jurídico-política.

A título de conclusão, vale observar que essa redução do poder dos Estados Unidos, que se veem forçados a compartilhar o poder com outras potências e com outras tradições culturais, abre a possibilidade de se efetivar aquele princípio que a China e países em desenvolvimento têm defendido em diferentes conjunturas desde a Conferência Afro-Asiática de Bandung: o respeito à soberania dos Estados. Esta tem sido, pois, a questão central colocada pelos movimentos que aspiraram à mudança da ordem internacional. O respeito à soberania dos Estados constitui a pedra angular do sistema de Estados que se formou em Westfália e sobre o qual se apoiam as ordens internacionais que foram organizadas desde então. Esse princípio axial nunca foi, no entanto, respeitado pelas potências hegemônicas. Daí que uma nova ordem assentada na multipolaridade e na multilateralidade alimenta a expectativa de que esse princípio possa, enfim, ser devidamente respeitado.

Referências

BRZEZINSKI, Zbigniew. A Geostrategy for Eurasia. *Foreign Affairs*, v.76, n.5, p.50-64, set./out. 1997.

BULL, H. *A sociedade anárquica*. Brasília: Editora Universidade de Brasília, 2002.

CFR (Council on Foreign Relations). *Donald J. Trump* – President of the United States. Disponível em: < https://www.cfr.org/election2020/candidate-tracker/donald-j.-trump>. Acesso em: 16 nov. 2023.

COLIN, Roberto. *Rússia*: o ressurgimento da Grande Potência. Brasília: Letras Brasileiras, 2007.

GLASER, Charles L. A Flawed Framework: Why the Liberal International Order Concept is Misguided. *International Security*, v.43, n.4, primavera 2019.

GOLDBERG, Jeffrey. World Chaos and World Order: Conversations with Henry Kissinger. *The Atlantic*, 10 nov. 2016. Disponível em: <Theatlantic.com/international/archive/2016/11/Kissinger-order-and-chaos/506876/>. Acesso em: 16 nov. 2023.

HAASS, Richard. Liberal World Order, R.P.I. *Council on Foreign Relations*, mar. 2018. Disponível em: <https://www.cfr.org/article/liberal-world-order-rip>. Acesso em: 16 nov. 2023.

______. The Dangerous Decade: A Foreign Policy for a World in Crisis. *Foreign Affairs*, set./out. 2022. Disponível em: <foreignaffairs.com/united-states/dangerous-decade-foreign-policy-world-crisis-richard-haass>. Acesso em: 16 nov. 2023.

IKENBERRY, G. John. *Liberal Leviathan* – The Origins, Crisis, and Transformation of the American World Order. New Jersey: Princeton University Press, 2011.

KOCHIS, Daniel. NATO Allies Now Spend $ 50 Billion More on Defense than in 2016. Washington, *The Heritage Foundation*, 3 nov. 2020.

NATIONAL Security Strategy. Biden-Harris Administration's National Security Strategy. Washington, *The White House*, out. 2022. Disponível em: <https://www.whitehouse.gov/wp-content/uploads/2022/10/Biden-Harris-Administrations-National-Security-Strategy-10.2022.pdf>. Acesso em: 16 nov. 2023.

NATIONAL Security Strategy of the United States of America. Dez. 2017. Disponível em: <Trumpwhitehouse.archives.gov/wp-content/uploads/2017/12/NSS-Final-12-18-2017-0905.pdf>. Acesso em: 16 nov. 2023.

NURUZZAMAN, Mohammed. Why BRICS is no Threat to the Post-war Liberal World Order. Research Article. SAGE, *International Studies*. 2020. Disponível em: <https://www.researchgate.net/publication/337712921_Why_BRICS_Is_No_Threat_to_the_Post-war_Liberal_World_Order>. Acesso em: 16 nov. 2023.

OLESEN, Mikkel Runge. *Donald Trump and the Battle of the Two Percent*. Copenhagen, Danish Institute for International Studies, 20 out. 2020. Disponível em: <https://www.diis.dk/en/research/donald-trump-and-the-battle-of-the-two-percent>.

PEZARD, Stephanie; RHOADES, Ashley L. What Provokes Putin's Russia? – Deterring without unintended escalation. *Perspectives* – Expert Insights on a Timely Policy Issue. RAND Corporation, jan. 2020. Disponível em: <https://www.rand.org/pubs/perspectives/PE338.html>. Acesso em: 27 nov. 2023.

PRESIDENT Dwight D. Eisenhower's Farewell Address. National Archives – Milestone Documents. Disponível em: <https://www.archives.gov/milestone-documents/president-dwight-d-eisenhowers-farewell-address>. Acesso em: 27 nov. 2023.

ROY, Diana. China's Growing Influence in Latin America. *Council on Foreign Relations*, 12 abr. 2022. Disponível em: <https://www.cfr.org/backgrounder/china-influence-latin--america-argentina-brazil-venezuela-security-energy-bri>. Acesso em: 27 nov. 2023.

SAVIN, Leonid. The Death of the Liberal World Order. *Oriental Review*, 29 mar. 2018. Disponível em: <https://www.zerohedge.com/news/2018-03-30/death-liberal-world-order>. Acesso em: 27 nov. 2023.

SHAPIRO, Jeremy. A Contest of Extremes: Biden's and Trump's Opposing Positions on Russia. *European Council on Foreign Relations*, 14 abr. 2020. Disponível em: <https://ecfr.eu/article/commentary_a_contest_of_extremes_bidens_and_trumps_opposing_positions_on_ru/>. Acesso em: 27 nov. 2023.

TULADHAR, Sugandha; RAMKRISHNAN, Bharat et al. Impacts of Greenhouse Gas Regulations on the Industrial Sector. *NERA Economic Consulting*, 22 mar. 2017. Disponível em: < https://www.nera.com/publications/archive/2017/impacts-of-greenhouse-gas-regulations-on-the-industrial-sector.html>. Acesso em: 27 nov. 2023.

11
O quadrilátero da crise. A guerra na Ucrânia e o governo Biden

Sebastião C. Velasco e Cruz

1. Introdução

Tudo se deu sob o mais rigoroso sigilo. Na noite de sábado, depois de uma visita ao Museu Nacional de História Americana, o casal jantou em um restaurante discreto, conhecido pela excelência de sua cozinha italiana. Na manhã seguinte, a Casa Banca avisou à imprensa que o presidente permaneceria retirado e não seria mais visto naquele dia. Nesse momento, porém, ele já atravessava o Atlântico a bordo do avião da Força Aérea que tomara furtivamente durante a madrugada, na companhia de três assessores, um repórter e um fotógrafo, além de alguns poucos agentes secretos, devidamente armados e compreensivelmente tensos.

Desembarcando no Aeroporto de Rzeszów-Jasionka, Polônia, às 19h57, no horário local, o presidente dos Estados Unidos deslocou-se incógnito em uma coluna de automóveis até a estação ferroviária de Przemyśl Główny, onde tomou um trem noturno para uma viagem de dez horas que o levaria a seu destino, a capital de um país em estado de guerra.[1]

---

1 As informações contidas neste breve relato foram extraídas de Peter Baer e Michael D. Shear, Biden's Surreal and Secretive Journey Into a War Zone, *The New York Times*, 20 fev. 2023, e Brett Samuels, How President Biden's secretive trip to Ukraine came together, *The Hill*, 20 fev. 2023.

Poderia ser roteiro de um filme de ação, mas foi um lance real de marketing político extraordinário, longamente preparado com vistas à produção de efeitos bem definidos.

A sequência final começa na noite de 19 de fevereiro de 2023. Na manhã do dia seguinte, Biden aparece espetacularmente ao lado de Zelensky no Mariinsky Palace, em Kiev, para comemorar os feitos dos compatriotas do anfitrião, no encerramento do primeiro ano de uma guerra que muitos pensavam estar fadada a terminar em semanas. Na ocasião, o presidente norte-americano faz um rápido discurso, no qual anuncia novo pacote de ajuda (militar e financeira), enaltece o heroísmo do povo ucraniano e reitera o compromisso inabalável dos Estados Unidos com sua luta, cujo objeto não é nenhum interesse particular, mas um bem universal: a liberdade.

> Você e todos os ucranianos, senhor presidente, lembram ao mundo todos os dias o que significa a palavra "coragem" [...] Vocês nos lembram que a liberdade é inestimável; vale a pena lutar por ela, pelo tempo que for necessário. E é assim que estaremos com você, senhor presidente: pelo tempo que for necessário. (White House, 2023)

Não se tratava apenas de palavras – belas, mas inócuas. Para além dos gestos simbólicos e das sanções econômicas sem precedentes aplicadas à Rússia pelo bloco Ocidental sob sua liderança, os Estados Unidos foram pródigos na ajuda material e financeira ao país. O leitor pode formar uma ideia da importância dela a um simples correr de olhos pelo quadro a seguir.

Valor comprometido na ajuda à Ucrânia no primeiro ano da guerra (24/1/2022-24/2/2023). Em bilhões de euros:

	Ajuda financeira	**Ajuda militar**	**Total**
União Europeia. Membros e instituições	35,58	19,6	61,93
EUA	29,47	51,60	83,37
Organizações multilaterais			
FMI	3,19	00,00	3.19
Banco Europeu de Reconstrução	2,78	00,00	2,78
ONU	0,05	00,00	0,05
Banco Mundial	6,91	00,00	6,91

Fonte: Adaptado do Ukraine Support Tracker, *Kiel Working Paper* nº 2218, Kiel Institute for the World Economy, 4/4/2023.

Sozinhos, os Estados Unidos responderam por mais da metade do total da ajuda fornecida à Ucrânia, e por quase três quartos da ajuda militar, no primeiro ano do conflito. Mesmo se desconsiderado o seu papel político como dirigente da coalizão ocidental, não é exagero dizer que, sem o apoio dos Estados Unidos, a guerra, tal como a presenciamos, não teria existido.

Tal como a presenciamos. Cabe salientar a condição, porque a guerra poderia muito bem ter tomado outro rumo – na ausência do apoio americano, certamente, mas também caso este tivesse atendido plenamente às demandas do governo Zelensky.

Com efeito, no torvelinho dos acontecimentos, a memória do fato pode ter se apagado, mas já no início de março, 2022, Zelensky cobrava da "liga da liberdade" o estabelecimento de uma zona de exclusão aérea sobre o território ucraniano e o fornecimento de caças F-16 com instrutores para treinar os seus pilotos, pois a aviação ucraniana fora destroçada pelos mísseis russos. Dado o estado crítico da situação, solicitava ainda que fossem enviados de imediato à Ucrânia MIGS e Zukoys, pela Polônia e por outros países do antigo Pacto de Varsóvia (Cordes et al., 2022).

Está nos jornais. No momento em que escrevo, esses aviões – há muito obsoletos, mas de manejo familiar aos pilotos ucranianos – estão sendo fornecidos pela Polônia, aparentemente por decisão própria, não questionada pelos Estados Unidos. Isso, porém, mais de um ano depois do pedido desesperado de Zelensky. Na ocasião, o governo Biden rejeitou a proposta da zona de exclusão aérea e vetou a cessão dos velhos caças soviéticos à Ucrânia.

A cautela é compreensível. No caso da zona de exclusão aérea, a tentativa de impô-la acarretaria, inevitavelmente, um confronto direto da Otan com a Rússia, numa escalada que poderia terminar em conflito nuclear. A justificativa para a interdição imposta ao fornecimento de aviões de combate é menos evidente, mas se enquadra na mesma regra prática que tem evitado, até hoje, a entrega de mísseis de longo alcance (como os ATACMS, de alcance superior a 300 quilômetros) pelo risco de seu emprego contra alvos situados em território russo.

Biden enunciou muito claramente esta regra em artigo importante publicado no *The New York Times* em maio do ano passado.

> Não buscamos uma guerra entre a Otan e a Rússia. [...]. Enquanto os Estados Unidos ou nossos aliados não forem atacados, não nos envolveremos diretamente neste conflito, seja enviando tropas americanas para lutar na Ucrânia ou atacando as forças russas. Não estamos incentivando nem permitindo que a Ucrânia ataque além de suas fronteiras. Não queremos prolongar a guerra apenas para infligir dor à Rússia.[2]

Bastante sensata, essa linha de conduta parece não se coadunar com sinais dados por autoridades americanas em favor do objetivo maximalista verbalizado insistentemente pela liderança ucraniana, de derrotar a

2 President Biden: What America Will and Will Not Do in Ukraine. *The New York Times*, 31 maio 2022.

Rússia e recuperar o domínio sobre a integralidade do território ucraniano, aí incluída a Crimeia.

Nem sempre foi assim. Transcorrido um mês de iniciados os combates, no contexto das negociações de paz mediadas pela Turquia, Zelensky se declarou disposto a discutir a neutralidade da Ucrânia em um futuro acordo de paz e a estabelecer um compromisso sobre o *status* da região de Dombass, descartando a ideia de retomar pela força todos os territórios ocupados pela Rússia, pois isso significaria desencadear "uma terceira guerra mundial".[3]

Não caberia especular aqui sobre as razões de tão grande mudança, mas não passaram despercebidas a ninguém as declarações do secretário de Defesa dos Estados Unidos, Lloyd Austin, no mês seguinte, depois de rápida visita a Zelensky, em Kiev, na companhia de seu colega, o secretário de Estado, Antony Blinken:

> Queremos ver a Rússia enfraquecida a ponto de não poder realizar as mesmas ações que fez ao invadir a Ucrânia.
>
> Portanto, francamente, ela já perdeu muita capacidade militar, e muitas de suas tropas. E queremos que ela não tenha a capacidade de rapidamente reproduzir essa capacidade.

Era uma ampliação aparente dos objetivos do governo Biden na guerra, que parecia reforçada pelo complemento feito por seu colega de gabinete: "Não sabemos como o restante desta guerra se desdobrará, mas sabemos que uma Ucrânia soberana e independente permanecerá por muito mais tempo do que Vladimir Putin estiver em cena".[4]

Retomadas no dia seguinte por ele próprio e pelo então porta-voz do Pentágono, John Kirby, na conferência de imprensa realizada durante o encerramento do encontro do Ukraine Defense Consultive Group, na base aérea de Ramstein, Alemanha, as declarações de Austin repercutiram fortemente por sugerirem um reposicionamento significativo do governo Biden diante da guerra.[5]

O artigo publicado por Biden, a convite, no *New York Times* pode ser entendido como uma tentativa de pôr ordem na casa, reafirmando a orientação original de seu governo. Mas, nessa hipótese, é duvidoso que tenha sido de todo bem-sucedido. Pois continua gritante a disparidade entre a definição sobre a natureza fundamental do conflito e a moderação relativa na

3 Zelensky says Ukraine prepared to discuss neutrality in peace talks, *BBC NEWS*, 28 mar. 2022; Ukraine ready to discuss adopting neutral status in Russia peace deal, Zelenskiy says, Reuters, 28 mar. 2022.

4 Austin says US wants to see Russia's military capabilities weakened, CNN, 25 abr. 2022.

5 Cf. Forgey, Quint, Austin: U.S. believes Ukraine "can win" war against Russia, *Politico*, 26 abr. 2022; Borgerin, Julian, Pentagon chief's Russia remarks show shift in US's declared aims in Ukraine, *The Guardian*, 25 abr. 2022.

provisão de meios para enfrentá-lo. Nesse contexto, a possibilidade de uma paz negociada, como pretende a diplomacia brasileira, está fora de vista. O que se desenha no horizonte é uma guerra prolongada e desgastante, que pode assumir formas diversas, mas onde o eventual cessar-fogo não será nada mais que um passageiro armistício.[6]

Algumas vozes na comunidade de segurança norte-americana passaram a trabalhar com cenários desse tipo, sugerindo políticas para que o bloco ocidental neles se posicione da forma mais vantajosa.[7] Outras vêm alertando para os riscos de escalada implicados em uma tal situação, envolvendo potências nucleares com recursos e interesses tão desiguais no conflito. A mais enfática entre elas talvez seja a de John Mearsheimer, provavelmente o mais destacado representante, hoje, da escola realista de Relações Internacionais. As vias que podem conduzir à catástrofe são muitas e variegadas (um pequeno acidente, como o choque entre dois aviões caça, desencadeando uma espiral ascendente; um ataque russo a campos de treinamento que acarrete a morte de grande número de instrutores americanos; a decisão russa de bombardear o território de um país-membro da Otan para interromper o fluxo de material bélico fornecido à Ucrânia, por exemplo), mas é a lógica da situação descrita por Mearsheimer que fundamentalmente interessa ao presente estudo. Em suas palavras,

> Desde o início da guerra, tanto Moscou quanto Washington elevaram significativamente suas ambições, estando agora profundamente comprometidos em *vencer* a guerra e alcançar objetivos políticos formidáveis. [...] isso significa que os Estados Unidos podem se envolver no combate tanto se estiverem desesperados para vencer quanto para evitar que a Ucrânia perca, enquanto a Rússia pode usar armas nucleares se estiver desesperada para vencer ou enfrentar uma derrota iminente, o que seria provável se as forças dos EUA fossem envolvidas no combate.
>
> [...] O pensamento maximalista que agora prevalece tanto em Washington quanto em Moscou dá a cada lado ainda mais motivo para vencer no campo de batalha, para que possa ditar os termos da paz eventual. Na prática, a ausência de uma possível solução diplomática oferece um incentivo adicional para ambos os lados subirem o tom na escalada do conflito, e o que está adiante poderia ser algo verdadeiramente catastrófico: um nível de morte e destruição superior ao da Segunda Guerra Mundial.[8]

---

6 Concluí que este seria o desdobramento mais provável do conflito já na primeira vez que refleti sobre o tema, pelas razões que expus em minha participação no programa *Conflitos geopolíticos e geoeconômicos: que futuro esperar*, organizado pelo Instituto AMSUR, YouTube, 21 mar. 2022.

7 Cf. Daalder; Goldgeier, The Long War in Ukraine. The West needs to plan for a protracted conflict with Russia, *Foreign Affairs*, 9 jan. 2023.

8 Mearsheimer, Playing with Fire in Ukraine. The underappreciated risks of catastrophic escalation, *Foreign Affairs*, 17 ago. 2022.

Vias que não necessariamente levarão, mas que podem levar à catástrofe. É importante salientar a diferença, porque o argumento de Mearsheimer é condicional. A lógica que ele expõe tem como premissa a redefinição maximalista dos objetivos da guerra pelos dois contendores. Mas nada garante que estes permanecerão inalterados ao longo do tempo. Da mesma forma que a situação cambiante no terreno levou à expansão dos referidos objetivos, uma série de ocorrências facilmente imagináveis – uma escalada de tensões no estreito de Taiwan, ou o crescimento da oposição à sua política na guerra, em tempos de eleição presidencial, por exemplo – pode induzir o governo Biden a um reposicionamento.

Não discutirei a probabilidade, maior ou menor, de tal mudança, nem do desfecho sombrio que se desenha no horizonte na hipótese de continuidade na postura ora adotada pelos protagonistas. Em vez disso, proponho-me, neste capítulo, a refletir sobre duas questões entrelaçadas: a ambivalência da conduta americana diante do conflito; e o papel atribuído ao embate com a Rússia em torno da Ucrânia no conjunto da estratégia global dos Estados Unidos.

Antes de entrar na análise, porém, devo dizer uma palavra rápida sobre alguns aspectos subentendidos na discussão que se fará a seguir.

O primeiro diz respeito à relação da guerra com interesses particulares de empresas e setores econômicos. Os ganhos decorrentes da guerra para alguns deles são óbvios. Considere-se, a título de exemplo, a indústria bélica. Os Estados Unidos são os maiores produtores de armas no mundo. Ao transferir para a Ucrânia bilhões de dólares em armamentos antigos acumulados em seus estoques, o governo americano recheia a carteira das empresas do setor com encomendas novas. Os Estados Unidos são grandes produtores também de petróleo e de gás liquefeito. Desde a revolução do *fracking*, no começo do século presente, tornaram-se autossuficientes e passaram a gerar saldos exportáveis de gás vultosos. O problema que dificultava a obtenção de uma fatia maior do mercado era o preço da mercadoria e a infraestrutura requerida para sua importação. As sanções aplicadas à Rússia implicaram a ruptura das linhas de fornecimento de petróleo e gás russo à Europa, encarecendo imediatamente os dois produtos e abrindo um mercado imenso que as firmas americanas passaram a ocupar gostosamente.

Nada disso está em questão, mas explicar a eclosão do conflito e a conduta do governo norte-americano em seu decurso pelo peso dos interesses econômicos favorecidos com ele seria tomar o efeito pela causa. Entre a constatação de que grupos identificáveis ganham com uma dada política e a proposição de que esta foi adotada com o fim de beneficiá-los a distância é muito grande. O analista que estabelece uma conexão direta entre elas dá um salto mortal no escuro e, como sói acontecer nesses casos, desaba.

Mais complexos e mais convincentes são os argumentos que apontam para os efeitos geoeconômicos e geopolíticos do conflito. O mais evidente e mais comentado entre eles é a subordinação acrescida da Europa à direção político-ideológica dos Estados Unidos.

O alinhamento estreito que acabamos de referir é ilustrado eloquentemente pelo silêncio da Alemanha em face do ataque terrorista aos gasodutos Nord Stream 1 e 2 construídos, contra a oposição tenaz dos Estados Unidos, com capital russo e germânico, para atender à demanda de gás da indústria e das famílias alemãs. Apesar da condição de vítima de agressão criminosa, traduzida em desastre ecológico e prejuízos bilionários, a Alemanha não manifestou interesse nenhum na proposta apresentada pela China e pela Rússia de criação de uma comissão independente para investigar as circunstâncias e a autoria do ato, que recebeu o voto favorável do Brasil no Conselho de Segurança da ONU. Como a lógica e as informações disponíveis apontam para suspeitos "inconvenientes", o caso continuará sob investigação sigilosa – por agências alemãs e de países "amigos", ainda que confessadamente satisfeitos com os resultados do atentado.

Esses e outros fatos reforçam o argumento daqueles que, como Michel Hudson, entendem ser a Europa (em particular a Alemanha) o principal alvo da guerra na Ucrânia.

> O país que sofre o maior "dano colateral" nesta fratura global – conforme afirmado por este autor – é a Alemanha. Como a economia industrial mais avançada da Europa, os setores alemães de aço, produtos químicos, maquinaria, automóveis e outros bens de consumo dependem fortemente das importações de gás, petróleo e metais russos, desde alumínio até titânio e paládio. Apesar da construção de dois gasodutos Nord Stream para fornecer à Alemanha energia a preços baixos, o país recebeu a instrução de se desconectar do gás russo e desindustrializar-se. Isso significa o fim de sua preeminência econômica. A chave para o crescimento do PIB na Alemanha, como em outros países, é o consumo de energia por trabalhador.
>
> Essas sanções antirrussas tornam a nova Guerra Fria de hoje inerentemente antialemã.[9]

As aspas no início do parágrafo são marcas de ironia porque, no entender de Hudson, o prejuízo incorrido pela indústria alemã não tem nada de colateral, correspondendo antes ao objetivo maior perseguido pelos Estados Unidos na crise. Com efeito, reza o argumento, manter a Europa em sua esfera de influência é fundamental para a superpotência. E a Europa ameaça desgarrar-se ao intensificar seus laços econômicos com a China e a Rússia.

> A questão em pauta é saber por quanto tempo os Estados Unidos conseguirão impedir que seus aliados se beneficiem do crescimento econômico da China. Será

9 Hudson, Germany's position in America's New World Order, *Finance, Real Estate and the Power of Neoliberalism*, 2 nov. 2022.

> que Alemanha, França e outros países da Otan buscarão a prosperidade para si mesmos em vez de permitir que o padrão do dólar americano e as preferências comerciais drenem seu excedente econômico?[10]

De novo, podemos admitir que – intencionais ou não – os efeitos das sanções apontados pelo autor sejam reais e empiricamente comprováveis. E podemos ainda acompanhá-lo em sua análise sobre o objetivo estratégico dos Estados Unidos de manter a Europa na posição de caudatária. Mas nada disso nos permite entender por que ambas as coisas teriam sido buscadas exatamente por este meio: uma guerra que mal completa seu primeiro aniversário e já é a mais destrutiva jamais travada em solo europeu desde o final da Segunda Guerra Mundial.

O caminho tomado neste artigo é outro. Ele parte do suposto de que a chave para entender a conduta do governo Biden na guerra deve ser buscada nas relações historicamente construídas entre Estados Unidos e Rússia desde o final da Guerra Fria.

Ao fazer esta afirmação não desconsidero as dimensões nacional e regional do conflito. Contudo, a intervenção militar russa na Ucrânia surge como desdobramento de uma crise política congenitamente internacionalizada. Ou melhor, um ciclo de crises que teria outro desfecho, caso se articulasse de maneira diversa com os interesses e as políticas das grandes potências – em particular as duas antes referidas.

A guerra na Ucrânia envolve um conjunto de determinações complexamente entrelaçadas. Mas o que move a política do governo Biden no conflito é o antagonismo Estados Unidos-Rússia.

2. A quadratura do círculo. A política dos Estados Unidos para a Rússia no pós-Guerra Fria

2.1. Uma discrepância sintomática

A raiz do problema insinua-se já na assincronia implícita nos dois termos articulados na enunciação do objeto.

Com efeito, a política dos Estados Unidos para a Rússia começa com a implosão da URSS – vale dizer, com a tentativa frustrada do golpe de Estado levada a efeito pela linha dura do regime, em 19 de agosto de 1991, que foi seguida de perto pela declaração de independência da Estônia, da Letônia, da Rússia, da Ucrânia, da Geórgia e, meses depois, pelo desaparecimento formal da União Soviética. Antes disso, o polo da relação com os Estados

10 Hudson, America's real adversaries are its European and other allies, *Finance, Real Estate and the Power of Neoliberalism*, 8 fev. 2022.

Unidos não era a Rússia, mas o Estado multinacional engendrado pelo Partido Comunista na esteira da Revolução bolchevique de 1917.

Mas, quando os tormentosos acontecimentos acima aludidos ocorreram, a Guerra Fria já era pretérito. Há quanto tempo? A pergunta não admite resposta fácil. Em certo sentido, a Guerra Fria começa a se desfazer já em 1986, quando Gorbachev dá início à sua dupla política da *Perestroika* e da *Glasnost* e expõe ao mundo um novo paradigma de política exterior inspirado na concepção de Segurança Comum exposta alguns anos antes pelo então premiê sueco, Olof Palme.[11] A partir daí, ele passa a interpelar os seus pares e a opinião pública internacional com um discurso, cujos referentes não são mais o socialismo e a luta de classes, mas os valores comuns da humanidade. Palavras, dirão. Mas as palavras são atos, e ganham força maior quando se conjugam com outros atos para compor uma série dotada de sentido determinado. Foi o que se deu com a política exterior soviética nessa quadra histórica.

A mudança operada por Gorbachev expressou-se de imediato em seu comportamento maleável nas negociações com Reagan sobre redução de armas nucleares, nas quais desistiu de vincular a discussão do tema proposto pelo presidente americano à de seu projeto de escudo antimíssil (a chamada "Guerra nas Estrelas") que era visto com extrema preocupação pelos estrategistas soviéticos. Foi reforçada depois, com a assinatura, em abril de 1988, do acordo que levou à retirada completa das tropas russas do Afeganistão. E tornou-se patente, no ano seguinte, na autocontenção do governo soviético diante dos movimentos pela democratização das Repúblicas Populares. O de maior impacto – e teste mais importante para sua política – foi a rebelião na RDA, simbolicamente marcada pela derrubada do muro de Berlim, sobre a qual voltarei mais adiante. Logo depois foi a vez da Checoslováquia e da Bulgária.

Se o fim da Guerra Fria ainda era incerto, a partir desse momento qualquer dúvida a respeito estava dissipada. O reconhecimento formal do fato veio em novembro do ano seguinte, no tratado entre a Otan e o Pacto de Varsóvia sobre forças convencionais na Europa, celebrado como o "fim da era de divisão e confrontação" pelos signatários. Quatro meses depois, um deles – o Pacto de Varsóvia – deixou de existir... Mas o outro persistia e se revigorava.

---

11 "Em sua busca pelas bases de um amplo consenso, os soviéticos se apropriaram extensivamente de correntes de pensamento ocidental para formular os elementos mais centrais de sua 'nova forma de pensar'. [...] Os conceitos de 'suficiência razoável', 'defesa não ofensiva' e 'segurança comum' foram adotados a partir das recomendações feitas pela Comissão Palme (liderada por Olof Palme, ex-primeiro-ministro social-democrata da Suécia) para as Nações Unidas no início da década de 1980. Outros elementos originaram-se do programa Norte-Sul desenvolvido sob a liderança de Willy Brandt, ex-chanceler da Alemanha e membro do Partido Social-Democrata." Lévesque, *The Enigma of 1989. The USSR and the Liberation of Eastern Europe*, 1997, p.34.

A contradição entre o fim proclamado da era de antagonismo e a manutenção da Otan – aliança militar criada para defesa mútua contra a ameaça soviética – é um dos principais determinantes do relacionamento Estados Unidos-Rússia e um elemento constitutivo da ordem internacional emergente no pós-Guerra Fria.

Mas talvez a contradição seja apenas aparente. É o que trataremos de verificar a partir de agora.

2.2. Ruptura de um padrão cíclico: o lugar da Rússia na nova ordem internacional

> Por quase trinta anos, [...] a relação entre os Estados Unidos e a Rússia tem seguido um padrão familiar de ciclos de crescimento e declínio: uma nova administração assume insatisfeita com o estado da relação e promete fazer melhor. Inicia uma revisão de políticas que gera uma reinicialização destinada a desenvolver uma parceria. Um período de otimismo segue, mas obstáculos para melhores relações surgem, e o otimismo gradualmente dá lugar ao pessimismo. No final da administração, a relação está no ponto mais baixo desde o fim da Guerra Fria.[12]

Essa passagem sintetiza com propriedade a trajetória tortuosa do relacionamento entre os Estados e a Rússia no pós-Guerra Fria. Com uma ressalva: até o final do governo Obama. Com Trump, já temos uma outra história. Falo mais especificamente de três presidentes (Clinton, W. Bush e Obama), cada um deles no exercício de dois mandatos – o de George H. W. Bush expirava quando do desaparecimento da URSS.

No início de seu governo, Clinton agraciou Yeltsin com a promessa de fundar com a Rússia uma parceria democrática, assumindo o compromisso de assisti-la em seu esforço pela construção de uma economia de mercado. A harmonia entre os dois parceiros, porém, não durou muito. O tratamento de choque aplicado pelos tecnocratas russos, seguindo o receituário de seus assessores ocidentais, precipitou a Rússia em uma crise econômica dantesca (queda de cerca de 50% no PIB em cinco anos), disseminando o desemprego e a miséria, com as implicações previsíveis na credibilidade dos arautos das reformas. Em outro plano, a reação truculenta de Yeltsin à crise constitucional de setembro de 1993 (fechamento do Congresso e promulgação de nova Carta, com poderes ampliados ao Executivo) chocou a opinião pública internacional e lançou dúvidas sobre as suas credenciais democráticas. Mas os fatores decisivos na degradação do relacionamento entre os dois foram de ordem internacional: a decisão do governo Clinton de expandir a Otan – contra a oposição declarada da Rússia – e a crise nos Bálcãs, que culminaria,

12 Rumer; Sololsky, *Thirty Years of U.S. Policy Toward Russia: Can the Vicious Circle Be Broken?*.

em 1999, no bombardeio (não autorizado pela ONU) de Belgrado e num embate político com o governo russo que, em dado momento, chegou perto de um confronto físico com seus soldados.[13]

Originalmente, a política exterior de Bush não reservava papel maior à Rússia, mas depois dos atentados do Onze de Setembro tudo mudou. Declarada a "Guerra ao Terror", cujo episódio inaugural foi o ataque ao Afeganistão, e contando com a solidariedade ativa do governo Putin, durante algum tempo Estados Unidos e Rússia estiveram bem próximos. Mais uma vez, contudo, os laços de amizade foram rapidamente esgarçados. A decisão do governo Bush de sair do tratado antimíssil balístico, em 13 de dezembro de 2001, contribuiu para esse resultado, mas os eventos de maior impacto foram a oposição russa à invasão do Iraque, em 2003, e as Revoluções Coloridas, que resultaram na formação de governos apoiados pelos Estados Unidos na Geórgia e na Ucrânia, em 2004.

O final do período é marcado por uma ocorrência inesperada e de grande alcance histórico: a intervenção militar russa na Geórgia em resposta à operação militar deflagrada pelo governo Saakashvili contra a província separatista da Ossétia do Sul. A ação russa marca um ponto de inflexão no pós-Guerra Fria, pois representou o primeiro desafio frontal à política dos Estados Unidos efetuada por uma grande potência (até então imaginava-se que a contestação à ordem internacional criada sob sua égide estaria restrita a atores não estatais: movimentos insurgentes; organizações terroristas). Não surpreende, assim, que reações nos Estados Unidos tenham sido intensas e indignadas.

Eleito em meio à crise desencadeada pela falência de um banco nos Estados Unidos, logo transformada em crise financeira global, Obama se compromete a sair do Iraque e busca reaproximar-se da Rússia, a fim de concentrar esforços na frente que considerava mais desafiadora, vale dizer, a Ásia. A princípio, esse deslocamento diplomático deu bons frutos, entre os quais a renovação do START (Tratado de Redução de Armas Estratégicas), assinado por Obama e Putin em 8 de abril de 2010 e ratificado pelo Senado norte-americano em 22 de dezembro de 2010, com o voto da bancada democrata em bloco e de numerosos senadores republicanos. Parecia um bom começo, mas, logo a seguir, as desavenças tomariam o lugar dos protestos de boa vontade. Como no passado, a mudança de tom se deu na confluência entre política doméstica e internacional. O irritante mais direto foi o comportamento do governo russo nas eleições legislativas de dezembro de 2011. Criticado abertamente pela então secretária de Estado, Hillary Clinton, por medidas restritivas à atividade da oposição

13 Cf. Primakov, *Russian Crossroads. Toward the New Millenium*, p.266 ss., e Talbott, Putinism: The Backstory. The Sixt Annual Ernst May Memorial Lecture, in: Burns; Price (Ed.), *The Crisis with Russia.*

liberal, Putin denuncia a interferência dos Estados Unidos nos assuntos internos da Rússia e acusa diretamente Hillary Clinton de incitar protestos contra os resultados do pleito.[14]

Antes – e explicitamente vinculado ao incidente em torno da eleição na Rússia –, o outro irritante decorreu de acontecimentos sobrevindos longe do território russo. Refiro-me à Primavera Árabe – movimento de revolta contra os regimes vigentes na região, que começou na Tunísia, levou à derrubada (momentânea, logo se viu) do mando militar no Egito, deflagrou uma guerra civil até hoje não de todo debelada na Síria e incluiu uma operação desastrada, conduzida pela Otan, de mudança de regime na Líbia. Os dois últimos episódios afetaram significativamente as relações entre os Estados Unidos e a Rússia. O primeiro, porque a tentativa de deposição de Assad, encampada oficialmente pelo governo americano, afetava diretamente os interesses da Rússia, aliada da Síria, onde mantinha uma das poucas bases navais fora de seu território. O segundo, por extrapolar manifestamente o mandato conferido pela Resolução 1973, do Conselho de Segurança da ONU, aprovada em 17 de março de 2011 com a abstenção (e, portanto, com a anuência) da Rússia, que tinha a prerrogativa de vetá-la.

Contudo, o episódio que atingiu mais fortemente a relação e, na realidade, selou o fim do padrão aqui discutido foi a crise política que eclodiu na Ucrânia no inverno de 2013. Dessa feita, o motivo imediato não foram eleições (real ou alegadamente) viciadas, nem medidas repressivas contra a oposição política, mas as escolhas do referido país no campo de suas relações externas. Em meio a negociações difíceis com a União Europeia a respeito de um financiamento crivado de condicionalidades, o presidente de turno – Viktor Yanukovych, o mesmo que teve sua eleição contestada em 2004 – demonstrou-se propenso a aceitar a oferta de um crédito de valor maior e mais rápido feita pelo governo russo. As manifestações concentradas na Praça Maidan, em Kiev, buscavam impedir a conclusão desse acordo. O que estava em jogo, portanto, era a disjuntiva: integração, no longo prazo, da Ucrânia com o Ocidente (União Europeia, Otan, Estados Unidos), ou com a Rússia – tema que polarizou o país desde sua criação como Estado independente, em 1991.

Não cabe discorrer aqui sobre as particularidades dessa crise, nem da participação nela das forças externas interessadas em seu resultado.[15] Basta dizer que, deposto o presidente Yanukovych, ela terminou com a declaração de independência da Crimeia (pouco depois incorporada à Rússia) e a

14 Herszenhorn; Barry, Putin Contends Clinton Incited Unrest Over Vote, *The New York Times*, 8 dez. 2011.

15 Cf. Velasco e Cruz, Ser ou não ser. Ucrânia, Rússia e os dilemas da política externa alemã, *Carta Internacional*, v.8, n.2, p.58-80, 2013, republicado em Velasco e Cruz, *Linhas cruzadas. Sobre as relações entre os Estados Unidos e a Alemanha.*

revolta separatista no Dombass. Começava, então, uma guerra civil que se estendeu até a intervenção militar russa em fevereiro do ano passado.

A crise de 2013-2014 na Ucrânia representa um ponto de inflexão no relacionamento Estados Unidos-Rússia, porque, a partir daí, não haverá mais ensaios de restauração de laços cordiais. Durante a campanha presidencial de 2016, muitos acreditaram que a vitória de Trump prometia uma política de aproximação com a Rússia, mas o juízo prospectivo transcrito a seguir desmentia, então, a opinião dos observadores desavisados.

> As expectativas russas sobre a presidência de Trump – dizia o analista – variam de otimismo excessivo a medo excessivo [...] O otimismo excessivo é sem fundamento, porque Trump simplesmente não será autorizado a implementar suas iniciativas de política externa – a menos que renuncie a elas antes da eleição ou pouco depois, se for eleito. As tentativas de implementá-las serão enfrentadas com obstruções por parte do congresso, da burocracia governamental e do *establishment* em geral. Trump, ou qualquer outra pessoa em seu lugar, será forçado a fazer um *trade-off*. O fato de Mike Pence, companheiro de Trump, aderir à linha dura com a Rússia, que é amplamente aceita no Partido Republicano, não deve ser uma surpresa.[16]

Como sabemos, ele estava coberto de razão. Já em fevereiro de 2017 assistimos à exoneração do conselheiro de Segurança Nacional, general Michael Flynn, na sequência do escândalo produzido pelo vazamento de escutas telefônicas, que o surpreendiam em conversa com o embaixador russo. Acusado de manter relações escusas com o governo Putin, Trump acabou tomando medidas mais duras contra a Rússia – como a autorização para o envio de armas letais à Ucrânia – do que seu antecessor.

2.3. O lugar da Rússia na nova ordem internacional

O reparo feito anteriormente à parte descritiva do artigo de Rumer e Skolsky não diminui minimamente o valor de sua análise, que acerta em cheio quando expõe a razão fundamental de a crise larvar no relacionamento Rússia-Estados Unidos nesses termos.

> Uma característica marcante dos últimos trinta anos é a semelhança nas abordagens dos Estados Unidos em relação à Rússia em diferentes administrações e linhas partidárias. [...] Todas as três administrações viam a Rússia como um estado incompleto e, por vezes, falho [...] Do ponto de vista dos Estados Unidos, era necessário que a Rússia fosse bem-sucedida (nos termos americanos) não apenas para que se tornasse um estado completo, mas também para que as relações entre Estados

16 Suslov, The US Elections and the Cold War 2.0: Implications and Prospects for Russia, *Valdai Club Report*, 9 set. 2016.

> Unidos e Rússia prosperassem. Nessa perspectiva, o propósito de manter a liderança global dos Estados Unidos e de cumprir seu autoproclamado "excepcionalismo" tornava imperativo promover a transição da Rússia para a democracia e o capitalismo liberal, trazendo-a para a ordem liberal internacional liderada pelos Estados Unidos, independentemente das preferências e concepções de interesses e prioridades russas do Kremlin. (Rumer; Sololsky, 2019, p.11)

O relacionamento em questão foi afetado por uma série de circunstâncias, várias das quais decorrentes de ações praticadas pela Rússia. Mas a raiz do problema reside na pretensão americana de tomar a potência derrotada na Guerra Fria como campo de exercício de engenharia social, buscando redesenhar sua organização econômica e política, segundo um modelo calcado na realidade dos Estados Unidos.

Subscrevo sem reservas o argumento, mas podemos expandi-lo, se nos detivermos num aspecto referido pelos autores apenas de passagem, ao completar a frase citada com este complemento: "e integrar a Rússia na ordem internacional liderada pelos Estados Unidos".

Com efeito, ele nos sugere que estamos diante de algo muito mais geral do que o simples desencontro insuperável entre Estados Unidos e Rússia. Isso porque o modelo em questão não se destina apenas à Rússia: ele é concebido como fundamento normativo da ordem internacional emergente no pós-Guerra Fria.

Considerei longamente em outro lugar as aporias implicadas na tendência histórica de transformar a democracia – na verdade, uma modalidade particular e empobrecida dela – em atributo universalmente requerido para a inclusão dos países como membros plenos da "comunidade internacional".[17] Ela envolveu a ação e o pensamento, nem sempre convergente, de vasto conjunto de atores – Estados, organizações internacionais, movimentos sociais e indivíduos. Mas o papel de cada um deles na conformação dessa tendência é, naturalmente, muito desigual. No momento, quero chamar a atenção para a importância vital que ela assume, muito cedo, no planejamento estratégico dos Estados Unidos.

Reiterado incansavelmente nos documentos de política de sucessivos governos, o compromisso com a difusão global do par economia de mercado-democracia foi proposto de forma paradigmática, em 1993, pelo então conselheiro de Segurança Nacional, Anthony Lake, no texto que estabeleceu as bases doutrinárias da política exterior do governo Clinton.

Vencidos cinquenta anos de esforço continuado para conter a União Soviética, ainda sob o impacto de seu colapso de todo imprevisto, o consenso

---

17 Cf. Velasco e Cruz, Democracia e ordem internacional. Reflexões a partir de um país grande semiperiférico, in: Velasco e Cruz, *Globalização, democracia e ordem internacional. Ensaios de teoria e história*, p.195-245.

público em torno do papel internacional dos Estados Unidos fora quebrado. Para muitos – à direita e à esquerda –, estando ausente qualquer grave ameaça à sua segurança, o momento era chegado para os Estados Unidos reduzirem sua presença no mundo a fim de melhor cuidar de seus próprios problemas.

Anthony Lake rejeita de plano a ideia, negando que as duas esferas aludidas possam ser separadas: a divisória entre política externa e política doméstica se esvaiu; o que o governo norte-americano faz fora de suas fronteiras tem consequências duradouras para os cidadãos dos Estados Unidos.

Estabelecida essa premissa, Lake faz uma caracterização sumária – e fortemente otimista – do mundo que aflora ao final da Guerra Fria. No seu entender, a nova era se distinguiria por quatro fatos: a adesão generalizada, em escala mundial, aos conceitos de economia de mercado e de democracia; a eclosão de conflitos étnicos e movimentos separatistas; a intensificação e a aceleração do intercâmbio de bens, serviços e ideias em escala planetária, impulsionado pelas inovações revolucionárias no campo das tecnologias de informação e de comunicação.

Até aqui, a enumeração nos contempla com uma relação complementar e um problema.

Relação complementar: "A democracia por si só pode produzir justiça, mas não os bens materiais necessários para que os indivíduos prosperem; os mercados por si só podem expandir a riqueza, mas não aquele senso de justiça sem o qual as sociedades civilizadas perecem".

Problema: os movimentos étnicos e religiosos, que provocam conflitos dentro e entre nações, comprometendo a democracia, único regime capaz de acomodá-los.

Alterei propositadamente a ordem de exposição de Lake para salientar a outra característica da nova ordem, que garante a combinação benigna dos dois primeiros elementos e abre caminho para a solução das dificuldades criadas pelo último.

> A segunda característica desta era é que somos sua potência dominante. Aqueles que afirmam o contrário subestimam os Estados Unidos. O fato é que temos o mais forte exército do mundo, a maior economia e uma sociedade multiétnica e dinâmica. Estamos estabelecendo um exemplo global em nossos esforços para reinventar nossas instituições democráticas e de mercado. Nossa liderança é buscada e respeitada em todos os cantos do mundo.

E, assim, fica solucionado o problema sobre o novo curso a seguir, agora que não há mais um rival a derrotar.

> Ao longo da Guerra Fria, contivemos uma ameaça global às democracias de mercado; agora, devemos buscar ampliar sua influência, especialmente em lugares de significado especial para nós.

> O sucessor de uma doutrina de contenção deve ser uma estratégia de ampliação – o aumento da comunidade global de democracias de mercado livres.[18]

Sabemos o que implicou a estratégia de exportação da democracia: ajuda financeira a grupos e organizações em países-alvo, dotados de regimes políticos inadequados (cerca de 5 bilhões de dólares, no caso da Ucrânia, entre 1991 e 2014),[19] treinamento e formação de pessoal, apoio político, diplomático e publicitário a forças "democráticas". Em casos extremos, intervenções militares em nome da defesa dos direitos humanos. A passagem abaixo, extraída de um artigo assinado por Michael McFaul, que desempenharia a seguir papel de destaque na política externa norte-americana como embaixador dos Estados Unidos em Moscou, proporciona uma imagem vívida da forma que essa política assumiu na crise ucraniana de 2004.

> Bem antes da formação do bloco Nossa Ucrânia em 2002, o IRI [Instituto Republicano Internacional] e o NDI [Instituto Democrático Nacional] trabalharam em estreita colaboração com muitas das pessoas que posteriormente assumiram posições de destaque na organização e campanha Nossa Ucrânia, muito antes da formação do bloco em 2002. Após a criação do partido, o IRI e o NDI forneceram assistência adicional de treinamento, embora utilizando estratégias diferentes. O IRI conduziu programas de treinamento multipartidários focados quase exclusivamente em líderes de partidos regionais fora de Kiev, enquanto o NDI forneceu treinadores para programas organizados pela Nossa Ucrânia, um serviço que também ofereceu a outros partidos.[20]
>
> A Freedom House organizou e financiou um acampamento de verão para ativistas juvenis ucranianos e convidou treinadores do movimento juvenil sérvio Otpor para participar. Pavol Demeš, líder do movimento OK 98 na Eslováquia, viajou várias vezes para a Ucrânia nos meses que antecederam a Revolução Laranja para treinar e apoiar o Yellow Pora. A Znayu também utilizou treinadores da Sérvia e da Geórgia... praticamente todos esses programas de treinamento para mobilização cívica receberam pelo menos financiamento parcial de fontes ocidentais, incluindo o IRF, Freedom House, a Fundação Ucrânia-EUA, GMF, NDI, a Fundação Westminster e a Agência

18 Lake, Anthony, *From Containment to Enlargement*, 21 set. 1993.

19 Pelo que a então secretária assistente de Estado para Assuntos Europeus e Eurasianos, Victoria Nuland, informou em entrevista a Christiane Amanpour, "Os Estados Unidos investiram cerca de 5 bilhões de dólares na Ucrânia desde 1991, quando ela se tornou um estado independente novamente após o colapso da União Soviética. Esse dinheiro foi utilizado para apoiar as aspirações do povo ucraniano de ter um governo forte e democrático que represente seus interesses". Cf. CNN'*S Amanpour*, U.S. Point Person on Ukraine Crisis; Ukraine Media Freedom; Imagine a World, 21 abr. 2014 (transcrição). Disponível em: <http://edition.cnn.com/TRANSCRIPTS/1404/21/ampr.01.html>. Acesso em: 27 nov. 2023.

20 McFaul, Ukraine Imports Democracy. External Influence on the Orange Revolution, *International Security*, v.32, n.2, 2007, p.45-83 (p.73).

Sueca de Cooperação Internacional para o Desenvolvimento, além de subsídios de embaixadas ocidentais em Kiev.[21]

Não é preciso ir mais longe para perceber que a "ordem internacional liberal" desenhada pelos Estados Unidos continha em seu âmago um elemento radicalmente novo, de implicações "revolucionárias": o conceito de uma estrutura hierárquica, centrada em um poder incontrastável que aliaria a preponderância econômico-militar à superioridade moral. Lake tinha razão ao falar em dissolução das fronteiras entre política doméstica e exterior: em uma ordem assim, toda política é "interior", porque nada lhe é estranho. A globalização econômica ativamente promovida por esse poder, por meio de ações diretas e da atividade rotineira das organizações internacionais a ele vinculadas, solicitava como contrapartida um poder político igualmente global, capaz de garantir a efetividade das regras emanadas de suas instituições através do exercício legítimo da força, em escala global, se necessário. Para um país forjado na guerra de independência contra o Império britânico, a conclusão é incômoda, mas ainda assim incontornável: a ordem postulada pela grande estratégia dos Estados Unidos no pós-Guerra Fria é, em sua essência, imperial.

No mundo que emergia das cinzas da Guerra Fria, esse conceito de ordem coexistia em unidade tensa com outros, cunhados em outras épocas históricas, em circunstâncias muito diferentes. Penso no Direito Público Internacional, fundado no conceito de igualdade soberana dos Estados, com seu corolário, a não intervenção e a não ingerência nos assuntos internos de outros Estados. Em momento algum imaginou-se aboli-lo. Ao contrário, foi em nome dele que se fez a Guerra do Golfo, em 1991, contra o Iraque, e é, de novo, com invocação a ele que se trava agora a guerra multidimensional contra a Rússia, por ter violado, ao invadir a Ucrânia, o princípio sagrado da soberania territorial dos Estados. Esse princípio, contudo, foi ignorado em 1999 (no bombardeio de Belgrado) e em 2003 (na invasão do Iraque), porque se chocava com as exigências de um direito maior, em *status nascendi* (o direito humanitário e a guerra ao terror), de caráter supranacional.

A coerência não é um dos predicados da política internacional, e a convivência de regimes jurídicos supranacionais com as estruturas do Direito Estatal tem sido objeto de estudos profundos, que a tomam como uma das características distintivas do Direito contemporâneo. A tensão entre esses dois elementos não resulta necessariamente em conflito insuperável, e a inteligência dos teóricos e operadores do Direito se esmera há tempos na tarefa de reconciliá-los.

21 Ibid., p.78-9.

Muito mais grave para a estabilidade da ordem internacional emergente era a contradição entre seu pressuposto ideal (o monopólio normativo e coercitivo do condomínio ocidental, sob o comando dos Estados Unidos) e sua premissa histórica: a vitória capenga que pôs fim à Guerra Fria.

Com efeito, derrotada nessa guerra peculiar, a União Soviética não foi jamais militarmente vencida. Ao contrário do que ocorreu com os derrotados no final da Segunda Guerra Mundial, seu território não foi ocupado, e sua sucessora – a Rússia – preservou seu aparato militar, com o arsenal nuclear respectivo.

Ironicamente, tal resultado deve muito à ação dos Estados Unidos. Em seus derradeiros momentos, a União Soviética contava com um arsenal dotado de cerca de 30 a 40 mil armas nucleares, estratégicas e táticas, estacionadas em catorze das quinze repúblicas. Para o vencedor aturdido, o colapso da URSS gerava o tríplice problema de garantir a integridade e consolidar o arsenal de armas táticas; evitar a emergência de novos Estados nucleares, abastecidos de mísseis balísticos intercontinentais, e impedir o vazamento de material físsil para Estados falidos, organizações criminosas, ou grupos terroristas.

Graham Allison e colegas estudaram minuciosamente como os Estados Unidos lidaram com esses três desafios, mas não é preciso segui-los. Para os propósitos deste artigo, o essencial está contido na informação que aparece no início de seu livro.

> A administração Bush e o Congresso não perderam tempo em decidir que os Estados Unidos só poderiam aceitar um Estado sucessor nuclear da União Soviética – a Rússia; esta visão era compartilhada pela maioria dos outros estados do planeta... Na prática, no entanto, o processo de desarmar Belarus, Cazaquistão e Ucrânia das armas nucleares estratégicas que herdaram provou não ser uma tarefa simples, especialmente no caso da Ucrânia.[22]

O que foi, precisava ter sido? Há quem o negue, recusando até hoje a necessidade da política adotada, que seria reflexo da "opção preferencial pela Rússia". Mas isso em nada afeta a conclusão do nosso argumento: a ordem internacional liberal sonhada por Lake e afins portava um defeito congênito: a persistência de um Estado dotado de arsenal nuclear capaz de devastar o garante dessa ordem, ainda que se condenasse nessa hipótese ao mesmo destino.

No decurso do tempo, o desafio de como lidar com essa realidade indigesta demonstrou-se tão difícil quanto o problema da quadratura do círculo.

---

22 Allison et al., *Avoiding Nuclear Anarchy. Containing the Threat of Loose Russian Nuclear Weapons and Fissile Material*, p.3.

3. Escolhas fatídicas

3.1. Supremacia nuclear

Quadratura do círculo? A expressão demanda um rápido esclarecimento. Com efeito, a forma como a Guerra Fria terminou – desmobilização voluntária de um dos contendores, jamais vencido em campo de batalha – é um dado da realidade objetiva e, como tal, não constitui problema. Ele surge sob essa figura apenas em sua relação com um conceito de ordem internacional que não o comporta, ou só o acomoda com dificuldade.

Mas quando esse conceito vem à luz? O discurso de Anthony Lake que comentamos é de agosto de 1993 – cerca de quatro anos depois dos acontecimentos que selaram o fim da Guerra Fria. Ora, o tempo da política não se mede pelo relógio. Quatro anos em período rotineiro pode ser pouco, mas em época de mudança revolucionária é uma eternidade. No final de 1989, o conflito Leste-Oeste era passado, mas as linhas mestras do futuro ainda não tinham sido traçadas. A ordem emergente então – nunca de todo realizada – foi resultado de escolhas feitas em resposta a problemas discretos, com consciência difusa de suas implicações e significado. Como sói acontecer com frequência, o fato precede a doutrina que o apresenta como necessário. Para entender o contexto no qual a Rússia – alquebrada, deprimida, mas ainda pesadamente armada – afigura-se como problema insolúvel, devemos considerar brevemente duas escolhas do vencedor que contribuíram fortemente para moldar a nova ordem.

Supremacia nuclear

Por mais que estivesse economicamente prostrado, a existência de um Estado com o potencial nuclear da Rússia constituía um problema intragável para a nova ordem, porque negava um de seus pressupostos: o emprego da força – ou a ameaça crível de seu emprego – para fazer valer os seus preceitos e normas.

Certo? Em termos.

A resposta será afirmativa se a questão for contemplada na perspectiva da dissuasão nuclear. As condições históricas para esta doutrina são conhecidas: não apenas a quebra do monopólio atômico que os Estados Unidos detiveram até 1949, mas a capacidade da potência rival de responder com efetividade a um eventual ataque nuclear, o que dependia da disponibilidade de ogivas em quantidade suficiente e meios para entregá-las. É a certeza compartilhada do contragolpe devastador que inibe a beligerância de ambos e exclui entre eles a hipótese de guerra. "Destruição mútua assegurada", M.A.D. no acrônimo em inglês, trocadilho que sempre fez a delícia dos críticos. Esse estado de coisas foi atingido na década de 1960.

Durante a Guerra Fria, os especialistas discutiram interminavelmente como deveriam ser entendidos os termos dessa equação. O que constitui um ataque devastador? Quão elevado precisaria ser o custo do segundo golpe para que se tornasse inaceitável, afastando assim a ameaça da agressão? Mas as diferentes respostas a tais questões não alteravam a lógica do cálculo.

Ele se modifica inteiramente, porém, se concebermos a possibilidade de evitar as consequências funestas do primeiro ataque, o que idealmente poderia ser conseguido mediante a destruição do armamento nuclear do inimigo[23] e/ou da montagem de um sistema de defesa capaz de neutralizar, no todo ou em parte, o seu eventual ataque.

Com seus efeitos inibitórios e permissivos (a imunidade ao adversário traduzia-se em liberdade de projeção de poder em terceiros espaços), a situação de equilíbrio nuclear envolvia estímulos a que essa possibilidade fosse ativamente buscada. Mas qualquer movimento nesse sentido prometia fazer deslanchar uma corrida armamentista, elevando sobremaneira o risco de guerra. É no contexto dessas pressões contraditórias que a dissuasão ganha forma, gradualmente, como um regime internacional. A criação da Agência Internacional de Energia Atômica, em 1958, o Tratado de Limitação de Testes Nucleares, em 1963, o Tratado de Não Proliferação Nuclear, de 1968, e os Acordos Salt I, de 1972, que estabeleciam limites fixos aos veículos lançadores estratégicos (mísseis intercontinentais, mísseis balísticos lançados de submarinos e bombardeiros) são momentos importantes no processo de constituição desse regime.

Mas, para o tema em discussão aqui, é o Tratado sobre Mísseis Antibalísticos, de 1972, que mais importa. Esse tratado vedava a construção de sistemas nacionais de defesa de mísseis balísticos com potencial para interceptar os mísseis balísticos intercontinentais da outra superpotência, embora permitisse a pesquisa sobre esses dispositivos em laboratório. Sobre ele, vale a pena citar o comentário do autor de um estudo valioso sobre o tema.

> Portanto, as superpotências concordaram com uma condição de vulnerabilidade mútua ao assinar o Tratado Antibalístico de Mísseis (ABM Treaty) em 26 de maio de 1972. Esse tratado proibiu a implantação de grandes defesas nacionais contra mísseis e codificou a condição estratégica conhecida como Destruição Mútua Assegurada (MAD). Daquele momento em diante, a capacidade de se defender passou a ser vista como o oposto conceitual da dissuasão e como uma anátema à segurança. Com o tempo, o ABM Treaty passou a ser considerado como sagrado por alguns atores nos Estados Unidos e por outros no sistema internacional, que o viam como a pedra angular da estabilidade estratégica, um pilar essencial do regime global de controle de armas e um símbolo de cooperação entre grandes potências.[24]

---

23 Cf. Lieber; Press, The New Era of Counterforce. Technological Change and the Future of Nuclear Deterrence, *International Security*, v.41, n.4, 2017, p.9-49.

24 Steff, *Strategic Thinking, Deterrence and the US Ballistic Missile Defense Project from Truman to Obama*, p.1.

Compreende-se, assim, o impacto provocado pelo anúncio feito por Reagan, em 23 de março de 1983, de que seu governo daria início a um programa gigantesco para a construção de um escudo antimísseis – sistema complexo de sensores, satélites e lançadores capazes de interceptar ainda no ar qualquer artefato dirigido contra o território dos Estados Unidos –, o qual, além de proteger sua população, livraria a humanidade da situação insana e imoral da paz como o avesso da hecatombe. Durante anos, o líder republicano tinha sido um crítico contumaz dos acordos de controle de armas, simples rendição, a seu ver, à chantagem do inimigo. Recebido por alguns com maravilhamento, angústia por outros e perplexidade geral, seu discurso trazia a público o elemento mais espetacular de uma política que rompia declaradamente com a estratégia da dissuasão, ao postular que os Estados Unidos deveriam estar preparados para travar, se necessário, e prevalecer em um conflito nuclear com a União Soviética.

Tal disposição não impediu que, em seu segundo mandato, Reagan estivesse à testa, com Gorbachev, de negociações sobre armas nucleares de ambição sem precedentes. Já fiz referência a esse episódio que marcou o final da Guerra Fria e não preciso insistir nele. Mas devo observar que o processo negociador só avançou, porque o líder soviético assentiu em deixar o programa de defesa antimísseis fora da discussão.

O sonho de Reagan, como sabemos, não se materializou. Referida ironicamente pelos críticos como "Guerra nas Estrelas", a SDI – Iniciativa de Defesa Estratégica – esbarrou em dificuldades técnico-científicas e problemas orçamentários derivados do custo financeiro astronômico das pretensões nela depositadas. Reduzido em seu alcance – proteção do arsenal nuclear, não dos centros urbanos –, sua implantação protelada *sine die*, o programa não teve o efeito revolucionário imaginado: a lógica da dissuasão continuou dominando as negociações pela redução de armas nucleares que se estenderam pelo mandato do sucessor de Reagan.

Mas o seu significado a médio e longo prazos não pode ser minimizado. Basta considerar a mudança no universo da política de defesa nacional dos Estados Unidos implicada na magnitude dos recursos financeiros e técnico-científicos que mobilizou e nas expectativas assim despertadas. Com orçamento projetado de cerca de US$ 26 bilhões para os cinco primeiros anos, e custo total estimado na casa dos trilhões, a SDI envolveu a realização de milhares de contratos de Pesquisa & Desenvolvimento, os maiores dos quais, naturalmente, com os gigantes do setor. No final de 1985, o quinhão da Lockheed Martin, primeira da lista dos vinte maiores contratantes, foi de US$ 1,24 bilhão, enquanto o total canalizado para o seleto grupo (que reunia outros nomes conhecidos como General Motors, Boeing, General Eletric, Raytheon, entre outros) atingiu a cifra de US$ 7,554 bilhões. Contemplando ainda uma miríade de pequenas firmas privadas, a maior parte para atividades de consultoria, centros de pesquisa espalhados pelas universidades mais prestigiadas do país, além de dezenas de grandes laboratórios públicos mantidos pelos três ramos das Forças Armadas (além da DARPA – Defense Advanced Research Project Agency – e da DNA – Defense Nuclear Agency), estimou-se que cerca de 19 mil cientistas, engenheiros e técnicos trabalhavam para a SDI em 1987.[25]

Estava formado, assim, um poderoso amálgama de grupos econômicos, burocráticos e profissionais com forte interesse no avanço do programa, que era sustentado no campo político pelos defensores (principalmente republicanos) de uma estratégia agressiva em relação à União Soviética.

O tema da defesa antimísseis manteve-se em pauta nos governos Bush sênior e Clinton, mas agora em chave diferente. Superada a ameaça soviética, em condições de unipolaridade, o desafio a enfrentar não vinha mais de uma grande potência nuclearizada – "par competidor" (do inglês "*peer competitor*"), para usar a expressão cifrada –, mas de Estados proscritos ("*rogue states*"), ou de organizações terroristas que poderiam fazer uso de mísseis balísticos para atacar alvos pontuais (tropas americanas, ou forças aliadas) com armas de destruição em massa (químicas, biológicas e mesmo nucleares) em teatros regionais. O emprego de mísseis Scud pelo Iraque durante a Guerra do Golfo serviu como advertência. Mas situação muito mais séria ocorreu em 1994 na crise com a Coreia do Norte, ocasião em que foi estimado entre 300 mil e 500 mil o número de vítimas na hipótese de um ataque nuclear à Coreia do Sul, onde os Estados Unidos mantêm uma tropa de cerca de 30 mil homens.[26]

Ao longo do tempo, a resposta dada a essa situação tomou duas direções. De um lado, esforço concentrado no desenvolvimento de armas nucleares e convencionais – o emprego combinado tendia a borrar em alguma medida as diferenças entre ambas – mais eficientes e precisas, numa estratégia de contraproliferação que contemplava o emprego preventivo de ambas, se necessário, em flagrante violação do espírito e da letra do TNP.

A valorização do nuclear nas novas condições criadas com o fim da Guerra Fria não era unânime, mas, no trabalho de revisão da política nuclear dos Estados Unidos conduzido ainda no primeiro governo Clinton, prevaleceu – contra a orientação do então secretário assistente de Defesa, Ashton Carter, encarregado de dirigir os estudos – a visão do Comando Estratégico (SRATCOM), que reservava um papel central a esse componente do poder militar da superpotência.[27] Vencida a primeira batalha, o ponto de vista do Comando Estratégico predominou amplamente na reforma do setor nuclear

---

25 Reiss, *The Strategic Defense Initiative*, p.60. As informações contidas neste parágrafo foram extraídas todas desta obra. Cf., pela ordem, p.60, 69 e 95.

26 Cf. McDonough, Nuclear Superiority. The New Triad and the Evolution of Nuclear Strategy. *Adelphi Paper 383*, London, The International Institute for Strategic Studies (IISS), 2006, p.36.

27 Cf. Kristensen, The 1994 Nuclear Posture Review, *Nuclear Information Project*, July 8, 2005, apud Steff, 2013. p.70.

dos Estados Unidos, como nos informa o autor de um estudo de referência sobre o tema.

> Essa reforma significou essencialmente a transição de uma postura quantitativa para uma qualitativa. Mesmo que o presidente Bill Clinton tenha emitido em 1997 novas diretrizes para os planejadores de guerra que, segundo relatos, removeram todos os requisitos anteriores para o planejamento de lutar e vencer guerras nucleares prolongadas, a postura nuclear resultante da reforma do Stratcom – e a maior flexibilidade do sistema de planejamento de guerra nuclear que dela decorreu – significa que muito permanece igual: guerra nuclear prolongada ou não, o Stratcom ainda precisa "vencer" qualquer confronto nuclear concebível, seja com a Rússia, China ou estados considerados "rebeldes". Esse "dissuasor crível" ainda requer forças nucleares flexíveis, de várias plataformas e endurecidas, princípios de planejamento que permanecem firmemente enraizados nas análises do Stratcom a partir da década de 1990.[28]

De outro lado, tem-se a retomada do programa de defesa antimísseis, redefinido agora em seu escopo e abrangência: desenvolvimento de sistemas de defesa adaptáveis, concebidos para interceptar mísseis balísticos de curto ou médio alcance em regiões conflitivas do mundo. Introduzida já no governo Bush sênior (National Missile Defense Act, dezembro, 1991), essa orientação foi mantida durante os dois mandatos de Clinton, longo período durante o qual o debate sobre o tema girou em torno da compatibilidade do programa, em suas sucessivas versões, com o Tratado sobre Mísseis Antibalísticos de 1972, reproduzindo-se sempre a polarização no Congresso entre os defensores de uma interpretação ampla do Tratado de forma a torná-lo condizente com um programa nacional de defesa antimísseis (republicanos, representantes políticos dos interesses aglutinados em torno da Iniciativa de Defesa Estratégica de Reagan e democratas, mais sensíveis ao impacto que um avanço menos comedido nessa área teria previsivelmente no relacionamento com a Rússia).[29]

Em 1997, o governo dos Estados Unidos negociou com a Rússia um "acordo de demarcação" que estabelecia critérios de diferenciação entre defesa contra mísseis de teatro (permitida) e defesa antimíssil estratégica, ou nacional (proibida), mas, em janeiro de 1999, cedendo à maioria republicana no Congresso, Clinton promulga a Lei Nacional de Defesa contra Mísseis (National Missile Defense Act) nos termos da qual se obrigava a

---

28 Kristensen, The Matrix of Deterrence U.S. Strategic Command Force Structure Studies, The Nautilus Institute for Security and Sustainable Development, maio, 2001. Disponível em: <http://nautilus.org/wp-content/uploads/2015/07/Matrix-of-Deterrence-KP.pdf>. Acesso em: 27 nov. 2023.

29 Análise circunstanciada do debate político sobre o tema pode ser encontrada em Powaski, *Return to Armageddon. The United States and the Nuclear Arms Race, 1981-1999*.

instalar um escudo nacional contra mísseis "assim que tecnologicamente possível".[30] Meses depois, no calor da crise provocada pelos bombardeios da Otan a Belgrado, Clinton procurou tranquilizar o recém-eleito Vladimir Putin, garantindo-lhe ser pessoalmente contrário à revogação unilateral do Tratado sobre Mísseis Balísticos. Fica ao leitor a pergunta sobre como essas palavras teriam caído nos ouvidos do presidente russo. O certo é que, em julho do ano seguinte, ele se juntava ao chefe de Estado chinês, Jiang Zemin, em Pequim, para denunciar os planos norte-americanos sobre defesa contra mísseis balísticos, prometendo a construção de uma aliança estratégica entre os dois países, a fim de combater o predomínio dos Estados Unidos na política mundial.[31]

* * *

O resto da história é conhecido. Atentados do Onze de Setembro; operação militar no Afeganistão; "Guerra Global ao Terror"; saída do Tratado sobre Mísseis Balísticos; nova Estratégia de Segurança Nacional (2002) que consagra a doutrina da guerra preventiva.

Com George W. Bush, a opção pela supremacia nuclear é explícita. Mas só conseguimos entender esse fato se o encaramos como o coroamento de um processo que tem início ainda quando o mundo festejava o fim da Guerra Fria.

3.2. Expansão da Otan

A confirmação ainda demorou bastante, mas, quando Bill Clinton se reuniu com os chefes de Estado da Europa Central, em Praga, no dia 12 de janeiro de 1994, a decisão já estava tomada. Na coletiva de imprensa que se seguiu ao encontro, o presidente dos Estados Unidos abordou nestes termos o tema de interesse central para todos ali.

> Deixe-me ser absolutamente claro: A segurança de seus estados é importante para a segurança dos Estados Unidos [...] Embora a Parceria não seja a adesão à Otan, também não é uma sala de espera permanente. Ela altera todo o diálogo da Otan, de modo que agora a questão não é mais se a Otan aceitará novos membros, mas quando e como.[32]

---

30 Steff, Khoo, Hard Balancing in the Age of American Unipolarity: The Russian Response to US Ballistic Missile Defense during the Bush Administration (2001-2008). *The Journal of Strategic Studies*, 2014, v.37, n.2, p.222-58 (p.235).

31 Rennie, Russia and China vow to defy US dominance, *The Telegraph*, 19 jul. 2000.

32 The President's News Conference with Visegrad Leaders in Prague. January 12, 1994. The American Presidency Project. U.C. Santa Barbara. Disponível em: <https://www.presidency.

A incorporação oficial dos primeiros países do Leste europeu deu-se bem mais tarde porque, a despeito do peso determinante do Executivo americano, a Otan é uma organização intergovernamental, obrigada, portanto, a pagar tributo às formalidades definidas em seus estatutos, que exigem decisão unânime dos membros para admissão de novos sócios. Mas esta não foi a única razão da demora, e não terá sido a principal. A decisão de estender a Otan no espaço antes organizado pelo Pacto de Varsóvia tinha profundas implicações geopolíticas. Para que a presidência norte-americana desse efetividade à sua opção, ela precisava construir consensos amplos e obter o apoio majoritário no Congresso, ao mesmo tempo que cuidava de aplacar as resistências externas que cedo se manifestaram.

A primeira tarefa nesse caminho era a pacificação do tema no interior mesmo da administração democrata. Na verdade, a construção do consenso nesse âmbito começou bem antes, com a constituição de um grupo de trabalho encarregado de produzir uma recomendação sobre a postura a ser levada pelo governo americano à Conferência de Praga. Essa busca de entendimento era indispensável, pois as resistências em setores da burocracia à ideia de ampliação da Otan não eram pequenas.

E não faltavam razões para escorá-las. Partindo principalmente de funcionários do Departamento de Defesa, com longa experiência de trabalho na "Aliança Atlântica", as objeções do Pentágono, expressas por seu dirigente, o secretário Les Aspin, derivavam da preocupação com o impacto da decisão na relação dos Estados Unidos com a Rússia e seus efeitos sobre a política de promoção da democracia naquele país. Em vez da expansão da Otan, o Pentágono favorecia o fortalecimento da Parceria para a Paz (Partnership for Peace) – programa concebido pelo general John Shalikashvili, comandante supremo aliado na Europa que previa acordos de cooperação militar com países egressos do extinto Pacto de Varsóvia, como parte de um sistema europeu de segurança que incluiria de algum modo a Rússia através da Conferência para Segurança e Cooperação na Europa e do Conselho de Cooperação do Atlântico Norte. Era esta também a alternativa preferida pelo secretário de Estado Warren Christopher, que defendia o protelamento do debate sobre a ampliação da Otan.[33]

As mesmas razões voltaram a se apresentar com força anos depois, quando a questão entrou na agenda do Congresso americano e passou a ser debatida na esfera pública. As vozes que se opunham à expansão da

---

ucsb.edu/documents/the-presidents-news-conference-with-visegrad-leaders-prague>. Acesso em: 27 nov. 2023.

33 Sobre o debate interno no governo Clinton nessa fase, ver Goldgeier, *Not Whether but When. The U.S. Decision to Enlarge Nato*, cap.2 (Partnership for Peace), p.14-44. E Sarotte, *Not One Inch. America, Russia, and the Making of Post-Cold War Stalemate* ("Partnership for Peace"), p.173-80.

Otan eram numerosas, e algumas vinham de nomes proeminentes, como o do senador democrata Sam Nunn – conservador empedernido, autoridade reconhecida em matéria de segurança nacional e coautor da lei que ajudava a Rússia a reduzir seu armamento e armazenar seu material nuclear – e do lendário George Kennan, autor do *Long Telegram*, que estabeleceu, em 1946, quando era chefe adjunto da missão diplomática dos Estados Unidos em Moscou, as bases intelectuais da estratégia de *containment*. É dele o juízo que se lê a seguir:

> [...] algo de importância máxima está em jogo aqui. E talvez não seja tarde demais para avançar com uma visão que, acredito, não é apenas minha, mas é compartilhada por diversos outros com experiência extensa e, em muitos casos, mais recente em assuntos russos. A visão, afirmada de forma direta, é que expandir a Otan seria o erro mais fatídico da política americana em toda a era pós-Guerra Fria.
>
> Espera-se que tal decisão inflame as tendências nacionalistas, antiocidentais e militaristas na opinião russa; tenha um efeito adverso no desenvolvimento da democracia russa; restaure a atmosfera da Guerra Fria nas relações leste-oeste e impulsione a política externa russa em direções decididamente contrárias aos nossos interesses.[34]

Apesar da autoridade dos críticos e do peso de seus argumentos – cujo caráter profético foi demonstrado pela história –, a resolução que chancelava o ingresso da Polônia, da Hungria e da República Tcheca na Otan foi aprovada pelo Senado dos Estados Unidos em 30 de abril de 1998, por 80 contra 19 votos.

Vencia a parada, dessa forma, a coalizão liderada na burocracia do governo Clinton pelo conselheiro de Segurança Nacional, Anthony Lake, e pelo secretário assistente de Estado, Richard Holbrooke, e fora dela pelo maior expoente democrata na área de política exterior, o ex-conselheiro de Segurança Nacional de Carter, Zbigniew Brzezinski, que aliava em defesa da causa a militância intelectual como articulista prolífico e sua incansável atividade como lobista.

A tese da expansão se impôs não apenas pelo empenho de seus defensores, dentro e fora da administração democrata. Para esse desfecho, muito contribuiu ainda a atitude da ala republicana da elite política dos Estados Unidos. Convencida já no governo H. W. Bush de que a Otan desempenharia um papel fundamental na consolidação da hegemonia americana na ordem internacional pós-Guerra Fria, seu posicionamento ganhou significado novo em setembro de 1994, quando Newt Gingrich, estrategista da bem-sucedida campanha republicana nas eleições de meio de mandato de 1994, incluiu a incorporação dos países recém-egressos do bloco socialista

34 Kennan, A Fateful Error, *The New York Times*, 5 fev. 1997.

na Otan como um dos itens do "*Contrato com a América*", plataforma eleitoral unificadora que levou seu partido à consagradora vitória (os republicanos conquistaram mais 54 assentos na Câmara e 8 no Senado, obtendo a maioria nas duas casas). A partir desse momento, estava claro que o problema para o governo Clinton não seria o de obter maioria no Senado para expandir a Otan, mas o de manter o controle sobre o ritmo e a condução do processo de ampliação.

A razão principal, contudo, tem a ver com as escolhas encadeadas que se produziram ao longo do processo de reorganização política na Europa, cujo rumo começou a ser traçado ainda sob Gorbachev, durante as negociações em torno da unificação alemã. No começo nada estava definido, nem o momento nem a forma em que se daria a reconstituição da unidade nacional, e muito menos o papel reservado à Alemanha consolidada na arquitetura futura da segurança europeia. Um passo importante foi dado no encontro entre o chanceler Helmut Kohl e o presidente soviético, em 10 de fevereiro de 1990, no Palácio do Kremlin. Na ocasião, Gorbachev assentiu com a fórmula sugerida por seu interlocutor para interpretar o significado de uma declaração sua: (estamos) "de acordo em que a decisão sobre a unificação da Alemanha é uma questão que os próprios alemães devem agora decidir". Momento um tanto irrefletido de uma conversa privada ardilosamente aproveitado pelo político teutão, que anunciou a seus ansiosos compatriotas, em coletiva de imprensa transmitida pela TV logo depois do encontro, a palavra empenhada – sem condições – pelo líder da potência que ocupava militarmente, de fato e de direito, o território da Alemanha Oriental, e lá mantinha pesado arsenal nuclear.[35]

A retificação não se fez esperar, mas os efeitos da notícia sobre o suposto compromisso do líder soviético não podiam ser revertidos. O debate sobre a unificação da Alemanha ganhava impulso na opinião pública, enquanto os homens de Estado se empenhavam em um jogo diplomático sutil para chegar a um consenso sobre o papel da Alemanha unificada no sistema de segurança europeu. De ponto de vista soviético, a solução para o problema parecia bem simples: com o fim da Guerra Fria e a consequente unificação alemã, não havia mais nenhuma razão para manter o país como núcleo de uma aliança militar, que perdia *ipso facto* sua razão de ser. A contrapartida da reunificação seria a neutralidade da Alemanha. Com forte eco em amplos setores do público alemão, essa perspectiva, embalada no discurso do "lar comum europeu", convergia com a posição defendida em Bonn pelo ministro das Relações Exteriores da República Federal Alemã, Hans-Diertich Genscher, que dividia com o chanceler Helmut Kohl a condução das tratativas internacionais com vistas à unificação. Tal resultado, porém, era inaceitável para o governo Bush

35 O relato do episódio encontra-se em Sarotte, M. E., op.cit., p.58 e 60.

sênior. Decididos a preservar sua presença militar na Europa, os Estados Unidos faziam questão de manter a Alemanha na Otan, o que suscitava o problema espinhoso do *status* do território da antiga RDA. Não cabe entrar em detalhes aqui sobre o desenrolar das negociações sobre o tema. Basta assinalar que elas foram conduzidas por um número reduzido de atores; suscitaram divisões graves em dois dos governos envolvidos (a URSS e a República Federal Alemã), e incluíram garantias de que a Otan não avançaria ao Leste, nem teria presença militar no território da antiga RDA. Debilitado pela crise econômica e social que levaria pouco depois à implosão da União Soviética, o governo Gorbachev aceitou o formato 4+2 (EUA, URSS, Inglaterra e França, mais a RFA e a RDA) proposto pela equipe de H. W. Bush e acabou se contentando com o compromisso verbal sobre os limites territoriais da Otan, além de um dispositivo no Tratado de Acordo Final com Respeito à Alemanha, de 12 de setembro de 1990, que interditava a presença de tropas estrangeiras, ou de armas nucleares na antiga RDA (Art. 5, parágrafo 3). Dispositivo, convém esclarecer, logo a seguir desmentido por uma cláusula do adendo, escrito e assinado por todas as partes do Tratado, nos termos da qual "Qualquer questão relacionada à aplicação da palavra 'implantada', conforme utilizada na última frase do parágrafo 3 do Artigo 5, será decidida pelo governo da Alemanha Unida de maneira razoável e responsável, levando em consideração os interesses de segurança de cada parte contratante".[36]

A reconstituição que Zarotte faz do episódio revela bem o sentido do dispositivo em causa e da postura geral dos Estados Unidos na negociação. Resultado de conversas bilaterais entre Genscher e os negociadores soviéticos, o parágrafo que vedava o deslocamento de forças estrangeiras no território da antiga RDA era intragável para os norte-americanos. No seu entender, ele era incompatível com a adesão plena da Alemanha unificada à Otan e tinha implicações de longo prazo que restringiam inaceitavelmente o campo de alternativas futuras – descartada a hipótese favorecida por Genscher e por Mitterrand de um sistema inclusivo de segurança europeia, os negociadores americanos sinalizam com a possibilidade de integração futura na Otan aos representantes da Checoslováquia que acompanhavam os trabalhos em Moscou, embora não participassem formalmente do processo negociador.[37]

Criado o impasse e em face da disposição manifesta dos Estados Unidos de não assinarem o Tratado caso ele não fosse superado, o ministro alemão das Relações Exteriores e seu par soviético, Shevardnase, aceitaram a solução proposta por Robert Zoellick, diplomata famoso por seu tato, que assessorava a missão americana em Moscou. É o próprio Zoellick que explica depois o que estava em jogo neste "pequeno detalhe": "[...] precisávamos

---

36 Goldgeier, op. cit., p.16.

37 Sarotte, op.cit., p.98.

garantir essa possibilidade porque, se a Polônia eventualmente se unisse à Otan em uma segunda etapa, queríamos que as forças americanas pudessem atravessar a Alemanha Oriental a caminho de serem estacionadas na Polônia".[38]

Em janeiro de 1990, quando a figura da Alemanha unificada começou a aparecer claramente no horizonte, o pesadelo dos estrategistas americanos era a possibilidade de que Helmut Kohl negociasse com Gorbachev a unidade nacional em troca da neutralidade. Zoellick – cujo único defeito, segundo o secretário de Estado James Baker, seu chefe, era o de ser esperto demais – expôs brutalmente o motivo da ansiedade: "Se os alemães resolverem a unificação com os soviéticos", então "a Otan será descartada".[39] Oito meses depois, ele e seus superiores podiam dormir aliviados: a presença militar americana na Europa pós-Guerra Fria estava assegurada, aberto o caminho em direção ao Leste para a Otan.

Encerrava-se, assim, o primeiro episódio de uma história não muito edificante, cujo sentido está bem expresso na passagem transcrita a seguir, que sintetiza bem o resultado mais geral da pesquisa minuciosa e fartamente documentada em que tenho me apoiado nesta parte do estudo.

> Em essência, o líder americano aciona o equivalente político de uma catraca – uma ferramenta que permite movimento em apenas uma direção – e a Rússia responde. Cada movimento fecha outras possibilidades, tornando impossível reverter o curso e escolher uma direção diferente. As consequências tornam-se cumulativas à medida que a sequência de decisões se desenrola.[40]

* * *

A sobrevivência da Otan ao contexto geopolítico que a originou suscita uma questão desafiadora, para a qual a literatura de Relações Internacionais oferece respostas desencontradas.

Na visão de alguns, sua persistência ilustra uma regularidade conhecida dos estudiosos da Sociologia das Organizações: a tendência que os sistemas desse tipo exibem de se autorreproduzir, redefinindo seus objetivos à medida que os iniciais se esgotam, seja por terem sido realizados, seja por se mostrarem inalcançáveis, tais como previamente definidos. Seria, assim, uma manifestação entre outras do fenômeno da alienação: os seres humanos se agrupam e criam associações para resolver problemas coletivos

---

38 Comentários de Robert Zoellick in: Dufourcq (ed.), *Retour sur la fin de la guerre froide et la réunification allemande: Témoignages pour l'histoire*, apud Zarotte, op. cit., p.104.

39 Engel, *When the World Seemed New: George H. W. Bush and the Surprisingly Peaceful End of the Cold War*, p.327, apud Zarotte, op. cit., p.44.

40 Zarotte, op. cit., p.14.

determinados, mas, com o tempo, a organização que eles formam com tais propósitos ganha vida própria e se reprograma, quando necessário, tendo em vista sua perpetuação.

Embora sugestivo, o argumento padece de inúmeros problemas, sendo o principal deles o da abstração deslocada: a explicação de um fenômeno particular – a sobrevivência dessa organização muito especial, a Otan – com base em propriedades gerais do gênero a que pertence.

Esse defeito está ausente do argumento exposto em obra de fôlego dirigida especificamente à pergunta sobre a durabilidade da Otan. Adotando uma abordagem histórico-comparativa, seu autor trata a Otan como um tipo singular de aliança militar – distinta daquelas recorrentes na história e presumidas na literatura sobre o tema –, cujo traço distintivo seria o processo avançado de integração dos aparelhos bélicos dos Estados envolvidos, resultado tornado possível pela convergência de valores entre eles e a natureza democrática de seus sistemas políticos.[41]

O problema com essa linha de análise é a elaboração insuficiente do conceito de aliança. Nesse particular, as observações de Kenneth Waltz sobre a Otan me parecem de todo pertinentes. No mundo multipolar, o núcleo de uma aliança consistia em um pequeno número de Estados de capacidades comparáveis; a contribuição de cada um era crucial para a segurança de todos. No mundo bipolar, dada a marcada assimetria existente entre os Estados que compunham os dois blocos, a situação se altera fundamentalmente. Nesse contexto, o termo aliança adquire um novo significado, pois cabia às duas superpotências prover a segurança do seu respectivo bloco. "Falando com propriedade" – arremata Waltz – a Otan (Organização do Tratado do Atlântico Norte) e o PTO (Pacto de Varsóvia) eram tratados de garantia, em vez de alianças militares no estilo antigo".[42]

Ora, com o fim da Guerra Fria nem essa condição continua a ser preenchida. Se não há como definir a ameaça, não cabe falar em aliança. No entanto, a Otan permanece. Como explicar a anomalia? A resposta de Waltz é contundente:

> Os institucionalistas liberais consideram a aparente vitalidade da Otan como confirmação da importância das instituições internacionais e como evidência de sua resiliência. Realistas, observando que, como aliança, a Otan perdeu sua função principal, veem-na simplesmente como um meio de manter e prolongar a influência dos Estados Unidos nas políticas externas e militares dos estados europeus.[43]

---

41 Thies, Wallace J. *Why NATO Endures*. Cambridge/New York, Cambridge University Press, 2009.

42 Waltz, Structural Realism after the Cold War, *International Security*, v.25, n.1, 2000, p.5-41 (p.19).

43 Ibid., p.20.

Waltz corrobora essa afirmativa, referindo casos ilustrativos da oposição manifestada pelos Estados Unidos aos arroubos de autonomia no plano da defesa e da política externa que se manifestaram por ocasião do Tratado de Maastricht, de 1991, que fundou a União Europeia. E menciona, igualmente, o contentamento declarado de suas autoridades diante da decisão europeia de buscar sua "identidade de segurança e defesa" nos marcos da Aliança, como "pilar europeu da Otan". Caberia discutir por que a União Europeia cede à vontade da superpotência e abdica de sua pretensão (mais vigorosamente expressa pela França; em alguns momentos pela Alemanha também) de operar com autonomia estratégica no campo da defesa e da segurança, mas isso nos distanciaria do tema deste capítulo. Convém, então, tomar outro comentário no mesmo artigo de Waltz como atalho para voltar à questão que nos ocupa aqui, do relacionamento tortuoso entre Rússia e Estados Unidos.

> Com razão, os russos temem que a Otan não apenas admitirá antigos membros da OMC, mas também ex-repúblicas da URSS. Em 1997, a Otan realizou exercícios navais com a Ucrânia no mar Negro, com mais exercícios conjuntos a seguir, e anunciou planos para usar um campo de testes militares no oeste da Ucrânia. Em junho de 1998, Zbigniew Brzezinski foi a Kiev com a mensagem de que a Ucrânia deveria se preparar para ingressar na Otan até o ano de 2010. Quanto mais a Otan se intromete na antiga arena da União Soviética, mais a Rússia é forçada a olhar para o sul e leste em vez de para o oeste.[44]

Vimos, no início deste tópico, que a Rússia (a rigor, a União Soviética) buscou por todos os modos garantir que a Otan não se estenderia futuramente em direção às suas fronteiras. Vimos também quão reduzidos foram os resultados obtidos nesse empreendimento. No final de 1993, quando o movimento pela inclusão da Polônia, da República Tcheca e da Hungria ganhava fôlego, o então presidente russo, Boris Yeltsin, expressava a Clinton em tom muito amigável, mas com toda clareza, seu desconforto com as discussões em curso para esse efeito. Reiterando a preferência russa pela construção de um sistema de segurança comum pan-europeu, Yeltsin faz questão de dizer que não vê a adesão de países do Leste necessariamente como uma ameaça – "A Otan não é percebida como um bloco antagonista a nós" –, mas assinala o impacto negativo que ela teria na opinião pública russa – "não apenas a oposição, mas também os círculos moderados" – e invoca o espírito do parágrafo 3 do Tratado de unificação alemã, que interditava o deslocamento de forças pelo território da antiga RDA – espírito exorcizado pelo memorando anexo ao documento, como já vimos.[45]

---

44 Ibid., p.22.

45 USVIENNA FOR USDEL CSCE. E.O. 12356: DECL: OADR. TAGS: NATO, PREL, RS, XH. SUBJECT: RETRANSLATION OF YELTSIN LETTER ON NATO EXPANSION. REF: (a)

Não se tratava de simples gesticulação tática. Imerso em profunda crise econômica e submetido a forte contestação política interna – em 21 de setembro de 1993, Yeltsin ordena o bombardeio do Parlamento para resolver a seu modo a crise constitucional em curso –, o governo russo decidira se render à realidade dos fatos e se conformar com a incorporação daqueles países na Otan. Não por outro motivo, em maio de 1997, Yeltsin encontrava-se em Paris para a cerimônia de assinatura do Ato Fundador sobre Relações Mútuas, Cooperação e Segurança entre a Federação Russa e a Otan. Pelo acordo, as partes declaram solenemente que "a Otan e a Rússia não se consideram como adversárias. Elas compartilham o objetivo de superar os vestígios da confrontação e competição pregressas e de fortalecer a confiança mútua e a cooperação". E, "partindo do princípio de que a segurança de todos os Estados da comunidade euro-atlântica é indivisível", comprometem-se a "construir juntos uma paz duradoura e inclusiva na área euro-atlântica sobre os princípios da democracia e da segurança cooperativa".[46]

Não obstante os compromissos assumidos e os protestos de boa vontade, três anos depois as relações entre a Rússia e a Otan haviam se degradado a um ponto tal que justificavam o comentário esclarecedor de Kenneth Waltz.

1997-2000: três eventos entrelaçados explicam a mudança radical operada nesse ínterim.

- A crise no Kosovo e a disposição norte-americana de intervir militarmente no conflito, a despeito da opinião russa, que se opunha a medidas de força contra a sua aliada Iugoslávia. Com este agravante: a decisão de fazê-lo sem autorização da ONU, para evitar o veto anunciado da Rússia no Conselho de Segurança da entidade. Vale dizer, uso da força em violação flagrante das normas do direito internacional. Como observa Vincent Puilot, autor de um estudo notável sobre o relacionamento entre a Otan e a Rússia, o episódio "expôs a ficção jurídica do Ato Fundador acordado dois anos antes". Nos termos edificantes daquele documento, as partes se absteriam de ameaçar, ou de usar a força (contra qualquer um dos signatários, bem como contra outros Estados) de modo incompatível com a Carta das Nações Unidas. E buscariam resolver eventuais desacordos mediante consultas políticas conduzidas com "mútuo respeito e boa vontade". Com a

---

STATE 288837 (B) 306913. SEPTEMBER 15, 1993. THE KREMLIN, MOSCOW. Unclassified U.S. Department of State Case No. M-2006-01499. Doc, No. C17533698, Date: 6/15/2016.

46 NATO. *Founding Act on Mutual Relations, Cooperation and Security between NATO and the Russian Federation signed in Paris, France, 27 May, 1997*. Disponível em: <https://www.nato.int/cps/en/natohq/official_texts_25468.htm>. Acesso em: 27 nov. 2023.

guerra da Iugoslávia, a palavra empenhada converte-se em letra morta. "Na verdade – conclui Pouilot – "a crise do Kosovo corroborou tudo o que os russos temiam sobre a Aliança duplamente ampliada."[47]

- A mudança operada na autodefinição da Otan e de sua visão estratégica. Antecipada na cúpula de Roma, em 1991, e implementado a partir da reunião ministerial de Madri, em 1997, o trabalho do Grupo de Coordenação Política (PCG) foi trazido a público no comunicado sobre o Conceito Estratégico da Otan, ao final da cúpula de Washington, em 24 de abril de 1999, enquanto os aviões com a bandeira da organização bombardeavam Belgrado. Além de uma conceituação ampla e elástica de segurança – que passa a incluir dimensões econômica, política (ênfase na democracia, no Estado de Direito e nos direitos humanos) e ecológica –, o novo conceito estratégico abraçava a ideia de garantia ativa da paz, o que justificava a disposição manifesta de intervir em nome desse objetivo além das fronteiras do território da organização.[48]
- A indicação de que a Otan se preparava para acolher novos ingressantes. De certa forma já manifesta durante o debate a respeito da primeira ampliação – quando os defensores de uma lista reduzida de três convidados derrotaram os propositores de listas mais amplas –, a disposição de colocar em prática a "Política de Portas Abertas" foi institucionalizada na cúpula de Washington com a criação do Plano de Ação para a Adesão (MPA), um roteiro prático que os países aspirantes deveriam seguir a fim de se prepararem para a admissão.[49] Esse programa aplainou o caminho para mais sete países da Europa Central e Oriental – Bulgária, Romênia, Eslováquia, Eslovênia, Estônia, Letônia e Lituânia –, cujo ingresso foi consumado em 29 de março de 2004, pouco antes da cúpula de Istambul.

Com a integração dos três países bálticos – antigas repúblicas soviéticas –, a Otan chegava finalmente às fronteiras da Rússia, tornando reais os fantasmas que havia muito agitavam o sono de suas elites.

---

47 Pouliot, *International Security in Practice. The Politics of NATO-Russia Diplomacy*, p.205. O trecho a seguir mostra que não se tratava de percepção distorcida neste caso. Em depoimento sobre a decisão de bombardear a capital iugoslava, "Leon Fuerth, assessor de segurança nacional de Gore, acrescenta: 'Houve uma decisão consciente de que a questão em relação à Otan era existencial e que teríamos que prosseguir, independentemente de os russos gostarem, concordarem, rejeitarem, seja lá o que fosse. Mas que faríamos todo o esforço para explicar nossos propósitos e nos comportar de maneira que lhes permitisse se reconciliar com isso'". (Goldgeier; McFaul, 2003, p.251).

48 NATO, *The Alliance Strategic Concept (1999). Approved by the Heads of State and Government participating in the meeting of the North Atlantic Council in Washington D.C.*, 24 abr. 1999.

49 NATO. *Membership Action Plan (MAP)*, 24 abr. 1999.

4. A Ucrânia na grande estratégia dos Estados Unidos

4.1. Política de governo e política de Estado

Como indicado na introdução, o ponto de partida deste capítulo foi a pergunta sobre a ambivalência do governo Biden diante da guerra da Ucrânia e, em todos os seus momentos, a ideia norteadora da análise foi a de que a chave para a compreensão do comportamento dos Estados Unidos no conflito jazia no padrão historicamente construído de relacionamento entre vencedor e vencido, Estados Unidos e Rússia, no pós-Guerra Fria. Antes de concluir o percurso devo considerar o papel atribuído à Ucrânia neste processo.

Nessa perspectiva, a primeira coisa a fazer é qualificar a pergunta inicial. Política do governo Biden diante da guerra? O que a rápida reconstituição histórica empreendida neste artigo demonstra é que a política para a Rússia – e por extensão para a Ucrânia – não é deste ou daquele governo. O que temos à nossa frente é a expressão de uma grande estratégia, uma política de Estado. Naturalmente, o Estado é uma abstração vazia, se separado dos sucessivos governos que o encarnam, cujas políticas variam de acordo com suas orientações ideológicas respectivas e os vínculos que mantêm com diferentes segmentos da sociedade, mas também – no caso da política exterior, sobretudo – das situações cambiantes com que são confrontados. Nesse sentido, cabe falar de políticas de governo, sem dúvida, mas elas surgem como momentos de um "todo diferenciado sucessivo", como os acordes de uma melodia, cuja qualidade é dada pelo contexto musical precedente, o qual se modifica retroativamente pela emergência do novo acorde.[50]

Ao assumir a presidência, Biden já encontrou a Ucrânia em situação de guerra larvar intestina, e a relação dos Estados Unidos com a Rússia, gravemente deteriorada. No quadro desenhado pelas duas "decisões fatídicas" antes examinadas, os pontos de atrito que levaram a tal situação foram vários, mas, entre todos, a disputa em torno da Ucrânia teve um papel especial. Não só pelos laços socioeconômicos e culturais que vinculam historicamente Ucrânia e Rússia, mas pelo significado da primeira na geopolítica mundial.

Sobre esse ponto, melhor do que falar em nome próprio é ouvir um observador-participante, cuja palavra, além de instruída, é das mais autorizadas.

> O surgimento de um Estado ucraniano independente [...] representou um revés geopolítico vital para o Estado russo. [...], (isso) significou a perda de uma economia potencialmente rica e diversificada e de 52 milhões de pessoas étnica e religiosamente

50 Devo a analogia à leitura muito antiga de um texto de Oszlak e O'Donnell, os quais se inspiraram, por sua vez, na obra de Milik Capek, *The Philosophical Impact of Contemporary Physics*. Cf. Oszlak; O'Donnell, *Estado y políticas estatales en América Latina. Hacia una estrategia de investigación*, p.17.

> próximas o suficiente dos russos para transformar a Rússia em um Estado imperial verdadeiramente grande e confiante. A independência da Ucrânia também privou a Rússia de sua posição dominante no mar Negro, onde Odessa servia como porta de entrada vital da Rússia para o comércio com o Mediterrâneo e o mundo além. A perda da Ucrânia foi geopoliticamente crucial, pois limitou drasticamente as opções geoestratégicas da Rússia.[51]
>
> [...] se Moscou recuperar o controle sobre a Ucrânia, com seus 52 milhões de habitantes e recursos significativos, além de seu acesso ao mar Negro, a Rússia automaticamente recupera os meios para se tornar novamente um poderoso Estado imperial, abrangendo a Europa e a Ásia. A perda da independência da Ucrânia teria consequências imediatas para a Europa Central, transformando a Polônia no ponto de apoio geopolítico na fronteira oriental de uma Europa unida.[52]

Ex-conselheiro de Segurança Nacional de Jimmy Carter, com raízes profundas na ala democrata do *establishment* da política exterior americana, Brzezinski não era um observador participante qualquer. Já o vimos em ação no debate sobre a expansão da Otan, durante o qual sobressaiu-se como a voz externa mais influente na defesa da tese vencedora. Presença importante na vida política da Polônia, seu país de origem (chegou a ser cogitado como candidato à sucessão de Lech Walesa, em 1995), e tendo liderado, nos Estados Unidos, a montagem de organismos especializados na advocacia de políticas voltadas para a região (fundou o U.S-Poland Action Committee e o American-Ukranian Advisory Committee no prestigioso Center for Strategic and International Studies), Brzezinski mantinha relações estreitas também com a elite política da Ucrânia, interlocutor que foi de Leonid Kravchuk e Leonid Kuchma, seus dois primeiros presidentes como país independente.[53]

Na visão de Brzezinski, a história imperial da Rússia fora momentaneamente interrompida, mas não terminada, com a implosão da União Soviética. "Dentro do establishment de política externa russo", diz ele, "(composto em grande parte por ex-funcionários soviéticos), ainda existe um desejo profundamente enraizado por um papel especial na Eurásia, o que consequentemente implicaria a subordinação a Moscou dos estados pós-soviéticos recém-independentes."[54] Para que a Rússia se reorganizasse como um país normal, uma democracia de mercado, integrada à Europa – e, portanto, no sistema de segurança centrado na Aliança Atlântica –, seria imprescindível deixar para trás tal veleidade, o que só aconteceria com o decidido apoio ocidental à independência desses países.

Não é outra a ideia-força a guiar, desde a última década do século passado, a política dos Estados Unidos para a Ucrânia.

---

51 Brzezinski, *The Grand Chessboard. American Primacy and its Geostrategic Imperatives*, p.92.

52 Ibid., p.46.

53 Cf. Vaïsse; Brzezinski, *America's Grand Strategist*, p.379 ss.

54 Brzezinski, op. cit., p.51.

4.2 De Clinton a Biden. A política dos Estados Unidos para a Ucrânia e a crise internacional

Política de longo prazo, informada por uma visão estratégica precisa sobre o papel da Ucrânia no jogo de poder mundial. Já aludi a duas expressões dela em outra parte deste artigo – quando me referi à informação dada em 2014 pela secretária assistente de Estado dos EUA, Victoria Nuland, sobre o montante despendido pelos Estados Unidos em apoio a grupos e organizações qualificados como democráticos, e à avaliação do ex-embaixador americano em Moscou Michael McFaul, sobre o papel das instituições ocidentais na chamada Revolução Laranja, em 2004. Cabe agora mostrar como essa política foi plasmada ao longo do tempo.

Vencido o período inicial de negligência, quando a política externa dos Estados Unidos para a região foi dominada pelo imperativo de evitar o fantasma da proliferação nuclear, poucos meses depois de inaugurado, a viagem de dois dias a Kiev do então embaixador-geral, Strobe Talbott, sinalizava a sensibilidade maior do governo Clinton às condições e anseios da Ucrânia. Ela foi imediatamente seguida por outras iniciativas diplomáticas destinadas a marcar a importância atribuída ao país pela nova administração em Washington. Assim, no começo de junho, o secretário da Defesa, Les Aspin, chegava à Ucrânia, levando duas propostas: a elaboração de uma carta sobre as relações bilaterais, expressando o interesse nacional dos Estados Unidos na independência da Ucrânia; e uma sugestão sobre como lidar com a questão do estoque de armas nucleares em solo ucraniano.[55] Este foi o tema principal da conversa mantida por Clinton com o presidente Leonid Kravchuk, em sua rápida passagem por Kiev, em 12 de janeiro de 1994, quando fez o convite para que a Ucrânia participasse do Programa Parceria para a Paz, da Otan. Dois dias depois, eles voltariam a se encontrar em Moscou para assinarem com Yeltsin a Declaração Trilateral, que definia a Ucrânia como país não nuclear – em troca da promessa de compensações financeiras e garantias de segurança.[56]

Essa posição foi confirmada pelo Parlamento ucraniano, ao aprovar, em 5 de dezembro de 1994, projeto que declarava a Ucrânia um país livre de armas nucleares – no mesmo dia, o presidente Leonid Kuchma assinava, com os líderes do Cazaquistão e da Bielorrússia, o chamado Memorandum de Budapeste, pelo qual a Rússia, o Reino Unido e os Estados Unidos se comprometiam a não ameaçar, ou fazer uso de força militar, ou de coerção econômica, contra os mencionados países, como preâmbulo à adesão destes ao Tratado de Não Proliferação Nuclear.

---

55 McCurdy, The Evolving U.S. Policy Toward Ukraine. *SAIS Review*, v.14, n.1, 1994, p.153-69 (p.166-7).

56 Rodriguez, US-Ukranian Relations in the Post-Soviet Era, *European Scientific Journal*, maio 2016, Special edition, p.383-426 (p.388).

A primeira fase no relacionamento entre os Estados Unidos e a Ucrânia é coroada pela aprovação da Carta sobre a Parceria Distinta entre a Organização do Tratado do Atlântico Norte e a Ucrânia, na cúpula de Madri, em 1997. Sobre esse documento – que dava satisfação (parcial, por não ter força de lei) às expectativas da Ucrânia na área da segurança por sua participação em operações de paz nos Bálcãs e por não se opor ao primeiro ciclo de expansão da Otan[57] –, vale a pena citar alguns pontos da contribuição feita contemporaneamente por um observador qualificado, para um dossiê sobre o tema.

> 1. A Carta da Otan-Ucrânia será inevitavelmente vista por alguns na Rússia e, particularmente, pelos militares, como mais uma medida de cerco da Otan à Rússia.
> 2. A assinatura durante a Cúpula de Madrid será igualmente vista como evidência do "triunfalismo" da Otan em "vencer a Guerra Fria".
> [...]
> 8. A realização de exercícios conjuntos da Otan/Ucrânia em território ucraniano e no mar Negro exigirá um tratamento muito sensível em relação à Rússia.
> [...]
> 11. Tendo assinado recentemente um acordo com a Rússia (a questão da frota do mar Negro / Sebastopol tendo sido contornada), não é injustificável ver esta Carta com a Otan como um ato de "equilíbrio político"! No entanto, eu tendo a ver um equilíbrio diferente. Suspeito que, na prática, a Carta fará pouco para fortalecer a segurança da Ucrânia; e poderá fazer muito para enfraquecer a coesão da Otan.[58]

Expectativas ucranianas: convém salientar esse aspecto, porque a política de atração exercida pelos Estados Unidos seria impensável, se não convergisse com um movimento interno à sociedade e à política ucranianas. Com efeito, partilhando longo passado comum; profundamente integrada à Rússia em sua cultura, economia e infraestrutura energética; tendo um conjunto de questões contenciosas a resolver com antiga potência ora imersa em crise convulsiva, a elite estatal ucraniana, maciçamente formada por egressos do PCUS (85% dos congressistas eleitos em 1990, além do presidente Kravchuk e de seu sucessor imediato, Kuchma),[59] cedo abraçou o projeto de afirmar sua independência por meio da integração ao universo das instituições ocidentais (em particular, a Otan e a União Europeia). Mas a intensidade e

57 Kuzio, Ukraine and NATO: The Evolving Strategic Partnership, *Journal of Strategic Studies*, publicação *on-line*, 24 jan. 2008.

58 Eberle, Comments, *NATO-Ukraine Charter: First Act or Curtain Call?* BITS Briefing Note 97.1, jul. 1997. Participaram do dossiê preparado pelo Berlin Information Center for Transatlantic Security especialistas dos Estados Unidos, da Alemanha, do Reino Unido e da Ucrânia, assim como da Rússia.

59 Holowaty, Ukraine: One Year of Independence. In: *Russia, Ukraine, and the U.S. Response*. Queenstown, MD: The Aspen Institute, 1993), 56 apud McCurdy, op. cit., p.154.

o ritmo do processo de integração dividiam opiniões na elite política e, mais ainda, no conjunto da sociedade.

Decisiva para a identidade nacional em formação, a questão dos laços com a Rússia e com a Europa Ocidental esteve no âmago das duas crises políticas maiores que abalaram a Ucrânia no pós-Guerra Fria. Não por acaso, ambas representaram também pontos de inflexão no relacionamento da Ucrânia com os Estados Unidos.

O envolvimento destes na primeira delas já foi objeto de rápido comentário em outra parte do artigo. Cabe agora observar que, previsivelmente, o governo constituído por Viktor Yushchenko – candidato de oposição declarado vitorioso no pleito que se seguiu à nulidade da eleição presidencial de novembro de 2004, ganhada fraudulentamente, segundo as denúncias, pelo situacionista Yanukovich – contou inicialmente com apoio declarado do governo George W. Bush.

Inicialmente porque, pouco tempo depois de formado, seu gabinete entrou em crise e foi dissolvido para se recompor ironicamente com a nomeação de Yanukovich ao cargo de primeiro-ministro. Durante o curto e desconfortável período de coabitação, as relações com o governo W. Bush ficaram estremecidas. Mas voltaram a bons termos quando esse político, que representava a opinião favorável à preservação dos laços de amizade com a Rússia, foi removido.

A Carta de Parceria Estratégica Estados Unidos-Ucrânia, assinada em 19 de dezembro de 2008 – oito meses e meio após o veto alemão à abertura do processo de adesão da Geórgia e da Ucrânia na Otan, durante a cúpula de Bucareste, e quatro meses depois da intervenção militar russa na Geórgia –, expressa com eloquência essa mudança. Reiterando princípios gerais que vinham há muito norteando as relações entre os dois países – "apoio à soberania, independência, integridade territorial e inviolabilidade das fronteiras" – e a importância da Ucrânia como país democrático capaz de se autodefender para a paz e a prosperidade da Europa, a Carta prevê um programa de cooperação com vistas ao fortalecimento da candidatura da Ucrânia à Otan. Nesse contexto, a Carta antecipa a estruturação de um plano para aumentar a interoperabilidade e a coordenação de capacidades entre a Otan e a Ucrânia, inclusive através de treinamento e equipamentos melhores para as Forças Armadas ucranianas.[60]

Não podemos examinar o desenvolvimento das ações previstas nesse texto, mas o depoimento prestado pela secretária assistente adjunta de Defesa para Rússia, Ucrânia e Eurásia, Evelyn N. Farkas, em audiência no

---

60 Cf. *United States-Ukraine Charter on Strategic Partnership*. Bureau of European and Eurasian Affairs, Washington, D.C., 19 dez. 2008. Disponível em: <https://ua.usembassy.gov/our-relationship/u-s-ukraine-charter-strategic-partnership/#:~:text=This%20Charter%20is%20based%20on,foundation%20of%20our%20bilateral%20relations>. Acesso em: 27 nov. 2023.

Comitê de Relações Exteriores do Senado dos Estados Unidos, é suficientemente ilustrativo para os propósitos do presente artigo.

> Continuamos a colher os frutos dos investimentos que fizemos nos últimos vinte anos no programa de Educação e Treinamento Militar Internacional [...] à medida que os oficiais treinados em instituições militares dos Estados Unidos assumiram posições de maior responsabilidade nas Forças Armadas da Ucrânia. Isso se manifestou no grande profissionalismo e contenção exercidos pelo militar ucraniano durante os protestos no Maidan, quando se recusaram a usar a força contra manifestantes pacíficos, e em sua coragem e contenção diante de uma força avassaladora na Crimeia.[61]

O objeto da audiência era a ação dos Estados Unidos na segunda grande crise política a abalar a Ucrânia na sua curta existência como país independente. Entrementes, o governo resultante da "Revolução Laranja" terminara inteiramente desmoralizado, e seu presidente fora derrotado pelo ex-primeiro-ministro Yanukovich, na tentativa de reeleição que obteve pouco mais do que 5% dos votos.

Reversão frustrante para os condutores da política exterior dos Estados Unidos e de seus aliados. Não que o governo Yanukovich tenha representado uma ruptura política radical. É certo, ele reafirmou a condição da Ucrânia como país "não bloco", mas manteve a orientação pró-ocidental da diplomacia ucraniana, cujo objetivo maior, naquele momento, era a conclusão de um acordo de livre-comércio e associação com a União Europeia. Foi o fracasso dessas negociações e a decisão de Yanukovich de aceitar o polpudo empréstimo oferecido pela Rússia, sem condicionalidades, que precipitaram a Revolta de Maidan.

Não posso me deter nesse episódio, mas devo fazer ainda assim um ligeiro reparo. Falar de Maidan como uma onda de protesto pacíficos é distorcer a história de um movimento que envolveu a ocupação de prédios públicos (inclusive um depósito de munições do Exército) e a morte de cem pessoas por disparos de atiradores de elite postados em local controlado por integrantes do movimento;[62] distorção não menor é falar da violência que vem da Crimeia para se referir a um referendo que se desenrolou sem encontrar nenhuma resistência e terminou sem deixar nenhum saldo de vítimas.

Mas a parcialidade do depoimento não surpreende, porque nos acontecimentos de fevereiro de 2014 os Estados Unidos foram tudo menos um

---

61 Farkas, Prepared Statement of Dr. Evelyn Farkas. In: *Ukraine—Countering Russian Intervention and Supporting a Democratic State*, U.S. Senate, Committee on Foreign Relations, Tuesday, May 6, 2014, p.19.

62 Cf Katchanovskim, The Maidan Massacre Trial and Investigation Revelations: Implications for the Ukraine-Russia War and Relations, *Russian Politics*, v.8, n.2, p.181-205, 2023. Para uma avaliação mais geral do papel da violência durante a crise, cf. Volodymir Ischenko, Far Right Participation in the Ukrainian Maidan Protests: an Attempt of Systematic Estimation, *European Politics & Society*, 2016, p.1-20.

terceiro neutro e desinteressado. Evidência disso foi a atuação ostensiva de figuras proeminentes do Estado americano, como o senador John McCain e a indefectível Victoria Nuland, na incitação do desafio às autoridades constituídas, e no pronto reconhecimento de um governo provisório, logo depois que o Parlamento ucraniano foi tomado de assalto pela turba inconformada com a conclusão de um acordo que poderia pôr um fim negociado à crise política.[63]

Essa saída foi bloqueada e, desde então, não se encontrou nenhuma saída. Logo depois de rasgado o acordo mediado pela França, Polônia e Alemanha, a Crimeia declarou a sua independência e, na sequência, o movimento separatista estendeu-se ao Donbass, aqui assumindo formas de luta violenta. Com isso (e com a anexação subsequente da Crimeia pela Rússia), a guerra tomou o lugar da crise política.

Nesse contexto, o confronto entre Estados Unidos e Rússia se agrava sobremaneira, e seu envolvimento com a Ucrânia ganha outra dimensão.

Os números constantes do quadro a seguir falam por si mesmos.

Assistência de segurança dos Estados Unidos para a Ucrânia, exercícios financeiros de 2010 a 2020

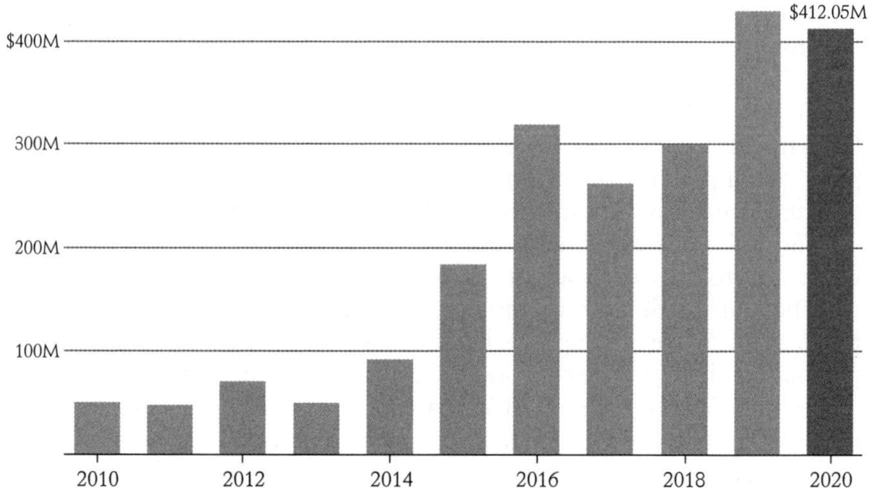

Fonte: Elias Yousif, U.S. Military Assistance to Ukraine, *Stimson Center*, 26 jan. 2022.

Segundo estudo preparado por equipe do Congressional Research Service, entre 2014 e março de 2022, os Estados Unidos destinaram mais de 4 bilhões de dólares, através dos Departamentos de Estado e da Defesa, "para ajudar a Ucrânia a preservar sua integridade territorial, assegurar suas fronteiras e

63 Examinei o episódio, com ênfase no comportamento dos atores internacionais envolvidos, em Ser ou não ser? Ucrânia, Rússia e os dilemas da política externa alemã, op. cit., pp.97-109.

melhorar a interoperabilidade com a Otan".[64] Parte significativa desses recursos terá sido aplicada em programas de treinamento militar, finalidade para o qual foi criado, em 2015, o Centro de Treinamento de Combate de Yavoriv, parte do Grupo de Treinamento Multinacional Conjunto-Ucrânia, na região de Lviv, próximo da fronteira com a Polônia.[65] Não consegui encontrar informação precisa, mas o autor do estudo do Stimson Center citado acima estima que, entre os anos fiscais de 2015 e 2019, pelo menos 10.629 militares ucranianos receberam treinamento nesses programas.[66]

A informação quantitativa, porém, não diz tudo e talvez esconda o principal. Os Estados Unidos responderam à anexação da Crimeia e ao apoio russo aos separatistas do Donbass com sanções e ajuda militar, como vimos. Resta esclarecer que os primeiros passos nessa direção foram relativamente moderados – apesar dos argumentos em contrário provindos do próprio campo democrata,[67] o governo Obama resistiu até o fim ao fornecimento de armas letais à Ucrânia – e que a política contra a Rússia tornou-se crescentemente agressiva, em boa medida por iniciativas oriundas do Congresso (Support for the Sovereignty, Integrity, Democracy, and Economic Stability of Ukraine Act of 2014; Ukraine Freedom Support Act of 2014; Countering Russian Influence in Europe and Eurasia Act of 2017; Crimea Annexation Non-recognition Act, aprovado pela Câmara de Representantes, em março de 2019, com a esmagadora maioria de 427 votos contra 1). Convém ainda acrescentar que o agravamento das relações com a Rússia intensificou-se no governo Trump, que se valeu de autoridade legislativa para liberar o envio de armas letais à Ucrânia, ao mesmo tempo que ampliava o número e o alcance dos exercícios militares na região.

A crise internacional tornou-se aguda no último trimestre de 2021, com a decisão de Putin de concentrar tropas na Bielorrússia, mas as tensões entre a Rússia e a Otan já vinham escalando havia tempos, como indica o significativo aumento dos incidentes militares entre elas no período precedente.[68]

* * *

64 Arabia; Bowen; Welt, *U.S. Security Assistance to Ukraine*, CRS Updated 28 mar. 2022.

65 Cf. Welt, *Ukraine: Background, Conflict with Russia, and U.S. Policy*, CRS Updated 29 abr. 2020, p.40.

66 Yousif, *U.S. Military Assistance to Ukraine*, Stimson Center, 26 jan. 2022.

67 Por exemplo, no relatório publicado conjuntamente por três instituições importantes, assinado por expoentes da comunidade americana de política exterior. Cf. Daalder et al., *Preserving Ukraine's Independence, Resisting Russian Aggression: What the United States and NATO Must Do*. Atlantic Council, Brookings Institution, The Chicago Council on Global Affairs, fev. 2015.

68 Cf. Clem; Finch, Crowded Skies and Turbulent Seas: Assessing the full scope of NATO-Russian military incidents, *War on the Rocks*, 19 ago. 2021. Sonne; Hudson, Amid tensions with Russia, White House scrutinizes military exercises in Europe, *The Washington Post*, 19 nov. 2021.

A essa altura, a mudança no caráter da crise na Ucrânia estava prestes a se completar. Entre 2013 e 2014, assistimos a uma crise política doméstica, com forte e óbvio componente internacional. A anexação da Crimeia e a eclosão dos movimentos separatistas convertem a crise política em guerra, mas não alteram fundamentalmente a natureza das forças em conflito: ele continuava opondo o governo ucraniano – agora depurado dos partidários de uma política pró-russa – e os rebeldes separatistas, que já não se reconheciam como pertencentes à comunidade política que aquele governo pretendia representar.

Tratava-se ainda de uma guerra civil, e assim foi tratada nas sucessivas rodadas de negociações internacionais com vistas à paz: Gênova (2014), Minsk I (2014), Minsk II (2015). Esse fato estampado nas cláusulas mais importantes desses acordos, como

> 4. Diálogo sobre (1) modalidades das eleições locais de acordo com a legislação ucraniana e (2) o futuro *status* de "certas áreas" em Donetsk e Luhansk, com especificação das áreas no leste da Ucrânia a que esse *status* se aplica.
>
> [...]
>
> 9. Restauração do controle total da Ucrânia sobre sua fronteira com a Rússia, a partir do primeiro dia após as eleições locais e encerrando-se após um acordo político abrangente, seguindo a introdução de uma nova constituição e legislação permanente sobre o *status* especial de certas áreas em Donetsk e Luhansk.
>
> [...]
>
> 11. Reforma constitucional, incluindo descentralização, e legislação permanente sobre o *status* especial de certas áreas em Donetsk e Luhansk, em acordo com representantes das áreas não controladas pelo governo.[69]

Como sabemos, esse acordo não foi implementado, apesar das sucessivas fórmulas idealizadas pela diplomacia dos países mediadores para operacionalizar suas previsões de forma aceitável ao conjunto das partes signatárias. Plano Morel (embaixador francês): aceito por França, Alemanha e Rússia, rejeitado pela Ucrânia; Iniciativa Sajdik (diplomata austríaco): aprovado por Alemanha, Rússia e França, rejeitado pela Ucrânia; Fórmula Steinmeier (Frank-Walter Steinmeir, ex-ministro das Relações Exteriores e depois presidente da Alemanha): acolhida pela Alemanha, pela França e pela Rússia, mas não pela Ucrânia. A última tentativa foi a de fatiar o acordo, escalonando suas obrigações. Ela estava em andamento quando sobreveio a crise internacional e transformou inteiramente a configuração do conflito.[70]

---

69 Cf. Welt, op.cit., p.19.

70 Cf. Petro, *The Tragedy of Ukraine. What Classical Tragedy Can Teach about Conflict Resolution*, p.228.

Não há como considerar em detalhes as razões de tamanho fracasso. Mas uma das principais terá sido a mudança nada sutil na definição ontológica do conflito que se produz concomitantemente. Não na visão deste ou daquele analista, mas como fato institucional, formalizado em lei. Com efeito, ao mesmo tempo que o governo Poroshenko reiterava a contragosto o seu compromisso com o Acordo de Minsk 2, a Rada (Parlamento ucraniano) aprovava, em janeiro de 2018, a lei 7.163 que inviabilizava formalmente sua aplicação, ao definir a ação militar no Leste da Ucrânia como operação destinada a repelir a agressão russa, ao impor a lei marcial na região conflagrada e ao estabelecer que o controle de fronteiras seria transferido ao governo ucraniano antes da realização das eleições locais, ao contrário do que estipulava o artigo 9 do Minsk 2.[71]

Na verdade, a qualificação derrogatória do conflito foi consagrada muito antes. Eleito em maio de 2014 com a promessa de estabelecer a paz expeditivamente, Poroshenko pouco depois adota o discurso da corrente extremista do nacionalismo ucraniano, que rejeita a diversidade étnica, cultural e linguística do país, em nome de uma identidade nacional a construir, profundamente excludente. Nessa perspectiva, a possibilidade de uma saída negociada para o conflito desaparece, porque – negada a existência do interlocutor legítimo – não há com quem negociar.

Nicolai Petro, autor do magnífico e pungente livro em que me apoio nesta parte do estudo, esclarece a premissa estratégica a informar essa posição e indica o seu papel na produção da tragédia.

> Acreditava-se que essa estratégia de não negociação, apoiada pelos Estados Unidos e seus aliados europeus, finalmente forçaria a Rússia a sair do Donbass. Isolados de seu principal apoiador, os rebeldes não teriam escolha senão capitular nos termos de Kiev. Se essa estratégia tivesse funcionado no Donbass, poderia presumivelmente ter sido usada para recuperar a Crimeia também. No entanto, em vez de se render diante das sanções ocidentais, a Rússia aumentou sua ajuda à região e elevou as apostas oferecendo passaportes russos aos residentes do Donbass. Até maio de 2021, mais de um terço dos residentes do Donbass haviam adquirido passaportes russos.[72]

Profecia que se autorrealiza. Definido o conflito como internacional e a Ucrânia como vítima de invasão russa (isto já em 2014), não há o que discutir, muito menos barganhar. O território perdido tem que ser reconquistado, e quem discordar disso não merece ser chamado de cidadão, é um "quinta-coluna" a serviço do agressor.

---

71 Ibid., p.226.
72 Ibid., p.230.

Decorrência direta de uma política fundada no conceito da nação como totalidade homogênea em contexto histórico que o repele, tal postura tem raízes na história ucraniana. Mas ela não teria finalmente se imposto sem o concurso dos Estados Unidos e aliados, que acolheram os seus pressupostos no traçado de seus programas de ação, em seus textos legais, e na atividade propagandista que desenvolvem.

O impasse já estava criado quando Biden assume a presidência dos Estados Unidos. É sobre esse pano de fundo que ele vai operar quando a crise internacional atingir o seu ápice.

5. A guerra na Ucrânia e o governo Biden

5.1. "*As long as it takes*" ("pelo tempo que for preciso")

Joseph Biden concluiu o discurso que proferiu em Kiev, na comemoração do primeiro aniversário de resistência contra a invasão russa, com esta frase de efeito que desde então vem sendo repetida ritualmente, como expressão do compromisso inabalável dos Estados Unidos com a causa ucraniana. No entanto, basta refletir um segundo para perceber que a fórmula altissonante não poderia ser mais vaga.

For preciso para quê? E para quem este quê será necessário?

Preciso, supostamente, para repelir a agressão e derrotar o ofensor. Mas qual o referente exato do substantivo neste caso? A agressão que se deu em 24 de fevereiro de 2022? Ou oito anos antes, quando a Crimeia se declarou independente e foi logo a seguir anexada pela Rússia?

Necessário para o país invadido, certamente. Mas os ucranianos se batem por um direito, não por um pedaço de terra. A agressão de que foram vítimas violenta o sistema de normas no contexto do qual esse direito existe como princípio basilar. Nesse sentido, o significado de sua luta é universal. Os ucranianos estão na linha de frente, mas não estão sós. A guerra não é apenas sua, ela diz respeito a todos nós.

Não se trata de mera retórica. A pronta reação ocidental à intervenção militar russa, as sanções econômicas sem precedentes, a ajuda militar muitas vezes bilionária, a mobilização de recursos intangíveis – sob a forma de treinamento, Inteligência, apoios logístico e cibernético –, tudo isso mais a guerra de informação e propaganda, já há muito lançada quando do início das hostilidades, mostram claramente que a disputa no terreno é apenas uma das frentes de uma guerra a envolver muitos atores, travada simultaneamente em muitos lugares.

O reconhecimento dessa realidade óbvia e orgulhosamente assumida satisfaz os envolvidos, mas elimina qualquer resposta simples às perguntas levantadas. Se muitos participam da guerra, a definição dos fins e dos meios adequados para alcançá-los será coletiva e, nela, a voz do mais forte sempre pesará mais.

Vimos, na introdução deste artigo, que a voz do governo estadunidense nem sempre foi muito afinada. Vimos também que nem sempre ela soou em uníssono com a voz ansiosa do governo da Ucrânia.

Depois de um percurso longo, esta parte final será dedicada a um exame um pouco mais atento da conduta do governo Biden no decorrer do conflito.

5.2. Da crise internacional à guerra

Se sabiam que iriam invadir, por que não fizeram nada para evitá-lo?

A pergunta amarga é feita por Volodymyr Ischenko, pesquisador ucraniano de esquerda, quase ao fim de uma longa e dolorosa entrevista sobre a tragédia que se abateu sobre o seu país.[73] Haveria dois caminhos para desescalar a crise e preparar o terreno para a volta da (relativa) normalidade. A via da dissuasão (contramobilização de meios de violência de magnitude tal que implicasse a alteração nos valores sopesados nos cálculos estratégicos do agressor, levando-o a uma correção de rumos), ou aquela da negociação séria, o que implicaria levar em conta os requisitos de segurança externa da Rússia – e, na verdade, uma inflexão profunda na política do Estado americano para a Ucrânia e para a região.

O comportamento dos Estados Unidos durante a guerra do Yom Kippur, em 1973, ilustra bem a primeira alternativa. Os dois campos beligerantes sendo apoiados política e militarmente pelas duas superpotências, quando o Exército israelense, então prevalente no campo de batalha, deu indicações de que iria destroçar as forças egípcias no Sinai, a União Soviética ameaçou intervir diretamente no conflito. Nessas circunstâncias, produzidas no ápice da crise política que levaria à renúncia de Richard Nixon, Henry Kissinger, então no exercício do cargo de secretário de Estado, decretou um alerta global que fez o mundo reviver o pesadelo da hecatombe nuclear pela primeira e última vez, desde a crise dos mísseis em 1961. A solução dessa feita foi mais rápida. Afastada a hipótese de envio de tropas soviéticas, Kissinger mediou o acerto que assegurou o cessar-fogo e abriu o caminho para os Acordos de Camp Davis, em 1978, entre Israel e Egito.

Nada remotamente parecido se deu no final de 2021 e nos dois primeiros meses de 2022. O que se viu então foi um lance canhestro de diplomacia pública, por meio do qual os Estados Unidos revelavam a seus aliados e ao mundo que a Rússia estava ultimando os preparativos para invadir a Ucrânia, prometendo puni-la com sanções econômicas de rigor sem precedentes. Ao mesmo tempo, operavam um deslocamento modesto de tropas

73 Ischenko, Towards the Abyss, *New Left Review*, n.133-4, 2022, p.17-39 (p.37).

para países vizinhos (Romênia e Polônia), mas se apressavam em assegurar que estava descartado o enfrentamento militar com a Rússia.

Quanto à via diplomática, ela se limitou a três conversas telefônicas entre Biden e Putin, além de encontros inócuos entre altos funcionários de seus governos. Em dado momento, a Rússia produziu duas minutas de documentos jurídicos – um endereçado aos Estados Unidos;[74] outro, aos membros da Otan[75] –, cujas cláusulas davam forma às suas pretensões mais ousadas. Estes textos foram, contudo, desqualificados como instrumentos de propaganda, ou como mera encenação. Não houve nenhuma tentativa de testar a disposição da Rússia de negociar uma solução aceitável para o conflito que se arrastava havia anos, abrindo a discussão sobre alguns dos pontos suscitados, a começar pelo relacionamento da Ucrânia com a Otan. A despeito da ameaça de guerra, a posição proclamada do governo americano a esse respeito mantinha-se inalterada: reitera-se o apoio à política de "portas abertas" da Otan e o direito da Ucrânia de decidir sobre sua defesa, no exercício pleno de sua soberania.

Embora sensível ao estado da opinião pública americana e beneficiada pelo apoio bipartidário, a autocontenção do governo Biden ao excluir de antemão a hipótese de resposta bélica à Rússia não passou sem críticas. Para o analista e ex-funcionário do Departamento de Defesa Ian Brzezinski, que porta o sobrenome do seu ilustre progenitor, Biden teria diluído sua "fonte de alavancagem mais importante nesta crise". A seu ver, Biden deveria considerar, como elemento de dissuasão, o envio de tropas ao oeste da Ucrânia. Juízo similar foi emitido por Evelyn N. Farkas – que trabalhou no Departamento de Defesa durante o governo Obama – em artigo publicado em janeiro de 2022, no qual defende a preparação dos Estados Unidos para a guerra com a Rússia pela Ucrânia.[76]

Essa crítica ao comportamento do governo Biden na crise internacional pode parecer ingênua. Para alguns, sob a exaltação das denúncias, das ameaças e dos protestos indignados, estaríamos assistindo à encenação de um *script* há muito traçado, cujo objetivo seria o de atrair a Rússia para uma guerra desastrosa que seria "o seu segundo Afeganistão" – antessala de uma operação de mudança de regime há muito arquitetada nos escritórios de Washington.[77]

---

74 Treaty between The United States of America and the Russian Federation on security guarantees, Ministry of Foreign Relations of the Russian Federation, 12 dez. 2021.

75 Agreement on measures to ensure the security of The Russian Federation and member States of the North Atlantic Treaty Organization. Ministry of Foreign Relations of the Russian Federation, 12 dez. 2021.

76 Cf. Parker; Harris; Judson, 13 days: Inside Biden's last-ditch attempts to stop Putin in Ukraine, *The Washington Post*, 25 fev. 2021; Farkas, The West Must Prepare for War Against Russia Over Ukraine, *Defense One*, 11 jan. 2022.

77 Wade, Why the US and Nato have long wanted Russia to attack Ukraine, *EUROPP – European Policy and Politics*, LSE, 30 mar. 2022. Disponível em: <https://blogs.lse.ac.uk/europpblog/2022/03/30/why-the-us-and-nato-have-long-wanted-russia-to-attack-ukraine/>. Acesso em: 27 nov. 2023.

Tal interpretação me parece implausível. Não porque a mudança de regime fosse estranha aos desejos e aos cálculos dos planejadores estratégicos americanos, mas porque ela implica admitir que estes desconheciam as diferenças abissais entre Ucrânia e Afeganistão, com suas consequências prováveis para o curso do conflito – em vez de uma guerra assimétrica, longa e desgastante como os próprios Estados Unidos iriam experimentar, no mesmo local, duas décadas depois, uma guerra convencional de alta intensidade com impacto imediato sobre os países vizinhos. Uma guerra para a qual nem os Estados Unidos nem seus aliados europeus estavam devidamente preparados.

Pista mais esclarecedora para a compreensão da postura do governo Biden diante da crise encontramos na resposta dada pelo conselheiro de Segurança Nacional, Jake Sullivan, à pergunta sobre os próximos movimentos da Rússia, em entrevista publicada cerca de um mês antes da invasão da Ucrânia.

> Bem, deixarei Moscou falar por si mesma. Posso falar apenas pelos Estados Unidos. E, pelos Estados Unidos, estamos preparados de qualquer maneira. Estamos prontos se a Rússia quiser avançar com a diplomacia, e apresentamos algumas ideias e propostas para a consideração deles, e estamos preparados para continuar as discussões sobre isso. Mas se a Rússia quiser seguir o caminho da invasão e escalada, também estamos prontos para isso, com uma resposta robusta em coordenação com nossos aliados e parceiros.[78]

O que chama a atenção do leitor na fala do conselheiro de Biden é a sua aparente indiferença entre as duas pontas da disjuntiva que se apresentava para o mundo naquele instante. Diplomacia, ou guerra, tanto faz, estamos preparados para ambas as circunstâncias. Pelo que se pode depreender dos depoimentos publicados pela revista *Político*, em dossiê preparado para marcar o primeiro ano da guerra, a esta altura, a equipe de Biden já estava convencida de que Putin havia decidido invadir a Ucrânia. Considere-se, por exemplo, a afirmativa da subsecretária de Assuntos Políticos do Departamento de Estado, Victoria Nuland: "Francamente, não tínhamos uma boa ideia exata de quando eles se moveriam. Pensávamos que poderia ser em qualquer momento, a partir da última semana de janeiro até a última semana de fevereiro". Ou o relato de William Burns, ex-embaixador em Moscou, nomeado por Biden para dirigir a CIA:

> Eu encontrei Zelensky no meio de janeiro para apresentar as informações mais recentes que tínhamos sobre o planejamento russo para a invasão, que, naquele

78 Mackinnon, Defining the Biden Doctrine, *Foreign Policy*, 18 jan. 2022.

> ponto, tinha concentrado seu foco em avançar diretamente pela fronteira com Belarus – apenas uma viagem relativamente curta de Kyev – para tomar Kyev, decapitar o regime e estabelecer um governo pró-russo lá. Com algum nível de detalhes, incluindo, por exemplo, a intenção russa de tomar um aeroporto a noroeste de Kyev chamado Hostomel e usar isso como uma plataforma para trazer forças aerotransportadas para acelerar a tomada de Kyev.[79]

A fala de Sullivan expressa bem a atitude do governo Biden diante da invasão iminente. Não houve nenhuma tentativa de impedi-la, o que demandaria disposição de fazer concessões sérias, ou de assumir riscos elevados. A inexistência desta é reconhecida com sinceridade incomum nesse comentário feito no calor dos acontecimentos por Willian Klein, membro associado do Center for Strategic and International Studies.

A verdade fundamental é que Vladimir Putin estava preparado para ir à guerra para avançar seus interesses na Ucrânia, enquanto os países ocidentais, incluindo os Estados Unidos [...] não tinham interesse em ir à guerra com a Rússia por causa da Ucrânia. [...] Isso é um desequilíbrio fundamental nos interesses.[80]

Mas, sendo assim, para entender a conduta dos Estados Unidos na crise internacional e logo a seguir na guerra, devemos desviar os olhos do conflito na Ucrânia para contemplar a concepção estratégica no corpo da qual os interesses nacionais nesse caso em particular são definidos.

5.3. A Ucrânia no quadrilátero da crise

A forma mais simples de começar a fazer isso é seguir com a leitura da entrevista já citada de Jake Sullivan. Com efeito, depois de passar em revista diferentes temas pontuais de política externa, a entrevistadora levanta a questão que fornece o título à matéria:

> Como você enxerga a linha comum entre todas as principais iniciativas de política externa que a administração tomou até agora? Quais são as ideias ou ambições que fundamentam a política externa desta administração?

Confortável em seu papel de explicador, Sullivan expõe telegraficamente as ideias norteadoras da "doutrina Biden". Os dois pilares que a sustentam são, de um lado, a prioridade conferida à tarefa de restaurar os laços com os aliados e parceiros – indispensáveis para enfrentar os desafios dramáticos de nosso tempo (clima, epidemia, proliferação nuclear, igualdade econômica);

79 Banco et al., "Something Was Badly Wrong": When Washington Realized Russia Was Actually Invading Ukraine, *Politico Magazine*, 24 fev. 2023.

80 Parker et al., op. cit.

de outro, a convicção de que a fonte do poder americano no mundo reside no vigor de sua sociedade, da qual deriva o reconhecimento da relação intrínseca entre política externa e doméstica.

> Isso importa profundamente para a vida do povo norte-americano, seja em questões como o imposto mínimo global, a gestão da crise na cadeia de suprimentos, lidar com a questão climática ou enfrentar a coerção econômica chinesa.[81]

Não há nada de novo na afirmativa sobre a comunhão profunda entre política interna e externa. Como vimos no início deste estudo, um dos antecessores de Sullivan no cargo que ora ele ocupa chegou a falar em "evaporação da linha" entre as duas políticas. Mas entre a fala de Anthony Lake, conselheiro de Segurança Nacional de Clinton, e a do assessor de Biden há uma diferença notável. Vitoriosos na Guerra Fria, imbuídos de autoconfiança, nos anos 90 do século passado os Estados Unidos se viam – e eram vistos! – então como um poder incontrastável. Nesse contexto, a tese da correspondência entre política externa e interna servia como justificativa para o investimento na tarefa de reformar o mundo, nos planos econômico, social e político, segundo o seu figurino. Trinta anos depois, os Estados Unidos projetam a imagem de uma sociedade fraturada e assistem com ansiedade crescente à ascensão de uma potência que ameaça desalojá-los da condição hegemônica que até bem pouco tempo atrás tinham como sua, por direito natural. A fórmula é a mesma, mas agora o seu sentido é inverso: ela serve para exaltar um programa de reconstrução nacional que nega explicitamente alguns dos pressupostos do modelo econômico que por décadas os Estados Unidos propagaram como universal.

As linhas mestras desse projeto são conhecidas: investimento pesado em infraestrutura; reindustrialização; redesenho das cadeias produtivas; desenvolvimento científico-tecnológico; política industrial (com enfoque setorial e uso extensivo de subsídios); Alexander Hamilton no lugar de Milton Friedman e Friedrich Hayek.

Essa reorientação já estava traçada durante a campanha de 2020. O que Sullivan e o próprio Biden dizem hoje a respeito do programa econômico e social do governo e sobre suas conexões com a política externa segue de perto o roteiro elaborado pelo grupo de trabalho criado pela Carnegie, que tinha o futuro Conselheiro de Segurança Nacional entre seus integrantes. Centrado na ideia de instituir os interesses da classe média como fundamento da política exterior dos Estados Unidos, chama a atenção do leitor o espaço muito desigual que esse documento dedica à Rússia (4 referências) e à China (86, incluídas 12 referências na bibliografia citada).[82]

---

81 Mackinnon, op. cit.

82 Ahmed et al., *Making U.S. Foreign Policy Work Better for the Middle Class.*

É que a reestruturação do capitalismo norte-americano – e por tabela da economia mundial – que o governo Biden propõe é parte de uma grande estratégia de restauração hegemônica, cujo fundamento é assumidamente geopolítico. As medidas restritivas ao comércio de produtos de alta tecnologia com a China (equipamentos para a produção de *chips* de última geração, por exemplo) são indicativos desse fato. Trata-se de deter o avanço da potência rival em setores essenciais para o êxito na competição econômica e militar. Esse é o elemento geopolítico na face tecnológica da estratégia. A outra face – tão ou mais importante – são os preparativos para a eventualidade do confronto armado com a China, que muitos nos Estados Unidos dão como certo: aumento significativo do orçamento de defesa; corrida armamentista; reforço das existentes e estabelecimento de alianças novas com vistas à formação de uma rede em torno da China, capaz, em caso de guerra, de inibir-lhe os movimentos.

Ora, no desenho dessa grande estratégia a Rússia ocupa um lugar importante, mas nitidamente secundário. A atenção modesta que ela recebe no relatório da Carnegie antes referido já evidenciava esse fato, que é explicitamente reconhecido na Estratégia de Segurança Nacional dos Estados Unidos. Em debate desde o primeiro ano do governo Biden, esse documento – que deve ser renovado periodicamente, por força de lei – foi publicado em 2022, no auge da guerra na Ucrânia. Em tais circunstâncias, o destaque conferido à Rússia não surpreende, mas a diferença entre o desafio que ela representa para a "ordem internacional baseada em regras" forjada e garantida pelos Estados Unidos e aquele criado pela China é explicitamente assinalada em seu texto.

> A Rússia e a República Popular da China apresentam desafios diferentes. A Rússia representa uma ameaça imediata ao sistema internacional livre e aberto, desrespeitando de maneira imprudente as leis básicas da ordem internacional, como demonstrado por sua brutal guerra de agressão contra a Ucrânia. Por outro lado, a RPC é a única concorrente com a intenção de remodelar a ordem internacional e, cada vez mais, possui o poder econômico, diplomático, militar e tecnológico para avançar nesse objetivo.[83]

A estratégia, ensinava Clausewitz, é o emprego dos combates para os propósitos da guerra. Creio não exagerar ao dizer que há um grande consenso na comunidade de política exterior dos Estados Unidos sobre a hierarquia dos desafios levantados pela Rússia e pela China. Deixando de lado a crítica anti-imperialista de esquerda e a posição periférica dos que defendem a acomodação dos Estados Unidos à multipolaridade, o debate estratégico aberto pela crise na Ucrânia gira em torno da questão sobre como ela se

83 The White House, *National Security Strategy*, out. 2022, p.8.

inscreve na ordem de combates a enfrentar nos dois "teatros de operações" onde a disputa pelo poder mundial está sendo travada.

Para um segmento do *establishment* da política exterior, os Estados Unidos devem se preparar para o enfrentamento militar simultâneo dos dois contendores – a Rússia e a China. Os partidários desse ponto de vista acreditam que os Estados Unidos mantêm, apesar de tudo, sua condição unipolar, e precisam se valer de sua superioridade presente para deter os desafiantes, antes que seja tarde demais.[84]

Opinião próxima é sustentada por quem vê na guerra da Ucrânia a oportunidade de alterar significativamente a correlação de forças em escala mundial, impondo uma derrota militar catastrófica à Rússia que leve, no limite, ao desmembramento de seu território. Sem o concurso de sua grande aliada, a China estaria sobremaneira enfraquecida, não tendo como resistir ao cerco contra ela armado pelos Estados Unidos e aliados.[85]

Diferentes no sequenciamento das ações previstas, ambas as posições coincidem na definição maximalista dos objetivos dessa guerra particular, que deve ser vista como um episódio da "guerra" maior e multidimensional em curso presentemente no mundo. Não há espaço para paz negociada na Ucrânia, que só terminará com a expulsão da Rússia do território internacionalmente reconhecido do país – aí incluída a Crimeia. Os Estados Unidos devem subscrever os objetivos maximalistas verbalizados pela liderança ucraniana e lhe assegurar os meios necessários para realizá-los, ainda que ao custo de uma escalada, com sua implicação obrigada: a propagação do conflito e o envolvimento direto nele das forças da Otan.[86]

Orientação oposta adotam os analistas que, desde a abertura das hostilidades, vêm insistindo na obviedade de que a maioria das guerras termina na mesa de negociações e de que, na Ucrânia, nenhum dos lados será plenamente exitoso em suas pretensões. Alguns dos representantes dessa posição defendem há muito tempo uma política tendente a mitigar tensões no relacionamento com a Rússia, ou pelo menos a não agravá-las, e um deles esteve entre os membros da equipe de Clinton críticos da política de expansão da Otan.[87]

---

84 Cf. Kroenig, Washington Must Prepare for War with Both Russia and China, *Foreign Policy*, 18 fev. 2022; Kagan, Putin has changed the world – and the US must adapt or lose, *The Hill*, 22 fev. 2022.

85 Brands, The Overstretched Superpower, *Foreign Affairs*, 18 jan. 2022; ibid., Opposing China Means Defeating Russia, *Foreign Policy*, 5 abr. 2022.

86 Cf. Kagan, The Case Against Negotiations with Russia, *Critical Threats*, 18 nov. 2022; Rose, Ukraine's Winnable War. Why the West Should Help Kyiv Retake All Its Territory, *Foreign Affairs*, 13 jun. 2023.

87 Tendo integrado o grupo de trabalho criado pelo governo Clinton para estudar a questão, Charles Kupchan externou publicamente sua posição contrária à expansão da Otan em dois artigos publicados na grande imprensa. Cf. Kupchan, Extending NATO Eastward Would Be a Grave Error, *International Herald Tribune*, 30 nov. 1994; ibid., Expand NATO – And Split Europe, *The New York Times*, 27 nov. 1994. Anos mais tarde, a posição oposta já convertida

Preocupados com o risco de escalada, alguns deles são sensíveis também ao impacto no médio prazo da guerra sobre as condições internas nos países afetados, em particular na Europa, onde a deterioração das condições econômicas e sociais tende a reforçar a extrema direita.[88]

Fazendo-se ouvir desde o início do conflito, completado o seu primeiro ano os defensores dessa posição passam a detalhar mais as suas propostas, que divergem neste ou naquele aspecto, mas coincidem na tentativa de restabelecer a curto prazo as condições para a normalidade possível – um estado de coisas aceitável do ponto de vista russo, que inclua fortes garantias de segurança para a Ucrânia e condições favoráveis à sua reconstrução.[89] Essa visão comum sobre o estado final não exclui diferenças táticas em relação ao que fazer enquanto o momento da negociação não chega. Nesse sentido, dois dos mais destacados representantes desse campo defenderam o fornecimento de caças F16 e mísseis de longo alcance para a Ucrânia como forma de garantir que ela chegaria em posição de força à mesa de negociação.[90]

Entre as várias razões para a insistência em uma solução negociada para o conflito na Ucrânia está a avaliação de que o estabelecimento de um *modus vivendi* com a Rússia é necessário para que os Estados Unidos possam concentrar esforços no que é mais importante: a competição com a China.

Curiosamente, em alguns aspectos a posição desses analistas – inseridos no campo liberal – converge com aquela, muito mais contundente, da direita populista republicana. Mais ou menos alinhados com Donald Trump – ele mesmo um crítico severo da guerra –, os representantes dessa corrente de opinião, como o comunicador Tucker Carlson, ou os senadores Josh Hawley e J. D. Vance, contestam o alegado interesse nacional norte-americano no conflito, acusam a política oficial de desviar a atenção do verdadeiro

---

em política de Estado, ele defendeu a integração na Otan de todas as antigas repúblicas soviéticas, inclusive da Rússia. Cf. Kupchan, The Origins and Future of NATO Enlargement, In: Rachhaus, *Explaining NATO Enlargement*, p.127-48.

88 Ashford, The Ukraine War Will End with Negotiations, *Foreign Affairs*, 31 out. 2022; Charap; Priebe, Don't Rule Out Diplomacy in Ukraine. Biden's Current Strategy Risks Escalation and Forever War, *Foreign Affairs*, 28 out. 2022; Charap; Priebe, Avoiding a Long War. U.S. Policy and the Trajectory of the Russia-Ukraine Conflict, *Rand Corporation*, jan. 2023; Kupchan, It's Time to Bring Russia and Ukraine to the Negotiating Table, *The New York Times*, 2 nov. 2022.

89 Menon, How to End the War in Ukraine: On stopping the fighting and building the peace, *Boston Review*, 26 abr. 2023; Charap, An Unwinnable War. Washington Needs an Endgame in Ukraine, *Foreign Affairs*, 5 jun. 2023.

90 Haass; Kupchan, The West Needs a New Strategy in Ukraine. A Plan for Getting from the Battlefield to the Negotiating Table, *Foreign Affairs*, 13 abr. 2023. Membros prestigiosos da comunidade de política exterior norte-americana, os autores do artigo extrapolaram o papel de formadores de opinião ao entabularem conversações privadas com interlocutores russos, entre os quais o ministro Lavrov, iniciativa que teve grande repercussão quando veio a público. Cf. Ledermanm, Former U.S. officials have held secret Ukraine talks with prominent Russians, *NBS NEWS*, 6 jul. 2023.

inimigo, a China, e a responsabilizam por produzir uma situação passível de descambar muito facilmente para uma guerra mundial.[91]

Mais conhecido por suas expressões na arena política, esse ponto de vista surge também no debate estratégico, onde é vocalizado por vozes minoritárias, mas não externas ao *establishment*, como a de Elbridge A. Colby, por exemplo. Neto de um ex-diretor da CIA, formado em Havard e Yale, autor de livro influente sobre a grande estratégia dos Estados Unidos,[92] Colby foi um dos principais formuladores da Estratégia de Segurança Nacional de 2018, que rompeu com a estratégia dos dois cenários adotada no pós-Guerra Fria (planejamento com vistas à vitória dos Estados Unidos no cenário de guerras simultâneas em dois teatros), a fim de garantir o preparo necessário para a eventualidade da guerra contra a China. Tendo defendido sempre essa opção no debate público,[93] manteve, previsivelmente, uma posição francamente crítica à condução do governo Biden na crise da Ucrânia.[94] Embora não poupe adjetivos na condenação da Rússia, ele sustenta que o conflito afeta apenas marginalmente a segurança nacional dos Estados Unidos e defende que a responsabilidade pela gestão do conflito seja assumida pela Europa – que se vê, ela sim, seriamente afetada pela política russa e detém recursos mais do que suficientes para se defender do perigo.[95]

Esta tese – a atribuição à Europa do protagonismo no conflito com a Rússia – é partilhada também por críticos liberais, que têm defendido a solução negociada para a guerra da Ucrânia.[96]

5.4. O impasse como opção de política e a moralidade da guerra

Entre as três posições que acabamos de caracterizar esquematicamente, a política do governo Biden não se enquadra exatamente em nenhuma. Com a primeira, compartilha – ao menos retoricamente – o objetivo maximalista de derrotar militarmente a Rússia, garantindo à Ucrânia a recuperação de todo o seu território, aí incluída a Crimeia. Mas coincide com a

91 Heinrichs; Kroenig, On Foreign Policy, the New Populists are Old Declinists. The U.S. can – and must – confront Russia and China simultaneously, *National Review*, 2 jul. 2023.

92 Colby, *The Strategy of Denial. American defense in an age of great power conflict.*

93 Colby; Mitre, Why the Pentagon Should Focus on Taiwan, *War on the Rocks*, 7 out. 2020; Sayers, Elbridge Colby: China is more dangerous than Russia, *UnHerd*, 1 abr. 2023.

94 Heilbrunn, Elbridge Colby Wants to Finish What Donald Trump Started, *Politico*, 11 abr. 2023.

95 Colby, Zeitenwende – German Defence Policy in an Era of Great Power Conflict Panel: Keynote Remarks. *Marathon Initiative*, Berlin, 21 jun. 2022; Debsky; Colby, Towards a Natural Equilibrium in Transatlantic Relations (Interview). *PISM* (The Polish Institute of International Affairs), 4 (91) 2022/1 (92) 2023, p.17-27.

96 Ashford et al., Does America Still Need Europe? Debating an "Asia First" Approach, *Foreign Affairs*, 22 maio 2023; Menon, Europe Keeps Acting Like It Can't Defend Itself Against Russia, *The New York Times*, 14 jul. 2023.

segunda e a terceira na prioridade conferida à Ásia, na recusa a um envolvimento direto no conflito armado com a Rússia e no cuidado em evitar a sua escalada. Ao mesmo tempo, insiste na prerrogativa de dizer a última palavra sobre a política da Otan e se mantém ambígua no tocante à abertura de negociações com vistas ao cessar-fogo, a pretexto de que caberia à Ucrânia, e só à Ucrânia, decidir de sua oportunidade.

A natureza contraditória de tais posicionamentos ficou manifesta na cúpula da Otan que se reuniu em Vilnius, Lituânia, nos dias 11 e 12 de julho de 2023. Não obstante a campanha intensa do governo Zelensky e contra a vontade expressa de grande parte dos sócios – em particular os países da Europa Central e de Leste –, os Estados Unidos rejeitaram a proposta de convidar a Ucrânia para integrar a Otan, ou de estabelecer um cronograma para sua acessão, mesmo reiterando que sua acolhida futura estava assegurada. Para tanto, contudo, duas condições precisariam ser preenchidas: o fim da guerra e a realização das reformas internas requeridas para tal fim.

Ora, como pôr fim à guerra se o objetivo proclamado é a vitória no campo de batalha, mas os meios são limitados, e seu emprego, submetido a restrições severas? Esta, a pergunta implícita na queixa insistente de Zelensky e dos seus: até o momento, a Ucrânia ainda espera os aviões caças que solicita desde a deflagração do conflito; os combatentes ucranianos não podem usar o armamento disponível de forma adequada.

"Para salvar meu povo, por que devo pedir permissão a alguém sobre o que fazer em território inimigo?" – pergunta com indisfarçada indignação o general ucraniano – "Este é o nosso problema, e cabe a nós decidir como eliminar esse inimigo. É possível e necessário eliminar no território dele em uma guerra. Se nossos parceiros têm medo de usar suas armas, nós usaremos as nossas."[97]

O problema para o general Valery Zaluzhny e seus pares é que a Ucrânia carece de armas próprias, dependendo do equipamento fornecido pelos Estados Unidos e seus aliados para travar a guerra.

É certo que atacar o território russo significa escalar o conflito, acarretando o emprego provável do armamento nuclear. Mas a ascensão aos extremos está na lógica da guerra. Interditar aos ucranianos os movimentos que lhe dão realidade implica vedar-lhes o caminho (mesmo o imaginário) para a vitória.

Querer os fins, rejeitando os meios. O resultado da contradição é um plano estratégico que projeta no horizonte um cenário de guerra de atrito permanente, que pode exaurir a Rússia, mas a um custo indizível, em termos materiais e humanos – para a Ucrânia, em primeiro lugar, mas também para muitas outras sociedades.

---

97 Khurshudyan, To defeat Russia, Ukraine's top commander pushes to fight on his terms, *The New York Times*, 14 jul. 2023.

Biden assumiu o governo dos Estados Unidos com uma plataforma que dividia o mundo entre democracias e autocracias e revestia o conflito entre elas de elevado conteúdo moral. Independentemente do juízo que se faça sobre o início da guerra na Ucrânia – e vimos neste capítulo que ele nada tem de simples, ou unilateral –, prolongá-la indefinidamente é mobilizar os bons sentimentos dos ingênuos para encobrir a mais radical imoralidade.

Referências

AHMED, Salman et al. *Making U.S. Foreign Policy Work Better for the Middle Class*. Washington, Carnegie Endowment for International Peace, 2020.

ALLISON, Graham T. et al. *Avoiding Nuclear Anarchy. Containing the Threat of Loose Russian Nuclear Weapons and Fissile Material*. Cambridge, Mass.: The MIT Press, 1996.

ARABIA, Christina L.; BOWEN, Andrew S.; WELT, Cory. *U.S. Security Assistance to Ukraine*, CRS Updated 28 mar. 2022.

ASHFORD, Emma. The Ukraine War Will End with Negotiations. *Foreign Affairs*, 31 out. 2022.

ASHFORD, Emma et al. Does America Still Need Europe? Debating an "Asia First" Approach. *Foreign Affairs*, 22 maio 2023.

BAER, P.; SHEAR, Michael D. Biden's Surreal and Secretive Journey Into a War Zone. *The New York Times*, 20 fev. 2023,

BANCO, Erin et al. "Something Was Badly Wrong": When Washington Realized Russia Was Actually Invading Ukraine. *Politico Magazine*, 24 fev. 2023.

BBC NEWS. Zelensky says Ukraine prepared to discuss neutrality in peace talks. *BBC NEWS*, 28 mar. 2022.

BORGERIN, Julian. Pentagon chief's Russia remarks show shift in US's declared aims in Ukraine. *The Guardian*, 25 abr. 2022.

BRANDS, Hal. The Overstretched Superpower. *Foreign Affairs*, 18 jan. 2022a.

BRANDS, Hal. Opposing China Means Defeating Russia. *Foreign Policy*, 5 abr. 2022b.

BRZEZINSKI, Zbigniew. *The Grand Chessboard. American Primacy and its Geostrategic Imperatives*. Basic Books, 1997.

CHARAP, Samuel. An Unwinnable War. Washington Needs an Endgame in Ukraine. *Foreign Affairs*, 5 jun. 2023.

CHARAP, Samuel; PRIEBE, Miranda. Don't Rule Out Diplomacy in Ukraine. Biden's Current Strategy Risks Escalation and Forever War. *Foreign Affairs*, 28 out. 2022.

CHARAP, Samuel; PRIEBE, Miranda. Avoiding a Long War. U.S. Policy and the Trajectory of the Russia-Ukraine Conflict. *Rand Corporation*, jan. 2023.

CLEM, Ralph; FINCH, Ray. Crowded Skies and Turbulent Seas: Assessing the full scope of NATO-Russian military incidents. *War on the Rocks*, 19 ago. 2021.

CNN. Austin says US wants to see Russia's military capabilities weakened. CNN, 25 abr. 2022.

COLBY, Elbridge A. *The Strategy of Denial. American defense in an age of great power conflict*. New Haven & London: Yale University Press, 2021.

COLBY, Elbridge A. Zeitenwende – German Defence Policy in an Era of Great Power Conflict Panel: Keynote Remarks. *Marathon Initiative*, Berlin, 21 jun. 2022.

COLBY, Elbridge A.; MITRE, Jin. Why the Pentagon Should Focus on Taiwan. *War on the Rocks*, 7 out. 2020.

DAALDER, I. H.; GOLDGEIER, J. The Long War in Ukraine. The West needs to plan for a protracted conflict with Russia. *Foreign Affairs*, 9 jan. 2023.

DAALDER et al. *Preserving Ukraine's Independence, Resisting Russian Aggression: What the United States and NATO Must Do*. Atlantic Council, Brookings Institution, The Chicago Council on Global Affairs, fev. 2015.

DEBSKY, Slavmir; COLBY, Elbridge A. Towards a Natural Equilibrium in Transatlantic Relations. (Interview). PISM (The Polish Institute of International Affairs), 4 (91) 2022/1 (92) 2023, p.17-27.

DUFOURCQ, Nicolas (Ed.). *Retour sur la fin de la guerre froide et la réunification allemande: Témoignages pour l'histoire.* Paris: Odile Jacob, 2020.

EBERLE, Admiral Sir James. Comments. In: *NATO-Ukraine Charter: First Act or Curtain Call?* BITS Briefing Note 97.1, jul. 1997.

ENGEL, Jeffrey A. *When the World Seemed New: George H. W. Bush and the Surprisingly Peaceful End of the Cold War.* New York: Houghton Mifflin Harcourt, 2017.

FARKAS, Evelyn N. Prepared Statement of Dr. Evelyn Farkas. In: *Ukraine—Countering Russian Intervention and Supporting a Democratic State*, U.S. Senate, Committee on Foreign Relations, Tuesday, 6 maio 2014.

FARKAS, Evelyn N. The West Must Prepare for War Against Russia Over Ukraine. *Defense One*, 11 jan. 2022.

FORGEY, Quint. Austin: U.S. believes Ukraine "can win" war against Russia. *Politico*, 26 abr. 2022.

GOLDGEIER, James M. *Not Whether but When. The U.S. Decision to Enlarge Nato*. Washington, D.C.: Brookings Institution Press, 1999.

GOLDGEIER, Michael; MCFAUL, James M. *Power and Purpose. U.S. Policy toward Russia after the Cold War*. Washington D.C.: Brookings Institution Press, 2003.

HAASS, Richard; KUPCHAN, Charles. The West Needs a New Strategy in Ukraine. A Plan for Getting from the Battlefield to the Negotiating Table. *Foreign Affairs*, 13 abr. 2023.

HEILBRUNN, Jacob. Elbridge Colby Wants to Finish What Donald Trump Started. *Politico*, 11 abr. 2023.

HEINRICHS, Rebeccah; KROENIG, Matthew. On Foreign Policy, the New Populists are Old Declinists. The U.S. can — and must — confront Russia and China simultaneously. *National Review*, 2 jul. 2023.

HERSZENHORN, David M.; BARRY, Ellen. Putin Contends Clinton Incited Unrest Over Vote. *The New York Times*, 8 dez. 2011.

HOLOWATY, Serhiy. Ukraine: One Year of Independence. In: *Russia, Ukraine, and the U.S. Response*. Queenstown, MD: The Aspen Institute, 1993.

HUDSON, M. Germany's position in America's New World Order, *Finance, Real Estate and the Power of Neoliberalism*, 2 nov. 2022a.

HUDSON, Michael. America's real adversaries are its European and other allies. *Finance, Real Estate and the Power of Neoliberalism*, 8 fev. 2022b.

ISCHENKO, Volodymir. Far Right Participation in the Ukrainian Maidan Protests: an Attempt of Systematic Estimation. *European Politics & Society*, p.1-20, 2016.

ISCHENKO, Volodymyr. Towards the Abyss. *New Left Review*, n.133-134, p.17-39, 2022.

KAGAN, Frederick W. Putin has changed the world — and the US must adapt or lose. *The Hill*, 22 fev. 2022a.

KAGAN, Frederick W. The Case Against Negotiations with Russia. *Critical Threats,* 18 nov. 2022b.

KATCHANOVSKIM, Ivan. The Maidan Massacre Trial and Investigation Revelations: Implications for the Ukraine-Russia War and Relations, *Russian Politics*, v.8, n.2, p.181-205, 2023.

KENNAN, George F. A Fateful Error. *The New York Times*, 5 fev. 1997.

KHURSHUDYAN, Isabelle. To defeat Russia, Ukraine's top commander pushes to fight on his terms. *The New York Times*, 14 jul. 2023.

KRISTENSEN, Hans M. The Matrix of Deterrence U.S. Strategic Command Force Structure Studies, The Nautilus Institute for Security and Sustainable Development, maio, 2001. Disponível em: <http://nautilus.org/wp-content/uploads/2015/07/Matrix-of-Deterrence-KP.pdf>.

KRISTENSEN, Hans M. The 1994 Nuclear Posture Review, *Nuclear Information Project*, 8 jul. 2005. In: STEFF, Reuben. *Strategic Thinking, Deterrence and the US Ballistic Missile Defense Project from Truman to Obama*. Surrey/Burlington: Ashgate Publishing, 2013.

KROENIG, Matthew. Washington Must Prepare for War with Both Russia and China. *Foreign Policy*, 18 fev. 2022.

KUPCHAN, C. Extending NATO Eastward Would Be a Grave Error. *International Herald Tribune*, 30 nov. 1994a.

KUPCHAN, C. Expand NATO – And Split Europe. *The New York Times*, 27 nov. 1994b.

KUPCHAN, Charles. The Origins and Future of NATO Enlargement. In: RACHHAUS, Robert W. *Explaining NATO Enlargement*. London: Frank Cass Publishers, 2001.

KUPCHAN, Charles, It's Time to Bring Russia and Ukraine to the Negotiating Table. *The New York Times,* 2 nov. 2022.

KUZIO, Taras. Ukraine and NATO: The Evolving Strategic Partnership. *Journal of Strategic Studies*, publicação on-line, 24 jan. 2008.

LAKE, Anthony. *From Containment to Enlargement*, 21 set. 1993.

LEDERMAN. Josh. Former U.S. officials have held secret Ukraine talks with prominent Russians. *NBS NEWS*, 6 jul. 2023.

LÉVESQUE, Jacques. *The Enigma of 1989*. The USSR and the Liberation of Eastern Europe. Berkeley/Los Angeles/Oxford: University of California Press, 1997.

LIEBER, Keir A.; PRESS, Dary G. The New Era of Counterforce. Technological Change and the Future of Nuclear Deterrence. *International Security*, v.41, n.4, p.9-49, 2017.

MACKINNON, Amy. Defining the Biden Doctrine. *Foreign Policy*, 18 jan. 2022.

MCCURDY, Dave. The Evolving U.S. Policy Toward Ukraine. *SAIS Review*, v.14, n.1, p.153-69, 1994.

MCDONOUGH, David S. Nuclear Superiority. The New Triad and the Evolution of Nuclear Strategy. *Adelphi Paper 383*, London, The International Institute for Strategic Studies (IISS), 2006.

MCFAUL, Michael. Ukraine Imports Democracy. External Influence on the Orange Revolution. *International Security*, v.32, n.2, p.45-83, 2007.

MEARSHEIMER, J. J. Playing with Fire in Ukraine. The underappreciated risks of catastrophic escalation. *Foreign Affairs*, 17 ago 2022.

MENON, Rajan. How to End the War in Ukraine: On stopping the fighting and building the peace. *Boston Review*, 26 abr. 2023a.

MENON, Rajan. Europe Keeps Acting Like It Can't Defend Itself Against Russia. *The New York Times*, 14 jul. 2023b.

NEW YORK TIMES. President Biden: What America Will and Will Not Do in Ukraine. *The New York Times*, 31 maio 2022.

OSZLAK, Oscar; O'DONNELL, Guillermo. *Estado y políticas estatales en América Latina. Hacia una estrategia de investigación.* Buenos Aires, Documento CEDES/G.E. CLACSO/N. 4, 1976.

PARKER, Ashley; HARRIS, Shane Birnbaum; JUDSON, John. 13 days: Inside Biden's last-ditch attempts to stop Putin in Ukraine. *The Washington Post*, 25 fev. 2021.

PETRO, Nicolai N. *The Tragedy of Ukraine. What Classical Tragedy Can Teach about Conflict Resolution*. Berlin/Boston: Walter Gruyter, 2023.

POULIOT, Vincent. *International Security in Practice. The Politics of NATO-Russia Diplomacy*. Cambridge/New York: Cambridge University Press, 2010.

POWASKI, Ronald E. *Return to Armageddon. The United States and the Nuclear Arms Race, 1981-1999*. Oxford/New York: Oxford University Press, 2000.

PRIMAKOV, Yevgeny. *Russian Crossroads. Toward the New Millenium*. New Haven & London: Yale University Press, 2004.

REISS, Edward. *The Strategic Defense Initiative*. Cambridge: Cambridge University Press, 1992. p.60.

RENNIE, David. Russia and China vow to defy US dominance. *The Telegraph*, 19 jul. 2000.

REUTERS. Ukraine ready to discuss adopting neutral status in Russia peace deal, Zelenskiy says. Reuters, 28 mar. 2022.

RODRIGUEZ, Robert G. US-Ukranian Relations in the Post-Soviet Era. *European Scientific Journal*, Special edition, p.383-426, maio 2016.

ROSE, Gideon. Ukraine's Winnable War. Why the West Should Help Kyiv Retake All Its Territory. *Foreign Affairs*, 13 jun. 2023.

RUMER, Eugene; SOKOLSKY, Richard. Thirty Years of U.S. Policy Toward Russia: Can the Vicious Circle Be Broken?. Washington D.C., Carnegie Endowment for International Peace, 2019.

SAMUELS, B. How President Biden's secretive trip to Ukraine came together. *The Hill*, 20 fev. 2023.

SAROTTE, M. E. *Not One Inch. America, Russia, and the Making of Post-Cold War Stalemate*. New Haven & London: Yale University Press, 2021.

SAYERS, Freddie. Elbridge Colby: China is more dangerous than Russia. *UnHerd*, 1º abr. 2023.

SONNE, Paul; HUDSON, John. Amid tensions with Russia, White House scrutinizes military exercises in Europe. *The Washington Post*, 19 nov. 2021.

STEFF, Reuben. *Strategic Thinking, Deterrence and the US Ballistic Missile Defense Project from Truman to Obama*. Surrey/Burlington: Ashgate Publishing, 2013.

STEFF, Reuben; KHOO, Nicholas. Hard Balancing in the Age of American Unipolarity: The Russian Response to US Ballistic Missile Defense during the Bush Administration (2001-2008). *The Journal of Strategic Studies*, v.37, n.2, p.222-58, 2014.

SUSLOV, Dimitry. The US Elections and the Cold War 2.0: Implications and Prospects for Russia. *Valdai Club Report*, 9 set. 2016.

TALBOTT, Strobe. "Putinism: The Backstory". The Sixt Annual Ernst May Memorial Lecture. In: BURNS, Nicholas; PRICE, Johnathon (Ed.). *The Crisis with Russia*. The Aspen Institute, 2014.

THIES, Wallace J. *Why NATO Endures*. Cambridge/New York: Cambridge University Press, 2009.

VAÏSSE, Justin; BRZEZINSKI, Zbigniew. *America's Grand Strategist*. Cambridge, Mss./ London: Harvard University Press, 2008.

VELASCO E CRUZ, Sebastião C. Democracia e Ordem Internacional. Reflexões a partir de um país grande semiperiférico. In: ______. *Globalização, Democracia e Ordem Internacional. Ensaios de teoria e história*. São Paulo: Editora Unicamp e Editora Unesp, 2004.

VELASCO E CRUZ, Sebastião C. Ser ou não ser. Ucrânia, Rússia e os Dilemas da Política Externa Alemã. *Carta Internacional*, v.8, n.2, 2013.

VELASCO E CRUZ, Sebastião C. *Linhas Cruzadas*. Sobre as Relações entre os Estados Unidos e a Alemanha. São Paulo: Editora Unesp, 2016.

WADE, Robert H. Why the US and Nato have long wanted Russia to attack Ukraine. *EUROPP – European Policy and Politics*, LSE, 30/3/2022. <https://blogs.lse.ac.uk/europpblog/2022/03/30/why-the-us-and-nato-have-long-wanted-russia-to-attack-ukraine/>.

WALTZ, Kenneth N. Structural Realism after the Cold War. *International Security*, v.25, n.1, p.5-41, 2000.

WELT, Cory. *Ukraine: Background, Conflict with Russia, and U.S. Policy*, CRS Updated 29 abr. 2020.

YOUSIF, Elias. *U.S. Military Assistance to Ukraine*. Stimson Center, 26 jan. 2022.

12
As comunidades latinas e as eleições de meio de mandato de 2022

Marcos Cordeiro Pires
Thaís Caroline A. Lacerda

Introdução

No dia 8 de novembro de 2022 aconteceram as eleições legislativas de meio de mandato, as chamadas *midterms*, nos Estados Unidos. Os resultados das eleições foram surpreendentes, pois, ao contrário das apostas e pesquisas eleitorais, e até mesmo da própria tradição política dos Estados Unidos, o partido governista não sofreu, como se imaginava, uma derrota acachapante. Pelo contrário, o Partido Democrata conseguiu garantir a maioria no Senado, enquanto a derrota na Casa dos Representantes foi por pequena margem e não um "tsunami vermelho".[1]

A título de exemplo, no governo de Barack Obama, em 2010, os republicanos conseguiram uma virada de 60 deputados na Câmara. Em 2018, durante o governo de Donald Trump, os democratas obtiveram um ganho de 40 cadeiras. Em 2022, os republicanos ganharam 222 assentos na Câmara dos Representantes, contra 213 dos democratas. Uma reversão de apenas 10 cadeiras. No Senado, os republicanos garantiram 49 cadeiras, contra 51 dos democratas e independentes aliados.

Segundo a mídia independente de notícias, o *Latino Rebels* (Polanco, 2022), a situação mais favorável ao governo Biden pode ser explicada pelo aumento

---

1 Vale informar que "vermelha" é a cor do Partido Republicano, enquanto o "azul" caracteriza os democratas.

"histórico" da participação de eleitores latinos em 2022. Exceto na Flórida, onde a comunidade latina votou em favor dos republicanos, os eleitores latinos seguiram as tendências históricas, ou seja, dois terços votaram nos democratas, enquanto um terço votou nos republicanos. Ainda de acordo com a publicação, estima-se que 34,5 milhões de latinos foram elegíveis para votar nas eleições de 2022, tornando os latinos o grupo racial e étnico que mais cresceu nos Estados Unidos desde as últimas eleições. Os latinos representaram cerca de 14% dos eleitores no pleito de 2022.

Para discutirmos a importância do voto latino nas eleições de 2022, organizamos o texto em seis seções, incluindo esta introdução e as considerações finais. Na segunda seção, descrevemos algumas das características demográficas da população de origem latina como forma de oferecer ao leitor a importância do segmento, sua composição e sua distribuição geográfica nos Estados Unidos. Em seguida, oferecemos algumas informações sobre o sistema político estadunidense, como o processo de redistritamento (*redistricting*), a postura partidária e oportunista na reestruturação dos distritos (*gerrymandering*) e as ações que buscam restringir o voto das minorias, especialmente dos latinos e afro-americanos. Na quarta seção, discutiremos aspectos da polarização política entre o progressismo e conservadorismo no país, especialmente em meio aos eleitores latinos. Na quinta seção, discutiremos especificamente o tema dos latinos e as eleições de meio de mandato de 2022, dando destaque à guerra de comunicação entre democratas e republicanos e à importância do voto latino para a atual conformação de forças em ambas as Casas do Congresso dos Estados Unidos. Essa temática vem sendo trabalhada no projeto "Latino Observatory",[2] inserido nas atividades do Instituto Nacional de Ciência e Tecnologia para Estudos sobre os Estados Unidos (INCT-Ineu), e coordenado pelos autores deste trabalho.

A demografia dos latinos nos Estados Unidos

Antes de avançar no detalhamento das características demográficas das populações de origem latino-americana nos Estados Unidos, é importante conceituar o termo "latino", já que este assume uma grande diferença em relação às populações que surgiram na região do Lácio, onde hoje se encontra a cidade italiana de Roma. Latinos, assim como a designação de América

2 O Latino Observatory é um projeto de pesquisa acadêmica vinculado ao Departamento de Ciências Políticas e Econômicas (DCPE) da Universidade Estadual Paulista (Unesp), Câmpus de Marília, uma atividade sem fins lucrativos. Também faz parte do Instituto de Estudos sobre os Estados Unidos (INCT-Ineu). Tem por objetivo acompanhar os principais temas políticos, econômicos e culturais da comunidade de origem latino-americana nos Estados Unidos. Site do projeto: <https://www.latinoobservatory.org/>.

Latina, diz respeito aos habitantes das ex-colônias ibéricas na América, cujas línguas, espanhol ou português, possuem raízes latinas. Apesar dessa definição baseada em raízes culturais comuns, a região canadense do Quebec, onde também se fala uma língua latina, no caso o francês, não se inclui nessa definição. De fato, América Latina e latino estão mais próximos de uma definição geopolítica do que no pertencimento comum. Essa população, no entanto, compreendida a partir do ponto de vista do grupo étnico majoritário dos Estados Unidos, os anglo-saxões, se apresenta como uma massa homogênea, dado o contraste com suas características fenotípicas.

Na medida em que avançamos na compreensão sobre a composição da população de origem latina, vamos descobrindo diferentes segmentações, não apenas por conta de diferenças de fenótipos, mas também pela grande diversidade cultural decorrente dos países de origem. Parte dessa população não se encaixa na definição de "latino", mas sim na de "hispânicos". Em parte, isso se deve ao próprio fenótipo, pois se veem como brancos, em contraposição aos "chicanos", cuja pele é mais escura. Além disso, ser "hispânico" também implica uma diferenciação de classe social, uma vez que esse grupo, que comporta indivíduos muitas vezes oriundos da elite de países da América Latina, se associa às camadas de maior rendimento, já que a grande massa de "chicanos" compõe os estratos mais baixos da classe trabalhadora dos Estados Unidos.

Ainda assim, há outros recortes demográficos, como a expressiva parcela da comunidade latina que possui raízes africanas vinda de países como Cuba, Porto Rico, Colômbia, República Dominicana, Haiti etc. A isso se sobrepõe outra importante identidade que diz respeito aos países de origem de cada subgrupo. Como veremos adiante, a população de origem mexicana é majoritária, mas são expressivas as comunidades oriundas de Cuba, de Porto Rico, de El Salvador, da Guatemala, da Colômbia, da Venezuela, do Brasil etc.

Segundo os dados do Censo (U.S. Census Bureau, 2021) divulgados em setembro de 2021, a população dos Estados Unidos atingiu 328.239.523 pessoas, um aumento de 6,3% em relação a 2010, quando a população estimada era de 308.758.100. Do total, a população declarada branca não hispânica/latina era de 60,1%, enquanto a população hispânica/latina era de 18,5%, e a população de afro-americanos era de 13,4%. Em comparação com 2010, a população de latinos cresceu de 50,5 para 62,1 milhões de pessoas.

Os latinos foram responsáveis por metade da taxa de crescimento populacional dos Estados Unidos, representando 18,5% da população do país, de acordo com números do censo de 2020. Isso significa que a população hispânica cresceu 23% de 2010 a 2020. Em contraste, a população branca do país está encolhendo e envelhecendo. Em 2010, essa parcela representava 63% do total. Já em 2020, esse percentual caiu para 57,3%.

Os números impressionam, já que 33,8 milhões de pessoas foram identificadas como sendo de duas ou mais raças, acima dos 9 milhões em 2010, enquanto as pessoas que se identificam apenas como brancas caíram 8,6%. Nesses parâmetros, a quantidade das pessoas que se identificam como brancas em combinação com alguma outra raça aumentou 316%.[3] Conforme análise publicada pela *NBC News Digital*, os norte-americanos brancos não hispânicos continuam a ser o grupo mais expressivo em todos os estados, exceto Califórnia, Novo México, Nevada, Texas, Maryland, Havaí e Porto Rico – onde a parcela de brancos não hispânicos da população é inferior a 50%. Na Califórnia, por exemplo, a população hispânica ou latina tornou-se oficialmente o maior grupo racial ou étnico do estado. A comunidade hispânica ou latina agora representa 39,4% dos californianos, um aumento frente os 37,6% de 2010. A população branca não hispânica na Califórnia era de 34,7% em 2020. A diversidade étnica se espalha pela maior parte dos condados, mas as maiores concentrações se localizam em estados do Sul e do Oeste do país, como na Califórnia, Texas, Flórida, Novo México, Arizona e Nevada (Gamboa, 2021).

A população de origem mexicana representa a expressiva maioria da população latina nos Estados Unidos, com 61,5%. Em seguida vem a população de porto-riquenhos, com 9,7%. Nesse caso, é importante ressaltar que a condição de estado-associado faz com que os habitantes de Porto Rico não encontrem dificuldades migratórias para os Estados Unidos, diferentemente de outras origens. Em seguida aparecem os cubanos e os salvadorenhos, com 3,9% cada. Ressalta-se que a comunidade de migrantes de Cuba, pelos menos até 2017, possuía um *status* especial por conta da política dos "pés secos, pés molhados",[4] que garantia a permanência no país àqueles cubanos que fugiam do governo socialista de Havana. Já a imigração vinda de El Salvador ocorreu depois de um forte terremoto que abalou o país em 2001, quando o governo George W. Bush (2001-2009) liberou visto para que 200 mil cidadãos pudessem trabalhar e morar temporariamente nos Estados Unidos. Tal política foi extinta por Donald Trump em 2018.

Por fim, é necessário considerar os impactos da imigração ilegal da América Latina para os Estados Unidos sobre os dados coletados para o censo. De certa forma, isso cria uma dificuldade estatística em localizar pessoas "sem

---

3 Segundo os padrões raciais e étnicos estabelecidos pelo Office of Management and Budget (OMB) dos Estados Unidos de 1997, as raças se dividem nas seguintes categorias: índio americano ou nativo do Alasca, asiático, negro ou afro-americano, nativo havaiano e de outras ilhas do Pacífico, branco e latino ou hispânico (U.S. Department of the Interior, 1997).

4 A política dos "pés molhados, pés secos", ou "*wet feet, dry feet policy*", foi uma política migratória dos Estados Unidos aplicada a imigrantes cubanos. Ela vigorou de 1995 a 2017. A política permitia que imigrantes cubanos que alcançassem solo norte-americano (pés secos) tivessem a possibilidade de solicitar refúgio ou asilo nos EUA, enquanto aqueles interceptados no mar (pés molhados) seriam devolvidos a Cuba sem essa oportunidade. Em 2017, a política foi encerrada pelo então presidente Barack Obama como parte da normalização das relações com Cuba. Desde então, os imigrantes cubanos são tratados de forma mais similar a outros imigrantes que buscam entrar nos Estados Unidos.

documentos" que se mantêm distantes de qualquer funcionário do governo por medo de deportação. A situação atual na fronteira com o México, onde se concentram milhares de pessoas à espera de uma oportunidade para entrar no país, dá uma dimensão, ainda que parcial, da magnitude do problema da imigração ilegal. Há nos Estados Unidos milhares ou milhões de pessoas que se escondem dos analistas do censo, bem como de quaisquer outras autoridades. Com isso, elas também ficam distantes do acesso à assistência social e do respeito aos direitos humanos.

Feita esta breve descrição da demografia dos latinos/hispânicos, passemos a seguir a discutir um aspecto bem controverso do sistema político dos Estados Unidos, que é a forma como são feitos o redistritamento anual e a manipulação partidária conhecida como *gerrymandering*.

Redistricting, *gerrymandering* e restrições: impactos sobre as comunidades latinas nos Estados Unidos

Quando alguém se refere a um regime liberal democrático, como o dos Estados Unidos, a primeira ideia que poderia vir à mente é a de que todos os cidadãos possuem direitos e deveres iguais, independentemente de sua etnia, classe social, opinião política ou religiosa. Essa noção de igualdade está implícita no princípio de "um homem, um voto", que, em tese, garante aos cidadãos o direito de escolher livremente os seus governantes. Tal princípio está inscrito na introdução da Constituição dos Estados Unidos, quando se afirma:

> Por mais de dois séculos, a Constituição permaneceu em vigor porque seus criadores separaram e equilibraram com sucesso os poderes governamentais para salvaguardar os interesses do governo da maioria e dos direitos das minorias, da liberdade e da igualdade, e dos governos federal e estadual. (United States Senate, s.d.)

Entretanto, apesar de arvorar-se como uma "cidade sobre a colina" (*City upon a Hill*), como um "farol de esperança" para guiar a democracia e os direitos humanos para todo o mundo, na prática a estrutura política dos Estados Unidos é muito insuficiente. O sistema não assegura a igualdade do voto para todos os cidadãos, pois a definição das regras eleitorais não é unificada nacionalmente. Elas são feitas pelos legislativos estaduais onde prevalecem critérios partidários, oportunistas e subjetivos. Em estados conservadores, é prática comum a tentativa de excluir acintosamente o direito de voto de minorias étnicas, como os latinos. Além disso, a escolha do presidente da República é feita de modo indireto, e por vezes a vontade da maioria dos eleitores é ofuscada pelo peso do voto de cada estado no colégio eleitoral.

Redistricting e *Gerrymandering*

Quando se reflete sobre o quadro político-eleitoral de 2022, não podemos ignorar esses aspectos. Não há uma autoridade eleitoral de nível nacional como o Tribunal Superior Eleitoral do Brasil. Tampouco há sistema político nacional e horizontal em que a vontade da maioria dos cidadãos possa se expressar plenamente. As regras eleitorais são confusas, desequilibradas, contraditórias e excludentes. Existem problemas relacionados à inscrição para votar, pois não há um cadastro perene de todas as pessoas aptas. Nas eleições de 2022, por exemplo, foram criadas regras restritivas para o voto pelo correio, pois em alguns estados republicanos foram suprimidas caixas de correio de bairros mais pobres. Além disso, as regras eleitorais são definidas de acordo com as paixões partidárias e sempre se busca garantir a hegemonia já conquistada, dificultando assim a alternância de poder.

Em 2021 o debate sobre as regras eleitorais ficou bastante acirrado por conta do processo conhecido como *Redistricting*, ou seja, a reorganização decenal dos distritos eleitorais decorrente da divulgação do Censo de 2020. Com bases nesses dados, todos os estados buscam reequilibrar as populações de cada distrito, buscando evitar a sub-representação. Normalmente, esse processo é organizado pelos parlamentos estaduais, que montam comissões para efetuar uma nova distribuição dos eleitores.[5]

O Censo mostrou que alguns estados perderam população em favor de outros, dado que impactou na redistribuição dos assentos para a Casa dos Representantes. Nesse aspecto, é representativa a Tabela 1 sobre a redistribuição de assentos após o Censo de 2020.

Não houve modificação na distribuição de cadeiras nos demais 37 estados, mas chama a atenção a perda de representantes em dois estados francamente democratas, como Califórnia e Nova York, e o ganho em sete estados com grande influência republicana, como Texas e Flórida. Como advertiram Skelley e Rakich, a contabilidade não é simples, pois,

> [...] só porque a maioria dos estados que estão ganhando assentos são vermelhos e a maioria dos estados que as estão perdendo são azuis não significa necessariamente que a redistribuição ajudará os republicanos – pelo menos na Câmara. Isso porque muitas das áreas de crescimento mais rápido dos estados vermelhos estão cada vez

5 O *Redistricting* é uma consequência da divulgação do censo de 2020. Diante da variação do tamanho da população, alguns estados perdem cadeiras na Câmara dos Representantes e outros ganham. O redistritamento deveria ser feito de forma técnica, considerando a densidade populacional de cada distrito. No entanto, dependendo do partido majoritário em cada estado, o novo desenho é feito para garantir o máximo de resultados para esse grupo, em detrimento da legitimidade. *Gerrymandering* significa redesenhar os distritos eleitorais com vistas a favorecer um determinado partido, diluindo o peso demográfico de uma comunidade em distritos desenhados especificamente para esse fim.

Tabela 1 – Ganho e perda de representantes por Estado após o Censo 2020

Estado	Ganho	Perda	Total de representantes
Texas	2	–	38
Flórida	1	–	28
Carolina do Norte	1	–	14
Colorado	1	–	8
Oregon	1	–	6
Montana	1	–	2
Califórnia	–	1	52
Nova York	–	1	25
Illinois	–	1	17
Pennsylvania	–	1	17
Ohio	–	1	15
Michigan	–	1	13
West Virginia	–	1	2

Fonte: Skelley; Rakich, 2021.

> mais democratas, então é muito importante saber como os novos distritos serão desenhados. (Skelley; Rakich, 2021)

Ainda assim, a perda dos democratas foi maior, pois os republicanos controlaram o *redistricting* em pelo menos 187 distritos, enquanto os democratas influenciaram apenas 75. Dos demais, seis são distritos únicos e em 167 as regras são definidas por comissões independentes.

Conforme alertamos anteriormente, o poder discricionário da maioria é a norma, pois, no estado em que predomina um partido, as regras, de forma geral, tendem a favorecer a sua permanência no poder. Esse processo, conhecido como *gerrymandering*, é prática bipartidária, que significa redesenhar os distritos eleitorais com vistas a favorecer um determinado grupo, diluindo o peso demográfico de uma comunidade específica em distritos desenhados especificamente para esse fim. Especificamente no Texas, o redesenho dos distritos eleitorais diluiu a representação do Partido Democrata e das minorias étnicas que são representadas por esse partido, como os afro-americanos e os latinos/hispânicos. Os legisladores republicanos que fizeram o *redistricting* disseram que fizeram uma escolha às cegas, mas isso não coincide com a percepção das minorias prejudicadas.

Uma ação organizada por diversas ONGs lideradas pela League of United Latin American Citizens (Lulac) contestou junto ao tribunal federal de El Paso o novo mapeamento eleitoral. Eles argumentaram que, apesar de o Texas ganhar duas cadeiras adicionais no Congresso devido ao crescimento populacional entre 2010 e 2020, as minorias raciais, incluindo aquelas que se identificam como mais de uma raça, representaram 95% do crescimento populacional do estado, mas o número de distritos de maioria latina diminuiu de 8 para 7, o número de distritos majoritários de afro-americanos diminuiu de 1 para 0, enquanto o número de distritos majoritários brancos aumentou de 22 para 23. Os demandantes argumentaram que essas mudanças constituiriam diluição de votos em violação da Lei Federal de Direitos de Voto. Os casos da Lulac e de outras associações de direitos civis chegaram à Suprema Corte após serem rechaçados em nível estadual, mas todas as apelações foram negadas (The American Redistricting Project, 2023).

As restrições ao voto das minorias

Além dos problemas criados pelo *redistricting* e pelo *gerrymandering*, o direito dos votos das minorias tem sido atacado em diversas frentes pelos membros do Partido Republicano. Em primeiro lugar, a votação nos Estados Unidos é realizada às terças-feiras, um dia útil, o que dificulta a participação de trabalhadores. Além disso, é prática recorrente que nos distritos mais pobres, onde vivem majoritariamente as populações negras e latinas, a quantidade de urnas disponíveis seja menor, levando à formação de longas filas num processo que demanda horas de espera ao relento. De acordo com artigo publicado pela CNN *News*, analisando o caso específico da Geórgia a partir da análise de dados coletados pela Georgia Public Broadcasting e ProPublica, constatou-se uma disparidade significativa no tempo para votar, algo que pode se constatar com o encerramento das urnas às 19 horas: o tempo médio de espera após o horário de fechamento da votação para os não brancos se estendeu 51 minutos, enquanto para a população branca foi de apenas seis minutos (CNN, 2021).

A legislação eleitoral da Geórgia foi um caso paradigmático, pois foi reproduzida em outros estados com maioria republicana nas Assembleias Legislativas estaduais. Essas leis visavam dificultar o voto das minorias ao limitar a votação por correspondência, proibir a distribuição de água ou alimentos nas filas de votação e exigir documentação específica para os membros das minorias. Adiciona-se a isso o fato de que as pessoas que sofreram alguma condenação criminal estão proibidas de votar, o que afeta a população afro-americana e latina, cujos índices de encarceramento são superiores aos da população branca.

Ressalta-se que as eleições presidenciais recentes dos Estados Unidos têm se caracterizado pelo elevado nível de polarização e pelas pequenas margens que definem o candidato vencedor. Em 2016, apesar de receber menos votos populares, Donald Trump ganhou a eleição por somar mais votos no Colégio Eleitoral. Naquele ano, nos estados *swing*, ou seja, nos estados em que nenhum partido ou candidato possui maioria absoluta nas intenções de voto, as vantagens em favor de Trump foram muito estreitas, como de 44 mil na Pensilvânia, 23 mil em Wisconsin, e 11 mil em Michigan.

Nas eleições de 2020, ocorreram resultados similares, mas, dessa vez, em favor de Joseph (Joe) Biden: Geórgia com 12 mil, Wisconsin com 20 mil e Arizona com 11 mil. Um último dado a ser considerado acerca das últimas eleições presidenciais foi o aumento da participação popular, pois, em 2016, 136 milhões de pessoas compareceram para votar. Já em 2020 esse número saltou para 158 milhões.

Nesse contexto em que cada voto conta, facilitar ou dificultar a inclusão de novos eleitores pode ser decisivo. Na Geórgia, por exemplo, ocorreu um grande esforço político para incluir eleitores dos grupos minoritários como afro-americanos e latinos, liderado pela democrata Stacey Adams que fundou o Fair Fight Action 2020, uma organização de direitos civis que mobilizou essa parte do eleitorado no registro para votar. Estima-se que, por sua liderança, foram incorporados ao colégio eleitoral naquelas eleições no estado da Geórgia cerca de 800 mil eleitores. Destaca-se que, em 2016, Trump obteve 2,09 milhões de votos contra os 1,88 milhões de Hillary Clinton. Em 2020, a votação de Trump subiu para 2,46 milhões, mas a de Joe Biden foi de 2,48 milhões.

Ao se considerar as *midterms* de 2022, os republicanos adotaram uma série de medidas com vistas a dificultar o voto das minorias e a mobilização de latinos e afro-americanos, segmento que tradicionalmente apoia o Partido Democrata. A esse respeito, citamos o relatório do Brennan Center for Justice, um instituto norte-americano para o direito e a política sem filiação partidária, cujos dados de pesquisa são referenciados constantemente por Joe Biden:

> Na esteira das eleições de 2020, uma onda sem precedentes de leis de votação restritivas e esforços de sabotagem eleitoral estão ocorrendo nos estados, com maior probabilidade de ocorrer este ano [2022]. Também estamos no meio de outro ciclo de extrema manipulação partidária (*gerrymandering*). Esses e outros ataques à democracia muitas vezes têm como alvo principalmente as comunidades afrodescendentes. (Brennan Center for Justice, 2022)

Ainda segundo o relatório, no ano de 2021, ao menos dezenove estados aprovaram 34 leis restritivas de voto. Foram mais de 440 projetos de leis com disposições restritivas apresentadas nas seções legislativas em 49 estados americanos. Conforme o instituto, os números apresentados bateram o recorde não somente em quantidade de leis estaduais de voto promulgadas, como também pelas características muito mais restritivas em comparação com a série iniciada em 2011, quando o instituto passou a mapear e analisar as legislações eleitorais. Mais de um terço de todas as leis de votação restritivas promulgadas desde então foi aprovado no ano de 2021. Em contrapartida, outros dados apresentados pelo mesmo instituto demonstram alguns recuos por parte do legislativo ao promulgar, ao menos, 62 leis estaduais com disposições expansivas em 25 estados. No entanto, os pesquisadores consideram que "essa legislação expansiva não equilibra a balança", já que as leis restritivas de voto foram promulgadas em estados que já têm o histórico de limitações nesse sentido, assim como as leis expansivas de voto conseguiram campo em estados mais progressistas no tema (Brennan Center for Justice, 2022). Segundo o mesmo relatório,

> [...] em uma tendência emergente, leis restritivas em quatro estados – Geórgia, Iowa, Kansas e Texas – impõem penalidades criminais novas ou mais severas a funcionários eleitorais ou outros indivíduos. Essas novas leis criminais impedirão que os funcionários eleitorais e outros cidadãos que auxiliam os eleitores se envolvam em tarefas comuns, legais e, muitas vezes, essenciais. As pessoas na Geórgia agora podem ser acusadas de crime por distribuir água ou lanches para eleitores que aguardam na fila das urnas. Em Iowa e Kansas, as pessoas podem enfrentar acusações criminais por devolver cédulas em nome de eleitores que precisam de assistência, como aqueles com alguma deficiência. E no Texas, os funcionários eleitorais podem enfrentar processos criminais se encorajarem os eleitores a solicitar cédulas por correio [...]. (Brennan Center for Justice, 2022)

Para tentar fazer frente às iniciativas republicanas para dificultar o voto das minorias e das famílias mais pobres, o Partido Democrata apresentou no começo de 2021 três iniciativas: (1) o Freedom to Vote Act (Congress.Gov, 2021); (2) o John Lewis Voting Rights Advancement Act; e (3) o Electoral Count Act.

As principais medidas propostas pelo Freedom to Vote Act foram: tornar o dia da eleição um feriado federal; estabelecer o registo eleitoral *on-line* automático e no mesmo dia; estabelecer um mínimo de quinze dias de votação antecipada, inclusive durante pelo menos dois fins de semana; instituir a votação por correio com amplo acesso às urnas e rastreamento de cédulas *on-line*, além de entrega simplificada de correspondência eleitoral pelo Serviço Postal dos Estados Unidos; facilitar a identificação de eleitores; proibir a manipulação partidária ao exigir que os estados usem certos critérios ao desenhar novos distritos congressionais; exigir que os estados usem cédulas de papel verificáveis pelos eleitores e realizem auditorias pós-eleitorais; subsidiar os estados para garantir a segurança cibernética e fortalecer os padrões de segurança cibernética para equipamentos de votação; vetar a demissão e remoção de funcionários eleitorais; aumentar a transparência no financiamento de campanhas; criar um programa de financiamento público para as eleições para a Câmara, e estabelecer uma obrigação federal para que as campanhas denunciem a interferência estrangeira no processo eleitoral.

O John Lewis Voting Rights Advancement Act, por sua vez, pretende articular a Suprema Corte e os tribunais federais, buscando desfazer as decisões que derrubaram ou enfraqueceram os principais componentes da histórica

Lei dos Direitos de Voto de 1965. Mais especificamente, essa lei cria uma fórmula para restaurar a exigência de pré-autorização federal, obrigando os estados com histórico de discriminação a buscar permissão do governo federal antes de promulgar novas regras de votação ou planos de redistritamento.

Por fim, o Electoral Count Act é uma atualização da lei de contagem eleitoral de 1887 que determina como o Congresso conta os votos eleitorais e fornecerá um caminho para o Congresso para resolver eleições contestadas, buscando acabar com as ambiguidades que levaram o ex-presidente Donald Trump e seus aliados a pressionar o ex-vice-presidente Mike Pence a derrubar a eleição de Joe Biden.

As propostas dos democratas foram alvos de duro ataque por parte de Donald Trump. Em 28 de fevereiro de 2021, ele afirmou que as leis eleitorais propostas pelo governo de Joe Biden iriam "registrar automaticamente todos os beneficiários da assistência social para votar", uma alusão pejorativa às minorias mais carentes. As iniciativas democratas contra as legislações restritivas de voto em todo o país foram inviabilizadas pelos senadores republicanos, apesar da tentativa de alteração da "regra de obstrução", derrotada no Senado, em 19 de janeiro de 2022, por 52 contrários e com 48 votos a favor.

Anteriormente, os democratas do Senado buscaram por quatro vezes levar o projeto de lei federal de voto, o Freedom Vote Act ao plenário em 2021 e foram repetidamente impedidos pelos republicanos pela regra de obstrução. É importante chamar atenção que os senadores democratas Joe Manchin (WV) e Kyrsten Sinema (AZ) atuaram no sentido de inviabilizar as reformas eleitorais propostas por seu próprio partido.

O choque entre progressismo e conservadorismo entre os eleitores latinos

Apesar do empenho dos republicanos em dificultar o voto latino por considerá-lo majoritariamente democrata, existe um movimento rumo ao conservadorismo de parte desse segmento. Em certa medida, isso se deve ao papel exercido por denominações evangélicas neopentecostais e pelo televangelismo que têm se tornado relevantes nas disputas políticas do país. Essa onda conservadora e religiosa também está afetando fortemente a comunidade latino/hispânica dos Estados Unidos. Uma pesquisa sobre a percepção de valores americanos de 2020, organizada pelo Public Religion Research Institute (PRRI), revelou essa tendência. Segundo Natalie Jackson, diretora de pesquisa do PRRI, a enquete descobriu que,

> [...] entre os protestantes latinos (seguidores de igrejas cristãs separadas da Igreja Católica Romana), a identidade política é quase dividida igualmente entre

> republicanos (32%), independentes (31%) e democratas (28%), enquanto católicos latinos são muito mais democratas (41%) do que republicanos (19%) ou independentes (20%). Latinos sem filiação religiosa são os menos propensos a se identificar como republicanos (7%) e mais propensos a serem democratas (46%); 22% se identificam como independentes. (Jackson apud Molina, 2020)

Outro fato a ser considerado diz respeito ao aumento do peso da população de origem latino-hispânica no eleitorado dos Estados Unidos. Conforme pesquisa do Pew Research Center de 2020,

> Em todos os cinquenta estados, a proporção de eleitores brancos não hispânicos elegíveis diminuiu entre 2000 e 2018, com dez estados experimentando quedas de dois dígitos na proporção de eleitores brancos elegíveis. Durante esse mesmo período, os eleitores hispânicos passaram a representar parcelas crescentes do eleitorado em todos os estados. Esses ganhos são particularmente grandes no sudoeste dos EUA, onde estados como Nevada, Califórnia e Texas tiveram um rápido crescimento na participação hispânica do eleitorado em um período de dezoito anos. Essas tendências também são particularmente notáveis em estados de campo de batalha – como Flórida e Arizona – que provavelmente serão cruciais para decidir as eleições de 2020. Na Flórida, dois em cada dez eleitores elegíveis em 2018 eram hispânicos, quase o dobro da proporção em 2000. E no estado emergente do Arizona, os adultos hispânicos representavam cerca de um quarto (24%) de todos os eleitores elegíveis em 2018, um aumento de oito pontos percentuais desde 2000. (Pew Research Center, 2020)

Quando se considera o crescimento do movimento dos setores evangélicos e suas posições mais conservadoras, principalmente entre as comunidades latinas, a situação dos democratas não parece ser confortável. Temas relacionados à pauta de costumes, como direito ao aborto, casamento de pessoas do mesmo sexo e, mais recentemente, a chamada "Teoria Racial Crítica" estão levando o eleitorado latino a uma posição mais próxima do Partido Republicano. A inesperada vitória de republicano Glenn Youngkin nas eleições para governador da Virgínia, em 2021, foi bastante sintomática, pois ele concentrou o seu discurso na pauta de costumes, nas medidas sanitárias para o enfrentamento da Covid-19, e na educação, onde rechaçou duramente o ensino da teoria racial crítica, justamente por ser algo que incomoda a maioria branca ao revelar as características do racismo estrutural nos Estados Unidos.

Os republicanos ganharam terreno ao conseguir incutir em parte da população a ideia de que os democratas são socialistas, contrários aos "valores americanos" e defensores de pautas que agridem a família tradicional. De fato, existem parcelas do Partido Democrata na linha de frente pelos direitos humanos, como a livre manifestação das pessoas acerca da própria sexualidade, o casamento de pessoas do mesmo sexo, os direitos reprodutivos das mulheres, a denúncia do racismo estrutural e a luta por direitos trabalhistas etc. Entretanto, as parcelas mais conservadoras enxergam nessa postura uma agressão aos valores tradicionais, daí o apoio aos republicanos e a Donald Trump, mesmo considerando que sua vida privada nunca foi um modelo de ascetismo ou de piedade cristã. É importante constatar que gênero neutro "Latinx" não é bem-visto pela maior parte da comunidade de latinos/hispânicos, mas ele é bastante utilizado pelos setores mais progressistas do movimento social latino e pela esquerda democrata (Bendixen & Amandi International, 2021).

Um dado interessante publicado pelo jornal *Los Angeles Times* (Carcamo, 2022) informa sobre o crescimento do número de latinos neopentecostais ou evangélicos. Conforme o artigo,

> Os católicos não constituem mais a maioria da população latina dos EUA. Nas pesquisas do Pew Research Center RDD (discagem de dígitos aleatórios) realizadas em 2018 e 2019, 47% dos latinos se descreveram como católicos, abaixo dos 57% de uma década atrás. Enquanto isso, a parcela de latinos que se identificam como protestantes evangélicos é de 16%, e a parcela de latinos que dizem não ter filiação religiosa é agora de 23%, acima dos 15% em 2009. Muitos latinos estão se politizando por meio de igrejas evangélicas lideradas por pastores que insistem que não estão em dívida com nenhum partido, mas normalmente adotam posições conservadoras em questões centrais como aborto, liberdade religiosa e casamento entre pessoas do mesmo sexo, e estão intensificando seu ativismo antes de eleições nacionais em 2022 e 2024. (Carcamo, 2022)

Essa informação é muito importante, tanto pelo aumento de pessoas sem afiliação religiosa, que em tese seriam mais progressistas, como pela conversão de parte dos católicos em evangélicos pentecostais, de viés mais conservador. Esse movimento rumo ao pentecostalismo também é crescente em países da América Central e da América do Sul, e a nova imigração traz consigo essa marca. Ainda na questão do tradicionalismo cristão, não se pode esquecer a influência de correntes conservadoras católicas, como a prelazia da Opus Dei, que é muito influente nos círculos de poder dos Estados Unidos (Clermnt, 2019).

Esse choque entre correntes ideológicas em meio ao eleitorado latino pode ser exemplificado pela disputa no 28º distrito do Texas, que se estende da cidade de San Antonio a Laredo, no vale do Rio Grande, onde os latinos formam a maioria absoluta da população. É um distrito que tradicionalmente elegia um congressista democrata, mas Joe Biden obteve uma vitória apertada sobre Donald Trump (de 51,6% a 47,2%), o que indica que parte considerável dos latinos optaram pelo candidato republicano. Nas prévias democratas para o 28º distrito, se apresentaram Henry Cuellar, 66 anos, o atual representante no seu 9º mandato, e uma jovem de 28 anos, Jessica Cisneros. Cuellar é visto como um político tradicional e com ideias bastante conservadoras, marcadamente em oposição ao direito de aborto. Já Cisneros se espelha na deputada Alexandria Ocasio-Cortez de ideias progressistas, que conseguiu vencer as prévias no distrito do Bronx, em 2018, contra um tradicional político do *establishment* de seu partido. Nas prévias realizadas em 1º de março, nenhum dos candidatos obteve a maioria dos votos. Cuellar obteve 48,4% e Cisneros 46,9%, mas a quantidade de votos obtidos pela candidata foi surpreendente, se considerarmos a disparidade de recursos entre ambos os candidatos. Já no segundo turno, Cuellar teve uma apertada vitória com menos de duzentos votos sobre Cisneros, num universo de mais de 45 mil eleitores.

No outro campo, a definição da candidatura dos republicanos para o 28º distrito também ocorreu no segundo turno. De um lado, a vencedora do primeiro turno, Cassy Garcia, com 23,5%. De origem latina, ela trabalha como vice-diretora estadual do senador Ted Cruz, conhecido por defender a indústria do petróleo e por ser linha dura no Senado. De outro, Sandra Whitten, com 18,0%, que se declara conservadora, mulher de família dedicada e líder comunitária. No segundo turno, Garcia prevaleceu por uma margem de catorze pontos percentuais no universo de 15 mil participantes. A respeito das prévias no Vale do Rio Grande, no Texas, citamos a opinião de Carlos Sanchez, que chama atenção para o conservadorismo dessa população que pode abandonar a tradicional influência democrata:

> Os hispânicos que vivem ao longo da fronteira são muito mais conservadores do que os democratas do Texas em geral. Um dos segredos abertos da região é o grande número de DINOs (Democrat in Name Only) [que pode ser traduzido para o português como "Democratas de Fachada"] que estão em posições de liderança. Muitos funcionários, dizem os moradores em silêncio, concorrem como democratas, acreditando ou não na plataforma do partido, porque concorrer como republicano tem geralmente sido o beijo da morte. Mas durante o governo Trump, trens ou caravanas de carros de Trump expressando apoio ao ex-presidente tornaram-se quase comuns no condado de Hidalgo, a âncora sul do 15º distrito. Como um apoiador de Trump me disse, ficou mais fácil ser republicano nos últimos anos com um número crescente de pessoas declarando lealdade a Trump com base em questões econômicas e de segurança nas fronteiras. (Sanchez, C., 2022)

A propósito, a candidata republicana que ganhou as prévias no 15º distrito, Monica De La Cruz Hernandez, foi eleita para o Capitólio em novembro de 2022, confirmando a tendência que apontava a vantagem dos conservadores sobre os progressistas nos distritos texanos adjuntos ao México.

Os latinos e as eleições de meio de mandato de 2022

Os resultados das eleições de novembro de 2022 mostraram a importância do voto latino, tanto para democratas quanto para republicanos. Para os primeiros, consolidou-se o apoio em estados onde a população de origem mexicana é expressiva, como Califórnia, Novo México, Arizona e Nevada, com exceção dos distritos fronteiriços do Sul do Texas, onde a população latina optou por candidatos republicanos. Na Flórida, a população de origem latina se inclinou majoritariamente para candidatos republicanos. Nesse estado, há uma predominância de imigrantes e descendentes de cubanos, porto-riquenhos e sul-americanos, que se identificam com a pauta anticomunista do Partido Republicano.

As eleições de 2022 foram marcadas principalmente por dois temas: a crise inflacionária prejudicou a intenção de votos nos democratas; o tema do aborto, trazido à tona depois da derrota da decisão Roe *v.* Wade[6] na Suprema Corte, que ajudou a mobilizar o voto em favor do partido de Joe Biden.

Um aspecto importante das *midterms* de 2022 foi a grande participação dos eleitores jovens com menos de 30 anos, que causaram maior impacto na atual conjuntura política dos Estados Unidos. A participação eleitoral desse segmento atingiu o segundo maior nível em pelo menos trinta anos, atrás apenas da eleição de meio de mandato de 2018. Como os latinos estão entre os grupos raciais e étnicos mais jovens do país, com idade média de 30 anos, saber as suas motivações e prioridades torna-se muito importante aos jogadores ativos no tabuleiro político estadunidense. A maioria dos eleitores latinos jovens votou em um candidato democrata no dia da eleição (Sanchez, G., 2022). Assim como nos outros segmentos, os jovens latinos se mostraram preocupados com os efeitos da inflação e os direitos reprodutivos das mulheres. Outros temas recorrentes foram a assistência médica, mudança climática, moradia acessível, segurança nas fronteiras, direitos dos imigrantes, racismo e discriminação.

A guerra da comunicação

Outro aspecto importante do processo eleitoral diz respeito à guerra de comunicação entre democratas e republicanos. Dentre as ações de comunicação das campanhas nas eleições de meio de mandato, o foco dos partidos políticos se concentrou prioritariamente em mídias digitais e as plataformas *on-line*, pois estas possuem maior alcance global, especificamente para

6 "Roe *v.* Wade" foi o caso legal e histórico no qual a Suprema Corte dos Estados Unidos decidiu por 7 votos a 2, em 22 de janeiro de 1973, que a regulamentação estadual restritiva indevida do aborto é inconstitucional, sendo o ato resguardado pelos direitos constitucionais de privacidade.

a população latina, que consome conteúdos virtuais de forma massiva, particularmente por meio do aplicativo WhatsApp.

Durante o período que antecedeu as eleições legislativas de 2022, como nos pleitos anteriores desde 2008, observou-se que o uso de *fake news* e a disseminação de teorias conspiratórias como a "QAnon" foram práticas recorrentes da extrema direita estadunidense, particularmente em meio à população de língua espanhola. Essa estratégia fez com que muitos latinos fossem desencorajados a votar, ou decidissem por um candidato com base em notícias falsas e, até mesmo, levou a uma maior divisão dentro da comunidade.

Constatou-se ainda que o impacto desse tipo de notícias foi especialmente importante no sul da Flórida, local com grande população de falantes de língua espanhola, nascida no exterior e com influência política significativa. Nota-se que a Flórida já foi um estado "campo de batalha", mas desde que elegeu Donald Trump, em 2016, tornou-se um estado majoritariamente republicano.

Nas eleições de novembro passado, a principal narrativa falsa foi sobre uma suposta fraude generalizada nas eleições presidenciais de 2020; de acordo com Tamoa Calzadilla, editora-chefe do site de verificação de fatos em espanhol, o "Factchequeado.com", em matéria da CNN, afirmou:

> A disseminação de desinformação e notícias falsas em espanhol, algumas delas provenientes diretamente de políticos e meios de comunicação partidários, atormenta as plataformas de mídia social há anos e ajudou a semear dúvidas sobre a integridade das eleições nos Estados Unidos. (O'Sullivan; Sands, 2022)

Mídias sociais como Facebook e Twitter, e plataformas de vídeos *on-line*, como o YouTube, estão sob pressão para encontrar maneiras de retardar a disseminação de informações falsas sobre eleições ao longo dos anos. Em alguns casos, as plataformas removem totalmente as declarações falsas; em outros casos, eles rotulam as alegações como falsas e direcionam os usuários para informações precisas. Mas tais medidas não se mostraram eficientes em postagens em língua castelhana, já que os principais algoritmos reconhecem apenas o conteúdo em inglês.

Outro alvo importante da comunicação das campanhas foi a ampla utilização de emissoras de rádio, mídia que possui uma ampla audiência em meio à comunidade latina, apesar da alta audiência televisiva no país. O hábito dos latinos de ouvir rádio em casa aumentou de 29% em março de 2020 para 39% em abril do mesmo ano, segundo relatório da Nielsen (ibid.). Além disso, os latinos estão dispondo mais de 12 horas por semana ouvindo rádio, 33 minutos além do que o mercado total costuma ouvir. Do total de 39%, cerca de 61% utilizam tal meio para se informar quanto às últimas notícias. Devido a esses dados, republicanos e democratas passaram a trazer conteúdos ideológicos para as rádios tentando convencer os ouvintes da vantagem de sua plataforma política. Logo, vale apresentar algumas dessas iniciativas.

Do lado republicano, o Americano Media foi a primeira rede de mídia abertamente conservadora em língua espanhola. Lançado em março, teve um momento de destaque em abril de 2022 ao realizar uma entrevista com o ex-presidente republicano Donald Trump – uma referência importante para qualquer fonte de notícia conservadora em 2022. O Americano, com sede em Miami, é transmitido pelo sistema de rádio via satélite SiriusXM e pela rede social conservadora GETTR. Em 2023, a transmissão do seu conteúdo passou a ser feita em plataformas de *streaming* como a Apple TV. Segundo matéria do *Politico* (Allison, 2023), o Americano Media iniciou um plano agressivo de expansão na tentativa de moldar a opinião da comunidade latina de centro-direita no país com o objetivo de angariar votos em 2024. A iniciativa é importante na medida em que disputa o voto latino, cuja composição é majoritariamente democrata. Conforme o relatório de janeiro de 2023 divulgado pelo mesmo site, o Americano Media levantou US$ 18 milhões de três investidores e está projetando arrecadar entre US$ 30 a US$ 50 milhões, a fim de influenciar todos os principais estados de batalha e Porto Rico antes da eleição de 2024 (ibid.).

Os democratas não ficaram inertes. Uma empresa de mídia liderada por dois ex-assessores democratas fez uma manobra que lhe deu controle de dezoito estações de rádio em todo o país, incluindo a outrora famosa rádio conservadora de Miami, a Rádio Mambí. A Latino Media Network comprou a Mambí e outras dezessete estações de rádio em espanhol em junho de 2022. Segundo publicação da *NBC News* (Gamboa, 2022), as emissoras AM e FM envolvidas no negócio fazem parte da rede TelevisaUnivision. O grupo espera que as estações de rádio alcancem um terço dos latinos nos Estados Unidos, ou seja, cerca de 20 milhões de pessoas. Conforme revelou a *NBC News*,

> A Latino Media Network é liderada e fundada por Stephanie Valencia, ex-funcionária do governo Obama que agora dirige a Equis Research, uma empresa de sondagem e pesquisa latina, e Jess Morales Rocketto, também da Equis Research e veterana das campanhas de Barack Obama e Hillary Clinton. (Gamboa, 2022)

A aquisição da Rádio Mambí enfrentou a oposição da deputada republicana Maria Elvira Salazar e dos senadores republicanos da Flórida, Marco Rubio e Rick Scott, de acordo com artigo publicado pela *CBS News* (Corujo; Samu; Acevedo, 2022). Os três assinaram uma carta para tentar impedir o acordo, junto com outros membros republicanos do Congresso, alegando que isso "silenciaria as vozes conservadoras". Quando os esforços não obtiveram sucesso, surgiram alegações de que a iniciativa buscava "vender o socialismo aos hispânicos". Essa versão foi instigada pela deputada María

Elvira Salazar, que também saiu em defesa da Rádio Mambí por ser "um dos bastiões da liberdade de expressão" e dos "valores conservadores". A iniciativa dos republicanos foi inócua.

O desempenho dos latinos nos distritos mais competitivos

Dentre os catorze distritos mais competitivos para a Casa dos Representantes, de acordo com as pesquisas pré-eleitorais compiladas pelo site *FiveThirtyEight*, seis envolvem candidatos latinos nos estados da Califórnia (2), Colorado, Novo México, Texas e Virgínia. Além desses, a disputa pelo senado no Estado de Nevada também foi muito concorrida. A seguir faremos um breve resumo das principais disputas. Em seguida destacaremos a eleição de outros latinos para a Câmara dos Representantes.

Por conta de sua ampla repercussão política, iniciaremos pela eleição para o Senado em Nevada, pleito que consolidou a maioria democrata naquela Casa. A senadora Catherine Cortez Masto foi reeleita no estado de Nevada com 48,8% dos votos, superando seu concorrente, Adam Laxalt, por menos de 1%, conseguindo uma importante vitória na cadeira democrata que estava mais ameaçada. Vale lembrar que em 2020 os democratas obtiveram a metade das cadeiras, no entanto, dois senadores (Kirsten Sinema e Joe Manchin) em alguns momentos bloquearam as iniciativas do governo Biden. Nessas eleições, das 35 cadeiras disputadas no Senado, apenas quinze foram vencidas pelos democratas, e vinte pelos republicanos. Por conta disso, havia muita expectativa sobre o resultado da eleição em Nevada, pois a senadora Catherine Cortez Masto enfrentou uma disputa difícil devido aos poderosos grupos de *lobby* conservadores que investiram na campanha de Adam Laxalt. Ademais, parte da população estava descontente com os elevados níveis de inflação, algo que afeta especialmente o estado de Nevada. Lá, a popularidade de Joe Biden e dos democratas estava em baixa antes do pleito. Para exemplificar a impopularidade do partido governista, os democratas perderam duas cadeiras para a Câmara dos Representantes. Os republicanos emplacaram seis deputados nas *midterms*. Apesar disso, uma forte participação dos latinos conseguiu garantir a cadeira da primeira latina eleita senadora nos Estados Unidos.

A vitória de Catherine Cortez Masto garantiu o controle do Senado e uma certa estabilidade para o presidente Biden. A possibilidade de sucesso de um processo de *impeachment* eventualmente aprovado pela maioria republicana na Câmara seria rechaçada na Casa Alta do Congresso. Já para a Casa dos Representantes, Monica De La Cruz foi eleita no 15º distrito texano com 53,3% dos votos. O estado é o maior reduto republicano, com 25 cadeiras em um total de 38 assentos. O 15º distrito era o único em que, independentemente do candidato vencedor, teria uma mulher latina como representante na Câmara. Michelle Vallejo foi a candidata democrata que alcançou 44,8%

dos votos. A disputa foi caracterizada por uma forte polarização política, pois De La Cruz apresentou uma pauta muito conservadora, contrária ao direito ao aborto, em favor do porte de armas, em defesa da família tradicional e contrária à flexibilização da política migratória. Em contrapartida, a campanha de Vallejo foi pautada no feminismo, direito ao aborto, saúde pública, em defesa da legalização de imigrantes indocumentados, oposição à violência policial e em defesa do aumento do salário mínimo.

O êxito de De La Cruz representou a primeira vitória republicana no distrito, mesmo que não seja uma surpresa. O 15º distrito do Texas foi um dos que passou pelo *redistricting*, ou seja, alterou-se sua área de abrangência depois que o estado ganhou mais duas cadeiras na Câmara depois do censo de 2020. A nova configuração, porém, favorece os republicanos na Câmara dos Representantes, já que removem as cidades mais democratas para os distritos vizinhos, 28º e 34º, e deram a vantagem republicana para o 15º.

A cadeira do 34º distrito do Texas foi vencida por Vicente Gonzalez, candidato democrata até então titular do 15º distrito. Gonzalez venceu com 52,7% dos votos contra a titular da cadeira, Mayra Flores. Ela havia sido eleita por uma eleição especial em junho que foi convocada para encerrar o mandato do ex-deputado americano Filemon Vela (D-Brownsville), que renunciou em março para trabalhar para a empresa de *lobby* chamada Akin Gump. Mesmo tendo o apoio do ex-presidente Donald Trump e do governador texano Greg Abbott, Flores foi derrotada em uma região fronteiriça do Texas de maioria latina e tradicionalmente democrata. O novo deputado Gonzalez será o representante do distrito que abrange cidades como Brownsville e Corpus Christi. Vale destacar que Gonzalez pertence a uma ala mais conservadora do partido e é contrário ao direito ao aborto.

Gabriel Vasquez, do Partido Democrata, venceu a eleição à Câmara dos Representantes no 2º distrito do Novo México, derrotando a atual titular da cadeira Yvette Herrell. O distrito faz fronteira com o México e tem maioria de ascendência latina. Gabriel ou Gabe, como é conhecido, defendeu uma plataforma progressista. Ele é oriundo de uma família de imigrantes e prometeu buscar soluções para os problemas climáticos, conservação de terras e recursos naturais na região e, especialmente, busca uma reforma no sistema de imigração do país. Parte dessa vitória também advém do fato que o democrata conseguiu retratar a opositora Herrell como antidemocrática, por ter contestado a eleição de Joe Biden em 2020. Vasquez, desde março de 2022, faz parte do grupo *Red-to-Blue* (Vermelho para Azul), uma pequena seleção de candidatos do partido democrata em distritos tradicionalmente "vermelhos" que o DCCC (sigla em inglês para o "Comitê de Campanha do Congresso Democrata") selecionou para impulsionar as *midterms* de 2022.

Yadira Caraveo, democrata e filha de imigrantes mexicanos, venceu no 8º distrito de Colorado que abrange Denver, capital do estado, sobre a opositora Barbara Kirkmeyer com diferença de menos de 1% dos votos. Yadira, que é médica, possui pautas progressistas ligadas à saúde pública, além de transporte, custos de vida e pessoas em situação de rua. Caraveo foi chamada de *underdog* (azarão) por diversos veículos de mídia da região, mas foi a primeira latina a vencer uma cadeira congressional no estado mesmo que quase 40% da população de seu distrito tenha origem étnica latina. A derrotada Kirkmeyer, republicana, é a atual senadora estadual de Colorado e foi eleita em 2020 nas eleições legislativas estaduais. Com a corrida tão acirrada, com popularidade prévia de Kirkmeyer e com a tradição regional republicana, o Comitê Nacional Democrata também adicionou o distrito à lista de *Red-to-Blue*, impulsionando a médica à vitória.

O candidato republicano David Valadao venceu o democrata Rudy Salas na eleição para o 22º distrito da Califórnia. O distrito é tradicionalmente democrata, mas o republicano se posicionou de forma independente, atraindo o apoio de 52,7% dos eleitores. Um dado importante é o fato de que Valadao foi um dos dez deputados republicanos a apoiar o *impeachment* de Donald Trump. Apesar de não enfrentarem eleições muito acirradas, é importante mencionar o desempenho de outros latinos que venceram as *midterms* de 2022. A eleição mais significativa foi a de Alex Padilla, filho de imigrantes mexicanos, que foi eleito para o Senado representando a Califórnia. Um grande expoente do partido democrata na região, foi apontado para ocupar a vaga de Kamala Harris, que saiu do assento para cumprir a função de vice-presidente do governo de Joe Biden. Padilla conseguiu alongar seu cargo nas eleições desse mês e dar continuidade a seus projetos para o estado. Ele é o primeiro senador latino eleito pela Califórnia.

Também destacamos a vitória da democrata Delia Ramirez para a Casa dos Representantes com 2/3 dos votos pelo 3º distrito de Illinois. Filha de trabalhadores imigrantes guatemaltecos, foi a primeira latina eleita para o cargo no estado, fato este enfatizado em seu *slogan* de campanha: *Help elect the first Latina Congresswoman from the Midwest* ("Ajude a eleger a primeira congressista latina do Centro-Oeste").

No estado de Oregon, na Costa Oeste, o desempenho das mulheres latinas também foi notável, com a republicana Lori Chavez-DeRemer, descendente mexicana, vencendo a cadeira congressional do 5º distrito, bem como a democrata Andrea Salinas, que também é descendente de mexicanos, e que venceu a disputa para o 6º distrito.

O democrata Robert Garcia, homem gay peruano, foi o primeiro imigrante e LGBTQIA+ a ocupar uma cadeira no congresso americano, sendo eleito pelo 42º distrito da Califórnia, região notadamente progressista. Garcia foi prefeito da cidade Long Beach e, após perder sua mãe e padrasto para a Covid-19, expandiu o sistema de saúde da cidade e lançou uma campanha de vacinação municipal elogiada e copiada nacionalmente.

O democrata Maxwell Alejandro Frost venceu a cadeira do 10º distrito da Flórida com apenas 25 anos, e será o primeiro congressista da "Geração Z".

Frost tem ascendência porto-riquenha e haitiana e foi adotado ainda recém--nascido por cubanos. Tem como focos principais a igualdade social e racial, questões ambientais, planos de saúde públicos e, especialmente, o combate à violência policial e aos atentados armados. Sobre o último assunto, quando questionado publicamente sobre a sua alegação de estar há dez anos como líder político, mesmo que tenha apenas 25 anos, respondeu: "Comecei a me organizar (politicamente) com 15 anos porque não queria levar tiros na escola", já que começou a sua carreira política em um protesto desarmamentista após o tiroteio escolar brutal de Sandy Hook E.S. em Newtown, Connecticut, em 2012.

Por fim, mencionamos a vitória de George Santos, filho de brasileiros, que venceu a eleição no 3º distrito do estado de Nova York pelo Partido Republicano. Em sua plataforma eleitoral, ele prometeu garantir o "sonho americano" para outros filhos de imigrantes que vivem nos Estados Unidos. Filho de pai mineiro e mãe fluminense, George Santos nasceu e cresceu no Queens, em Nova York. Ele conquistou uma cadeira na Câmara dos Representantes nas eleições de meio de mandato nos Estados Unidos em uma disputa histórica entre dois candidatos abertamente gays concorrendo à mesma vaga. No entanto, Santos não é um defensor dos direitos LGBTQIA+. Suas propostas estão mais voltadas para a questão econômica e em defesa dos direitos dos imigrantes no país.[7]

Em síntese, observando as eleições de meio de mandato de 2022, é importante notar os avanços que os candidatos latinos tiveram no pleito. No entanto, a comunidade ainda está distante de se ver representada no poder político de acordo com o peso demográfico dos latinos. Apesar dos avanços de alguns candidatos republicanos, os latinos dos Estados Unidos continuaram votando expressivamente nos candidatos do Partido Democrata. Em disputas mais acirradas, eles foram uma variável importante para a vitória do partido de Joe Biden.

Considerações finais

Contrariando expectativas de uma "onda vermelha", o desempenho do Partido Democrata foi melhor do que o esperado, enquanto o Partido Republicano não avançou como projetavam as pesquisas eleitorais. O tema dos costumes, particularmente o direito ao aborto, se sobrepôs ao descontentamento de parte da população em face do forte processo inflacionário que levou à queda de popularidade do governo de Joe Biden.

Já a Flórida, um importante estado em termos políticos e econômicos, deixou de ser um *swing state* e tornou-se um novo reduto republicano.

---

7 George for NY. Disponível em: <https://georgeforny.com/about/>. Acesso em: 28 nov. 2023.

Esse estado, que antes votava tanto em democratas como em republicanos, elegeu muito mais republicanos, além de reeleger o governador republicano, Ron DeSantis, cujo nome desponta para confrontar Donald Trump na indicação como candidato republicano para as eleições presidenciais de 2024. A mudança do *status* político da Flórida se deve muito ao redistritamento que favoreceu o Partido Republicano e às posições anticomunistas de comunidades cubanas, venezuelanas, brasileiras e colombianas, entre outras. Ademais, é justamente nessas comunidades onde as *fake news* e as teorias conspiratórias estão sendo disseminadas em castelhano e em maior volume. Não é por acaso que os democratas estão investindo na formação de uma cadeia de rádio para confrontar a atual hegemonia dos republicanos no estado.

Os republicanos obtiveram o controle da Câmara por uma pequena margem, mas isso lhes garante a possibilidade de criar uma série de contratempos para o governo Biden nos próximos dois anos. O presidente já vem enfrentando diversos descontentamentos em relação ao seu governo, principalmente com a alta taxa da inflação no país. Sua popularidade está estancada abaixo dos 40%. Ademais, a corrida para as eleições presidenciais de 2024 já começou a ganhar forma e as estratégias estão sendo colocadas em jogo. Aproveitando essa situação, os republicanos prometeram instalar uma comissão de investigação sobre supostas atividades ilícitas do filho de Biden, Hunter Biden, na Ucrânia. Caso isso se confirme, a polarização irá aumentar muito até a eleição geral de 2024.

Entretanto, para alívio dos democratas, eles conseguiram manter o controle do Senado, o que impediria, por exemplo, o avanço de um processo de *impeachment* que provavelmente será aprovado na Casa dos Representantes. A maioria, que já estava garantida com o voto da vice-presidenta Kamala Harris, se consolidou com a eleição do democrata Raphael Warnock da Geórgia.

Finalmente, as eleições de 2022 evidenciaram a dependência que o sistema político apresenta com relação aos eleitores latinos. Numa sociedade em que o nível de polarização política e cultural está se acirrando, e que as eleições estão sendo definidas por pequena margem, o voto latino tornou-se essencial. Esse peso político tende a aumentar nas próximas décadas, visto que se trata do segmento com maior taxa de crescimento populacional.

Referências

ALLISON, N. "Fox News in Spanish": Inside an upstart media company's big plans to impact the 2024 election. *Politico*, 23 jan. 2023. Disponível em: <https://www.politico.com/news/2023/01/23/fox-news-spanish-americano-media-republicans-00078860>. Acesso em: 28 nov. 2023.

BENDIXEN & AMANDI INTERNATIONAL (B&A). The use of "LatinX" among Hispanic Voters. *Politico*, 6 dez. 2021. Disponível em: <https://www.politico.com/f/?id=0000017d-81be-dee4-a5ff-efbe74ec0000>. Acesso em: 28 nov. 2023.

BRENNAN CENTER FOR JUSTICE. The Freedom to Vote Act. *Brennan Center. Org.*, (BC), 5 jan. 2022. Disponível em: <https://www.brennancenter.org/our-work/research-reports/freedom-vote-act>. Acesso em: 28 nov. 2023.

CARCAMO, Cindy. Latino evangelicals used to shun politics. Will they now become a right-wing force? *Los Angeles Times*, 4 mar. 2022. Disponível em: <https://www.latimes.com/california/story/2022-03-04/latino-america-evangelical-political-force>. Acesso em: 28 nov. 2023.

CLERMNT, B. Opus Dei's Influence Is Felt in All of Washington's Corridors of Power. *Church and State*, 22 jan. 2019. Disponível em: <https://churchandstate.org.uk/2019/06/opus-deis-influence-is-felt-in-all-of-washingtons-corridors-of-power/>. Acesso em: 28 nov. 2023.

CNN. Here is why voting rights activists say Georgia's new election law targets Black voters. CNN *News*, 26 mar. 2021. Disponível em: <https://edition.cnn.com/2021/03/26/politics/georgia-voting-law-black-voters/index.html>. Acesso em: 28 nov. 2023.

COLLINS SENATE. Electoral Count Act. Of 2022. *Collins. Senate. Gov*. Disponível em: <https://www.collins.senate.gov/imo/media/doc/one_pager_on_electoral_count_reform_act_of_2022.pdf>. Acesso em: 28 nov. 2023.

CONGRESS. GOV.S.2747 – Freedom to Vote Act. *Congress. Gov*. Disponível em: <https://www.congress.gov/bill/117th-congress/senate-bill/2747?q=%7B%22search%22%3A%5B%22freedom+to+vote+act%22%2C%22freedom%22%2C%22to%22%2C%22vote%22%2C%22act%22%5D%7D&s=1&r=2>. Acesso em: 28 nov. 2023.

______. H.R.4 – John R. Lewis Voting Rights Advancement Act of 2021. *Congress. Gov*. Disponível em: <https://www.congress.gov/bill/117th-congress/house-bill/4/text>. Acesso em: 28 nov. 2023.

CORUJO, C.; SAMU, S.; ACEVEDO, E. Democrats extend quest for Spanish-speaking voters to radio airwaves. *CBS News*, 21 nov. 2022. Disponível em: <https://www.cbsnews.com/news/democrats-spanish-speaking-voters-radio-airwaves-midterms/>. Acesso em: 28 nov. 2023.

GAMBOA, S. A group of high-profile Latinos makes a $60M cash deal to buy 18 radio stations. *NBC News*, 3 jun. 2022. Disponível em: <https://www.nbcnews.com/news/latino/group-high-profile-latinos-makes-60m-cash-deal-buy-18-radio-stations-rcna31895>. Acesso em: 28 nov. 2023.

______. Latinos account for over half of the country's population growth. *NBC News*, 12 ago. 2021. Disponível em: <https://www.nbcnews.com/news/latino/latinos--account-half-countrys-population-growth-rcna1667>. Acesso em: 28 nov. 2023.

MOLINA, A. Poll: Latino Protestants are more conservative and supportive of Trump than Latino Catholics. *America: The Jesuit Review*, 2 dez. 2020. Disponível em: <https://www.americamagazine.org/politics-society/2020/12/02/latino-protestants-catholics-conservative-support-trump-poll-239386>. Acesso em: 28 nov. 2023.

OFFICE OF MANAGEMENT AND BUDGET. Revisions to the Standards for the Classification of Federal Data on Race and Ethinicity. *Federal Register*, v.62, n.210, Thursday, 30 out. 1997. Diponível em: <https://www.govinfo.gov/content/pkg/FR-1997-10-30/pdf/97-28653.pdf>. Acesso em: 28 nov. 2023.

O'SULLIVAN, D.; SANDS, G. Spread of election lies in Florida's Spanish-speaking communities is 'fracturing democratic institutions', advocates warn. CNN, 5 nov. 2022. Disponível em: <https://edition.cnn.com/2022/11/05/politics/florida-election-lies-spanish-language/index.html>. Acesso em: 30 mar. 2023.

PEW RESEARCH CENTER. The Changing Racial and Ethnic Composition of the U.S. Electorate. *Pew Research Center*, 23 set. 2020. Disponível em: <https://www.pewresearch.org/2020/09/23/the-changing-racial-and-ethnic-composition-of-the-u-s-electorate/>. Acesso em: 28 nov. 2023.

POLANCO, Carlos E. B. Breaking Down the Latino Vote in 2022. *Latino Rebels*, 15 nov. 2022. Disponível em: <https://www.latinorebels.com/2022/11/15/latinovote2022/>. Acesso em: 18 nov. 2022.

SANCHEZ, C. Can Texas become purple? That may depend on Hispanic voters. *The Guardian*, 8 mar. 2022. Disponível em: <https://www.theguardian.com/us-news/commentisfree/2022/mar/08/can-texas-become-purple-that-may-depend-on-hispanic-voters>. Acesso em: 28 nov. 2023.

SANCHEZ, G. Latinos support Democrats over Republicans 2-1 in House and Senate elections. *Brookings. edu.*, 11 nov. 2022. Disponível em: <https://www.brookings.edu/blog/fixgov/2022/11/11/latinos-support-democrats-over-republicans-2-1-in-house-and-senate-elections/>. Acesso em: 28 nov. 2023.

SKELLEY, Geoffrey; RAKICH, Nathaniel. Which States Won – And Lost – Seats In The 2020 Census? *FiveThirtyEight*, 26 apr. 2021. Disponível em: <https://fivethirtyeight.com/features/which-states-won-and-lost-seats-in-the-2020-census/>. Acesso em: 5 jun. 2023.

THE AMERICAN REDISTRICTING PROJECT. League of United Latin Am. Citizens v. Abbott. *The American Redistricting Project*, 10 fev. 2023. Disponível em: <https://thearp.org/litigation/league-united-latin-am-citizens-v-abbott/>. Acesso em: 28 nov. 2023.

U.S. CENSUS BUREAU. Hispanic or Latino, percent. *United States Census Bureau*. Disponível em: <https://www.census.gov/quickfacts/fact/table/US/RHI725221>. Acesso em: 28 nov. 2023.

U.S. DEPARTMENT OF THE INTERIOR. Standards for Maintaining, Collecting, and Presenting Federal Data on Race and Ethnicity. 1997. Disponível em: <https://www.doi.gov/pmb/eeo/directives/race-data>. Acesso em: 30 jan. 2024.

UNITED STATES SENATE. Constitution of the United States. s.d. Disponível em: <https://www.senate.gov/about/origins-foundations/senate-and-constitution/constitution.htm>. Acesso em: 10 jun. 2023.

13
A continuada erosão de um império: 2022 e a sistêmica disfuncionalidade da política norte-americana em meio a um mundo cada dia menos previsível

Rafael Ioris

Introdução

O mundo de hoje cada vez mais parece definido por uma crise crescente que surpreendentemente manifesta um forte e progressivo caráter ambíguo. Se temos novos e progressivos desafios gerados pela maior interconexão humana em escala verdadeiramente global – entres os quais, a mudança climática, as emergentes pandemias e a revolução tecnológica criada pelos avanços na área da inteligência artificial merecem atenção especial –, temos também, em uma trágica ironia histórica, o retorno de rivalidades cada vez maiores de natureza geopolítica, diplomática e militar, em particular entre países ocidentais e rivais tradicionais como a Rússia e, de maneira mais estrutural, o gigante chinês. Não existe acordo entre os estudiosos sobre como tende a ocorrer o processo de substituição de uma ordem hegemônica por outra (Ioris, 2023). O que é certo é que não estamos mais na ordem unipolar do final da Guerra Fria e que o mundo parece cada dia mais multipolar e instável, onde "riscos geopolíticos tradicionais colidem com [e ressignificam] novos desafios" (Haass, 2022, p.25).

Dentro desse complexo e imprevisível contexto, desdobramentos domésticos no ainda mais influente país do mundo tornam-se especialmente relevantes. Se ainda estivéssemos no contexto da segunda metade do século XX, quando a lógica binária da Guerra Fria parecia pautar quase todas as políticas domésticas e internacionais dos Estados Unidos, seria de se esperar que o país conseguisse unificar suas elites políticas em torno de programas indutores de mais competividade econômica e coordenação de políticas públicas, a fim de enfrentar uma suposta ameaça externa comum.

Contudo, desde que a presença clara de um inimigo externo deixou de existir no início do anos 1990, e a despeito de uma suposta união nacional para enfrentar a ameaça difusa do dito terrorismo global, no início do anos 2000, o que se vê é que o sistema político em especial e a sociedade norte-americana em geral, ainda que de maneira mais difusa, têm se definido por clivagens crescentes, levando a paralisias decisórias, quando não mesmo a fraturas socioculturais – até o momento, irreconciliáveis.

Conforme já afirmei anteriormente nesta série de estudos, os Estados Unidos vivem nos dias de hoje uma realidade, em grande parte, definida por "uma profunda crise, não só econômica, mas, acima de tudo, política, cultural e, mesmo, civilizatória ou existencial, que vem sendo construída ao longo dos últimos quarenta anos" (Ioris, 2019, p.269). Alguns analistas têm apontado inclusive que, desde a Guerra Civil de 1860, o país nunca esteve tão dividido (Brownstein, 2021) e múltiplos indicadores mostram que os norte-americanos se encontram hoje fragmentados ao longo de linhas ideológicas em níveis também históricos (Saad, 2021).

Dentro de tal contexto, certamente complexo e em evolução, tento analisar nas páginas que seguem os recentes desdobramentos políticos que ajudaram a criar os impasses e desafios apontados acima. Busco também tecer possíveis implicações que tais dinâmicas apresentariam para o gerenciamento de tais questões no curto prazo.

As eleições de meio mandato de 2022 e a continuada indefinição

"As eleições de novembro passado talvez venham a ser lembradas mais pela indefinição e aprofundamento da divisão que vem definindo a sociedade norte-americana ao longo dos últimos anos, do que por ter apontado um caminho claro ao país, algo cada dia mais urgente" (Ioris, 2022, p.290). Essa citação poderia certamente se aplicar à eleição de meio mandato de 2022, mas, quando escrita, no final de 2020, buscava explicar a eleição de Joe Biden e a derrota de Donald Trump, resultado eleitoral claramente chave para os desígnios do país, mas que, não obstante, não chega a resolver as profundas polarizações política e ideológica que ainda pautam a política e sociedade norte-americanas. Como entender tal quadro de continuada indefinição?

De início, lembremos que, mesmo com níveis históricos de votos (mais de 81 milhões), a vitória de Biden se materializou em 2020 sobre o segundo candidato com mais votos da história do país (mais de 74 milhões). De fato, mesmo na vitória, os democratas saíram das urnas naquele ano com a sensação de que a nação não estaria tão alinhada com sua plataforma eleitoral, já que não conseguiram derrotar, de maneira clara e definitiva, um político errático presidindo uma das maiores crises sanitárias e econômicas jamais vistas.

Por sua vez, mesmo tendo então perdido a Casa Branca e o Congresso, os republicanos, e o trumpismo em geral, permanecem como uma das forças políticas mais decisivas do país, tendo inclusive aumentado e diversificado sua base de votos. E mesmo numa derrota que se recusa a aceitar, Trump saiu daquela eleição com mais votos do que obteve em sua vitória em 2016 e a narrativa de que a "América" estaria sendo destruída por aqueles que "não pertencem" vai continuar influente dentro do Partido Republicano, assim como no país em geral.

Caberia lembrar também que, se Biden era provavelmente o único candidato capaz de derrotar Trump, sua eleição, em grande parte, foi não de fato pró-Biden, mas anti-Trump. E, por representar uma ampla frente, a eleição aglutinou desde grupos claramente à esquerda do espectro político, que tem demandado, nos últimos anos, reformas estruturais rumo à expansão de um Estado de bem-estar social, até grupos bastantes conservadores, em especial, republicanos anti-Trump que não partilham em quase nada a agenda dos atores mais progressistas do Partido Democrata, assim como de setores sociais organizados da sociedade mais ampla. Tal coalização eleitoral, que indica também a diversidade política dentro e fora do partido, se demonstrou de difícil coordenação na atividade diária de governo.

Mas, se Biden foi eleito para trazer uma maior racionalidade à administração da crise da Covid-19, após os desastrosos anos negacionistas de Trump, muitos governadores, mesmo democratas, continuaram a temer políticas de caráter mais restritivo dada a continuada politização da pandemia por parte de políticos e segmentos sociais de viés republicano na sociedade em geral. Nesse sentido, embora o auge da crise sanitária tenha ficado para trás, houve novos sustos ao longo dos últimos dois anos, e críticas em defesa das liberdades individuais continuam a nutrir ataques ao suposto excesso governamental, mantendo assim um forte grau de polarização no apoio ao gerenciamento pandêmico por parte do governo (Zanona; Raju, 2021). No mesmo sentido, sendo uma experiência particularmente frustrante (e potencialmente desmobilizante para a tentativa de reeleição no ano que vem!) para os setores mais progressistas do Partido Democrata, a tentativa de aprovar reformas sociais, políticas e ambientais mais ambiciosas, mesmo em um Congresso então controlado pelo partido, acabou barrada por líderes congressuais chaves não dispostos a apoiar medidas que continuam a ver como radicais e excessivas (Zhou, 2022).

Para além de questões ligadas a temas do gerenciamento da crise de saúde pública e da tentativa de implementação de promessas de campanhas, assuntos mais diretamente a cargo da administração democrata em si, a incapacidade do partido em manter o controle das duas casas legislativas nacionais na eleição de meio de mandato de novembro de 2022 decorreu de temas econômicos sobre os quais o Executivo, apesar de todo seu poderio em outras áreas, tem pouca margem de manobra. Em especial, o aumento histórico da inflação e do associado custo de vida em geral.

A primeira já vinha em tendência de alta desde o início do governo Biden, fruto da demanda reprimida causada pelos confinamentos sucessivos e, talvez mais ainda, pela crise no fornecimento de bens manufaturados, em especial um item-chave do consumidor norte-americano, automóveis (DePillis; Smialek, 2023). Acelerando ainda mais a tendência inflacionária ao longo do último ano, com grande impacto na queda da popularidade do presidente, a alta dos combustíveis decorrente da guerra na Ucrânia provocaria também uma crescente preocupação no consumidor norte-americano em relação à incapacidade do seu governo em dar respostas a temas que sairiam diretamente do seu controle mais direto (Sommer, 2022).

Tínhamos, assim, supreendentemente dado o perfil sempre moderado do ex-senador Biden, um novo governo democrata que, após a guinada à direita promovida por Trump, parecia disposto a tentar promover avanços nas pautas progressistas que não tinham conseguido ir muito à frente na gestão Obama (como acesso facilitado à educação superior e saúde dentária gratuita). Governo esse, contudo, que se demonstrou rapidamente não tão coeso como seria necessário para conseguir, de fato, avançar na consecução de tais temas, e que foi, da mesma forma, atropelado no contexto pré-eleitoral de 2022 por questões sobre as quais tem pouca margem de manobra. Havia, pois, em meados do verão norte-americano, uma grande preocupação entre os democratas, e quase que um consenso midiático, de que o partido do presidente experimentaria uma forte derrota, antecipada como uma grande "Onda Vermelha" (dada a cor pela qual o Partido Republicano é, ironicamente, conhecido) na qual os republicanos iriam se sair vitoriosos em ambas casas congressuais (Hetrick, 2022).

É interessante que, aumentando o clima de indefinição, no final da primavera no mesmo ano, existia outra expectativa generalizada – a de que, contra as expectativas históricas, os democratas iriam se sair bem e conseguir evitar uma grande perda congressual.[1] Em grande parte, o otimismo democrata derivava da decisão da Suprema Corte que, em meados de junho, retirou a garantia constitucional do direito ao aborto em nível federal, permitindo assim que cada estado possa definir suas próprias restrições. A expectativa entre democratas era a de que tal decisão iria mobilizar suas

1 Lembrando que, há cerca de cem anos, só não houve uma grande derrota congressual de meio de mandato para o partido no poder em três eleições, quando o presidente tinha mais de 60% de aprovação: em 1934, com Franklin Delano Roosevelt, em 1962, com John F. Kennedy, e em 2002, com George W. Bush.

bases (Montellaro, 2022) – o que veio, de fato, a ocorrer de maneira decisiva (Hurley, 2022).

Ainda assim, com a forte alta da gasolina no pico do turismo de verão (Singh, 2022), o otimismo democrata começou a dar margem à sensação de que seria muito difícil impedir a tal Onda Vermelha, ou de que haveria uma perda significativa de cadeiras na Câmara de Representantes, ainda que o controle apertado no Senado pudesse ser assegurado pelo Partido Democrata (Lindsay, 2022). Foi exatamente o que acabou se confirmando, o que deu origem a um governo dividido que tenderá a definir os últimos dois anos do governo Biden como um período de paralisia legislativa, em meio a tantas demandas domésticas e internacionais complexas e urgentes (Mishra, 2022). Como isso se deu?

Os republicanos claramente se aproveitaram bem do tema econômico, assim como conseguiram também ativar suas bases tradicionais com o tema da imigração e proteção fronteiriça, bem como com uma ativação partidária crescente de questões mais culturais, como uma suposta doutrinação que professores de viés progressista estariam fazendo nas escolas públicas do país (Crampton, 2022). Por outro lado, em muitos estados onde a eleição é feita de maneira antecipada, especialmente pelo correio, os votos tinham sido enviados ou realizados quando do auge da mobilização pela defesa do direito ao aborto no início do verão, o que claramente beneficiou os democratas (Milligan, 2022).

Em síntese, se a economia ainda é um tema importante, não estamos mais no quadro onde essa dimensão definia claramente os resultados; mas, sim, em um contexto em que temas culturais ou mais difusos como direitos universais ou a educação de seus filhos tendem a mobilizar de maneira efetiva eleitores dos dois lados do espectro político. Se havia uma frustração com inabilidade do governo em lidar ou atender de maneira efetiva a questão da deterioração do poder aquisitivo, não houve o entendimento mais amplo de que os republicanos tinham um plano econômico mais viável para além da tradicional defesa da redução de impostos.

Mas, se a mobilização eleitoral se deu embasada em temas materiais (custo de vida) e imateriais (direito ao controle do seu corpo e liberdade de decisão individual), o conhecido pragmatismo do eleitor norte-americano foi mais uma vez confirmado (Debusmann Jr., 2022). Se muitos votaram pela frustração sobre seu achatamento salarial e pela busca por uma melhora econômica rápida, outros votaram não na defesa de direitos abstratos, mas sim pela preocupação de que a perda ao acesso ao direito ao aborto pudesse afetá-los de maneira direta.

Ao mesmo tempo, contudo, houve uma rejeição a candidatos mais abertamente antissistêmicos, como a candidata ao governo no estado do Arizona e do candidato ao Senado pelo estado da Pensilvânia, apoiados por Trump e que defendiam abertamente a noção de que a eleição de Biden teria sido fraudada (Defeated Republican..., 2022; Jarvei, 2022). Por sua vez, o voto do eleitor jovem, e, em muitos casos, o voto do eleitor de origem hispânica, foram também decisivos para impedir uma vitória maior do Partido Republicano (Janfaza, 2022), assim como para fazer com que os democratas, o partido no poder, conseguissem até mesmo aumentar seu número de governadores. Esse último feito tem também um valor histórico importante, dado que só ocorreu duas outras vezes, durante os governos de Franklin Rossevelt e de Ronald Reagan (Alvord, 2022).

Em seu conjunto, houve a confirmação não só de uma forte polarização política no contexto ideológico societário mais amplo, mas também de um cenário de governo e administração pública divididos. Tal situação dificultará em muito não só a formulação de políticas estratégicas de médio e longo prazos (a exemplo da reversão da economia do carbono para uma economia de matriz mais limpa), mas mesmo o gerenciamento de questões do dia a dia do governo, como o aumento ao direito ao endividamento do governo federal (Cowan, 2023).

Além disso, de um ponto de vista mais estrutural, os resultados das eleições de meio de mandato de 2022 refletem bem a continuada relevância do trumpismo, mas também seus limites. Indica também que, embora não tenha conseguido implementar uma agenda mais ambiciosa de governo, Biden continua sendo uma força política importante. Inclusive ele já anunciou que irá buscar a reeleição no ano que vem, apesar de sua idade avançada (Biden launches..., 2023).

A polarização ideológica mais ampla da sociedade norte-americana e, especificamente, a fragmentação político-partidária são, pois, características sedimentadas na política dos Estados Unidos que certamente ajudarão a pautar o cenário político da eleição presidencial de 2024. Como imaginar tal cenário de maneira antecipada é o que examino na próxima seção.

2024: mesmos temas, divisões reiteradas e uma possível revanche histórica

Como em 2020, nas eleições de meio mandato do governo Biden de 2022, Trump perdeu, já que a maioria dos candidatos mais abertamente alinhados a ele não foram eleitos. Ainda assim, o movimento que ele ajudou a fomentar, que por falta de outro termo é conhecido como trumpismo, continua a comandar uma maioria esmagadora nas pequenas cidades e nas áreas rurais da "América Branca". E apesar de sua hostilidade injuriosa para com os imigrantes, Trump obteve ganhos notáveis entre grupos hispânicos diversos, especialmente na Flórida – confirmada a complexidade desse voto étnico que os democratas fariam bem em nunca o tomar como certo.

Nesse sentido, na velha lógica binária da política estadunidense, as próximas eleições presidenciais, chave para definir os rumos do país e mesmo do mundo como um todo, serão definidas, novamente, pelo trumpismo e pelo antitrumpismo. De fato, embora falte muito para o pleito de novembro de 2024, o quadro eleitoral já começou a se desenhar em linhas bem claras. Teremos provavelmente uma disputa entre o atual presidente, indo de maneira inercial no caminho da reeleição, e o ex-presidente Trump, ou alguém proximamente alinhado às suas posições – uma revanche que a maioria dos eleitores gostaria de evitar (Allen, 2023).

A se confirmar e levando a sério simulações feitas tão antecipadamente, tal cenário apresentaria uma disputa bastante acirrada (Baker, 2023). Mas, como sempre, é de se prever que muitos imponderáveis impactarão os desígnios do escrutínio, o que faz com que não se devam buscar previsões de resultados; mas sim, alternativamente, refletir sobre elementos que poderão ajudar a definir os rumos políticos do país.

Alguns desses elementos, talvez os mais decisivos – que não têm diretamente nada a ver com temas políticos, embora decerto tenham fortes impactos na política nacional –, referem-se aos crescentes percalços legais que o ex-presidente enfrentará pela frente. Afinal, em abril, Trump se tornou o primeiro ex-presidente a ser indiciado pelo pagamento ilegal (por não ter sido declarado como gasto de campanha) de um acordo para silenciar uma ex-atriz de filmes pornô com quem o magnata imobiliário teve um caso extraconjugal. O caso está previsto para ser julgado em dezembro de 2023. Ao mesmo tempo, ainda na comarca de Nova York, a Organização Trump está sendo investigada por evasão fiscal e fraude contábil. O caso não se refere diretamente ao ex-presidente e não incorre em pena criminal, mas certamente afeta a imagem pública de Trump.

O Ministério da Justiça também investiga o ex-presidente pela má gestão (talvez remoção ilegal) de documentos que deveriam ter sido remetidos ao Arquivo Nacional. Além disso, há uma investigação de nível federal sobre o papel que Trump teria cumprido na tentativa de insurreição que levou à invasão do Congresso no dia 6 de janeiro de 2021, quando ocorria a certificação dos votos do Colégio Eleitoral referentes à eleição de 2022, cujo resultado o então ainda presidente se recusou a aceitar. Da mesma forma, corre em sigilo de justiça uma investigação sobre a tentativa de Trump de reverter votos do colégio eleitoral do estado da Geórgia (Evans, 2023). Por fim, Trump foi sentenciado, em maio de 2022, a pagar US$ 5 milhões em indenização a Jean Carroll, que o acusou de tê-la abusado sexualmente em meados dos anos 1990 e depois tê-la processado, acusando-a de mentir sobre o caso. A sentença refere-se tanto ao crime em si, quanto ao ataque que a vítima sofre pelas acusações de mentira (Prater, 2023).

É evidente que, apesar de sua enorme capacidade de protelar processos em que regularmente se vê envolvido, Trump terá enormes percalços pela frente, tanto na área judicial como no sentido de manter a viabilidade da sua campanha à presidência junto à opinião pública, ou mesmo junto à base do Partido Republicano. E, se hoje seu nome ainda é o mais forte dentro do partido, vozes afirmando que seria mais recomendável buscar outras opções começam a soar mais alto, e outros candidatos já se lançam como alternativas viáveis. Em recente entrevista junto ao público, Trump reiterou a tese de que sua derrota se deveu a uma fraude eleitoral e não se comprometeu a aceitar o resultado de uma nova derrota. Não é necessário dizer que o evento pode até ter agradado sua base mais fiel, mas não foi produtivo para tirar dúvidas de eleitores mais moderados sobre a falta de credenciais democráticas do ex-presidente (Krieg; Bradner, 2023).

Dentre os nomes que parecem mais fortes, tanto dentro como fora do partido, o governador da Flórida, Ron DeSantis, tem chamado muita atenção da mídia ao longo dos últimos meses, especialmente após fácil reeleição no ano passado, mas também por sua postura dura contra valores mais progressistas no seu estado. De fato, ao mesmo tempo que parecia que novos ares iriam soprar no estado mais meridional do país, em parte dada a nova economia que tem migrado para lá, DeSantis tem capitalizado bem em popularidade ao abrir inúmeras frentes onde ele tem atacado pautas-chave de setores mais à esquerda da sociedade em geral, como direitos das comunidades LGBTQIA+ e o ensino de história de maneira mais crítica. O poderoso governador, que conta com maioria legislativa, aprovou novas leis que restringem o aborto legal no seu estado, assim como o uso de termos mais inclusivos para minorias raciais e de gênero, proíbem o ensino de educação sexual em escola primárias e abrem espaço para que pais monitorem (e excluam) livros tidos como perigosos dos currículos escolares de escolas e mesmo universidades (Brownstein, 2023).

Tais medidas têm ajudado a promover o nome de DeSantis junto ao eleitorado republicano em vários outros estados conservadores que têm aprovado medidas similares (Brownstein, 2022). Embora o nome do governador da Flórida ainda não tenha nem de longe começado a se aproximar das sondagens de Trump dentro do Partido Republicano, sua crescente popularidade como alguém que poderia representar melhor a agenda conservadora junto ao eleitorado geral, para além das fileiras republicanas, demonstra tanto a penetração de tais visões junto a grandes camadas sociais da população norte-americana, como também a situação mais confortável dos republicanos de contar com mais opções de nomes possivelmente viáveis na próxima eleição presidencial.

É ainda incerto que rumos o nome de DeSantis vai tomar dentro do partido, onde Trump ainda tem peso decisivo. O certo é que o governador lançou sua candidatura no dia 24 de maio último, confirmando assim sua seriedade em tentar conseguir a nomeação republicana. É também incerto como sua pauta conservadora tão agressiva poderia repercutir junto a setores mais moderados da população em geral – o conflito contra o conglomerado Disney, sobre questões de gênero, por exemplo, assim como a questão da censura a livros em bibliotecas no estado, refletem bem os riscos de tal postura. Além disso, tendo oficializado seu nome, DeSantis não poderá mais crescer na sombra de Trump, de quem terá agora que se distanciar; tornando-se, assim, alvo dos ataques virulentos da parte de Trump que certamente virão (Warren; Eisen, 2023).

Do lado democrata, é quase impossível imaginar um nome alternativo ao de Biden para a eleição de 2024, a menos que algo inusitado venha a ocorrer. Nesse sentido, é mais importante examinar quais temas poderão ajudar ou prejudicar o atual presidente na sua tentativa de reeleição do que fulanizar a análise. Como dito anteriormente, o voto latino tem se demonstrado cada dia mais complexo e imprevisível. Nesse sentido, os democratas terão que trabalhar para convencer esse eleitorado a ir às urnas.

A tarefa não será fácil, dado o pouco que o atual presidente terá para mostrar para os segmentos latinos organizados, especialmente no que tange aos temas migratório e fronteiriço. Embora tenha prometido humanizar a fronteira, Biden não se esforçou suficientemente por quase metade do seu mandato para reverter os limites impostos pela medida 42, criada por Trump para limitar o acesso por parte de refugiados ao solo norte-americano. E, mesmo após sua revogação, que decorreu mais do término oficial da crise pandêmica anunciado pela OMS do que por algum esforço específico do governo Biden, migrantes continuarão a ter inúmeras dificuldades para entrar nos Estados Unidos (Robles, 2023).

Talvez um pouco mais garantido, o voto jovem, afro-americano e feminino pode permitir uma maior margem de conforto para Biden. Mas, mesmo aqui, há que se trabalhar muito para mobilizar as bases do partido. Em primeiro lugar, o voto jovem é muito difuso e de difícil coordenação, além de certamente não ser homogêneo. Há um enorme apelo da agenda dita "libertária" entre os jovens, especialmente universitários, o que tende a favorecer candidatos republicanos capazes de se apresentar ao longo das linhas do governo mínimo – algo que tem se tornado menos recorrente nos últimos anos, na medida em que questões de natureza mais cultural e identitária têm ocupado o centro da agenda republicana após a emergência do trumpismo. No mesmo sentido, nas últimas eleições, Trump foi capaz também de conseguir muitos votos entre jovens afro-americanos negros, contrariando as expectativas e rumos eleitorais estabelecidos.

O voto feminino, que há muito tempo tem sido chave para os democratas, especialmente entre mulheres afro-americanas, deve se manter na próxima eleição, especialmente após a decisão da Suprema Corte norte-americana de derrubar a garantia do acesso ao direito ao aborto em nível nacional. Lembremos, contudo, que há muitas mulheres que apoiam as agendas republicanas, especialmente quando estas assumem de maneira mais explícita a defesa dos ditos valores da família tradicional, como o que tem sido feito pelo governador DeSantis, conforme foi mencionado.

Nesse sentido, a questão da participação na eleição será mais uma vez chave para a vitória. Se os democratas conseguirem se manter unidos e mobilizar suas bases – que são mais amplas, mas também mais diversas e menos coesas do que as bases do Partido Republicano –, é mais provável que Biden venha a ganhar mesmo ante uma ativação política crescente de temas caros aos republicanos (Everett; Ferris, 2023). É mesmo possível que o atual presidente venha a ganhar no voto popular, mas talvez perca nos votos do Colégio Eleitoral dadas as mudanças que legislaturas em estados tidos como chaves (como Arizona, Geórgia e Pensilvânia) têm passado para restringir o acesso ao voto.

A se confirmar uma revanche histórica entre Biden e Trump, teremos não só algo inusitado, mas que também reflete de maneira cristalina a continuidade das divisões profundas que vem definindo a sociedade norte-americana no início do século XXI. Muito estará em jogo!

Conseguirão os Estados Unidos se converter no caso mais bem-sucedido de uma democracia multicultural no futuro ou continuarão tendo enormes desafios para promover a inclusão política e social de suas crescentes minorias étnicas? Diante da crescente importância chinesa no mundo, serão os Estados Unidos capazes de formular e implementar uma agenda de inovações educacionais e tecnológicas necessárias para dar conta da emergência da Ásia ou seu declínio se acelerará nos próximos anos, de modo a aumentar a imprevisibilidade e riscos do cenário global? Na próxima seção, busco refletir, de maneira sugestiva, sobre esses temas.

O pós-2024: os Estados Unidos e o mundo

Os Estados Unidos experimentarão a eleição presidencial de 2024 em meio a um cenário sedimentado de profundas divisões políticas e ideológicas referentes a variados temas. Cismas que parecem mesmo ter se tornado cada vez mais entrelaçados, dificultando assim suas possíveis resoluções. Cada lado tende cada vez mais a ver sua posição como vital para a defesa do seu modo de vida, quando mesmo para a sua própria existência; ao passo que o outro é cada dia mais visto como ilegítimo, quando não como uma ameaça a ser eliminada.

De maneira concreta, como lidar com a inserção social e política de grupos étnicos ou culturais distintos? Como se relacionar com grupos de estilos de vida tidos como desconhecidos ou não aceitáveis? Que padrões de comportamento deveriam regrar a vida de cada um e de suas famílias? Essas e outras questões de natureza não econômica têm cada dia mais ajudado a pautar os debates da sociedade norte-americana.

Dificultando a viabilidade de possíveis acomodações entre os lados, pesquisas têm apontado que não houve grande mudança de posições ao longo dos últimos dez anos. Cerca de 50% acreditam que a sociedade deveria promover mais respeito aos valores de matriz tradicional, enquanto cerca de 45% defendem a noção de que deva haver mais tolerância para novos padrões e estilos de vida. A depender da posição partidária de cada um, tais números são ainda muito mais acentuados. De fato, ao passo que entre republicanos quase 80% defendem posições conservadoras em temas morais, dois terços dos democratas defendem a necessidade da aceitação ao direito de existência de grupos com padrões diversos de comportamento (Bowman, 2023).

Outros estudos confirmam a noção de que em poucos momentos históricos o eleitorado norte-americano esteve tão polarizado de maneira duradoura e crescentemente irreconciliável, onde cada lado acredita que suas diferenças não são de natureza política, mas cada vez mais em sentido existencial (Dimock; Wike, 2020). Alguns têm tentado apontar os riscos que a sociedade norte-americana em geral corre atualmente, especialmente dada a crescente descrença no sistema político por parte de setores radicais à direita do espectro político e que parecem cada dia mais preparados para tentar defender suas posições por meios violentos.

De maneira concreta, a confiança nas instituições políticas, especialmente na sua capacidade de resolver as questões mais prementes para cada lado, se encontra em níveis preocupantes. Autoridades eleitas em vários níveis de poder têm defendido a noção de resistência a decisões superiores entendidas como ilegítimas, pois contra seus valores individuais, milícias armadas, embora sofrendo investigações federais, parecem se proliferar, e a narrativa da resistência armada a um poder supostamente tirânico se espalha pelas redes sociais (Marche, 2022). E mesmo a crescente percepção de que o país vem perdendo espaço no cenário internacional, e que tal desafio seria mais bem enfrentado se o país conseguisse dirimir suas divisões internas, não tem sido capaz de promover um caminho viável para atingir tal objetivo (Connaughton, 2022).

Parece cada dia mais claro que a polarização doméstica da sociedade norte-americana se associa de maneira acelerada ao seu declínio, relativo e absoluto, no cenário global (Stokes, 2022). A hegemonia norte-americana que parecia tão certa e inevitável nos anos 1990 parece hoje em crise. O país é visto cada dia mais como um sistema político disfuncional. O sistema global de comércio largamente estabelecido pelo país no pós-guerra, e que o beneficiou por tanto tempo, apresenta-se hoje como um espaço em disputa com novas forças econômicas em ascensão, especialmente o gigante chinês cujo peso manufatureiro dos últimos anos passa a assumir também um peso geopolítico e militar (Joshi, 2022).

A ameaça chinesa, aliada desde 2022 à guerra na Ucrânia, tem conseguido promover um maior alinhamento de forças no que se refere às linhas principais da política externa norte-americana. Ainda assim, fissuras importantes permanecem com relação aos meios de lidar com os desafios exteriores crescentes, ecoando não a unidade da Guerra Fria, mas, sim, de períodos precedentes, quando divisões internas tiveram consequências no que se refere ao peso do país no mundo, como nos anos 1920, ou mesmo durante a Guerra Civil.

A crise da democracia norte-americana não começou com a eleição de Donald Trump, que, de fato, é uma expressão de tal crise, mas não sua causa. Ao mesmo tempo, é certo que Trump ajudou a aprofundar essa mesma crise, seja enquanto presidente ou mesmo como ex-presidente que continua a promover ataques à legitimidade das instituições. O processo eleitoral norte-americano, supreendentemente estável, também é profundamente confuso e injusto. Ao mesmo tempo, há também desafios mais profundos na prática política, assim como na sociedade em geral. Paralisia decisória crescente, manipulação de mapas eleitorais e restrição no acesso ao voto, discriminação racial e a crescente deslegitimação do processo eleitoral pelas redes sociais, por exemplo – todos esse são problemas que se agravaram ao longo dos últimos anos, e cuja resolução não foi atingida somente pela saída de Trump da presidência (Repucci, 2023).

Curiosamente, momentos similares já foram experimentados pela sociedade norte-americana, e a experiência histórica pode fornecer uma importante perspectiva sobre o caráter não inevitavelmente duradouro de tal cenário disfuncional no âmbito doméstico, assim como de seus graves impactos no contexto internacional. Especificamente, os primeiros anos da jovem república norte-americana foram definidos por profundas divisões políticas e ideológicas que pareciam capazes de destruir a própria viabilidade da nova nação. E foi somente com base na capacidade de lideranças políticas chave, como Thomas Jefferson e Alexander Hamilton, de reconciliar suas posições originais em prol da continuidade do novo experimento democrático em curso que as instituições políticas se mostraram capazes de sobrevir (Rose, 2023).

Talvez hoje, em um país muito mais complexo, seja muito mais difícil promover um caminho de conciliação, especialmente na era da política midiática, quando tal postura é vista como traição. Mas, caso não haja melhoramentos no funcionamento da democracia norte-americana, o declínio dos Estados Unidos no mundo parece inevitável, o que abrirá espaço para um mundo mais multipolar, assim como mais imprevisível e potencialmente mais perigoso.

Referências

ALLEN, J. Biden *vs.* Trump 2024 would be the rematch nobody wants. *NBC News,* 25 abr. 2023. Disponível em: <https://www.nbcnews.com/politics/2024-election/biden-vs-trump-2024-rematch-nobody-wants-rcna80933. Acesso em: 28 nov. 2023.

ALVORD, K. Democrats Pick Up Governor Seats in Midterm Elections, Creating Nearly Even Party Split. *People,* 14 nov. 2022. Disponível em: <https://people.com/politics/democrats-net-2-governor-seats-midterm-elections/>. Acesso em: 28 nov. 2023.

BAKER, P. Biden Casts Himself as the Trump Beater. Polls Suggest That's No Sure Thing. *The New York Times,* 8 maio 2023. Disponível em: <https://www.nytimes.com/2023/05/08/us/politics/biden-2024-polls.html>. Acesso em: 28 nov. 2023.

BIDEN launches re-election. *NPR,* 30 abr. 2023. Disponível em: <https://www.npr.org/2023/04/30/1172974498/biden-launches-re-election>. Acesso em: 28 nov. 2023.

BOWMAN, B. "A country on fire": New poll finds America polarized over culture, race and "woke". *NBC News,* 26 abr. 2023. Disponível em: <https://www.nbcnews.com/meet-the-press/first-read/-country-fire-new-poll-finds-america-polarized-culture-race-woke-rcna81592>. Acesso em: 28 nov. 2023.

BROWNSTEIN, R. Trump leaves America at its most divided since the Civil War. CNN *Politics.* 19 jan. 2021. Disponível em: <https://www.cnn.com/2021/01/19/politics/trump-divided-america-civil-war/index.html>. Acesso em: 28 nov. 2023.

BROWNSTEIN, R. The Contradictions of Ron DeSantis. *The Atlantic,* 16 fev. 2023. Disponível em: <https://www.theatlantic.com/ideas/archive/2023/02/ron-desantis-2024-polls-woke-ideology-culture-war/673080/>. Acesso em: 28 nov. 2023.

BROWNSTEIN, R. The Republican Axis Reversing the Rights Revolution. *The Atlantic,* 24 dez. 2022. Disponível em: <https://www.theatlantic.com/politics/archive/2021/12/republican-states-rights-restrictions/621101/>. Acesso em: 28 nov. 2023.

CONNAUGHTON, A. Prevailing view among Americans is that U.S. influence in the world is weakening – and China's is growing. *Pew Research Center,* 23 jun. 2022. Disponível em: <https://www.pewresearch.org/short-reads/2022/06/23/prevailing-view-among-americans-is-that-u-s-influence-in-the-world-is-weakening-and-chinas-is-growing/>. Acesso em: 28 nov. 2023.

COWAN, R. White House, Republicans make no progress on debt ceiling. Reuters, 20 maio 2023. Disponível em: <https://www.reuters.com/world/us/us-debt-ceiling-talks-paused-punchbowl-reporter-2023-05-19/>. Acesso em: 28 nov. 2023.

CRAMPTON, L. GOP sees "huge red wave" potential by targeting critical race theory. *Politico,* 5 jan. 2022. Disponível em: <https://www.politico.com/news/2022/01/05/gop-red-wave-critical-race-theory-526523>. Acesso em: 28 nov. 2023.

DEBUSMANN JR., B. US midterms: Why a Republican "wave" never happened. *BBC News,* 9 nov. 2022. Disponível em: <https://www.bbc.com/news/world-us-canada-63569850>. Acesso em: 28 nov. 2023.

DEFEATED Republican candidate Kari Lake refuses to concede in Arizona governor's race. *PBS Newshour,* 17 nov. 2022. Disponível em: <https://www.pbs.org/newshour/politics/defeated-republican-candidate-kari-lake-refuses-to-concede-in-arizona-governors-race>. Acesso em: 28 nov. 2023.

DEPILLIS, L.; SMIALEK, J. Why Is Inflation So Stubborn? Cars Are Part of the Answer. *The New York Times*, 20 maio 2023. Disponível em: <https://www.nytimes.com/2023/05/20/business/economy/car-prices-inflation.html>.

DIMOCK, M.; WIKE, R. America is exceptional in the nature of its political divide. *Pew Research Center*, 13 nov. 2020. Disponível em: <https://www.pewresearch.org/short-reads/2020/11/13/america-is-exceptional-in-the-nature-of-its-political-divide/>. Acesso em: 28 nov. 2023.

EVANS, G. How big are Donald Trump's legal problems? *BBC News*, 10 maio 2023. Disponível em: <https://www.bbc.com/news/world-us-canada-61084161>. Acesso em: 28 nov. 2023.

EVERETT, B.; FERRIS, S. Dems relish Trump-Biden rematch. *Politico*, 25 abr. 2023. Disponível em: <https://www.politico.com/news/2023/04/25/biden-trump-2024-democrats-00093493>. Acesso em: 28 nov. 2023.

HAASS, R. The Dangerous Decade: A Foreign Policy for a World in Crisis. *Foreign Affairs*, v.101, n.5, p.25-39, set./out. 2022.

HETRICK, C. Why was there no "red wave" in the midterms? USC experts explain, 9 nov. 2022. Disponível em: <https://priceschool.usc.edu/news/midterm-election-red-wave-usc-house-senate/>. Acesso em: 28 nov. 2023.

HURLEY, L. Supreme Court's conservative rulings left mark on election results. *NBC News*, 11 nov. 2022. Disponível em: <https://www.nbcnews.com/politics/2022-election/supreme-courts-conservative-rulings-left-mark-election-results-rcna56408>. Acesso em: 28 nov. 2023.

IORIS, R. Os crescentes desafios do Brasil na Nova Ordem Mundial. *Washington Brazil Office*. Boletim Semanal, n.66, 12 maio 2023. Disponível em: <https://www.braziloffice.org/pt/artigos/os-crescentes-desafios-do-brasil-na-nova-ordem-mundial>. Acesso em: 28 nov. 2023.

______. O pleito das indefinições: as eleições norte-americanas de 2020. Dimensões, significados e perspectivas. In: CRUZ, S. C. V.; BOJIKIAN, N. M. P. (Org.). *De Trump a Biden*: Partidos, políticas, eleições e perspectivas. São Paulo: Editora Unesp, 2022.

______. Trump e a crise da sociedade norte-americana: as eleições de 2018: significados e perspectivas. *Revista Tempo do Mundo*, v.5, n.1, p.267-84, jan. 2019.

JANFAZA, R. Youth Voter Turnout in the 2022 Midterms Delivered Key Wins for Democrats. *Teen Vogue*, 9 nov. 2022. Disponível em: <https://www.teenvogue.com/story/youth-voter-turnout-2022-midterms-democrats>. Acesso em: 28 nov. 2023.

JARVEI, J. In a race marked by trolling and drama, Fetterman defeats Oz for Pennsylvania Senate seat. *Los Angeles Times*, 8 nov. 2022. Disponível em: <https://www.latimes.com/politics/story/2022-11-08/fetterman-oz-results-in-pennsylvania-senate-race-marked-by-trolling>. Acesso em: 28 nov. 2023.

JOSHI, M. Is the United States in a state of irretrievable decline? *Observer Research Foundation*, 25 jul. 2022. Disponível em: <https://www.orfon-line.org/expert-speak/is-the-united-states-in-a-state-of-irretrievable-decline/>.

KRIEG, G.; BRADNER, E. 8 takeaways from Trump's CNN town hall in New Hampshire. CNN *News*, 11 maio 2023. Disponível em: <https://www.cnn.com/2023/05/10/politics/takeaways-trump-town-hall-cnn/index.html>. Acesso em: 28 nov. 2023.

LINDSAY, J. M. Congressional Midterm Update: The Race Tightens. *Council on Foreign Relations,* 20 set. 2022. Disponível em: <https://www.cfr.org/blog/congressional-midterm-update-race-tightens>. Acesso em: 28 nov. 2023.

MARCHE, S. The next US civil war is already here – we just refuse to see it. *The Guardian*, 4 jan. 2022. Disponível em: <https://www.theguardian.com/world/2022/jan/04/next-us-civil-war-already-here-we-refuse-to-see-it>. Acesso em: 28 nov. 2023.

MILLIGAN, S. Democrats Have Edge in Early Voting. *US News*, 24 out. 2022. Disponível em: <https://www.usnews.com/news/elections/articles/2022-10-24/democrats-have-edge-in-early-voting>. Acesso em: 28 nov. 2023.

MISHRA, V. Key takeaways from the 2022 US midterm elections. *Observer Research Foundation,* 21 nov. 2022. Disponível em: <https://www.orfon-line.org/expert-speak/key-takeaways-from-the-2022-us-midterm-elections/>. Acesso em: 28 nov. 2023.

MONTELLARO, Z. 5 races where the Supreme Court's abortion decision could have the biggest impact. *Politico,* 24 jun. 2022. Disponível em: <https://www.politico.com/news/2022/06/24/5-races-supreme-court-abortion-decision-biggest-impact-00042317>. Acesso em: 28 nov. 2023.

PRATER, N. The Case(s) Against Donald Trump It's hard to keep track. *Intelligencer,* 12 maio 2023. Disponível em: <https://nymag.com/intelligencer/2023/05/what-are-the-legal-cases-against-donald-trump.html>.

REPUCCI, S. Freedom in the World 2022: Reversing the Decline of Democracy in the United States. *Freedom House*, jan. 2023. Disponível em: <https://freedomhouse.org/report/freedom-world/2022/global-expansion-authoritarian-rule/reversing-decline-democracy-united-states>. Acesso em: 28 nov. 2023.

ROBLES, J. Title 42 migration restrictions have ended, but Biden's new policy is tougher. *The Guardian,* 13 maio 2023. Disponível em: <https://www.theguardian.com/us-news/2023/may/13/title-42-migration-biden-new-policy-tougher>. Acesso em: 28 nov. 2023.

ROSE, G. How Today Is Like the 1790s. *Council on Foreign Relations,* 1º mar. 2023. Disponível em: <https://www.cfr.org/article/how-today-1790s>. Acesso em: 28 nov. 2023.

SAAD, L. America´s Political Ideologies Hold Steady in 2020. *Gallup Report*, 11 jan. 2021. Disponível em: <https://news.gallup.com/poll/328367/americans-political-ideology-held-steady-2020.aspx>. Acesso em: 28 nov. 2023.

SINGH, H. Record Gas Prices Hit Americans' Start to Summer Travel Season. *The Wall Street Journal*, 1º jul. 2022. Disponível em: <https://www.wsj.com/articles/americans-start-summer-travel-season-beset-by-record-gas-prices-11654037695>. Acesso em: 28 nov. 2023.

SOMMER, J. Russia's War Is Raising Gas Prices and Roiling Financial Markets. *The New York Times*, 10 maio 2022. Disponível em: <https://www.nytimes.com/2022/03/10/business/russia-ukraine-war-gas-prices.html>. Acesso em: 28 nov. 2023.

STOKES, B. The Decline of the City Upon a Hill. *Foreign Affairs,* 17 out. 2022. Disponível em: <https://www.foreignaffairs.com/united-states/decline-city-upon-hill>. Acesso em: 28 nov. 2023.

WARREN, A.; EISEN, N. Opinion: Why DeSantis is just as dangerous as Trump – or more. CNN *News,* 25 maio 2023. Disponível em: <https://www.cnn.com/2023/05/25/

opinions/desantis-announcement-trump-2024-gop-nomination-warren-eisen/index.html>. Acesso em: 28 nov. 2023.

ZANONA, M.; RAJU, M. GOP attacks Biden over pandemic response while fighting key tools to curb the virus. CNN *News*, 2 dez. 2021. Disponível em: <https://www.cnn.com/2021/12/02/politics/republican-attacks-biden-coronavirus/index.html>. Acesso em: 28 nov. 2023.

ZHOU, L. Democrats' failure on filibuster reform will haunt them. *Vox*, 19 jan. 2022. Disponível em: <https://www.vox.com/2022/1/19/22881837/senate-filibuster-vote-voting-rights-joe-manchin-kyrsten-sinema>. Acesso em: 28 nov. 2023.

Sobre os autores

Aline Regina Alves Martins: Professora Associada no curso de Relações Internacionais da Universidade Federal de Goiás e Professora Titular no Programa de Pós-Graduação em Ciência Política e Relações Internacionais da mesma instituição. Coordenadora da Área Temática de Economia Política Internacional da Associação Brasileira de Relações Internacionais (ABRI). Pesquisadora Associada do Instituto Nacional de Ciência e Tecnologia para Estudos sobre os Estados Unidos (INCT-Ineu/CNPq/Fapesp).
E-mail: alinemartins.ufg@gmail.com
Orcid: https://orcid.org/0000-0002-5784-332X

Camila Feix Vidal: Professora Adjunta no Departamento de Economia e Relações Internacionais da Universidade Federal de Santa Catarina e Professora Permanente no Programa de Pós-Graduação em Relações Internacionais dessa mesma universidade. Pesquisadora Associada do Instituto Nacional de Ciência e Tecnologia para Estudos sobre os Estados Unidos (INCT-Ineu/CNPq/Fapesp). Membro do Geppic e IMDH-UFSC.
E-mail: camilafeixvidal@gmail.com ou camila.vidal@ufsc.br
Orcid:https://orcid.org/0000-0003-2205-4686

Celly Cook Inatomi: Professora e pesquisadora colaboradora do Instituto de Filosofia e Ciências Humanas da Unicamp. Doutora e Mestra em Ciência Política pela Universidade Estadual de Campinas. Pesquisadora colaboradora do Instituto de Filosofia e Ciências Humanas da Unicamp e do Instituto Nacional de Ciência e Tecnologia para Estudos sobre os Estados Unidos (INCT-Ineu/CNPq/Fapesp).
E-mail: celoca05@yahoo.com.br
Orcid: https://orcid.org/0000-0002-7473-466X

Débora Figueiredo Mendonça do Prado: Professora Associada na Universidade Federal de Uberlândia (UFU). Doutora em Ciência Política pela Universidade Estadual de Campinas (Unicamp). Pesquisadora Associada do Instituto Nacional de Ciência e Tecnologia para Estudos sobre os Estados Unidos (INCT-Ineu/CNPq/Fapesp).
E-mail: deboraprado@ufu.br
Orcid: http://orcid.org/0000-0002-0077-9574

Filipe Mendonça: Professor Associado do Instituto de Economia e Relações Internacionais da Universidade Federal de Uberlândia (UFU). Pesquisador Associado do Instituto Nacional de Ciência e Tecnologia para Estudos sobre os Estados Unidos (INCT-Ineu/CNPq/Fapesp).
E-mail: mendonca@ufu.br
Orcid: https://orcid.org/0000-0001-5643-2329

Flávio Contrera: Doutor e Mestre em Ciência Política pela Universidade Federal de São Carlos (UFSCar). Recebeu o Best Dissertation Award da Fulbright e Menção Honrosa no Prêmio CAPES por sua Tese de Doutorado. Atuou como Research Fellow no Center for Latin America and Latino Studies da American University (CLALS-AU), como Pesquisador de Pós-Doutorado junto ao Departamento de Ciências Sociais da UFSCar e no Programa de Pós-Graduação em Relações Internacionais Santiago Dantas. Foi Visiting Scholar na Columbia University (ILAS-CU). Pesquisador Associado do Instituto Nacional de Ciência e Tecnologia para Estudos sobre os Estados Unidos (INCT-INeu/CNPq/Fapesp).
E-mail: flavio.contrera@gmail.com
Orcid iD: https://orcid.org/0000-0002-6740-5489

Isabella Fontaniello: Doutoranda pelo Programa de Pós-Graduação em Ciência Política (PPGCP) da Universidade Estadual de Campinas (Unicamp). Mestra pelo Programa de Pós-Graduação em Relações Internacionais (PPGRI) da Universidade Federal de Uberlândia (UFU). Graduada em Relações Internacionais pela Pontifícia Universidade Católica de Minas Gerais (PUC Minas).
E-mail: ifontaniellof@gmail.com
Orcid: https://orcid.org/0000-0003-3255-3892

Jaime César Coelho: Professor titular do departamento de Economia e Relações Internacionais do Centro Socioeconômico da Universidade Federal de Santa Catarina, com pesquisas voltadas ao campo da Economia Política Internacional. Foi Visiting Schollar na Universidade da Califórnia em Santa Bárbara (2012), bem como na Scuola Normale Superiore de Pisa no Pólo Fiorentino (2020). Pesquisador Associado do Instituto Nacional de Ciência e Tecnologia para Estudos sobre os Estados Unidos (INCT-Ineu/CNPq/Fapesp).
E-mail: findariver@gmail.com
Orcid iD: https://orcid.org/0000-0003-4492-4259

Karina L. P. Mariano: Professora Titular da Universidade Estadual Paulista Júlio de Mesquita Filho, na qual coordena o Grupo de Estudos Interdisciplinares em Cultura e Desenvolvimento (GEICD) e participa do Observatório de Regionalismo (ODR). Coordenadora da rede Development, International Politics and Peace (DIPP) financiada pelo projeto Capes Print da Unesp. Bolsista Produtividade do CNPq. Pesquisadora Associada do Instituto Nacional de Ciência e Tecnologia para Estudos sobre os Estados Unidos (INCT-Ineu/CNPq/Fapesp).
E-mail: karinapmariano@gmail.com
Orcid iD: https://orcid.org/0000-0002-4559-918X

Leonardo Ramos: Professor do Departamento de Relações Internacionais da PUC Minas e professor visitante da Universidad Nacional de Rosario (UNR). Pesquisador Associado do Instituto Nacional de Ciência e Tecnologia para Estudos sobre os Estados Unidos (INCT-Ineu/CNPq/Fapesp).
E-mail: lcsramos@pucminas.br
Orcid: https://orcid.org/0000-0001-8245-6498

Marco Cepik: Professor Titular do Departamento de Economia e Relações Internacionais da Universidade Federal do Rio Grande do Sul (UFRGS). Pesquisador Associado do Instituto Nacional de Ciência e Tecnologia para Estudos sobre os Estados Unidos (INCT-Ineu/CNPq/Fapesp).
E-mail: mcepik@gmail.com
Orcid: https://orcid.org/0000-0003-4147-5486.

Marcos Cordeiro Pires: Professor Livre-Docente na Universidade Estadual Paulista Júlio de Mesquita Filho (Unesp-Câmpus de Marília), nos cursos de Graduação em Relações Internacionais e Pós-Graduação em Ciências Sociais e no Programa de Pós-Graduação em Relações Internacionais "San Tiago Dantas" – Unesp-PUC-SP-Unicamp. Pesquisador Associado do Instituto Nacional de Ciência e Tecnologia para Estudos sobre os Estados Unidos (INCT-Ineu/CNPq/Fapesp).
E-mail: marcos.cordeiro.pires@gmail.com
Orcid: https://orcid.org/0000-0001-9668-2664

Nathalia Sgaravato Zambuzzi: Graduanda de Relações Internacionais da Universidade Federal de Uberlândia (UFU). Bolsista do Instituto Nacional de Ciência e Tecnologia para Estudos sobre os Estados Unidos pelo CNPQ.
E-mail: nathaliazambuzzi1@gmail.com
Orcid: https://orcid.org/0009-0006-5123-7077

Neusa Maria Pereira Bojikian: Pós-Doutoranda na Universidade Estadual de Campinas, Departamento de Ciência Política do Instituto de Filosofia e Ciências Humanas. Doutora pelo Programa de Pós-Graduação em Relações Internacionais "San Tiago Dantas" – Unesp-PUC-SP-Unicamp.

Pesquisadora Associada do Instituto Nacional de Ciência e Tecnologia para Estudos sobre os Estados Unidos (INCT-Ineu/CNPq/Fapesp).
E-mail: neusa.bojikian@gmail.com
Orcid iD: https://orcid.org/0000-0002-7691-7515.

Pedro Henrique Vasques: Professor Substituto na Universidade Federal do Rio de Janeiro no curso de Gestão Pública para o Desenvolvimento Econômico e Social. Pesquisador Associado do Instituto Nacional de Ciência e Tecnologia para Estudos sobre os Estados Unidos (INCT-Ineu/CNPq/Fapesp) e do Centro de Estudos de Cultura Contemporânea (Cedec). Doutor em Ciência Política pela Unicamp e em Direito pela Universidade Estadual do Rio de Janeiro (UERJ).
E-mail: pedrohvasques@gmail.com
Orcid iD: http://orcid.org/0000-0003-4032-3245.

Pedro Txai Leal Brancher: Professor adjunto da Universidade Metodista de Angola e coordenador de Relações Internacionais da mesma universidade. Doutor em Ciência Política pelo Instituto de Estudos Sociais e Políticos (Iesp) da Universidade Estadual do Rio de Janeiro (Uerj).
E-mail: pedro.txai@gmail.com
Orcid iD: https://orcid.org/0000-0002-3514-4288

Rafael R. Ioris: Professor Titular de História e Política Latino-Americana na Universidade de Denver. É professor associado do Instituto de Políticas Públicas e da Escola de Estudos Internacionais da mesma universidade e pesquisador associado do Washington Brazil Office, do Instituto de Estudos sobre os Estados Unidos no Brasil, e do Grupo de Estudos sobre a Guerra Fria na Universidade de São Paulo. É autor de livros, capítulos de livros e inúmeros artigos em periódicos brasileiros e internacionais tratando da história de temas ligados ao processo de desenvolvimento brasileiro e latino-americano, da política externa brasileira e das relações Brasil-EUA ao longo do tempo. Trabalha atualmente na produção de um novo livro tratando das relações de cooperação entre Brasil e Estados Unidos e da emergência do Brasil no mundo durante o período da Guerra Fria. É autor frequente de artigos e colunas em jornais e revistas do Brasil e dos EUA.
E-mail: rafael.ioris@du.edu
Orcid iD: https://orcid.org/0000-0003-1956-2698

Roberto Goulart Menezes: Professor Associado III e vice-diretor do Instituto de Relações Internacionais da Universidade de Brasília e professor nos Programas de Pós-Graduação em Relações Internacionais e no de Ciências Sociais – Estudos Comparados sobre as Américas da mesma instituição. Foi Professor visitante no Arrighi Center for Global Studies da Johns Hopkins University (EUA, 2018-2019). Bolsista de Produtividade em Pesquisa do

CNPq. É pesquisador associado do Instituto Nacional de Estudos sobre os Estados Unidos (INCT-Ineu/CNPq/Fapesp).
E-mail para contato: rgmenezes@gmail.com
Orcid iD: https://orcid.org/0000-0002-3220-7765

Sebastião C. Velasco e Cruz: Professor de Ciência Política e Relações Internacionais da Universidade Estadual de Campinas e do Programa de Pós-Graduação em Relações Internacionais da Universidade Estadual Paulista, Universidade Estadual de Campinas e Pontifícia Universidade Católica de São Paulo (PPGRI/Unesp-Unicamp-PUC-SP). Coordenador Geral do Instituto Nacional de Ciência e Tecnologia para Estudos sobre os Estados Unidos (INCT-Ineu/CNPq/Fapesp).
E-mail: velascoecruz@gmail.com

Thaís Caroline Ataide Lacerda: Docente na Faculdade Católica Paulista (UCA), Cocoordenadora do Projeto de Pesquisa "Latino Observatory" e Consultora Ad hoc na gestão intercultural (Brasil-China) na Múltipla Consultoria. Conselheira do Conselho Municipal de Educação da cidade de Marília, SP (biênio 2022/2024). Doutora em Ciências Sociais pela Universidade Estadual Paulista Júlio de Mesquita Filho (Unesp-Câmpus de Marília). Pesquisadora sobre Imigração latino-americana nos EUA; política estadunidense; política chinesa; cultura e pensamento chinês; indivíduo, cultura e sociedade, e metodologias de pesquisa.
E-mail: lacerdatc@gmail.com
Orcid iD: https://orcid.org/0000-0002-4575-6683

Williams Gonçalves: Professor Titular de Relações Internacionais da Uerj. Professor aposentado da Universidade Federal Fluminense (UFF). Professor do Programa de Pós-Graduação em Estudos Marítimos da Escola de Guerra Naval. Conferencista Especial da Escola Superior de Guerra. Pesquisador Associado do Instituto Nacional de Ciência e Tecnologia para Estudos sobre os Estados Unidos (INCT-Ineu/CNPq/Fapesp).
E-mail: williamsgon@terra.com.br
Orcid iD: https://orcid.org/0009.0006.5869.5417

SOBRE O LIVRO

Formato: 16 x 23 cm
Mancha: 26 x 48,6 paicas
Tipologia: StempelSchneidler 10,5/12,6
Papel: Off-White 80 g/m² (miolo)
Cartão Triplex 250 g/m² (capa)
1ª edição Editora Unesp: 2023

EQUIPE DE REALIZAÇÃO

Edição de texto
Rita Ferreira (Copidesque)
Carmen T. S. Costa (Revisão)

Editoração eletrônica
Eduardo Seiji Seki

Capa
Quadratim Editorial

Assistente de produção
Erick Abreu

Assistência editorial
Alberto Bononi
Gabriel Joppert

Rettec artes gráficas e editora

Rua Xavier Curado, 388 • Ipiranga - SP • 04210 100
Tel.: (11) 2063 7000 • Fax: (11) 2061 8709
rettec@rettec.com.br • www.rettec.com.br